책머리에

고조선(왕검조선 또는 전조선)의 역사적 사실을 전하는 단군신화는 그 형성 이후 사회·문화 등 제반 환경의 요소에 따라 많은 변화를 겪으며 전해져 왔다. 현재 『三國遺事』와 『帝王韻紀』가 『古記』 및 『本紀』(『檀君本紀』) 등을 인용하여 전하고 있는 전승 역시 그런 변화가 수반된 결과라고 믿어진다.

이 연구에서는 여러 가지로 전해오는 전승의 분류 문제, 각 지역에서의 전승 양상, 고려 조정에서의 수용 문제, 그리고 이후 어떤 변화과정을 거쳐 고려후기 國祖로 인식되었는지 등의 문제를 검토하고자 하였다. 그러나 단군전승을 보다 깊이 있게 이해하기 위해서는 각 유형과 지역의 관련 문제, 고려후기 사대부 계층의 전승에 대한 기본적인 입장과 관련한 문제이기도 하지만, 『古記』 유형의 전승을 배제하고 『本紀』의 전승을 수용하여 檀君을 인식하게 된 배경의 문제 등은 검토하지 못했다. 이런 점들이 이 연구의 한계임과 동시에 향후 과제임은 자명하다.

이 연구를 준비하면서 여러 선생님들의 가르침을 받았다. 申千湜·金渭顯 선생님께서는 학부 시절부터 때로는 너그러움으로, 때로는 애정어린 꾸짖음으로 부족한 제자를 독려해 주셨다. 특히 申千湜 선생님께서는 좌충우돌하며 철없는 행동을 서슴치 않던 제자를 위해 항상 노심초사하시고, 공부를 시작하던 첫단계에서부터 현재 공부의 주된 관심사가 된 단군과 관련한 문제방향도 제시해

iv

주셨다. 선생님의 학은에 조금이라도 보답할 수 있을지 항상 염려
스럽다. 또 잘못된 시각을 지적하고 시정해 주신 秦星圭 선생님과
미처 보지 못한 자료와 논문까지 꼼꼼히 챙겨 주시며 앞으로의 방
향까지 제시해주신 徐永大 선생님, 하나하나 부족함을 매꿔 주신
洪鍾佖, 공부의 시작단계에서부터 폭넓은 시각과 방법으로 무지함
을 일깨워주신 金鎬逸·盧明鎬 선생님의 고마움 역시 잊을 수 없
다. 아울러 준비하는 과정에서 많은 도움을 준 연구실의 여러 동료
들과 옆에서 묵묵히 지켜봐준 가족들에게도 고마움과 미안함을 함
께 전한다. 그리고 지금까지 영인·간행된 문집자료를 이용할 수
있도록 흔쾌히 수락해주신 경인문화사의 한상하 회장님과 한정희
사장님, 산만한 글의 편집을 기꺼이 맡아주신 편집실 여러분께도
감사드린다.

2002년 4월

金 成 煥

<목 차>

<표 목차>

序 論

1. 硏究目的과 範圍

단군신화는 고조선의[1] 건국신화이다. 따라서 그 신화가 어떤 과
정을 거쳐 『三國遺事』와 『帝王韻紀』에 전해지게 되었는가의 문제

---

1) 고조선은 檀君·箕子·衛滿의 三朝鮮을 의미하지만, 여기에서는 『三
國遺事』에서 一然이 이해하고 있는 「古朝鮮[王儉朝鮮]」조와 『帝王韻
紀』에서 李承休가 이해하고 있는 「前朝鮮紀」를 토대로 단군조선을 지
칭하는 제한적인 범위로 사용하고자 한다. 그런데 一然은 『三國遺事』
의 「古朝鮮」조의 편목을 古朝鮮[王儉朝鮮]이라 하였음에도 불구하고
箕子傳承을 附言하고 있어 그가 이해하고 있던 古朝鮮[王儉朝鮮]의
범위는 李承休가 이해하고 있던 前朝鮮과 약간의 차이를 보이고 있는
것으로 생각된다(『三國遺事』권 1, 紀異 2, 古朝鮮[王儉朝鮮] 및 『帝王
韻紀』권 하, 「東國君王開國年代」, 前朝鮮紀 참조). 이점에 대해서는
추후 검토가 필요하다.
고조선의 용례는 李崇仁·金時習에게서도 보이는데(『陶隱集』권 2, 「張
中顯之行寄全齋李先生」. "全齋謝簪笏 高臥古朝鮮 潘賦閑居興 箕疇
絶學傳 相思空夜月 捶落已秋天 天逢着西還 使裁詩寄一篇" 및 『梅月
堂詩集』권 9, 遊關西錄, 「平壤紀事(三)」. "大尹先歸二尹隨 郎官主事
挾輧馳 街頭喝道和簫角 樓上傳拜雜管絲 政簡訟平閑五伯 年登物阜備
諸司 朝鮮自古朝鮮地 文物衣冠勝舊時"), 이들의 이해가 단군조선을
의미하는 것이라고 생각되지는 않는다.

는 중요하다. 이것은 그 속에 고조선의 역사적 사실은 물론 당시 사람들이 고조선과 단군을 어떤 존재로 인식하고 있었는가의 문제가 일정 부분 용해되어 있기 때문이다. 그러나 고조선의 건국을 전하는 자료는 지극히 제한되어 있다.『三國遺事』의『魏書』·『古記』및『帝王韻紀』의『本紀』의 기록, 그리고 이에 준하는 수준의『世宗實錄』地理志 및『應製詩註』의 관련내용 정도가 고작이다. 이에 그 논의 역시 지극히 제한적일 수밖에 없어 의견의 접근을 더욱 어렵게 한다.

이런 단군신화는 고조선사회에서 형성되어 각종 의례의 내용을 통해 숭배되어 오다가 이후 고조선의 영역과 주민 대부분을 계승한 고구려에 전해져 그 신앙체계로 흡수되었을 것으로 짐작된다. 그 전승의 대부분이 고구려의 것들과 섞여 전해지는 모습을 지적하지 않더라도, 이것은 고구려 벽화고분에 그려져 있는 단군신화와 관련한 몇몇 요소와 시조 鄒牟에 대한 출자관념을 보여주는 금석문에서 어느 정도 추측이 가능하다.

즉 5세기에 조성된 고구려의 角抵塚 벽화그림 중 자색나무에 등을 기댄 채 사람처럼 서 있는 호랑이와 곰의 모습, 長川1號墳 벽화그림 중 자색나무 밑에 있는 굴속에서 무언가를 앞발로 잡고 웅크리고 있는 곰의 모습 등은『三國遺事』에 기록되어 있는 단군의 출생 모티브와 관련하여 추측할 수 있다. 또 5세기 초 고구려의 금석문인「廣開土王陵碑」와「牟頭婁墓誌」에 보이는 '天帝之子'·'日月之子' 등의 이해와 관련해서도 일정한 이해를 얻을 수 있다. 고구려 시조 鄒牟를 하늘과 연계하는 出自觀念은 단군신화의 하늘과 연결되는 출자의식을 고구려인들이 적극 활용한 결과라고 짐작된다. 解慕漱가 柳花를 유혹한 곳이 단군신화의 출발지와 같은 太伯山 부근의 熊神山이라는 기록,[2] 朱蒙이 단군의 아들이라는『三

國遺事』의『壇君記』와「王曆」기록 역시 이런 점을 살펴보는데 유효하다.[3]

　이후 단군과 관련한 전승은 고려에 이르기까지 많은 변화를 겪으면서 전해져 왔을 것으로 추측된다.『三國遺事』와『帝王韻紀』가 전하고 있는 전승 역시 그런 변화를 수반한 결과이다. 이런 단군의 존재는 고려후기이래 우리 역사 속에서 외세의 침입 등 위기의식이 팽배해졌을 때, 사회구성원을 하나의 동질성으로 묶는 요소로 작용하였다. 몽골의 침략과 대응이라는 예를 지적하지 않는다고 하더라도, 일제강점기 역시 단군은 독립운동의 구심점으로 적극 수용되었다. 그러나 이제까지 사회구성원을 단결시키는 요소로 작용하고 있던 단군과 관련한 제반 이해들은 최근 남북의 정치현실과 남한내의 민간이나 종교단체의 반목으로 갈등 내지는 분열 요소로 새롭게 등장하고 있다. 이것은 남북뿐만 아니라 남한 내에서도 그 인식의 편차를 그대로 드러내는 부분이다.

　특히 지난 1993년 북한은 소위 檀君陵을 발굴하였다. 그 이후 체제의 정통성을 단군조선에서 찾고 있는 북한학계의 논리는 남한의 재야단체나 학계 일부에 수용되어 단군의 위상에 관한 논란이 더욱 복잡하게 진행될 것임을 예고하고 있다. 이런 움직임은 남북한 또는 남한 내에서 단군 인식의 편차를 더욱 심화시킬 것이 분명하다. 따라서 단군을 둘러싸고 있는 정치와 종교 논리를 제거하고,

---

2)『三國遺事』권 1, 紀異 2, 高句麗.『三國史記』및 李奎報의「東明王篇」등에는 熊心山으로 기록하고 있다(『三國史記』권 13, 高句麗本紀 1, 始祖 東明聖王 및『東國李相國集』全集 권 3, 古律詩,「東明王篇」참조).

3) 金成煥, 2000,「단군신화의 기원과 고구려의 전승」『단군학연구』3, 단군학회 참조. 한편 필자와는 다른 측면에서 고구려 사회에서의 단군 이해를 살펴본 것으로 趙法鍾의 연구를 참고할 수 있다(趙法鍾, 2001,「고구려 사회의 檀君認識과 종교문화적 특징－蘇塗文化와의 관련성을 중심으로－」『韓國古代史研究』21, 한국고대사학회, 173～211쪽 참조).

객관적이고 합리적인 이해를 바탕으로 접근하는 자세가 절실한 때라고 하겠다.

이제까지 단군에 관한 검토는 두 가지 방향에서 이루어졌다. 고조선사의 한 영역인 역사적 실체, 즉 고조선 건국시조로서의 연구가 하나이고, 이후 각 시대별로 전승된 인식에 관한 연구가 하나이다. 이런 관심은 어느 한 부분만 강조하거나 양자를 혼동함으로써 혼란을 야기하였고, 아직까지도 그 모습들이 완전히 정리되었다고 생각되지는 않는다. 그러나 이 같은 두 방향에서의 연구는 병행되어야 하고 이를 종합할 때, 단군과 고조선의 역사적 사실에 보다 객관적으로 접근할 수 있다는 점은 분명하다.

이중 인식의 문제인 전승에 관한 이해로서의 단군 연구는 고려후기이래 단군이 國祖로 숭배되었다는 점에서 주목을 받아 온 것이 사실이지만, 깊이 있게 진행되고 있지 못한 것이 현실이다. 이것은 단군과 관련한 最古의 기록이 13세기말이라는 시간적인 제약에도 원인이 있다. 그러나 이것보다는 『三國遺事』와 『帝王韻紀』에 실린 단군 기록이 우리가 소속되어 있는 국가의 출발을 전하고 있다는 현재적 입장이 강조되고 있다는데 더 큰 원인이 있다. 즉 이들 자료가 고조선과 관련한 最古의 자료라는 점에서 연구의 주된 관점이 고조선의 역사 연구에 1차 자료로 활용하고 있는 것, 그리고 고려후기 상고사의 인식체계를 밝히려는 자료로 이용하고 있는 것 등이 그것이다. 또 신화적인 견지에서 같은 시기에 편찬된 자료이지만, 『古記』의 기록 자체가 『本紀』의 기록 보다 신화적인 내용을 보다 풍부하게 전하고 있다는 점에서 『帝王韻紀』보다 『三國遺事』를 위주로 단군인식과 관련한 연구가 진행되고 있는 것 역시 참고할 수 있다.

물론 이런 접근방법이 잘못되었거나 문제가 있는 것은 아니다.

그러나 보다 중요한 점은 이들 역시 고려후기라는 시간적인 제약을 가지고 있는 자료라는 것을 분명하게 인식하는 것이다. 그리고 이를 토대로 단군전승과 그 인식의 모습을 천착할 때, 역사적 사실에 보다 근접할 수 있을 것으로 생각된다. 따라서 고려시대 단군전승과 그 인식에 관해서는 몇가지 문제점이 있다. 고구려 계통의 전승과 융합 문제, 불교·도참 혹은 민간신앙과의 관련 문제, 고려사회에서의 이해와 작용 문제 등이 그것이다. 이와 아울러 그 전승을 전하고 있는 지역들에 대한 개별적인 검토 역시 거의 이루어지지 않고 있다. 이 같은 문제들이 선결되지 않는다면, 그 이해의 폭은 단편적이고 제한적일 수밖에 없다.

이런 점에서 이 연구는 고려시대에 단군이 어떤 존재로 인식되었고, 그 사회구성원들에게 어떻게 모셔지고 작용하고 있었는지, 그리고 어떤 과정을 거쳐 고려후기 國祖로까지 인식되게 되었는지 등의 문제를 검토하고자 한다. 그렇다고 고조선 건국신화로서의 의미 자체를 부정하려는 것은 아니다. 단지 연구의 주된 관점이 신화나 고조선사에서의 역사적 실체를 규명하는데 있는 것이 아니라, 고려시대라는 시간과 공간적인 범위 안에서의 단군에 관한 인식과 전승의 제반 모습을 검토하는데 있다는 것이다.

2. 研究成果와 方法

1) 研究成果

단군 연구는 우리 역사의 출발인 고조선의 시조라는 관점에서 다른 분야보다 일찍 시작되어 많은 성과가 제시되어 있다. 그 출발

은 일제강점기 민족주의 사학자들과 일인들에 의해 시작되었다.[4]
일인들의 연구는 단군 혹은 그 신화를 왜곡함으로써 한반도를 식
민지화하려는 목적에서 이루어졌다. 또 그 대응의 입장이 민족주
의 사학자들의 연구라고 할 수 있다. 즉 1894년 那珂通世와 白鳥庫
吉이 단군에 관한 이야기를 불교가 전래한 이후 승려의 날조에 의
한 망설로 치부함으로써,[5] 그 입론은 이후 일인들에게 계승되었
다.[6] 이에 민족주의 사학자들은 우리 역사의 시조 자체를 부정하
는 일인들의 왜곡된 인식에 대응하여 연구를 진행시켰다. 神壇과
수두의 언어적·종교적인 접근과 함께 壇君을 보통명사로 이해하
고 고조선의 국가 형성과정을 설명한 申采浩,[7] 단군을 우리 역사

---

4) 단군에 관한 연구가 학문적인 체계를 가지고 진행되기 시작한 것은 20
세기 초반부터이지만, 고려나 조선시대의 史書類 또는 文集類 등 각종
자료에 산견되는 내용으로 볼 때, 연구의 출발은 이미 이전부터 계속되
어 내려왔다고 할 수 있다.

5) 那珂通世, 1894,「朝鮮古史考」『史學雜誌』5-4, 東京大史學會 : 白鳥
庫吉, 1894,「檀君考」『學習院輔仁學會雜誌』28 및 1894,「朝鮮の古
傳說考」『史學雜誌』5-12, 東京大史學會(1970,『白鳥庫吉全集』3 재
수록).

6) 今西龍, 1910,「檀君の傳說につきて」『歷史地理』(朝鮮號), 日本歷史
地理學會 및 1929,「檀君考」『靑丘學叢』1 ; 1970,『朝鮮古史の硏究』,
國書刊行會 재수록. 이 밖의 高橋亨·小田省吾·三浦周行 등의 연구
역시 모두 여기에 포함할 수 있다. 이에 대한 비판은 朴成壽, 1987,
「日帝의 韓國史 歪曲과 韓國史學界의 課題와 責任」『季刊京鄕』
(1987년 여름호), 경향신문사 및 1989,「日帝植民史觀과 皇國史觀」『韓
民族』1, 한민족학회 참조.
일인들의 이같은 주장은 광복 이후 三品彰英·井上秀雄·大林太郞·
依田千百子·野崎充彦 등에 의해 계속되었는데, 이에 대한 비판은 김
양기, 1986,「日本史學界의 檀君神話 硏究 動向」『傳統文化』(1986년 2
월호) 참조.

7) 申采浩, 1948,『朝鮮上古史』, 종로서원 : 李萬烈 譯註, 1983,『譯註 朝
鮮上古史』, 단재신채호선생기념사업회.

의 시조로 명백히 설정한 鄭寅普,[8] 단군을 조선문화의 연구에 출발로 삼고 그 역사적 접근에 노력한 崔南善[9] 등이 대표적이다. 이들의 성과는 일인들의 왜곡된 연구에 맞서 단군신화 속에서 고조선의 역사성을 추출하려고 노력했다는 점에서 평가할 만 하다.[10]

　이후 단군 연구는 중국 山東省 武氏祠堂 石室의 畵像石을 단군신화와 관련하여 해석한 金載元의 연구로 큰 반전을 보게 된다.[11] 그의 입론이 역사적 사실과 부합하는지는 재론의 여지가 없는 것이 아니지만,[12] 그것은 단군신화가 고려후기 승려에 의해 조작되

---

8) 鄭寅普, 1948, 『朝鮮史硏究』(上・下), 서울신문사.

9) 崔南善, 1927, 「壇君及其硏究」『朝鮮及朝鮮民族』1(李基白 編, 1990, 『檀君神話論集』, 새문사 재수록) 및 1954, 「檀君古記箋釋」『思想界』(1954년 2월호), 사상계사. 崔南善의 단군연구에 대한 최근의 검토로는 李英華, 2001.10, 「崔南善 壇君論의 展開와 그 變化」, 한국사학사학회 발표요지 참조.

10) 이런 점에서 단군 이해의 방향이 종교적인 면에 치우치기는 하였으나, 단군신화가 고조선 초기부터 전승되었다는 입장인 李能和(李能和, 1927, 「古朝鮮 檀君」『東光』2-4)나, 유물사관의 입장이었지만 단군의 출생을 男系 추장의 확립으로 이해한 白南雲(白南雲, 1933, 『朝鮮社會經濟史』, 改造社)의 성과 역시 참고할 수 있다.
　또 단군을 민족적 공동시조로 이해하고 그같은 정체의식 밑에서 민족적 결속과 발전을 도모하던 韓末 이래의 사상이나 운동을 '단군민족주의' 또는 '단군Nationalism'으로 분류하여 그 전개양상과 의의를 분석한 성과가 제시되어 있다(鄭榮薰, 1995, 「檀君과 近代 韓國民族運動－近代期의 '檀君民族主義'에 대한 연구－」『한국의 정치와 경제』8, 한국정신문화연구원 및 佐佐充昭, 2000, 「檀君ナショナリズムの形成－韓末愛國啓蒙運動期を中心に－」『朝鮮學報』174, 朝鮮學會 ; 2000, 「韓末における檀君敎の「重光」と檀君ナショナリズム」『朝鮮學報』180, 朝鮮學會). 또 이 시기의 단군인식의 변화와 관련해서는 徐永大, 2001, 「한말의 檀君運動과 大倧敎」『韓國史硏究』114, 한국사연구회를 참고할 수 있다.

11) 金載元, 1947, 『檀君神話의 新硏究』, 정음사.

12) 金載元의 견해에 대한 비판으로는 金元龍, 1980, 「武氏祠畵像石과 檀

었다고 하는 일인들의 망설을 불식시키는데 큰 역할을 하였다. 이에 단군의 출생을 天神族과 地神族의 결합[13] 내지, 토테미즘과 태양신화를 지닌 두 계통의 집단이 정치·사회적으로 통합을 이루는 과정을 반영하는 것으로[14] 이해하여 단군신화를 고조선의 건국신화로 확고하게 인식하였다. 또 단군신화가 곰 토템 씨족이 지니고 있던 샤머니즘을 배경으로 성립된 것이라거나,[15] 혹은 先住의 어렵민인 고아시아족과 후래의 농경민인 북몽골족이 동화 내지 교체하는 과정을 반영한 것이라는 관점이[16] 적극 제시되었다.[17]

최근에 이루어진 대표적인 성과로는 우선『단군·단군신화·단군신앙』을 들 수 있다.[18] 여기서는 당초의 기획의도가 신앙에 있

君神話에 대한 再考」『考古美術』146·147합집 및 1987,『韓國美術史研究』, 일지사 재수록 : 文暻鉉, 1985,「檀君神話의 新考察」『嶠南史學』1, 영남대 국사학과 등이 있다.

13) 李丙燾, 1976,「檀君說話의 解釋과 阿斯達 問題」『韓國古代史研究』, 박영사.

14) 金廷鶴, 1954,「檀君說話와 토테미즘」『歷史學報』7, 역사학회 및 1990,『韓國上古史研究』, 범우사 재수록.

15) 李基白, 1975,「檀君神話의 問題點」『韓國古代史論』, 탐구당.

16) 千寬宇, 1982,「檀君」『人物로 본 韓國史』, 정음문화사.

17) 金貞培, 1973,「古朝鮮의 住民構成과 文化的 複合」『韓國民族文化의 起源』, 고려대출판부 : 鄭璟喜, 1981,「檀君社會와 靑銅器文化」『韓國古代社會文化研究』, 일지사 : 金杜珍, 1982,「檀君古記의 理解方向」『韓國學論叢』5, 국민대 한국학연구소 및 1990,「檀君神話의 文化史的 接近」『韓國史學』11, 한국정신문화연구원 등의 견해 역시 부분적인 차이는 있으나, 그 이해 방향은 같은 선상에 있다고 할 수 있다.
이상의 단군에 관한 연구사 정리는 李載杰, 1986,「檀君神話 研究의 現況과 問題點」(1)·(2)『國際語文』3 및『美原禹寅燮先生華甲紀念論文集』, 집문당 : 李弼泳, 1994,「檀君 研究史」『檀君－그 이해와 자료－』, 서울대출판부 및 2001, 증보판『檀君－그 이해와 자료－』, 서울대출판부 : 金杜珍, 2000,「단군에 대한 연구의 역사」『韓國史市民講座』27, 일조각 참조.

18) 이 책은 한국정신문화연구원에서 '단군신앙의 연구'를 기획논문(1986,

었기 때문에 당연한 것이기도 하지만, 신앙과 종교적인 면에서의 단군을 강조하여 우리 민족이 유구한 역사와 문화를 가지고 있음을 지나치게 드러내고 있다. 그러나 그간 단편적으로 이루어지고 있던 단군 문제를 신앙을 중심으로 종합적으로 접근하고 있다는 점에서는 참고할 수 있다.

이런 점에서 단군을 신앙이나 종교적인 차원에서 접근함으로써 사실과 다른 해석을 도출하는데 따른 문제를 극복하고, 올바른 시각과 연구방향을 제시하려는 노력이 있었다. 그중 李基白의 일련의 성과는 주목할 수 있다. 그는 일단 이제까지 그 역사나 영역 등이 과대 포장되어 이해되고 있던 고조선 문제를 역사학의 입장에서 접근하여 객관적인 이해를 도모하려고 하였다. 그가 책임편집한 『韓國史市民講座』 2에서 '古朝鮮의 諸問題'를 특집으로 다루고 있음이 바로 그것이다.[19] 그는 또 崔南善의 「壇君及其硏究」 등 이제까지 단군 문제와 관련해서 객관적인 방향을 제시하면서도 주목할 만한 논문들을 엮어 『檀君神話論集』을 간행하기도 하였다.[20] 이것은 이때 재야사학 등에서 僞書로 판단되는 『揆園史話』나 『桓

『精神文化硏究』 28)으로 선정하여 후에 단행본으로 엮은 것이다(한국
    정신문화연구원, 1986, 『단군・단군신화・단군신앙』(정신문화문고 21),
    고려원).
19) 李基白 책임편집, 1988, 『韓國史市民講座』 2-古朝鮮의 諸問題-, 일
    조각. 여기에는 고조선의 국가 형성시기・위치와 강역・사회와 정치
    등을 다룬 李基白의 「古朝鮮의 國家形成」, 徐榮洙의 「古朝鮮의 位置
    와 彊域」, 鄭璟喜의 「古朝鮮의 社會와 政治」 등 고조선과 직접 관련한
    논문 3편과 재야사학에서 적극 인용하고 있는 僞書들에 대한 검토인
    趙仁成의 「『揆園史話』와 『桓檀古記』」 등을 싣고 있다. 또 고조선의
    역사를 전하는 最古의 자료인 『三國遺事』를 편찬한 一然에 대한 蔡尙
    植의 「一然」이라는 논문을 실음으로써 고조선에 대한 올바른 이해를
    도모하고 있다.
20) 李基白 編, 1990, 『檀君神話論集』, 새문사.

檀古記』・『檀奇古史』등을 근거로 단군과 고조선에 대한 허황된 시각을 제시하는데 따른 객관적인 이해를 위한 노력의 결과라고 할 것이다.

단군 연구에서 가장 주목되는 최근의 성과로는 역사학・철학・종교학・국문학 등의 연구자들이 공동 작업한『檀君－그 이해와 자료－』를 빼놓을 수 없다.[21] 이 책은 이제까지의 단군에 관한 제반 문제를 총정리 하려는 의도아래 기획되었다. 이에 우리 민족의 역사와 단군신화의 관계를 개략적으로 살펴 본 總論을 제외하고 모두 4부로 구성하고 있다. 제1부 '檀君神話와 韓國史'・제2부 '檀君의 信仰과 民族運動'・제3부 '檀君關係資料'・제4부 '討論會'가 그것이다. 특히 제1부의 4장은 '檀君認識의 歷史的 變遷'이라 하여 고려시대부터 일제강점기까지 단군인식의 변천과정을 천착하고 있다. 이것은 고려시대부터 근대까지 단군전승이 어떻게 이해되며 전해졌는지를 살펴보는데 깊이 참고된다. 또 제3부에서는 徐永大가 고려시대부터 1900년 초반까지의 각종 문헌에 보이는 단군 관계자료를 체계적으로 정리하고 있다. 이 역시 각 시대마다 이해되고 있던 단군의 모습이나, 여러 유형의 단군전승을 이해하는데 도움을 준다.[22]

단군에 관한 연구는 최근 들어 보다 활발하게 진행되고 있다. 이것은 앞서의 성과만으로는 이에 대한 여러 시각들이 한꺼번에 정리될 수 없음을 의미한다. 그리고 이제까지의 혼돈된 시각을 정리

---

21) 尹以欽 외, 1994,『檀君－그 이해와 자료－』, 서울대출판부.
22) 徐永大 編輯,「檀君關係資料」. 이 책은 이후 북한의 단군관계 고고학 발굴과 연구에 대한 최몽룡의 논문과 문집에 산견되어 있는 자료, 그리고 1990년대 중반 이후 단군과 관련한 문제들을 종합적으로 정리한 토론회의 요지를 추가로 실어 증보・간행되었다(尹以欽 외, 2001, 증보판『檀君－그 이해와 자료－』, 서울대출판부 참조).

하여 보다 객관적인 이해의 틀을 제공하려는 노력이 앞으로도 지속되어야 한다는 점에서 당연한 것이기도 하다. 이런 점에서 盧泰敦 등이 펴낸『단군과 고조선사』[23]와『韓國史市民講座』27집은[24] 대표적인 결과이다.『단군과 고조선사』는 모두 3부로 이루어져 있다. 1부에서는 바람직한 이해의 방향을 설정하기 위해 고조선사와 단군에 대한 그간의 연구경향을 정리하고 있고,[25] 2부에서는 객관적인 역사적 실체로서의 고조선의 역사와 단군신화에 접근하고 있으며,[26] 3부는 전통시대부터 근대에 이르기까지 단군과 고조선에 대한 이해의 변천 문제를 검토하고 있다.[27]

또『韓國史市民講座』27집－단군 그는 누구인가－역시 신화와 역사적 실체로 혼동되고 있는 단군에 관한 이해를 정리하여 앞으로의 이해 방향을 제시하기 위한 것이다. 이에 먼저 고조선의 시조로 분명하게 자리하고 있는 역사적 실체로서의 단군의 모습을 검토하고, 이를 다시 신화 속에서의 모습과 비교할 수 있도록 하였다.[28] 아울러 단군 연구에 어떤 자료가 있는지를 살펴볼 수 있게 하여 그 모습에 대한 혼란을 정리하려고도 하였다.[29] 또 고려시대

---

23) 盧泰敦 編著, 2000,『단군과 고조선사』, 사계절.
24) 李基白 책임편집, 2000,『韓國史市民講座』27－단군 그는 누구인가－, 일조각.
25) 盧泰敦,「檀君과 古朝鮮史에 대한 理解」－사실과 상징의 변주곡－.
26) 여기에는 盧泰敦,「古朝鮮 中心地의 變遷에 대한 硏究」 및 「衛滿朝鮮의 政治構造」: 徐永大,「檀君神話의 意味와 機能」 등의 논문이 실려 있다.
27) 여기에는 徐永大,「傳統時代의 檀君認識」: 정영훈,「단군의 민족주의적 의미」－근대기 민족교육과 관련하여－ : 趙仁成,「在野史書 僞書論」－『檀奇古史』·『桓檀古記』·『揆園史話』를 중심으로－ 등의 논문이 실려 있다.
28) 盧泰敦,「역사적 실체로서의 단군」 및 徐永大,「신화속의 단군」.
29) 趙仁成,「단군에 관한 여러 성격의 기록」.

地域神으로서 평양에 모셔졌던 단군으로부터 민족해방투쟁기의 大倧敎까지 단군신앙에 대해 일별하여 학문적인 입장에서 단군신 앙에 대한 접근방향을 제시하고 있기도 하다.[30] 그리고 1988년『韓 國史市民講座』2에서 다루었던 一然과 비교하여『帝王韻紀』의 찬자 李承休를 다룸으로써『三國遺事』와『帝王韻紀』에 전하는 전승의 차이에 대한 접근을 가능하게 하고 있다.[31]

이 같은 남한에서의 연구동향과 함께 북한에서의 단군 연구도 활발하게 진행되었다. 그들이 단군 논의를 본격적으로 시작한 것 은 1960년대 초반이다. 이것은 당시 그들 학계에서 쟁점으로 부각 된 고조선 문제와 관련하여 단군에 대한 접근이 필요했기 때문이 었다.[32] 이후 1980년대 중반까지 북한의 단군 연구는 1960년대의 성과를 답습하는 수준에 머무르고 있다.[33]

1980년대 후반에 들어서면서부터는 새로운 성과들이 보이기 시 작하는데, 강인숙의 연구가 대표적이다.[34] 그의 연구는 단군신화의

---

30) 朴光用,「단군신앙의 어제와 오늘-檀君祠에서 대종교로-」.
31) 邊東明,「이승휴」.
32) 이에 1962년 4차례에 걸친 단군 관련 학술토론회가 개최되었고, 이후 1964년까지 여기에 참여한 리상호·리지린·홍기문의 연구가 발표되었 다(리상호, 1962,「단군설화의 력사성」『력사과학』1962 3-4호 및 1962, 「단군설화의 연대문제」『력사과학』1962년 5호 ; 1963,「단군고」『고조 선에 관한 토론론문집』; 1964,「단군신화와 본지수직설」『력사과학』 1964년 4호 : 리지린, 1963,「단군신화비판」『고조선연구』: 홍기문, 1964, 「단군신화」『조선신화연구』). 이후 이들 논문은 서영대 편, 1995,『북한 학계의 단군신화연구』, 백산자료원에 실려 우리 학계에 소개되었다.
33) 대표적인 예가『조선전사』2에 실려 있는 단군 이해이다(사회과학원 력사연구소, 1979,「고조선의 건국과정을 반영한 단군신화」『조선전 사』2 : 서영대 편, 위의 책, 343~350쪽 참조).
34) 강인숙, 1987,「단군신화의 형성시기」『력사과학』1987년 3호 및 1987, 「단군신화의 근사한 유형」『력사과학』1987년 4호 ; 1988·1989,「단 군신화의 력사」(1)-(3)『력사과학』1988년 3-4호·1989년 1호 ; 1987,「

형성시기를 고조선의 건국과 관련하여 이해하고 있는 점 등 몇몇 부분에서 새로운 견해가 보이고는 있지만, 전체적인 면에서는 리상호의 입론에서 벗어나지 못하고 있다. 그러나 1980년대 후반에 북한학계에서 단군 문제가 다시 주목되고 있는 사실은 유의할 만하다. 이것은 그들의 이 같은 연구경향이 1990년대 들어서 평안도 江東郡에 있다고 전하던 檀君陵의 발굴로 그대로 연결되고 있기 때문이다.

북한에서는 1993년 김일성의 교시에 의해 檀君陵을 발굴하고, 1993·1994년 2차례에 걸친 학술토론회를 개최하였다. 여기서 그들은 고조선의 중심이 중국 요령지방이 아니라 당초부터 평양이었고, 단군을 약 5천년 전에 실존했던 인물로 단정하고 있다. 이것은 단군과 고조선에 관한 이제까지 그들의 입장을 대폭 수정한 것이다.[35] 이런 주장은 현재 북한학계의 공식적인 입장으로, 여기에는 평양이 우리 문화의 발상지라는 논리 아래 그들 정권의 정통성을 확보하려는 정치적인 의도가 내재되어 있다.[36]

또한 최근 북한에서는 남한에서 僞書與否에 대한 논쟁이 한창인 『揆園史話』를 직접 사료로 활용하거나, 제한적인 범위이기는

단군신화」『고대 건국신화와 전설』. 이 역시 서영대 편, 앞의 책에 실려 있다.
35) 단군릉 발굴과 관련한 북한학계의 동향은 이형구 편, 1995, 『단군과 단군조선』, 살림터 및 1999, 『단군과 단군조선』(증보판), 살림터 참조.
36) 북한학계의 단군 연구에 대한 정리는 李基東, 1988, 「北韓에서의 古朝鮮研究」『韓國史市民講座』 2, 일조각 및 2000, 「北韓에서의 檀君研究와 그 崇仰運動」『韓國史市民講座』 27, 일조각 : 權五永, 1991, 「古朝鮮研究의 動向과 그 內容」『北韓의 古代史研究』, 일조각 : 金貞淑, 1994, 「北韓에서의 檀君研究」『檀君-그 이해와 자료-』, 서울대출판부 : 盧泰敦, 2000, 「北韓學界의 古朝鮮史 研究動向」『檀君과 古朝鮮史』, 사계절 : 徐永大, 2000, 「神話 理解와 歷史的 變遷-北韓의 경우를 중심으로-」『精神文化研究』 78, 한국정신문화연구원 참조.

하지만 『檀奇古史』를 이용하여 고조선 역사를 서술하고 있다.[37] 특히 『揆園史話』에 처음 보이는 1대 단군부터 47대 고열가까지의 세계, 그리고 중앙관직의 이름과 기능을 소개하고 있음은 주목되는 부분이다.[38] 그러나 이것은 잘못된 이해이다. 『揆園史話』가 자료로써 활용되기 위해서는 현재 진행되고 있는 위서여부의 논의가 우선 학문적인 입장에서 종합적으로 정리되어야 하고, 그 토대 위에서만 가능하다고 생각된다. 또 설사 『揆園史話』가 1675년(숙종 1) 北崖老人에 의해 저술된 것이라고 하더라도,[39] 이것은 조선후기 단군과 관련한 전승의 이해라는 측면에서 접근해야 할 성격의 자료이지, 고조선 역사의 서술에 직접 활용할 수 있는 자료는 아니라고 판단된다.

이와 달리 인식 문제로서의 단군 연구는 1960년대 후반 姜萬吉에 의해 가장 먼저 주목되었다. 그는 조선왕조실록에 단편적으로 보이는 단군 관련기록을 정리하여 조선시대 國祖로 숭배된 단군의 의미를 검토하였다.[40] 이후 이에 관한 연구는 거의 이루어지지 않고 있다가 1990년대 들어서 徐永大・朴光用 등을 중심으로 진행되고 있다. 그러나 이 역시 인식으로서의 접근에 첫 단계인 만큼, 시대의 구분 없이 고대부터 조선시대까지 전반적인 전승 양상을 개괄하는 정도에 머물러 있다. 이런 점에서 徐永大의 「檀君崇拜의

---

37) 허종호 외, 『고조선 력사개관』, 사회과학출판사 ; 2001, 도서출판 중심, 참조.
38) 허종호 외, 위의 책, 39~45쪽 참조.
39) 이런 입장에서 『揆園史話』를 접근한 연구로는 韓永愚, 1975, 「17世紀의 反尊華的 道家史學의 性格」『韓國學報』 1, 일지사 ; 徐永大, 1994, 「檀君關係 文獻資料 硏究」『檀君-그 이해와 자료-』, 서울대출판부 및 2001, 증보판 위의 책, 재수록 등이 있다.
40) 姜萬吉, 1969, 「李朝時代의 檀君認識」『李弘稙博士回甲紀念韓國史學論叢』.

歷史」는 전승을 숭배의 견지에서 일별함으로써 각 시대마다 그 모습이 어떻게 변해갔는지를 이해하는데 도움을 준다.[41]

그러나 단군의 존재는 시대의 전후 사정에 따라 다르게 인식되었고, 그 내용 역시 많은 변화를 수반하였다. 이것은 인식으로서의 단군 연구가 시대별 또는 시기별로 나뉘어 진행되어야 보다 사실적이고 총체적인 접근을 할 수 있음을 의미한다. 단군이 國祖로서 확고하게 자리하기 시작한 고려후기나 조선시대 역시 그 이해의 깊이는 시대 상황에 따라 달랐을 것이 분명하다. 이런 점에서 주목되는 성과가 崔柄憲・朴光用의 연구이다. 崔柄憲은「高麗時代 檀君神話 傳承文獻의 檢討」에서 단군 관계자료의 최고형인『三國遺事』와『帝王韻紀』의『古記』와『本紀』기록을 비교하면서 고려시대의 전승에 관한 이해를 검토하고 있다.[42] 이 연구는 인식의 측면에서 고려시대의 전승을 본격적으로 검토한 유일한 것이다. 그러나 주된 관점이『古記』와『本紀』의 기록을 비교하여 一然과 李承休의 상고사 인식체계의 차이를 밝히는데 머물고 있어 당시 그 전승의 이해와 기능에 관한 문제에는 소략한 입장이다.

朴光用 역시 조선시대의 단군인식의 변천을 검토하여[43] 전승에

---

41) 徐永大, 1992,「檀君崇拜의 歷史」『단군・단군신화・단군신앙』, 한국정신문화연구원 : 李恩奉의「檀君信仰의 歷史와 意味」(1994,『檀君－그 이해와 자료－』, 서울대출판부) 역시 전승으로서 단군을 주목한 연구는 아니지만, 고대부터 조선시대까지의 전승을 이해하는데 참고할 수 있다.
한편 1997년 단군과 관련한 제반 문제를 학문적으로 접근하기 위해 단군학회가 창립되어 정례적인 학술발표회 등을 개최하고, 그 결과를 집약한『단군학연구』를 간행하고 있음도 주목할 수 있다.
42) 崔柄憲, 1994,「高麗時代 檀君神話 傳承文獻의 檢討」『檀君－그 이해와 자료－』, 서울대출판부.
43) 朴光用, 1994,「檀君認識의 歷史的 變遷－朝鮮時代－」『檀君－그 이해와 자료－』, 서울대출판부. 여기서 그는 조선시대의 인식을 삼조선설

관한 단계별 이해를 도모하고 있다.[44] 또 최근 徐永大는 단군전승
의 내용을 고려와 조선시대로 나누어 살펴보고,[45] 단군 기록이
『三國遺事』와『帝王韻紀』에 처음 실린 이후 시대를 거듭하면서
전승 자체가 이해의 정도에 따라 새롭게 해석되어 전해졌음을 밝
히고 있다.

2) 研究方法

이 연구는 모두 3장으로 구성되어 있다. 1장에서는 지금까지 전
해오는 단군전승을 몇 개의 유형으로 나누어 정리하고자 한다. 단
군 또는 고조선에 관한 기록은『三國遺事』의『古記』를 비롯하여

확립시기(15세기)·도학주의 사학시기(16세기~17세기 전반)·정통론
사학시기(17세기 후반)·실학적 사학시기(18세기~19세기 중반)·개화
계몽 사학시기(19세기 말~대한제국)로 나누어 검토하고 있다. 또 이런
연구 방향은 朴光用, 1997,「檀君 認識의 變遷」『韓國史學史硏究(우송
조동걸선생정년기념논총Ⅰ)』및 2000, 위의 논문에서도 볼 수 있다.

44) 세종 때 平壤에 건립된 檀君祠에 주목하여 조선 초기 國祖로서의 단군
이 정착되는 과정을 살핀 金成煥의 연구(金成煥, 1992,「朝鮮初期 檀君
認識」『明知史論』4, 명지사학회) 역시 조선시대 인식으로서의 단군에
관한 모습을 살핀 것이다. 또 桑野榮治는 조선초기 祀典에 단군이 歷
代始祖祭祀의 한 형태로 제도화되는 과정을 조선왕조의 정통성과 권
위를 나타내기 위한 것에서 찾고 있다(桑野榮治, 1990,「李朝初期の祀
典を通してみた檀君祭祀」『朝鮮學報』135, 朝鮮學會 및 1990,「檀君
祭祀儀禮の分析」『年報朝鮮學』創刊號, 九州大 朝鮮學硏究所).
또 全炯澤은 조선전기의 歷史書에서 단군조선이 外紀에 편차되던 것과
는 달리 후기에는 本紀에 서술되어 역사의 상한은 물론 강역까지 확대
되는 역사인식의 결과를 낳게 되었음을 밝히고 있다(全炯澤, 1980,「朝
鮮後期 史書의 檀君朝鮮 敍述」『韓國學報』21, 일지사).

45) 徐永大, 1999,「傳統時代의 檀君認識」『단군학연구』창간호 ; 2000,
『檀君과 古朝鮮史』, 사계절 재수록.

이후 많은 전승들이 전하고 있다. 이들은 지금까지 전해져 오면서 그 내용에 많은 변화를 수반하였다. 같은 시기에 편찬되었으면서도『三國遺事』의『古記』와『帝王韻紀』의『本紀』가 전혀 다른 전승을 보이고 있는 것이나, 조선시대에 성리학적인 사고를 기반으로 하는 權近의「應製詩」전승은 대표적인 예라고 할 수 있다. 물론 단군신화에 관해서는 심도 있는 논의가 진행되어 왔다. 그러나 시대를 거듭할수록 새로운 내용들이 덧붙여져 전해졌고, 기존의 전승에 대해서도 일치된 견해 없이 계승되어 전반적인 전승의 범위를 파악하는 것도 쉬운 작업은 아니다. 이것은 전승에 관한 다양한 이해를 어떻게 수용할 것인가의 문제와도 직결된다.

단군전승을 유형화하려는 작업은 활발하게 진행되지 못했다. 이것은 현재 전하고 있는 자료의 양이 생각보다 많고, 이에 대한 접근방법의 차이에 따라 상반된 견해가 나올 수 있다는 염려 때문이기도 하다. 하지만 여러 전승을 하나의 기준으로 유형화하는 작업은 전승의 내용을 보다 깊이 있게 이해하기 위해 선행되어야 할 작업임이 분명하다. 이것은 여러 전승의 양상을 계통적으로 살펴볼 수 있는 기회임과 동시에, 각 자료에서 혼재되어 있는 전승들이 어떤 변화과정을 거쳐 후대까지 전해지게 되었는가를 검토할 수 있기 때문이다. 따라서 이 장에서는 다양한 형태의 전승을 단군의 출생을 중심으로 나누어 검토함으로써 전통사회에서 단군에 관한 이해가 어떻게 변모되면서 전해지고 있었는가를 살펴보고자 한다. 자료의 범위는 고려는 물론, 조선시대의 전승까지도 포함하고자 한다.

2장에서는 고려시대 각 지역에서 전해지고 있던 단군은 어떤 모습이었는지를 살펴보고자 한다. 고려시대에 단군전승이 전해지던 곳으로는 단군의 출생지로 알려져 있는 妙香山과 도읍지로 전해오

는 平壤, 후에 산신으로 좌정하였다는 阿斯達山인 九月山, 단군이
직접 祭天하였다는 江華 등을 들 수 있다. 이로 볼 때, 우선 전승이
전해지던 곳이 서북한 지역이라는 공간적인 범위를 설정할 수 있
다. 이점은 고려시대 단군전승의 전반적인 모습을 이해하는데도
깊이 참고할 만 하다.

  妙香山은 환웅의 강림처이자 단군의 출생지로 전해지고 있다.
이것은 이곳이 전승의 출발지임을 의미한다. 그러나 이곳의 전승
기록은 소략하며, 고려시대로 국한할 경우에는 더욱 그러하다. 이
것은 妙香山의 전승 자체가 고려시대에 주목받지 못한 사실과 관
련을 가진다고 생각된다. 따라서 이 절에서는 고려시대의 전승모
습을 일정 부분 반영하고 있을 것으로 짐작되는 조선시대의 자료
들을 참고하여 고려시대 妙香山에서의 단군전승에 관한 전체적인
모습을 추적하고자 한다.

  平壤은 고조선의 初都地로 전해진다. 이곳에서의 단군전승은 고
구려의 시조 동명왕 전승과 상당 부분 섞여서 전해졌다. 이에 먼저
평양의 단군전승과 관련한 자료들을 중심으로 그 전승이 부여·고
구려의 것들과 착종상태를 보이고 있는 원인을 검토하고자 한다.
그리고 이를 토대로『高麗史』와『高麗史節要』에서 西京神祠·平
壤神祠·平壤神堂·平壤廟·平壤君祠 등의 명칭으로 산견되는
平壤廟의 神格을 단군과 관련하여 추측하고, 그 기능과 성격을 살
펴보고자 한다.

  九月山도 단군전승지로 빼놓을 수 없다. 文化縣이 一然에 의해
단군의 移都地로 비정되고 있는가 하면, 九月山은 단군이 山神으
로 좌정한 阿斯達山으로 이해되고 있음에서 그러하다. 또 이곳에
는 檀因·檀雄·檀君 등을 모신 三聖祠가 이미 고려전기 이전부
터 건립되어 숭배가 이루어지고 있었다. 따라서 三聖祠를 중심으

로 고려시대 九月山 일대 단군전승의 전반적인 모습을 살펴보고자
한다.

江華 역시 단군전승지로 전해지고 있다. 특히『高麗史』·『世宗
實錄』등에서 단군의 祭天地로서의 塹城壇과 그가 세 아들로 하
여금 쌓게 하였다는 三郎城을 확인할 수 있다. 따라서 이곳에서의
단군에 관한 유적 및 전승을 일별한 후, 摩利山을 중심으로 전승의
제반 모습을 검토하고자 한다. 특히 摩利山에서의 전승이 고려 조
정에 주목받던 고종·원종 때, 도참가인 白勝賢에 의해 거론되고
있는 '三韓變爲震旦'을 이 시기 역사인식의 변전과정과 연계하여
살펴보고자 한다. 이들을 종합할 때, 고려시대 각 지역에서 전해지
던 단군전승의 양상과 그 기능이 보다 확연하게 드러날 수 있을 것
이다.

3장에서는 고려사회에서 단군은 어떤 존재로 인식되고 있었는
지, 그 전승은 어떤 작용을 하고 있었는지를 살펴보고자 한다. 단
군이 國祖로 자리하게 된 시기는 고려후기, 특히 元 간섭기 초기
인 충렬왕 때부터이지만, 그 움직임은 고종·원종 때부터 나타난
다. 따라서 검토 시기를 고려 전·중기와 후기로 나누어 그 인식의
모습을 비교하고, 그 과정에서 고려시대의 사회사와 사상사의 성
과에도 유의하고자 한다.

먼저 고려 전·중기의 인식에서는『三國遺事』에 인용되어 있는
『古記』와는 달리 이제까지 부정적으로 이해되어 온『帝王韻紀』의
『本紀』에 주목하고, 그곳의 非父系的인 5대 계보를『高麗史』의
高麗世系와 비교하여 이해하고자 한다. 이것은『本紀』의 전승 역
시 고려사회에서 일찍부터 전해져 오던 것임을 밝히기 위함이다.
그리고 이런 전승이 도참과 밀접한 관련 속에서 전해졌음을 李資
謙이나 李義旼의 난에서 이용되고 있는 '十八子之讖'과 妙淸이 西

京 八聖堂에 봉안하고 있는 八聖의 神格, '開京의 地氣衰旺說'과 관련한 왕실의 離宮 경영 등을 통해 살펴보고자 한다.

　고려후기의 인식에서는 이전까지 三韓에 머물러 있던 상고사 이해를 고조선으로까지 확대한 시기가 이때임을 주목하고, 이것을 당시 사류층의 현실인식과 관련하여 검토하고자 한다. 특히 이 시기 몇몇 墓誌銘에 보이는 '中古'의 용례는 元 간섭기 사류층에게 폭넓게 퍼져 있던 새로운 시대, 혹은 重興의 시대라는 현실인식과 관련하여 자신들이 몸담고 있던 시기를 이전과 구분하여 인식하려는 움직임을 보여주는 자료라고 생각된다. 따라서 이때 편찬된『三國遺事』와『帝王韻紀』가 싣고 있는 고조선의 역사적 사실을 당대의 시기구분론과 연계하여 검토하고자 한다.

　아울러『古記』의 기록을 믿고 있는 一然과는 달리 李承休의 사상적인 경향이 '三敎一源論'에 있었음에 주목하여, 그가『古記』와『本紀』의 전승을 절충하는 입장에 있었음을 살펴보고자 한다. 그리고 이런 이해가 이후 성리학을 수용하고 있는 사대부계층에게 계승되었음을 밝히고, 그들의 檀君觀이 조선 건국세력에게 어떤 형태로 수용되었는가의 문제도 검토하고자 한다. 이 같은 작업을 통해 고려시대의 단군인식에 관한 여러 모습과 의미가 보다 분명해질 수 있을 것으로 기대한다.

제1장

傳承의 類型

이 장에서는 다양한 형태의 단군전승을 유형별로 나누어 검토하고자 한다.[1] 검토의 범위는 고려부터 조선시대까지 전해져 온 제반 자료로 하고, 분류 기준은 가능한 범위내에서 각종 전승중 가장 중요한 요소 가운데 하나라고 생각되는 단군의 출생 모티브로 삼고자 한다. 또 유형의 분류는『三國遺事』또는『帝王韻紀』등 각종 자료에 보이는 원전의 출전을 따르기로 한다.

여기에서 언급하는 여러 전승들이 전체를 포괄하지 못하고 있는 것은 분명하지만, 중요한 전승이나 그 대략의 내용을 파악하는데는 크게 무리가 없을 것으로 생각된다. 또 이 작업을 통해 전승의 양상을 보다 체계 있게 정리함으로써 전통사회에서 단군에 관한 이해가 어떻게 변화하면서 전승되었지 보다 분명하게 드러날 수 있을 것이다.[2]

---

1) 지금까지 단군전승을 유형화하려는 작업은 홍기문과 徐永大에 의해 이루어졌다. 홍기문은 단군전승을 싣고 있는 자료의 출전에 따라『삼국사기』적 유형·『삼국유사』적 유형·『제왕운기』적 유형으로 나누었고 (홍기문, 1964,「단군신화」『조선신화연구』및 1989, 지양사), 徐永大는『三國遺事』유형·『帝王韻紀』유형·『應製詩』유형·『揆園史話』유형으로 나누어 전승의 특징과 차이를 검토한 바 있다(徐永大, 1994,「檀君關係 文獻資料 硏究」『檀君-그 이해와 자료-』, 서울대출판부 및 2001, 증보판). 이중 홍기문이 분류한『삼국사기』유형은 평양에서의 전승양상을 보여주는 자료에 불과할 뿐으로, 이를 별도의 유형으로 분류하는 것은 지나치다고 생각된다.

2) 고려와 조선시대의 단군전승과 관련해서는 崔柄憲, 1994,「高麗時代 檀君神話 傳承文獻의 檢討」『檀君-그 이해와 자료-』, 서울대출판부 : 姜萬吉, 1969,「李朝初期의 檀君崇拜」『李弘稙博士回甲紀念韓國史學論叢』: 徐永大, 1992,「檀君崇拜의 歷史」『단군·단군신화·단

또 연구의 범위를 고려시대로 제한하였지만, 類型論에서 만큼은
조선시대의 전승이라고 판단되는 것들도 함께 검토하고자 한다.
이것은 조선시대의 전승 역시 고려시대의 전승을 토대로 하는 것
이기 때문에 그 전승들이 어떤 과정을 거쳐 변화하고 있는가의 문
제를 접근하는데 도움을 받을 수 있다는 생각 때문이다.

I. 高麗時代의 類型

1. 『魏書』 類型

이 유형은 『三國遺事』에서 『魏書』를 인용하여 단군의 고조선
[王儉朝鮮] 건국사실을 전하는 전승을 지칭한다. 이것은 고조선 건

군신앙』, 한국정신문화연구원 및 1999, 「傳統時代의 檀君認識」 『단
군학연구』 1, 단군학회(2000, 『단군과 고조선사』, 사계절 재수록) : 桑
野榮治, 1990, 「李朝初期의 祀典을 通해서 본 檀君祭祀」 『朝鮮學報』
135, 朝鮮學會 및 1990, 「檀君祭祀儀禮의 分析」 『年報朝鮮學』 創刊號,
九州大 朝鮮學硏究所 : 金成煥, 1992, 「朝鮮初期 檀君認識」 『明知史
論』 4, 명지사학회 : 朴光用, 1994, 「檀君認識의 歷史的 變遷-朝鮮時
代」 『檀君-그 이해와 자료-』, 서울대출판부 및 1997, 「檀君 認識의
變遷」 『韓國史學史硏究(우송조동걸선생정년기념논총 I)』 ; 2000, 「단
군신앙의 어제와 오늘-檀君祠에서 대종교로-」 『韓國史市民講座』
27, 일조각 참조.
이외에 조선전기 史書의 편찬과 관련한 韓永愚(1981, 『朝鮮前期史學
史硏究』, 서울대출판부)와 鄭求福 등의 연구성과를 참조할 수 있으며,
조선후기의 단군인식과 관련해서는 韓永愚, 1989, 『朝鮮後期史學史硏
究』, 일지사 및 全炯澤, 1980, 「朝鮮後期 史書의 檀君朝鮮 敍述」 『韓
國學報』 21, 일지사 참조.

국에 관한 역사적 사실만을 간략하게 기록하고 있어 엄밀히 말하
면 신화의 범주에 포함할 수 없다. 그러나 이 책이 편찬되기 이천
년 전에 이미 壇君王儉이 존재하였고, 그 건국 시기를 堯와 같은
때라고 하여 고조선에서 이미 정치권력이 등장하였음을 보여주고
있다. 이런 점에서 이 전승은 독립된 유형으로 검토되어야 한다.

그럼에도 불구하고 엄밀한 의미에서 고조선 건국의 역사적 사실
을 전하고 있는『魏書』유형은 단군의 출생 모티브를 기준으로 하
는 類型論의 범위에서는 벗어나고 있다. 하지만 이를 별도의 유형
으로 분류하여 검토하고자 하는 이유는『魏書』자체가 중국측 자
료이든, 우리측 자료이든 비교적 이른 시기부터 고조선의 건국사
실을 전하고 있는 자료라는 생각 때문이다. 이에『魏書』에 전하고
있는 전승의 내용을 정리하면 다음과 같다.

A-1. 이천년전 壇君王儉이 있었다.

A-2. 阿斯達에 도읍을 세우고 나라를 열어 朝鮮이라 이름하니 高(堯)
　　와 같은 때이다 (『三國遺事』권 1, 紀異 2, 古朝鮮[王儉朝鮮]).

『三國遺事』소재의『魏書』에 대해서는 많은 논의가 진행되어
왔다. 그러나『魏書』가 어떤 성격과 형태의 자료인지에는 정보가
거의 없다. 이제까지『魏書』에 대해서는 대략 세가지 정도의 가능
성들이 제시되고 있을 뿐인데, 그 논의를 간략하게 살펴보면 다음
과 같다.

첫 번째는『魏書』의 僞書論이다. 일인학자 대부분이 그러하듯
이 今西龍은 현전하는 魏와 관련한 歷史書에서『三國遺事』소재
『魏書』의 내용을 확인할 수 없다는 이유로 이것이 허구일 가능성
을 지적하였다.[3] 그러나 중국의 史書중『魏書』는 異本이 다양하

고 저자도 다양하여 단지 현전하지 않는다는 이유만으로 허구라고
치부할 수는 없다.4)

  두 번째는 현재 대부분이 전하지는 않지만, 중국의 史書중 특히
魏나라의 역사책인『魏書』와 관련한 논의이다. 鄭寅普가『三國遺
事』소재『魏書』를 曹魏나 王沈의『魏書』와 관련하여 추측한 이
후5) 이 견해는 북한 학자들에게 그대로 수용·발전되었다. 이에
리상호는 기원전 3세기 이전 중국의 침략 등으로 그곳에 건너간
단군 관련 기록을 실었던 조위의『위서』계열이나 왕침 혹은 하후
담의『위서』로 추측하였고,6) 리지린은『삼국지』이전에 존재했던
『위서』로,7) 김병룡과 손영종은 리상호의 견해를 수용하여 조위의
위서류나,8) 왕침의『위서』등으로 추측하고 있다.9) 또한 최근에는
『三國遺事』의「古朝鮮[王儉朝鮮]」조에 소개되어 있는『魏書』에
대해 기존의 曹魏나 王沈의『魏書』이기 보다는 崔致遠에게 이용
되어 비교적 이른 시기에 국내에 유입되어 있었던 魏收의 古本
『魏書』일 가능성이 제시되기도 하여 그 가능성이 보다 구체적으
로 진행되기도 하였다.10)

---

 3) 今西龍, 1937,「檀君考」『朝鮮古史의 研究』, 8～9쪽.
 4) 崔南善, 1941,「三國遺事解題」『新訂三國遺事』및 李丙燾, 1955,「檀
    君神話의 解釋과 阿斯達問題」『서울대논문집』인문사회과학 2(1976,
    『韓國古代史研究』, 박영사 재수록).
 5) 鄭寅普, 1946,『朝鮮史研究』上, 서울신문사, 34쪽.
 6) 리상호, 1962,「단군설화의 력사성」(상)『력사과학』1962-3 : 서영대 편,
    1995,『북한학계의 단군신화 연구』, 백산자료원, 18～24쪽.
 7) 리지린, 1964,『고조선연구』, 사회과학출판사, 104쪽.
 8) 김병룡, 1994,「단군의 건국사실을 전한『위서』에 대하여」『단군을 찾
    아서』(이형구 엮음), 살림터, 75쪽.
 9) 손영종, 1999,「고조선 3왕조의 시기구분에 대하여」『단군과 단군조선』
    (이형구 엮음, 증보판), 살림터, 314쪽.
10) 朴大在, 2001,「『三國遺事』古朝鮮條 인용『魏書』論」『韓國史研究』
    112, 한국사연구회, 1～31쪽.

　세 번째는 衛滿朝鮮의 표기가 『三國遺事』에만 유독 魏滿朝鮮으로 되어 있는 것에 착안하여 이것이 魏滿朝鮮에서 편찬한 국내의 史書라는 입장에서의 이해이다. 丁仲煥의 경우가 대표적이며,[11] 田中俊明 역시 그 견해를 그대로 수용하고 있다.[12]

　하지만 이것이 중국 역사와 관련한 것이든, 魏滿朝鮮과 관련한 것이든지 간에 이 책이 편찬되기 이천년 전에 고조선은 이미 건국되어 있었다. 그리고 그 존재는 중국을 비롯한 주변에 알려져 다른 국가의 역사책에 언급될 정도로 성장해 있었다. 또 13세기 말 一然이 『三國遺事』를 편찬하면서 고조선의 역사 및 그 건국신화에 대한 접근을 시도할 때, 이 책은 그때까지 현전하여 그 내용이 『三國遺事』에 소개될 수 있었다. 이에 一然은 『魏書』를 근거로 고조선의 역사적 사실을 소개하면서 阿斯達에 대해 '經' 또는 당시의 전승을 수용하여 無葉山, 또는 白州의 白岳, 혹은 개성의 동쪽에 있던 白岳宮 등으로 그 위치를 비정하고 있다.[13] 이 같은 것을 『魏

---

11)　丁仲煥, 1977, 「三國遺事 紀異篇 古朝鮮條에 引用된 魏書에 對하여」 『大邱史學』 12·13합집, 대구사학회 참조.
12)　田中俊明, 1982, 「檀君神話の歷史性をめぐって－史料批判の再檢討－」 『韓國文化』 4-6, 6~7쪽.
13) 『三國遺事』 권 1, 紀異 2, 「古朝鮮[王儉朝鮮]」. "… [經云無葉山 或云 白岳 在白州地 或云在開城東 今白岳宮是] …". 한편 申景濬(1712~ 1781)은 阿斯達에 대해 단군이 山神으로 좌정한 시기의 기록과 관련하여 『東國通鑑』과 『東國輿地勝覽』이 서로 달리 이해하고 있음을 지적하고 있고, 또 『魏書』에서는 阿斯達을 단군 初都地로써 기록하고 있음을 소개하면서 어느 것이 옳은가에 대해서는 판단을 유보하고 있다 (『旋菴全書』 권 4, 疆界考, 「三朝鮮」. "前朝鮮國[白岳 … 山之東麓有 桓因桓雄[桓因桓雄 皆壇君前神人 或曰壇君之父祖]壇君三聖祠 歲祭 如平壤例 按東國通鑑云 商武丁八年 壇君入阿斯達山爲神 輿地勝覽云 周武王封箕子於朝鮮 壇君乃移於唐藏京 後隱阿斯達山爲神 兩說不同 而魏書云 壇君立都阿斯達 開國號朝鮮 與唐堯同時 此則以阿斯達爲壇 君初都之地 恐不然矣").

書』유형이라고 할 때, 여기에 포함할 수 있는 자료들은 <표 1>과
같다.

〈표 1〉『魏書』傳承類型 比較

出 典	主要神話素	都邑	即位年	類 似 資 料
三國遺事[魏書]	壇君王儉	阿斯達	堯同時	世宗實錄・梧溪日誌集(李宜白)
雙梅堂篋藏集(李詹) [魏書]	檀君	阿斯達 平壤→ 白岳山	堯同時	
旬五志(洪萬宗)[魏書]	檀君王儉	阿斯達	堯同時	東國歷代總目(洪萬宗)・東史綱目(安鼎福)

　　<표 1>에서 알 수 있듯이 이 유형에는 李詹(1345~1405)의 『雙
梅堂篋藏文集』과[14] 『世宗實錄』의 「五禮」,[15] 洪萬宗(1643~1725)
의 『旬五志』와[16] 『東國歷代總目』,[17] 安鼎福(1712~1791)의 『東史
綱目』,[18] 李宜白(1711~?)의 『梧溪日誌集』[19] 등이 포함된다. 이들
은 한결같이 『魏書』를 전거로 이 책이 편찬되기 이천여년 전에 壇

---

14) 『雙梅堂篋藏文集』 권 22, 雜著. "魏書云 乃往二千載 有檀君 立都阿斯
　　達[註云無葉山 或云白岳 在白州地 或云 在開城東 今白岳宮] 開國號
　　朝鮮 與堯同時"
15) 『世宗實錄』 권 128, 五禮, 吉禮, 序例, 神位. "… 魏書云 壇君王儉 開國
　　號朝鮮 與堯同時"
16) 『旬五志』 상. "按魏書 往往二千載 有檀君王儉 立都阿斯達 開國號朝
　　鮮 與唐堯同時云 …"
17) 『東國歷代總目』 「檀君朝鮮」. "共一千二百十二年(按魏書 往在二千載
　　有檀君王儉 立都阿斯達 開國號朝鮮 與唐堯同時云 …"
18) 『東史綱目』 附 권 상, 「考異」. "按魏書 往在二千載 有檀君王儉 立都
　　阿斯達 開國號朝鮮 與堯同時云 …"
19) 『梧溪日誌集』 「檀君世系詳探記」. "魏書云 乃往二千載 有壇君王儉 立
　　都阿斯達[經無葉山 亦云白岳 在白州地 或云開城東 今白岳宮是] 開國
　　號朝鮮 與高同時"

君王儉(檀君王儉)이 阿斯達에 도읍한 것과 조선이라고 國號한 사실, 그리고 그 때가 중국의 堯와 같은 때였음을 언급하고 있다. 그러나 단군의 先系나 출생 등 신화의 구체적인 내용과 재위연수·수명·최후의 사실·계승국가 등에 대해서는 전혀 언급이 없다.

이로 볼 때, 이들이 전거로 인용하고 있는『魏書』는 一然이『三國遺事』에서 소개한『魏書』를 재인용한 것에 불과하지, 一然이 참고하였던『魏書』를 직접 참고한 것은 아니었다고 생각된다. 또 그 중『世宗實錄』과 李宜白만 비교적『三國遺事』의 내용을 충실히 전제하고 있을 뿐이다. 李詹이나 洪萬宗·南九萬 등은 神壇보다는 檀木을 중시하는 이해에 따라 '壇君'을 '檀君'으로 표현한다거나,『魏書』를 중국측 기록으로 이해하여 고조선의 역사를 소개하고 있는 중국측 기록과 우리측 기록의 내용이 전반적으로 같다는 사실, 그리고 우리측 기록의 단군이 檀木 아래에서 출생하여 종국에는 神이 되었다는 등의 내용이 誕謾하여 여러 사람들이 믿지는 않지만, 오랜 옛날일수록 異蹟이 많이 일어남으로 이것을 妄論으로만 치부할 수 없다는 평가를 덧붙이고 있어 후대의 이해를 일정 부분 반영하고 있다.[20]

이것은 一然이 참고하였던『魏書』가 고려후기 당대에도 널리 유포되지는 않던 자료였고,『三國遺事』편찬에 사용된 이후 어느 시점에는 그나마도 없어져 전해지지 않았음을 짐작하게 한다. 이 점은『三國遺事』보다 약 1세기 늦은 시기인 李詹의 이해에서도 추측할 수 있다. 즉 그가 고조선의 역사적 사실을 언급하는 중『三

---

20)『東國歷代總目』「檀君朝鮮」. "… 中國史所記 與東史略同 諸東史所謂 降于檀木下 終化爲神等說 似涉誕謾 然檀君首出御世 在東方則乃洪荒 之世也 邃古之事 固多異蹟 故今不敢妄論 一從史書)" :『東史綱目』附 권 上, 「考異」. "… 中國史所記 與東史略同 但東史太涉誕妄 故人多不 信 而歸之慌惚存亡之間 則不可"

國遺事』에 소개되어 있는『魏書』의 내용을 전제하고, 또 다른 자
료인『古記』의 단군신화 내용 및 그 이후의 사실에 대해서 도읍의
移都와 箕子가 조선에 봉해짐으로 인해 다시 唐藏京으로 옮긴 사
실, 唐의『裵矩傳』을 인용하여 고려가 본래는 지금 海州에 있던
孤竹國이었다는 사실 등 역사적으로 인정될 만한 기록만을 '或云'
이라는 주석의 형태로 수록하고 있는데서 보강될 수 있다.[21]

2. 『古記』類型

『古記』유형은『三國遺事』에서『古記』를 인용하여 수록하고
있는 단군신화를 말한다. 이 유형은 일반적으로 가장 오래된 자료
로 여겨지며, 널리 유포된 전승중 하나이다. 먼저 문제에 접근하기
에 앞서『古記』에 관한 이해를 구할 필요가 있다.
『三國史記』와『三國遺事』에 인용된『古記』에 대해서는 많은
연구성과가 있으나 일치된 견해는 아직 없고, 크게 두 가지 견해로
나뉘어져 있다. 첫 번째는『古記』를『舊三國史』와 동일한 것으로
보는 견해이고,[22] 두 번째는 이를 별개로 이해하는 견해이다.[23] 특

---

21)『雙梅堂篋藏文集』권 22, 雜著. "… 或云 都平壤城 始稱朝鮮 又移都
　　 於白岳山 未知是否 周武王克商 封箕子于朝鮮 乃移於唐藏京 唐裵矩
　　 傳云 高麗本孤竹國 今海州"
　　 한편 李詹이 孤竹國을 海州로 비정한데 대해서『東國輿地勝覽』에서
　　 는 그 근거를 알 수 없다고 비판하고 있다(『新增東國輿地勝覽』권 43,
　　 海州牧,「郡名」. "孤竹[隋裵矩傳 高麗本孤竹國 李詹云今海州 ○ 今按
　　 大明一統志 永平府西一十五里 有孤竹國君所封之地 又府城西北 有孤
　　 竹三君塚 又有伯夷叔齊廟 此爲孤竹國明甚 裵矩豈以夷齊東夷之人而
　　 云然耶 詹以海州爲孤竹 未知何所據])".
22) 김영경, 1984,「삼국사기와 삼국유사에 보이는 '고기'에 대하여」『력사

히 金貞培는 南九萬(1629～1711)이「東史辨證」에서『舊史』의『檀
君紀』에 인용되어 있다고 하는 檀君의 건국 사실이『三韓古記』에
서 나왔다는 것을 근거로『三國遺事』의『古記』를『三韓古記』와
관련지어 이해하고 있다.[24] 또 金杜珍의 경우는 이를 넓은 의미에
서의『檀君古記』로 이해하고 있다.[25] 그리고 河廷龍의 경우는
『三國遺事』에 인용된『古記』가『三國史記』의 것과는 달리 국가
의 신화적인 내용을 전하고 있는 것과 불교적인 설화를 전하고 있
는 것으로 정리할 수 있다고 전제하고, 이를 건국신화와 불교연기
설화를 전하는 두 권 이상의 편목으로 구성된 단일한 특정 書目일
가능성을 제시하고 있다.[26]

그러나 현재의 입장에서『三國遺事』를 통해 단군신화를 전하는
『古記』가 언제 만들어졌는지, 또 어떤 성격의 자료인지 보다 분명
하게 검토할 수 있는 여타의 자료는 없다. 그리고 이것이 고려중기
『三國史記』의 편찬시 활용된『海東古記』나『三韓古記』, 또는『世
宗實錄』에서 단군신화를 인용하여 전하는『檀君古記』등과 같이
특정의 史書를 지칭하는 것으로 이해되지도 않는다. 이런 점에서
『三國遺事』「古朝鮮[王儉朝鮮]」조에 전하는『古記』는 보다 넓은

과학』2 : 鄭求福, 1993,「高麗 初期의 '三國史' 編纂에 대한 一考」『國
　史館論叢』45, 국사편찬위원회 참조.

23) 金貞培, 1987,「檀君記事와 관련된 '古記'의 性格」『韓國上古史의 諸
　問題』, 한국정신문화연구원 : 李康來, 1996,「三國遺事 引用 古記의 性
　格」『三國史記典據論』, 민족사 참조.

24)『藥泉集』권 29, 雜著,「東史辨證」. "舊史檀君紀云 有神人降太白山檀
　木下 國人立爲君 時唐堯戊辰歲也 至商武丁八年乙未 入阿斯達山爲神
　此說出於三韓古記云"

25) 金杜珍, 1999,「檀君古記의 理解 方向」『韓國古代의 建國神話와 祭
　儀』, 일조각 참조.

26) 河廷龍, 1999,「『三國遺事』所引「古記」考」『書誌學報』23, 한국서지
　학회 참조.

의미에서 '단군전승을 전하고 있는 옛기록'이라는 수준의 범칭인 '古記'로 이해하고자 한다. 물론 이런 추측이 『三國遺事』의 편찬 이전에 단군신화 내지는 그 전승을 기록한 독립된 자료가 전혀 만들어지지 않았다는 의미는 아니다. 다만 현재의 입장에서 구체적인 증거 없이 『三國遺事』에 인용된 『古記』를 『三韓古記』 또는 『舊三國史』·『檀君古記』 등과 같은 특정 史書와 연계하여 추측할 때, 그 이해의 폭이 좁아지지 않을까 하는 생각이 앞서기 때문이다.

고려후기 『三國遺事』에 실리기 전까지의 단군신화를 전하는 古記類의 史書는 특정 역사책으로서의 『古記』보다는 많이 전해졌을 것이다. 그리고 이들 古記類 史書중 일부는 『三國遺事』에 전하는 『古記』 또는 그와 유사한 수준의 단군신화 내지 전승을 전하고 있었을 것으로 짐작된다. 이런 자료는 이전부터 불교계를 중심으로 전하던 전승으로 짐작되며, 따라서 이미 불교적인 요소가 상당부분 가미되어 전하던 것이 13세기 후반 승려인 一然에 의해 채록되었을 것으로 보인다.[27] 전승의 내용은 다음과 같다.

> B-1. 桓因 帝釋의 庶子 桓雄이 인간세상을 탐내어 구함에 桓因이 그 뜻을 알고 三危太伯을 내려다보니 인간들을 널리 이롭게 할만하므로 天符印 3개를 주어 내려보내 다스리게 하였다. 이에 雄이 무리 3천을 거느리고 太伯山 꼭대기 神壇樹 아래로 내려오니 이곳을 神市라고 하였고 이를 桓雄天王이라고 하였다.

---

27) 이에 대하여 安鼎福(1712~1719)은 『三國遺事』「古朝鮮[王儉朝鮮]」조의 『古記』의 내용을 신라 때 俚俗한데서 처음 나온 것을 고려에 들어와 一然과 같은 승려가 편찬한 기록으로 추측하고 있다(『東史綱目』附권 중,「怪說辨證」. "… 盖遺事 時麗僧所撰 古記亦不知何人所撰 出於新羅俚俗之稱 而成於高麗 亦必僧釋之所編也 故荒誕之說 不猒煩而爲之 …").

B-2. 桓雄天王은 風伯·雨師·雲師 등을 거느리고 곡식·목숨·질병·형벌·선악 등을 주관하며 인간의 360여 가지의 일들을 관장하면서 세상을 다스려 교화하였다.

B-3. 같은 굴에서 살고 있던 한 마리의 곰과 호랑이가 항상 神雄에게 사람되기를 빌자 神은 신령한 쑥 한 단과 마늘 스무 개를 주면서 이를 먹고 백일동안 햇빛을 보지 않으면 사람의 형상이 될 것이라 하여 三七日을 忌한 곰은 여자의 몸을 얻었으나, 그렇지 못한 호랑이는 사람의 몸을 얻지 못하였다.

B-4. 혼인할 상대가 없던 곰 여인이 매양 (神)壇樹 아래에서 아이 가지기를 빌자 (神)雄은 잠시 사람으로 변하여 이와 혼인하고 아들을 낳으니 이름을 壇君王儉이라고 하였다.

B-5. 唐 高(堯) 즉위 50년인 庚寅年에 平壤城에 도읍하고 비로소 朝鮮이라 칭하였으며, 후에 白岳山 阿斯達로 移都하였는데, 御國하기를 1500년이었다.

B-6. 周 虎(武)王 즉위년인 己卯年에 箕子를 朝鮮에 封하니 壇君은 藏唐京으로 옮겼다가 후에 다시 몰래 阿斯達山으로 돌아와 山神이 되었으니 나이는 1908세였다(『三國遺事』 권 1, 紀異 2, 古朝鮮[王儉朝鮮]).

이상이 『古記』를 인용하여 『三國遺事』가 싣고 있는 단군신화의 내용이다. 이외에도 『三國遺事』에는 『壇君記』를 인용하여 단군과 西河 河伯之女가 혼인하여 夫婁를 낳았음과[28] 인용 자료의 출처가 분명치 않지만 고구려 시조 東明王을 단군의 아들로도 기록하고 있다.[29] 이런 기록은 위의 『古記』 내용과 상이한 부분이다. 즉 『古記』의 기록은 帝釋 桓因→桓雄+熊女→壇君으로 이어지는 계보를 밝히고, 후계에 대해서는 전혀 언급이 없다. 이에 비해서 『壇

---

28) 『三國遺事』 권 1, 紀異 2, 高句麗 참조.
29) 『三國遺事』 권 1, 王曆 1 참조.

君記』와「王曆」의 내용은 단군의 선계에 대해서는 알 수 없지만, 후계에 대해서만 밝히고 있다.30)

　이것이 물론『壇君記』와「王曆」의 출전이 단군의 후계만을 한정하여 기록하고 있는 자료라는 의미는 아니다. 그러나 그 내용은 후계에 관한 내용을 중심으로 이루어져 있었을 가능성이 있다. 또『壇君記』와「古朝鮮[王儉朝鮮]」조의『古記』를 같은 종류의 기록으로 보는 경우도 있기는 하지만,31) 이들은 같은 유형의 전승을 전하면서도 부분적으로는 다른 내용을 함께 전하던 별개의 기록으로 파악하는 것이 좋을 듯 싶다.

　「古朝鮮[王儉朝鮮]」조의『古記』가 특정자료를 지칭하는 것이 아니고, '단군전승을 전하고 있는 옛기록'이란 의미의 이전부터 단군신화를 전하던 여러 자료중의 하나를 가리키고 있다는 점에서 이를 굳이『壇君記』와 같은 문헌으로 한정하여 추측할 필요는 없다고 생각된다. 특히「古朝鮮[王儉朝鮮]」조의『古記』가 특정자료인『壇君記』를 지칭한다면, 단군이 西河 河伯女와 결합하여 夫婁를 낳았다는 전승을『古記』인용 부분의 단군이 阿斯達山神이 되었다는 기록과 연계하여 싣는 것이 합리적이라고 생각된다. 그럼에도 불구하고 이를 구분하여 별도로「高句麗」조의 고구려 건국시조와 관련하여 싣고 있는 것은 이들 자료가 동일한 것이 아님을 간접적으로 시사하는 것이다. 즉『壇君記』는『古記』에서 전하고

---

30) 단군의 계보에 대해서 李瀷(1681~1763)은 환웅과 단군을 모두 庶子로 파악하고 단군신화와 같은 전승은 대개 金寬毅(고려 의종)의『編年通錄』과 같이 俚俗에서 채록한 것을 다시 作史者들이 취하였기 때문에 더욱 비루해졌다고 이해하고 있다(『星湖僿說』권 26, 經史門,「三聖祠」. "… 桓因與熊昏 則不但雄因亦同降 檀君乃熊神所生 則熊非嫡妻 不獨雄檀 亦庶子 其更有嫡子乎 … 其誕妄不可信如此 大抵東史如金寬毅編年之類 雜採俚俗 尤甚孟浪 而作史者取焉 其見識之陋如此").

31) 徐永大, 1994, 위의 논문, 50쪽 참조.

있는 단군신화 및 전승과 유사한 내용을 기록하고 있는 별개의 자료일 것으로 추측된다. 그러나 그 구체적이고 부분적인 내용에 있어서는 夫婁를 단군의 후계로 기록하고 있듯이『古記』의 내용과도 일정한 차이를 보이는 것들이 함께 포함되어 있었을 것으로 짐작된다. 이것은『古記』와는 달리『壇君記』가 단군신화를 소개하고 있는「古朝鮮[王儉朝鮮]」조에서 인용되지 못하고,「高句麗」조의 고구려 건국시조인 東明의 出系를 설명하는 가운데 단군과 夫婁의 관계를 기술하는 보조자료로 이용되고 있기 때문이다.

이런 점에서『壇君記』는 단군의 先系와 출생보다는 이후의 계승 관계 등을 중심으로 한 고구려 계통의 자료일 가능성이 있다. 또『三國遺事』의「王曆」에 소개되어 있는 자료 역시 특정자료에서 인용된 것이라고 생각되지만, 대개『三國遺事』「古朝鮮[王儉朝鮮]」조의『古記』보다는「高句麗」조에서 東明王의 출자를 기록하는데 이용된『壇君記』와 유사한 내용을 전하고 있던 자료라고 짐작된다.[32] 이 같은 유형은 이후 조선시대의 여러 문헌에서 상이한 모습을 보이며 전해졌다. 이를 정리하면 뒤의 <표 2>와 같다.

<표 2>에서 볼 수 있는 것처럼 이 유형에 속하는 자료는 李先齊(조선 세종·단종)가『端宗實錄』에서 인용하고 있는 전승을 비롯하여 10여종에 달한다. 이 유형들은 桓因의 표현, 도읍, 단군 즉위년·재위년·수명에 대한 이해, 계승국에 대한 이해 등 부분적으로 서로 다른 내용들을 전하고 있다. 이것은 시대를 내려오면서 또 다른 전승들을 새로 추가함으로써 그 내용이 풍부해지고 있기 때문이다.

---

32) 한편 徐永大는 또 고구려 시조 東明王이 단군의 아들이라고 한「王曆」의 기록은『古記』=『壇君記』의 所傳과 모순된다고 하여『古記』와는 달리 이해하고 있다(徐永大, 1994, 앞의 논문, 77쪽 주 3) 참조).

〈표 2〉『古記』傳承類型 比較

出典		主要神話素	變形動機	血緣關係					都邑	即位年	在位年	壽命	最後	繼承國家
				祖	父	母	婦	子						
遺事	古記	桓因·桓雄·熊·虎·神壇樹·神市·壇君	靈艾·蒜	帝釋桓因	庶子桓雄	熊女			平壤→阿斯達→藏唐京→阿斯達(山神)	堯50年庚寅	1500年	1908年	阿斯達山神	
	壇君記	壇君·西河河伯女·夫婁				西河河伯女		夫婁						北扶餘
	王曆	壇君·鄒蒙						東明						高句麗
端宗實錄(李先齊)[古記]		桓因·桓雄·太伯山頂·熊·虎·檀樹·檀君	靈艾·蒜	天帝桓因	桓雄	熊女			平壤→阿斯達→藏唐京→阿斯達(山神)	堯50年庚寅	1500年	1908年	阿斯達山神	
應製詩註[古記]		桓因·雄(桓雄天王)·神檀樹·熊·虎·檀君	靈艾·蒜	上帝桓因	庶子桓雄	熊女	非西岬河伯女	夫婁	平壤→白岳	堯同日		1048年	阿斯達山神(商武丁乙未)	東扶餘
標題音註東國史略(柳希齡)		桓因·桓雄·神檀樹·檀君		神人桓因	桓雄		非西岬河伯女	扶婁	平壤→白嶽→藏唐京	堯25年	1500年			
磻溪雜藁(柳馨遠)[古記]		桓因·雄·神檀樹		天神桓因	雄									東扶餘

出典	主要神話素	變形動機	血緣關係					都邑	即位年	在位年	壽命	最後	繼承國家
			祖	父	母	婦	子						
記言(許穆)	桓因氏·神市·檀君·檀木		桓因氏	神市		非西岬女	夫妻一解夫妻	平壤	陶唐氏25年			商武丁8年	
立齋遺稿(姜再恒)	天帝子桓雄·檀樹·熊·檀君	禱神	天帝	桓雄一或因	熊女								
紀年兒覽(李萬運)[古記]	桓因·雄·神檀樹·熊(女神)·檀君	靈藥	桓因	雄	熊一女神								
五洲衍文長箋散稿(李圭景)[古記]	桓因·雄·神檀樹·熊(女神)·檀君	藥	桓因	雄	熊一女神								
梧溪日誌集(李宜白)[古記]	桓因·桓雄·熊·虎·神壇樹·神市·壇君	靈艾·蒜	帝釋桓因	庶子桓雄	熊女			平壤→阿斯達→藏唐京→阿斯達(山神)	堯50年庚寅	1500年	1908年	阿斯達山神	
修山集(李種徽) 檀君本紀	桓因·桓雄·太白山·神熊·檀樹·檀君	神熊之異	神人桓因	桓雄	熊		夫妻	平壤→白岳	戊辰	1508年		阿斯達山神(商武丁乙未)	
修山集(李種徽) 神事志	帝釋·桓雄(神市天王)·神壇·檀君	靈藥一艾·蒜	桓國帝釋	桓雄	太白山熊	匪西岬神女					千餘年	阿斯達山神	
海東樂府(李福休)[古記]	桓國君·雄(神人)·檀樹·熊·虎·檀君	靈艾·蒜	桓國君	雄一神人	熊			王儉城		1500年		阿斯達山神	

出典	主要神話素	變形動機	血緣關係					都邑	即位年	在位年	壽命	最後	繼承國家
			祖	父	母	婦	子						
寧邊邑誌	桓因·桓雄(桓雄天王·神市主人)·神檀樹·熊·虎·檀君	靈艾·蒜	帝釋桓因	桓雄	熊			王儉城(平壤)	堯25年	1500年	1908年	阿斯達山神(周武王己卯, 商武丁乙未)	

　　그러나 이해의 기본적인 토대는 『三國遺事』의 『古記』를 재인용하여 서술하고 있을 뿐, 『古記』의 원본이나 같은 유형을 전하던 다른 『古記』를 참고한 것으로 생각되지 않는다.

　　우선 단군과 신단수의 명칭에 대해서는 『三國遺事』와 18세기 자료인 李宜白의 『梧溪日誌集』만을 제외하고는[33] 모두 檀君 혹은 神檀樹로 표현하고 있음이 주목된다. 이것은 『帝王韻紀』가 인용하고 있는 『本紀』에서 처음 보이는 것으로, 후술하는 바와 같이 神壇을 중시하던 『古記』의 표현보다는 檀木을 중시하던 『本紀』의

---

33) 『梧溪日誌集』, 「檀君來歷實記」. "古記云 忉利天宮 帝釋桓因所居天也 [此天須彌山頂地居天主] 桓因庶子桓雄 數意天下 貪求人世 故父知子意 下視三危太伯 可以弘益人間 乃授天符印三箇 遣往理之 雄率徒三千 降於太伯山頂[卽太伯 今妙香山也]神壇樹下 謂神市 是謂桓雄天王也 將風伯雨師雲師 而主穀主命主病主刑主善惡 凡主人間三百六十餘事 在世理化 時有一熊一虎 同穴而居 常祈于神雄 願化爲人 時神遺靈艾一炷 蒜二十枚曰 爾輩食之 不見日光百日 便得人形 熊虎得而食之 忌三七日 熊得女身 虎不能忌 而不得人身 熊女者無與爲婚 故每於壇樹下 呪願有孕 雄乃假化而婚之 孕生子 號曰壇君王儉 以唐高卽位五十年庚寅[唐堯卽位元年戊辰 卽五十年丁巳 非庚寅也 疑其未實也] 都平壤城[今西京] 始稱朝鮮 又移都於白岳山阿斯達 又名弓[一作方]忽山 又今彌達 御國一千五百年 壇君乃移於藏唐京 後還隱於阿斯達爲山神 壽一千九百八歲"

이해가 이후 보편적으로 받아들여졌음을 의미한다. 즉 壇君·神壇樹 등의 표현은 天神族을 표방한 지배세력이 神市를 중심으로 天神이나 조상신 등에 대한 제사와 축제를 함께 거행하던 祭壇에서의 祭儀를 통해 사회통합기능을 수행해갔음을 엿볼 수 있는 자료인 반면, 神檀樹·檀君 등 檀木이 강조되어 있는 표현은 樹木崇拜信仰과 관련된 것으로[34] 이들은 전승을 이해하는 기본적인 입장이 다른데서 연유한 듯 하다.[35]

한편 이 유형에 속하는 대표적 자료중 하나인『應製詩註』의 경우는『古記』를 근거로 단군신화를 전하면서도, 桓因에 대한 표현이나 단군의 즉위년·수명 등에 대한 이해는『三國遺事』의『古記』와 달리하고 있다. 또 단군이 非西岬 河伯女와 결합하여 夫妻를 낳아 고조선이 東扶餘로 이어졌다는 등 새로운 내용을 수록하고 있다. 이것은『應製詩註』와『三國遺事』에 인용된 각각의『古記』가 같은 자료인가에 대한 판단을 어렵게 하고 있다. 그런데 이런 이해의 중간에 있는 것이『三國遺事』의『古記』를 인용하여 전승을 소개하고 있는 李先齊의 이해라고 생각된다.[36]

---

34) 崔柄憲, 위의 논문, 147∼148쪽 참조. 특히 그는 祭壇·祭儀를 중시하던 壇君 등의 표현이 樹木崇拜信仰과 관련된 檀君 등으로 바뀌면서 祭儀를 중심으로 하던 神政形態의 고조선사회를 이해하는데 어려움을 주게 되었다고 설명하고 있다.

35) 洪敬謨(1774∼1851)는 단군의 명칭은 檀木 아래로 내려와 君長이 된데서 연유하였고, 이를 신라의 왕호인 居西干이나 次次雄같은 방언으로 이해하고 있다(『叢史』外編,「東史辨疑」. "檀君 … 且檀君云者 果是何號 以降于檀木下 故謂之檀 以爲君長 故謂之君 而是乃當時所稱歟 夫檀君後數千年而曰 有三國 其君未嘗有號 只以方言稱之 如新羅之居西干次次雄 則檀君之號 亦如是所稱歟 或後世傳記 以是稱之歟 …").

36)『端宗實錄』권 1, 단종 즉위년 6월 기축, 慶昌府尹 李先齊上書. "… 臣先齊 夷考三國遺事 有曰古記云 昔有桓因 庶子桓雄 數意於天下 貪求人世 父知子意 下視三危太伯 可以弘益人間 乃授天符印三箇 使往理

李先齊는『三國遺事』의『古記』를 재인용하여 전승을 언급하고
있으면서도 몇 가지 점에서 다른 이해를 보이고 있다. 첫째는『三
國遺事』에 인용된『古記』의 내용중 단군 즉위년과 평양에 대한
주석 등 一然의 自註라고 판단되는 부분을 모두 배제하고 있고, 둘
째는 신단수 아래 내려온 환웅이 神市를 열고 桓雄天王이라고 불
렸다는 내용을 삭제하고 있다. 그리고 셋째는 곰이 아이가지기를
빌었다는 壇樹를 檀樹로, 壇君을 檀君으로 이해함으로써 부분적인
개작이 이루어지고 있다.

이중 첫째 一然의 주석이라고 판단되는 부분의 삭제는 불필요한
내용을 없애 객관성을 높이려는 의도로 보인다. 둘째 神市의 개창
과 桓雄天王의 내용에 대한 삭제는 성리학을 수용하고 있던 유학
자의 입장에서 불교와 토착신앙적인 요소를 가능한 배제하려는 의
도에서 삭제된 것으로 보인다. 특히 桓雄天王에 대한 내용의 삭제
는『三國遺事』의 桓因에 대한 帝釋이라는 一然의 주석이 天帝라
는 개념으로 바뀌어 이해되고 있는 점에서도 구체적으로 나타난
다. 물론 帝釋과 天王의 개념에는 불교적인 요소가 포함되어 있지
만,37) 이와 함께 여기에는 전래의 토착신앙적인 관념 역시 반영되

之 雄率徒三千 降於太伯山頂 卽今妙香山也 將風伯雨師 而主穀主命
主病主刑主善惡 凡主人間三百六十餘事 在世理化 時有一熊一虎 同穴
而居 常祈于神雄 願化爲人 雄遺靈艾一炷蒜二十枚曰 爾輩食之 不見
日光百日 便得人形 熊虎得而食之 忌三七日 熊得女身 虎不得人身 熊
女者無以爲婚 故每於檀樹下 呪言有孕 雄乃假化而婚之 孕生子 號曰
檀君王儉 以唐堯卽位五十年庚寅 都平壤 始稱朝鮮 又移都白岳山阿斯
達 御國一千五百年 周武王卽位 封箕子於朝鮮 檀君又移於藏唐京 還
隱於阿斯達 爲山神 壽一千九百八歲 夫檀君 離平壤四百餘歲 而還隱
於阿斯達爲神 則爲君於斯 爲神於斯 不厭於此地明矣"

37) 崔柄憲은 환인을 지칭하는 帝釋 이외에 환웅천왕의 '天王' 역시 불교
적인 용어로 이해하고 있다. 즉 帝釋이 須彌山의 정상에 머무는데 반
하여 天王은 須彌山의 중턱에 머무르며 帝釋의 통솔을 받으면서 사방

어 있는 것으로 보인다.

고려시대에 天帝釋 신앙은 왕실에서나 민간에서 성행되고 있었다. 왕실에서 지속적으로 帝釋道場이 개설되었고,[38] 李奎報(1168~1241)의 무속에서 天帝釋에 대한 이해,[39] 공민왕 때 민간에서 무속과 연계된 天帝釋 신앙의 성행[40] 등은 고유의 天神 관념이 불교의 帝釋神仰과 융합된 결과로 짐작된다.[41] 또 조선후기까지 각 지방에서 巫覡의 주요 神格중 하나로 帝釋神이 모셔지고 있고,[42] 평남 성천과 함북 명천에서의 帝釋神, 평북 초산의 帝釋 등에서처럼 근래까지 帝釋이 민간에서 모셔지고 있음을 볼 수 있다.[43] 여기에서 帝釋이라는 관념에는 불교뿐만 아니라 토착신앙의 이해도 함께 포

을 진호하는 神으로 숭배되는데, 환인의 庶子로서 천상에서 지상으로 내려와 半神半人의 모습으로 인간계를 지배하는 환웅을 天王으로 표현하는 것은 불교적 세계관에서 자연스러운 것이라고 한다(崔柄憲, 앞의 논문, 146쪽 참조).

38) 安智源, 1997, 「高麗時代 帝釋神仰의 樣相과 그 變化」『國史館論叢』 78, 국사편찬위원회 참조.

39)『東國李相國集』全集 권 2, 古律詩, 「老巫篇」. "緣木爲龕僅五尺 信口自道天帝釋 釋王本在六天上 肯入汝屋處荒僻 丹靑滿壁畵神像 七元九曜以標額 星官本在九霄中 安能從汝居汝壁"

40)『高麗史』권 111, 열전 24, 柳濯. "有巫自稱天帝釋 妖言惑衆 杖之"; 같은 책 권 114, 열전 27, 李承老 附云牧. "… 有妖巫自提州來 自稱天帝釋 妄言人禍福 遠近奉之 猶恐不及 所至貨財山積 至天壽寺曰 吾入京年豊兵息 國家太平 若上不出迎 我必昇天 都人皆惑歸之如市 云牧率騎卒與臺吏 執巫斷其髮 囚街衢獄 杖而逐之 …"

41) 安智源, 위의 논문, 267~270쪽 참조.

42) 이와 관련해서는 민간신앙과 관련한 帝釋神의 이름이 桓因이라는 李種徽(1731~1797)와 洪敬謨의 이해를 참고할 수 있다(『修山集』권 12, 東史, 「神事志」. "… 而東方之人 至今奉帝釋神 桓因者盖帝釋之名也 …": 『冠巖全書』권 19, 記, 「三聖祠記」 "… 東方之人 至今奉帝釋神 桓因者 盖帝釋之名云").

43) 朝鮮總督府, 1938, 『釋奠・祈雨・安宅』, 329~379쪽 참조.

함되어 있음을 알 수 있다.

한편 天王 역시 고유의 토착신앙에서 모셔져 온 神格중 하나인 天神, 또는 天王의 개념이 불교적 세계관과 함께 반영되어 있는 것으로 짐작된다. 이와 관련하여 고구려 고분벽화중 5세기 중엽에 조성된 평남 순천의 天王地神塚에서 새를 타고 있는 天王의 그림은 참고할 수 있다.[44] 또한 桓雄을 神市·天神과 같은 개념으로 파악하고 있는 18세기 李煥模의 이해 역시 天王이 불교적 세계관과 함께 토착신앙의 모습을 반영하고 있는 예라고 할 수 있다.[45]

이런 점에서 桓因을 지칭하고 있는 帝釋과 함께 天帝·上帝의 개념에 대해서도 살펴볼 필요가 있다. 帝釋이란 그 庶子 桓雄이 천하에 뜻을 두고 三危太伯을 내려다 보았다는 내용 등을 통해 볼 때 하늘의 존재, 즉 天神을 뜻하는 것이 분명하다. 그러면 이런 帝釋과 李先齊에게서의 天帝, 『本紀』에서의 上帝는 어떤 차이가 있는가의 문제를 검토하기로 한다.

이와 관련해서는 우선 『三國遺事』「北扶餘」조의 天帝와 上帝에 대한 기록을 참고할 수 있다.[46] 「北扶餘」조에 보이는 건국시조 解慕漱는 하늘의 존재, 즉 天帝로 이해되고 있다.[47] 또 「東扶餘」조에서 解夫婁가 도읍을 옮겨 동부여를 세운 것도 天帝의 계시에 의한

---

44) 조선유적유물도감편찬위원회, 1990, 『조선유적유물도감』6-고구려 편-, 101쪽 참조.

45) 『斗室寤言』권 3, 「東語」. "神市紀 或曰名桓雄 桓因子也[… 天神卽神市云] …"

46) 『三國遺事』권 1, 紀異 2, 北扶餘. "古記云 前漢書 宣帝神爵三年壬戌 四月八日 天帝降于訖升骨城[在大遼醫州界] 升五龍車 立都稱王 國號北扶餘 自稱名解慕漱 生子名夫婁 以解爲氏焉 王後因上帝之命 移都于東扶餘 …"; 같은 책, 東扶餘. "北扶餘王解夫婁之相阿蘭弗夢 天帝降而謂曰 將使吾子孫立國於此 汝其避之[謂東明將興之逃也] …"

47) 『三國遺事』「高句麗」조에는 解慕漱가 天帝의 아들로 기록되어 있다 (『三國遺事』권 1, 紀異 2, 高句麗 참조).

것으로, 「東扶餘」조의 天帝는 天神을 의미하는 것으로 보인다.[48] 그런데 「北扶餘」조에는 이와 달리 解夫婁가 도읍을 동부여로 옮긴 것이 上帝의 명에 의한 것으로 기록되어 있다. 이것은 天帝와 上帝가 天神을 가리키는 같은 의미로 사용되고 있음을 보여준다.

이로 미루어 볼 때, 李先齊가 桓因을 天帝로 이해하고 있는 것은[49] 불교의 帝釋과 통하면서도 뒤에서 검토할 '三敎一源論'의 입장에 있던 李承休(1224~1300)가 인용하고 있는 『本紀』에서의 上帝와도 연결되는 모습을 보여준다.[50] 즉 李先齊의 이해는 『三國遺事』의 『古記』와 함께 『帝王韻紀』의 『本紀』에서도 일정한 영향을 받은 것으로 짐작된다.

이밖에도 桓雄이 거느리고 내려온 風伯・雨師・雲師 중 雲師가 삭제되어 있고, 곰과 호랑이에게 靈艾・蒜을 주었다는 『三國遺事』의 神이 雄으로 보다 적극적으로 표현되어 있으며, 白岳山 阿

---

48) 崔光植, 1999, 「韓國 古代의 天神觀」 『史學硏究』 58・59합집, 한국사학회, 50~51쪽 참조.

49) 『端宗實錄』 권 1, 단종 즉위년 6월 기축. "… 遺事註云 桓因天帝 卽柳觀書所謂檀因也 桓雄天帝之庶子 卽所謂檀雄也 …"

50) 이에 대해 姜再恒(1689~1756)은 天帝의 아들 환웅을 후술할 『東國輿地勝覽』 유형을 염두하고 "혹은 因이라고도 한다"는 주석을 하고, 桓雄이 거느리고 내려온 무리 삼천을 神兵으로 이해하고 있으며, 『三國遺事』의 壇君이라는 이해는 檀君의 잘못이라고 판단하기도 하였다. 또 桓雄을 天神의 아들로 이해하고 있는 전승은 『三國遺事』의 기록이 杜撰임을 후대의 사람들이 깨닫지 못하고 이를 수용한데서 연유한다고 비판하고 있다(『立齋遺稿』 권 9, 「東史評証」. "… 三國遺事曰 天帝子 桓雄(或作因) 率神兵三千 降于太白山檀樹下 有熊禱于神 乞爲人 遂化爲女身 桓雄因交之 生檀君[生于檀樹下 故曰檀君 謂之壇君者 字訛也](按佛書有天帝子桓雄者 好事者因此杜撰 而後人不覺收之 正史荒誕可笑不足辨矣"). 그는 또 『古記』・『本紀通覽』・『東史』・『震朝通紀』・『輿地勝覽』 등의 자료를 인용하여 단군 이전과 이후의 사실, 그리고 箕子와 관련한 사실을 언급하고 있다(위와 같음).

斯達에 대한 주석 형태의 설명도[51] 역시 삭제되어 있다. 이런 내용
의 불일치를 李先齊가 正德本 이전의『三國遺事』판본에서『端宗
實錄』에 기록되어 있는 전승 내용을 인용했을 가능성과 관련해서
생각할 수도 있다. 그렇다면 이것은『古記』유형의 전승이 전래과
정에서 계속 변화하고 있었음을 의미하며, 현전하는『三國遺事』
역시 그 변화된 모습을 반영하고 있는 것으로, 이를 고려시대의 전
승모습이라고 단정할 수 없게 된다. 따라서 李先齊가 正德本 이전
의『三國遺事』판본에서『端宗實錄』에 기록되어 있는 전승 내용
을 인용했을 가능성은 비교적 적다고 생각된다.

　다음으로 검토할 자료는『應製詩註』이다. 이것은 조선 초 權近
(1352~1409)이 지은「應製詩」에 손자인 權擥(1416~1465)이『古
記』를 인용하여 주석하는 형식으로 서술되어 있다. 이 자료가『三
國遺事』의『古記』와 달리 기술된 부분은 檀君과 神檀樹 등 기본
적으로 이해를 달리하고 있는 곳을 제외하면, 모두 세 곳이다. 첫
째는『古記』와는 달리 桓因을 上帝라고 기록하고 있는 부분이고,
둘째는『古記』의 '堯 즉위 50년 庚寅'과는 달리 단군이 '堯와 같은
날'에 즉위했다고 이해하고 있는 부분이다. 또 셋째는 단군이 非西
岬 河伯女와 혼인하여 동부여왕 夫婁를 낳았고, 夫婁를 塗山에 보
내 禹에게 조회하였으며, 단군은 虞・夏 때부터 商 武丁 8년까지
있다가 阿斯達山神이 되었는데[52] 그 廟가 지금까지 있다는 내용,

---

51)『三國遺事』권 1, 紀異 2, 古朝鮮[王儉朝鮮]. "又名弓[一作方]忽山 又
　今彌達"

52) 金誠一(1538~1592)은 단군이 阿斯達이 아닌 太白山의 산신이 된 것으
　로 이해하고 있다(『鶴峰集』권 6, 雜著,「朝鮮國沿革考異」. "箕子之前
　有檀君朝鮮 檀君與堯並立 歷年千餘歲 後入太白山爲神"). 여기서 그가
　太白山과 阿斯達山을 동일한 곳으로 이해하고 있었는지는 분명하지
　않다.

단군의 享國이 1048년이고 그후 164년이 지난 후 箕子가 來封했다
는 내용 등 새로 서술되고 있는 부분이다.[53]

　이중 첫째 桓因이 上帝라는 이해는『帝王韻紀』의『本紀』에 처
음 보이는 것이다. 上帝는 중국 고대에서 至高無上한 지위를 가진
天神을 가리키는 것이었으나, 유교에 수용되어 天命思想으로 전환
되면서 만물의 근본이자 도덕과 황제권력의 원천으로서 인식되었
다고 한다.[54] 따라서 통치이념으로써 유교를 수용하였던 고려사회
에서 上帝의 개념은 식자층에게 별다른 거부감 없이 받아들여져
단군신화를 수록하고 있는『本紀』에서도 天神의 의미로 자연스럽
게 사용되었을 것이다.

　또한 李承休는『帝王韻紀』의 原詩에서 桓因을 釋帝로 이해하고
있다.[55] 이에 대해서 釋帝는 불교신자이자 유학자로 자처하던 李
承休가 帝釋을 平仄을 맞추기 위해 바꿔 쓴 것이며, 불교적인 桓
因·帝釋을 수용하면서 그 위에 유교적인 上帝라는 개념을 덧붙여
이해한 것으로 파악하는 견해가 있다.[56] 그러나 李承休에게는 불

---

53)『應製詩註』, 命題十首,「始古開闢東夷王」. "古記云 上帝桓因 有庶子
　　曰雄 意欲下化人間 受天三印 率徒三千 降於太白山神檀樹下 是謂桓
　　雄天王也 桓或云檀 山卽今平安道熙川郡妙香山也 將風伯雨師雲師 而
　　主穀主命主病主刑主善惡 凡主人間三百六十餘事 在世理化 時有一熊
　　一虎 同穴而居 常祈于雄 願化爲人 雄遺靈艾一炷 蒜二十枚曰 食之不
　　見日光百日 便得人形 熊虎食之 虎不能忌 而熊忌三七日 得女身 無與
　　爲婚 故每於檀樹下 呪願有孕 雄乃假化而爲人 孕生子曰檀君 與唐堯
　　同日而立 國號朝鮮 初都平壤 後都白岳 娶非西岬河伯之女 生子曰夫
　　婁 是爲東扶餘王 至禹會諸侯塗山 檀君遣子夫婁朝焉 檀君歷虞夏至商
　　武丁八年乙未 入阿斯達山 化爲神 今黃海道文化縣九月山也 廟至今存
　　焉 享國一千四十八年 厥後一百六十四年己卯 箕子來封"
54) 崔柄憲, 앞의 논문, 146쪽 참조.
55)『帝王韻紀』권 하,「東國君王開國年代」, 前朝鮮紀. "初誰開國啓風雲
　　釋帝之孫名檀君"
56) 崔柄憲, 앞의 논문, 147쪽.

교적인 개념 위에 유교적인 개념이 덧붙여 이해되었을 지는 모르
지만, 『帝王韻紀』와 『本紀』의 이해는 엄격히 구분되는 것이고, 『帝
王韻紀』보다는 『本紀』의 이해가 선행하는 것이었기 때문에 桓因
에 대한 上帝라는 이해가 帝釋이라는 이해보다 뒤늦은 것이라는
일반적인 단정은 일단 지양되어야 한다고 생각된다. 그리고 그 개
념은 유교에 국한된 것이 아니고, 도교·도참 또는 토착신앙에서
의 관념 역시 포함하고 있는 것이라는 점 역시 참고할 수 있다.

둘째 단군이 堯와 같은 날 즉위하였다는 이해는 堯가 즉위한 戊
辰年에 함께 건국하였다는 『帝王韻紀』보다는 『世宗實錄』의 『檀君
古記』를 따르고 있는 것으로 보인다. 물론 『世宗實錄』의 『檀君古
記』와 『應製詩註』의 『古記』가 『帝王韻紀』의 『本紀』, 『三國遺事』
의 『古記』와 어떤 관계에 있는지의 문제는 남아 있다. 결론부터 말
하면, 『世宗實錄』의 『檀君古記』는 『帝王韻紀』의 『本紀』와는 별개
의 전승을 전하던 독립된 자료라고 짐작된다. 그러나 『應製詩註』
의 『古記』는 『三國遺事』의 『古記』와 다른 의미는 아니고, '단군신
화를 수록하고 있는 옛기록'이라는 커다란 범주 속에서 한 종류의
古記를 지칭하는 것으로 보인다. 따라서 『應製詩註』의 『古記』는
『三國遺事』의 『古記』나 『帝王韻紀』의 『本紀』, 『世宗實錄』의 『檀
君古記』 등을 종합하여 전승을 전하고 있는 것으로 짐작되며, 『世
宗實錄』의 『檀君古記』는 『三國遺事』의 『古記』 및 『帝王韻紀』의
『本紀』 혹은 『檀君本紀』와는 구별되는 별개의 자료였을 것으로 추
측하고자 한다.

셋째 단군이 非西岬 河伯女와 혼인하여 동부여왕 夫婁를 낳았
고(A), 夫婁를 塗山에 보내 禹에게 조회하였다는 이해(B), 그리고
단군이 禹·夏 때부터 商 武丁 8년까지 있다가 阿斯達山神이 되
었는데 그 廟가 지금까지 있으며, 그 享國이 1048년이고 그후 164

년이 지난 후에 箕子가 來封하였다는 이해(C) 등은 『三國遺事』의 『古記』에 보이지 않는 내용이다. 이중 (A)의 후계에 관한 내용은 이미 『三國遺事』의 『壇君記』와 『帝王韻紀』의 『檀君本紀』,[57] 그리고 『世宗實錄』의 『檀君古記』 등을 참고하여 서술한 것으로 보인다. 그리고 (C)의 내용은 『帝王韻紀』 본문에 보이는 李承休의 이해,[58] 『世宗實錄』의 『檀君古記』에 대한 이해[59] 등을 참고한 것으로 짐작되고, 특히 歷年의 문제는 權踶(1387~1445)의 『歷代世年歌』를 참고한 것으로 보여 별 문제가 없는 것으로 생각된다.

그런데 (B)의 塗山에 夫妻를 보내 禹에게 조회하였다는 내용은 『三國遺事』와 『帝王韻紀』에 보이지 않다가 조선시대의 자료인 『應製詩註』와 『世宗實錄』에 비로소 보인다. 따라서 이 기록은 단군과 夫妻 관계에 대한 전승이 후대로 전해지면서 조선초기 가필된 것으로 추측되어 왔다.[60] 그러나 이 역시 이미 고려시대부터 전해지던 것으로 짐작된다.

이와 관련하여 검토할 수 있는 자료는 夫妻가 塗山에서 禹에게 玉幣帛을 바쳤다는 安珦(1243~1306)의 이해이다.[61] 安珦은 충렬

---

57) 『帝王韻紀』 권 하, 「東國君王開國年代」, 前朝鮮紀. "… 檀君本紀曰 與非西岬河伯之女 婚而生男 名夫妻"
58) 『帝王韻紀』 권 하, 「東國君王開國年代」, 前朝鮮紀. "… 並與帝高興(堯) 戊辰 經虞歷夏居中宸 於殷虎丁八乙未 入阿斯達山爲神[今九月山也 一名弓忽 又名三危 祠堂猶在] 享國一千二十八 無奈變化傳桓因 却後一百六十四 仁人聯復開君臣[一作爾後一百六十四 雖有父子無君臣]"
59) 『世宗實錄』 권 154, 地理志, 平安道, 靈異. "檀君古記云 … 享國一千三十八年 至殷武丁八年乙未 入阿斯達爲神 今文化縣九月山"
60) 徐永大, 1994, 앞의 논문, 51쪽 및 崔柄憲, 앞의 논문, 144쪽 참조.
61) 『晦軒先生實記』 권 1, 詩, 「侍從忠宣王如元感唫」. "麒麟公子白裘狐 寶玦珊瑚釖轆轤 上國觀風思季札 塗山贄玉愧扶妻 傷心漠漠關河雲 慣眼依依古塞楡 最是此生無限痛 百年天下帝單于(王以世子再如元 先生亦再赴 故云慣眼依依)"

왕 24년(1298) 세자였던 충선왕이 두 번째로 元에 가는 길을 호종
하였다. 여기서 그는 춘추대의에 입각한 성리학의 정통사관 입장
에서 당시 元을 예의를 잃은 나라로 인식하고, 胡風에 젖어 胡服과
剃頭辮髮을 즐기고 있는 충선왕을 麒麟公子에 비유하여 비판하고
있다. 또 季札이 끝까지 徐國에 신의를 지킨 의리를 염두하고 예전
에 夫婁도 禹와 같은 聖君에게 예를 올렸으나, 자신은 그렇게 하지
못하고 있음과 單于(元)가 천하를 백여년 동안 지배하고 있음을 탄
식하고 있다.62)

여기서 주목되는 것은 夫婁가 塗山에서 禹에게 玉幣帛을 하였
다는 내용이다. 이것은 단군의 아들로 이해되고 있던 夫婁가 塗山
에서 禹에게 조회하였음을 의미하는 것으로 보인다. 이러한 추측
이 옳다면, 단군의 아들이 夫婁라는 전승과 함께 이 역시 이미 고
려시대부터 전해오고 있었음을 보여주는 것이다.63) 그리고 이것은

---

62) 이에 대해서는 申千湜, 1998,「安珦의 學問과 敎育思想」『高麗後期 性
理學의 受容과 敎育思想』, 명지대출판부, 29~30쪽 참조.

63) 한편 李肯翊(1736~1806)은 夫婁의 조회 사실을『三韓古記』에는 夏禹 18
년으로 기록하고 있으나, 근거가 없다고 비판하고 있다(『燃藜室記述』
별집 권 19, 歷代典故,「檀君朝鮮」. "… 生子扶婁 是爲東扶餘王 至禹
會諸侯於塗山 檀君遣扶婁朝焉[三韓古記 夏禹十八年甲戌] … 又云 檀
君遣子扶婁 朝禹於塗山 其說無據"). 이것은 또 姜再恒(1689~1756)에
게도 보다 구체적으로 비판되고 있다(『立齋遺稿』권 9, 雜著,「東史評
証」. "… 檀君生夫婁 夏禹氏會諸侯於塗山 夫婁朝焉 夫婁傳之金蛙 高
句麗始祖高朱蒙生於其時[按檀君至金蛙 僅三世 夫婁朝禹塗山 歷夏殷
周直到西漢之時 略計二千有餘歲矣 人徒知檀君之壽過千而不知 夫婁
之年已過二千矣 廣成子千二百歲 彭吳八百歲 而人不信其誕可知也 已
況夫婁之會塗山 孰記而孰傳之也 邃古之事固多 附會不足信也"). 그러
나 19세기 중엽에 편찬된『東典考』에는 夏禹 18년 夫婁의 조회 사실이
그대로 수용되어 있다(『東典考』권 12, 歷代,「檀君朝鮮」. "… 檀君遣
扶婁朝焉[三韓古記 夏禹十八年甲戌]").
이와는 달리 安鼎福은 단군과 夫婁, 解慕漱와 夫婁의 관계를 합리적으

『世宗實錄』이 인용하고 있는『檀君古記』가『三國遺事』의『古記』
나『帝王韻紀』의『本紀』혹은『檀君本紀』와는 별개의 자료였다
는 사실을 반증하고도 있다.

이외의『古記』유형의 자료로는 柳希齡(1480~1552)의『標題音
註東國史略』, 柳馨遠(1622~1673)의 『磻溪雜藁』, 許穆(1595~
1682)의『記言』, 李種徽의『修山集』, 李煥模의『斗室寤言』, 李福
休의『海東樂府』, 李萬運(1736~?)의『紀年兒覽』, 李宜白의『梧溪
日誌集』, 李圭景(1788~?)의『五洲衍文長箋散稿』,『寧邊邑誌』등
이 있다.64) 이 자료들은 내용에서 전체적으로는『三國遺事』의『古

로 해석하기 위해 夫婁를 2명으로 추측함과 동시에 解慕漱를 단군의
후예로 보고 있기도 하고(『東史綱目』附 권 상, 考異. "○ 夫婁當有二
人 … 此所稱檀君 或非謂始降之檀君 而以檀爲姓 則其子孫因以爲號
幷稱爲檀君 所謂解慕漱者 亦始降檀君之後 …"), 金正浩(?~1864)의 경
우에는 단군의 영역과 후예의 범위를 확대 해석하여 肅愼의 檀盧城을
도읍지로, 鮮卑族의 大人 檀石槐를 후예로 추측하기도 하였다(『大東地
志』권 29, 方輿總志,「檀君朝鮮」. "… 按高句麗西川王十一年 王弟達
賈 攻拔肅愼檀盧城 疑檀盧是檀君所都也 漢桓帝延熹六年 鮮卑大人檀
石槐 分其地爲三部 從右北平以東 至遼東接夫餘濊貊 爲東部 疑檀石
槐是檀君之後"). 또 姜再恒의 경우는 肅愼·挹婁·靺鞨 등까지도 단
군의 遺種으로 파악하고 있는데(『立齋遺稿』권 9, 雜著,「東史評証」.
"… 東史曰 …(按朝鮮本九夷之地 初無君長 肅愼氏未知起於何代 而其
國在於不咸山[不咸山 卽白頭山也]) 北挹婁沃沮靺鞨之屬 皆其遺種
…"), 그의 이런 이해는 許穆(1595~1682)과도 상통하는 것이다(『記言』
권 32, 外篇, 東事 1,「檀君世家」編目 참조).
64) 한편 洪敬謨는 金富軾이 기록하였다는『古記』유형의 단군 전승을 소
개하고 있으나, 이것이 어디에서 근거하였는지는 밝히고 있지 않다(『冠
巖全書』권 19, 記,「三聖祠記」. "… 而桓因之事 始見於金富軾所記 其
言曰 古有天神桓因 命庶子雄 持天符三印 率徒三千 降於太伯山頂神
檀樹下 謂之神市 主人間三百六十餘事 時有一熊 祈化人身於神 神遺
以東海之艾 瓊邱之蒜二十枚 熊食之三七二十一甲子 化爲女神 野合而
生子 是爲檀君 立國號曰朝鮮 雜記云 朝鮮之初 有桓國帝釋庶子桓雄
受天符三印 與其徒降于太白之山上有神壇 故桓雄爲神市天王 而雄之

記』를 따르면서도 후대의 여러 자료들을 상호 보충하는 가운데 서
술되고 있다. 즉 도읍의 변천에서 『三國遺事』의 『古記』가 平壤→
阿斯達→藏唐京으로, 『應製詩註』의 『古記』가 平壤→白岳 등으로
이해하고 있는 것이나, 단군이 阿斯達山神이 된 때에 대한 『應製
詩註』와 같은 商 武丁 乙未 등에서 보이는 이해의 차이는 다른 유
형의 전승을 참고하면서 변형이 이루어졌거나, 연대를 추산하는
방법의 차이 등에서 비롯된 것으로 생각된다.[65]

곰의 변형동기에 대해서는 대부분의 자료가 靈艾・蒜으로 이해
하고 있다. 그러나 李種徽(1731～1797)는 『帝王韻紀』와 같이 靈藥
으로 기록하면서도 '艾・蒜'을 병기하여 이것이 『三國遺事』의 靈
艾・蒜을 의미하는 것으로 보고 있고,[66] 李萬運(1736～?)과 李圭

　　子號檀君 又曰檀君至周 避箕子於唐莊之京 後入阿斯達山爲神 盖其說
　　荒唐 其文不經 薦紳先生難之 金氏所記雜記所載從何所據 而傳之歟").
65) 그러나 단군 즉위년에 대한 이해인 『三國遺事』에 인용된 『古記』의 堯
　　즉위 50년 庚寅, 『應製詩註』의 堯와 같은 날, 『標題音註東國史略』의
　　堯 25년 戊辰, 혹은 『修山集』의 堯 즉위 戊辰 등은 중국의 堯 즉위년
　　에 대한 여러 가지 설 중 어느 것을 따르느냐에 원인이 있지만, 이와
　　함께 고조선 역사에 대한 이해의 차이도 일정 부분 반영하고 있어 좀
　　더 깊이 있는 천착이 필요하다.
66) 『修山集』 권 12, 東史, 「神事志」. "朝鮮之初 有桓國帝釋 庶子桓雄 受
　　天符三印 與其徒三千 降于太白之山上有神壇 或云檀樹 在其下故 桓雄
　　曰神市天王 而雄之子號檀君云 神市之世 以神設敎 而其神有風雲師雨
　　師 與凡主命主病主刑 三百六十餘事 … 而東方之人至今奉帝釋神 桓因
　　者盖帝釋之名也 或曰檀君娶匪西岬神女 而檀君之母太白山之熊 嘗祈
　　化人身於神市天王 天王遺以靈藥東海之艾 瓊丘之蒜二十枚 熊食之三
　　七二十一甲子 化爲女 與天王野合而生檀君云" 李種徽는 또 이와는 달
　　리 桓雄을 중심으로 이루어지고 있는 靈艾・蒜을 통한 곰의 변신과
　　양자간의 혼인을 '神熊之異'로 기록하고 있기도 하다(같은 책 권 11,
　　東史, 「檀君本紀」. "朝鮮王檀君者 祖曰神人桓因 桓因有庶子曰桓雄 桓
　　雄居太白之山 有神熊之異 而生君於檀樹下 號檀君 或曰壇君 名曰王儉
　　或曰姓桓氏 … 時陶唐氏立於中國 而始檀君開國 盖在戊辰歲云 … 檀

景(1788~?)은『本紀』에서와 같이 靈藥 또는 藥으로 이해하고 있
다.67) 그러나 柳希齡(1480~1552)・許穆 등은 곰이 인간화되는 과
정을 생략하고 桓雄 또는 神市가 직접 단군을 낳은 것으로 기록하
여68) 보다 합리적인 이해를 의도하고 있다. 특히 李萬運과 李圭景

君盖年數十百歲終 子扶婁立 以甲戌之歲朝夏禹氏於塗山 扶婁之後 世
系年譜逸而不傳 或曰檀君不死 以商武丁乙未 入阿斯達山爲山神 …").
李種徽의 역사인식과 관련해서는 金哲埈, 1974,「修山 李種徽의 史學」
『東方學志』15, 동방학회 : 趙珖, 1985,「朝鮮後期의 歷史認識」『韓國
史學史의 研究』, 을유문화사 : 韓永愚, 1989,「18세기 중엽 少論 李種
徽의 歷史意識」『朝鮮後期史學史研究』, 일지사 : 金文植, 1994,「이종
휘」『한국의 역사가와 역사학』상, 창작과비평사 : 金英心・鄭在薰,
2000,「朝鮮後期 正統論의 受容과 그 變化-修山 李種徽의『東史』를
중심으로-」『韓國文化』26, 서울대 한국문화연구소 참조.

67)『紀年兒覽』권 5, 序,「檀君」. "攷異[謹按古記云 東方初無君長 只有九
種夷 有桓因命庶子雄 降于太白山神檀樹下 時有熊食靈藥 化爲女神
與雄爲婚 生王儉 是爲檀君 太白山卽妙香山 在寧邊]":『五洲衍文長箋
散稿』권 34,「熊羆辨證說」. "詩維熊維羆 男子之祥 我東則古紀東方初
無君長 只有九族夷 有桓因命庶子雄 降于太白山神檀樹下 時有熊食藥
化爲女神 與雄爲婚 生王儉 是爲檀君 此熊羆字之見古書 最先者也" 이
것은 또 南孝溫(1453~1492)에게서도 보인다(『秋江先生文集』권 3, 詩,
「謁檀君廟庭」. "檀君生我靑丘衆 敎我彝倫浿水邊 採藥阿斯今萬世 至
今人記戊辰年").

68)『標題音註東國史略』권 1,「前朝鮮」. "檀君 姓桓氏 名王儉 東方初無
君長[上聲] 有神人桓因之子桓雄 率徒三千 降于太伯山[在平安道寧邊
府 今妙香山]神檀樹下 謂之神市 在世理化 生子號曰檀君 唐戊辰[帝堯
二十五載]卽位 始稱朝鮮 都平壤[今平壤府] 移都白嶽[今文化縣] ○ 娶
非西岬[音甲]河伯之女 生子曰夫婁 ○ 丁巳[夏禹元年] 禹南巡狩 會諸
侯于塗山 遣夫婁朝焉 … 後嗣避箕子來封 移都於藏唐京[在文化縣] 傳
世凡一千五百年";『記言』권 32, 外篇, 東事 1,「檀君世家」. "上古九
夷之初 有桓因氏 桓因生神市 始敎生民之治 民歸之 神市生檀君 居檀
木下 號曰檀君 始有國號曰朝鮮 朝鮮者東表日出之名 或曰鮮汕也 其
國有汕水 故曰朝鮮 都平壤 陶唐氏立二十五年 檀君氏生夫婁 或曰解
夫婁 母非西岬女也 禹平水土 會諸侯於塗山 夫婁朝禹於塗山氏 後檀
君氏徒居唐藏 至商武丁八年 … 或曰檀君入阿斯達 不言其所終 泰伯

은 곰을 雄과 혼인한 女神이라 하여 神格으로 표현하고 있고, 李種徽 역시 단군의 부인으로 이해되고 있는 河伯女를 匪西岬神女로 표현하여 桓雄・熊女와 같은 神格으로 파악하고 있기도 하다.

桓因에 대해서는 帝釋・天帝・上帝 등의 이해와 함께 柳希齡과 李種徽는 神人으로,[69] 柳馨遠(1622～1673)은 天神으로 이해하고 있다.[70] 또 許穆은 桓因氏로 이해하여 보다 인격화된 관념을 엿볼 수 있고,[71] 李福休는 桓國의 왕으로 이해하여[72] 인격화된 관념

阿斯達 皆有檀君祠"

柳希齡의 역사인식에 대해서는 韓永愚, 1981,「16세기 士林의 道學的 歷史敍述」『朝鮮前期史學史研究』, 일조각 참조. 한편 許穆의 단군인식은 僞書로 이해되고 있지만, 일부에서는 道家類의 史書로 이해하고 있는『揆園史話』와 상통하는 면을 보이고 있는데(韓永愚, 1975,「17세기의 反尊和的 道家史學의 成長」『韓國學報』1, 일지사), 최초의 교화주를 神市로 이해하는 점이 그 단적인 예이다. 특히 그의 이런 관점은 九夷에서 출발한 단군조선의 문화를 긍정적으로 평가함으로써 종래 中華와 夷戎을 엄격하게 구별했던 존화적 문화의식을 완전히 탈피하고 있다는데서 평가를 받고 있다(韓永愚, 1989,「17세기 중엽 南人 許穆의 古學과 歷史認識」『朝鮮後期史學史研究』, 일지사, 115～117쪽 참조).

69) 李種徽는 환인에 대하여「檀君本紀」에서는 神人으로,「神事志」에서는 桓國帝釋으로 기록하여 이해를 달리하고 있다.

70)『磻溪雜藁』,「東史怪說辨」. "… 桓因 檀君 昔有天神桓因 命庶子雄 持天符三印 率徒三千 降於太伯山頂神檀樹下 謂之神市 主人間三百六十餘事云云 …"

71) 이것은 李種徽와 洪敬謨가 桓因의 桓을 성으로 파악하여 단군의 성을 桓氏로 보고 있는 이해와도 상통하고 있다(『修山集』권 11, 東史,「檀君本紀」. "… 朝鮮王檀君者 … 號檀君 或曰壇君 名曰王儉 或曰姓桓氏 …":『叢史』, 外編,「東史辨疑」. "○ 檀君姓名 古記曰 檀君姓桓 名王儉 檀君氏之世 東方之上古也 開荒未久 人皆蒙蔀無文字 以相傳 殆如因提禪蜚之時 當時事爲無得以知 則所謂古記 何所聞而記之 而傳之若信史也 古記云 檀君姓桓 名王儉 以其桓雄之子 而盖桓因桓雄之事 在於有無之間 況其姓名有誰知之 必是後人因其因雄之說 遂以傳會而稱其姓桓也 至於王儉之爲名 徧載於東人之筆 然杜氏通典云 高句麗居平壤城 卽漢樂浪王儉城 王儉者樂浪郡之地名 而非儉卽險也 金侍中之

이 보다 구체적으로 나타나고 있어 전승의 변천양상을 엿볼 수 있다. 단군의 즉위년 문제에 대해서는 『三國遺事』의 『古記』와 李先齊・李宜白에게서만 堯 50년 庚寅으로 일치하고 있을 뿐,[73] 『應製

撰史 卽無本國信蹟 故徒襲杜氏之說 又以古記所云 檀君王儉之語 至云平壤者 仙人王儉之宅 自此東人撰述踵成荒謬 或曰檀君名儉 或曰名王儉 平壤號王儉 平壤遂爲王儉 而以地名爲檀君名 改險爲儉 尤爲穿鑿 然則古記未可謂之信史也").

이런 이해와는 달리 단군을 檀國의 君長이라는 해석을 바탕으로 단군의 檀을 국호로 이해하는 경우도 있는데, 李瀷・安鼎福・李圭景・洪敬謨 등의 이해가 여기에 포함된다(『星湖僿說』권 15, 人事門, 「和寧」. "二字爲國號 夷裔之俗 東方禮義文物 殆於華夏 而此獨不變何哉 … 而猶稱檀君 則檀是國號 按通考 檀弓出樂浪 檀非造弓之木 則以國號名之也 …" : 『東史綱目』附 권 하, 雜說. "… 或云檀是國號[按後漢書濊傳云 樂浪檀弓出其地 檀弓非可弓之木 則似以國稱而流傳耳] 故其子孫 皆稱檀君 不可攷[更按三國遺事引魏書云 往二千載 有檀君王儉 立都阿斯達 建國號朝鮮 與堯同時 按中國史 檀君始見于此 而據此 則朝鮮之號 亦自檀君而有矣]" : 『五洲衍文長箋散稿』권 34, 「檀箕爲國號辨證說」. "凡國號以二字者 乃近夷裔之俗 中國無此也 我東檀君箕子雖以朝鮮爲國號 然猶稱檀君箕子 則檀箕乃是國號 其曰朝鮮 則卽地名也 且辰與韓 亦是國號 而辰則秦也 韓則三韓也 俱有明據 然纂東史者一無論辨 其或未攷實績而然歟 今略爲之辨證焉" : 『叢史』, 外編, 「檀君國號」. "… 山海經曰 東海之內 北海之隅 有國名曰朝鮮 山海經是虞夏時書也 其云朝鮮果指以檀君之國歟 …").

72) 『海東樂府』권 1, 「桓雄詞」. "古記云 昔桓國君庶子雄 求出世 君知其意 授天印三箇送之 雄率徒三千 降於太白山檀樹下 時有一熊一虎同居 有神人授靈艾一炷蒜二十枚曰 食此不見日光百日 可化人 熊食之如其言 化女身 每於檀樹下 祝有孕 雄私通生子 是爲檀君 都王儉城 國號朝鮮 享國一千五百年 周武王己卯 箕子受封而來 檀君避隱阿斯達山 山有檀君廟 配食桓雄 春秋致祭" 이런 李福休의 이해는 桓因을 桓國의 帝釋으로도 기록하고 있는 李種徽와도 상통하고 있다.

73) 단군의 즉위년을 『古記』에서 堯 50년 庚寅이라고 기록하고 있는 것에 一然은 "堯의 원년은 戊辰이고 50년은 丁巳"라고 주석하고 있다(『三國遺事』권 1, 紀異 2, 古朝鮮[王儉朝鮮]). 이런 그의 이해는 『資治通鑑外紀』에서 堯紀의 北宋 劉恕說을 따르고 있는 것이라고 한다(徐永大,

詩註』의 堯와 같은 날, 柳希齡과『寧邊邑誌』의 堯 25년 戊辰[74] 등
다양하게 나타나고 있다. 단군의 재위에 대해서는 李種徽의 1508
년이라는 이해를 제외하고는 모두 1500년으로 나타난다. 이런 이
해는 근거가 밝혀져 있지 않아 자세히 알 수 없지만, 단군에 관한
근본적인 인식의 차이에서 출발한 것이라고는 생각되지 않는다.[75]

　이 유형에서는 또 새로운 전승도 보인다. 柳希齡의 강화 塹城壇
및 江東縣의 檀君墓와 관련한 기록, 柳馨遠의 단군의 후예인 부여
가 帶素 때 이르러 고구려 대무신왕에게 멸망하였다는 기록 등이
그것이다. 이중 柳希齡의 塹城壇과 관련한 기록은[76]『高麗史』에
처음 보이는 것이다.[77] 또 단군을 江東縣인 松壤에 장례하였다는

　　　1994, 앞의 논문, 76～77쪽 주 2) 참조).
74)『寧邊邑誌』, 古跡. "檀君窟 … 世傳檀君誕降之處也 昔桓因[帝釋也]之
　　子桓雄 貪求人世 父知子意 乃授天符印三箇 往理之 雄率徒三千 降於
　　太白山頂[卽妙香山]神檀樹下 是謂桓雄天王也 爲神市主人 將風伯雨
　　師雲師 而主穀主命主病主刑主善惡 凡主人間三百六十事 時有一熊一
　　虎 同穴而居 願化爲人 雄遺靈艾一炷 蒜二十枚曰 爾輩食之 不見日光
　　百日 便得人形 熊虎食之 虎不能忌 熊忍三七日得女身 每於檀樹下 祝
　　願有孕 雄假化而爲婚 孕生子 號曰檀君 東方初無君長 國人立爲君 都
　　王儉城[今平壤] 國號朝鮮 時唐堯二十五年戊辰歲也 御國一千五百年
　　周武王己卯 封箕子於朝鮮 檀君還隱於阿斯達山[今九月山]爲神 壽一
　　千九百八歲 或云至商武丁八年乙未 入阿斯達山爲神"
75) 安鼎福의 경우는 단군의 御國 1500년에 대해 송나라의 邵雍(1011～
　　1077)의『皇極經世書』에서의 武丁 8년 甲子說에 따라 단군의 향국을
　　1212년으로 파악하고 1500년설을 비판하고 있다(『東史綱目』附 권 상,
　　「考異」. "檀君避箕子 移藏唐京 … 今以經世書考之 自堯戊辰至武王己
　　卯 一千二百十二年 御國千五百年之說 誕不足辨矣 …").
76)『標題音註東國史略』권 1,「前朝鮮」. "築塹城壇于海島中 以祭天 又命
　　三子築城[今俱在江華府] …"
77)『高麗史』권 56, 지 10, 지리 1, 江華縣. "… 有摩利山[在府南 山頂有塹
　　星壇 世傳檀君祭天壇]"『高麗史』의 이 기록 역시 근거를 알 수 없고
　　世傳의 시점이 언제인지는 분명하지 않지만, 최소한 고려전기부터 이
　　런 전승이 강화지역에 전해지고 있었음은 분명하다. 이에 대해서는 2-

이해는78) 『東國輿地勝覽』에서 諺傳을 빌어 江東縣의 서쪽에 檀君墓가 있다는 기록과79) 『肅宗實錄』·『正祖實錄』 등에서 檀君墓의 보수 기록에서 확인할 수 있다.80) 이것은 고구려 건국 초기, 영역을 지키기 위해 주몽과 겨루었던 松壤을 仙人의 후예로 이해하고 있는 『帝王韻紀』에서 『東明本紀』의 이해와 松壤이 다스리던 沸流國을 江東縣으로 비정하던 역사 지리적인 이해가 연계되어 비롯한 것이라고 추측된다. 또 柳馨遠의 부여의 멸망에 관한 이해는81) 『三國遺事』에서 그 기록을 찾을 수 있다.82)

IV-4. 「江華의 傳承」 및 徐永大, 2000, 「강화도의 塹城壇에 대하여」 『韓國史論』 41·42합집, 서울대 국사학과 참조.

78) 『標題音註東國史略』 권 1, 「前朝鮮」. "… 薨 葬于松壤[在江東縣] …". 이것은 또 許穆의 이해에서도 확인할 수 있다(『記言』 권 32, 外篇, 東事 1, 「檀君世家」. "… 檀君氏歿 松壤西有檀君塚[松壤 今江東縣] …"). 『擇里誌』에는 松壤王國이 成川府로 비정되고 있다(『擇里誌』 3, 平安道 참조).

79) 『新增東國輿地勝覽』 권 55, 江東縣, 古跡. "大塚[一在縣西三里 周四百十尺 諺傳檀君墓 …]" 이런 기록은 洪萬宗(1643~1725)·申景濬의 이해에서도 볼 수 있다(『旬五志』 상, 「檀君」. "… 墓在江東縣西三里 周四百七尺 …" : 『旋菴全書』 권 4, 彊界考, 「三朝鮮」. "前朝鮮國[… 江東縣之鎭山曰 大朴山 下有一大塚 世傳檀君墓 大朴卽朴達也 而以有壇君墓而名之也 …]").

80) 『肅宗實錄』 권 31, 숙종 23년 7월 임오 : 『正祖實錄』 권 22, 정조 10년 8월 기유 : 『高宗實錄』 권 40, 광무 4년 1월 29일 : 『純宗實錄』 권 3, 융희 3년 2월 29일 : 『日省錄』 정조 10년 8월 9일 기유 등에서 볼 수 있다. 한편 安鼎福의 경우는 이를 민간에서 전하는 속설이라 하여 취하지 않고 있다(『東史綱目』 附 권 상, 「考異」. "檀君塚 輿地勝覽江東縣古迹 縣西三里 有大塚 周四百十尺 俗傳檀君塚 此出諺說 故不從"). 한편 손영종은 단군릉 내부에 선인과 신장의 그림들이 그려져 있었다는 『위암문고』의 내용을 근거로(『위암문고』 권 7, 「檀君墓」 참조) 4세기 중엽 이전 단군묘가 고구려인들에게 의해 돌칸흙무덤으로 개건되면서 벽화가 그려졌을 것으로 단정하고 있으나(손영종, 2000, 『고구려사의 제문제』, 사회과학원 ; 2000, 신서원, 281~283쪽), 수용하기 어렵다.

3 『本紀』 類型

이 유형은『三國遺事』와 거의 같은 시기에 저술된『帝王韻紀』에서『本紀』를 인용하여 전하고 있는 전승을 지칭한다. 따라서『三國遺事』의『古記』가 승려 一然의 입장에서 불교에 의해 윤색된 전승을 채록하고 있는데 비해, 이것은 官人 李承休가 유교적인 입장에서 채록한 자료라는 점과『古記』와는 전혀 다른 내용을 전하고 있다는 점에서 주목되어 왔다. 전승의 내용은 다음과 같다.

> C-1. 上帝 桓因이 庶子 雄에게 三危太白으로 내려가 크게 인간을 이롭게 할 수 있겠는가를 물었다. 이에 雄은 天符印 3개를 받고 귀신 3천을 거느리고 太白山 꼭대기 神檀樹 아래로 내려오니 이를 檀雄天王이라고 하였다.

> C-2. 孫女로 하여금 藥을 마시고 사람의 몸이 되게 하여 檀樹神과 더불어 혼인하여 아들을 낳으니 이름이 檀君이다.

> C-3. 朝鮮의 彊域을 차지하여 왕이 되었음으로 尸羅・高禮・南北沃沮・東北扶餘・穢와 貊은 모두 단군의 후손[檀君之壽]이다.

> C-4. 다스린 연수가 1038년이고 阿斯達山에 들어가 神이 되었으니 죽지 않은 때문이다(『帝王韻紀』 권 하, 「東國君王開國年代」,

---

81) 『磻溪雜藁』,「東史怪說辨」. "… 至帶素而爲高句麗大武神王所滅[古記]" 이런 이해는 許穆에게서도 볼 수 있다(『記言』권 32, 外篇, 東事 1,「檀君世家」. "… 金蛙傳帶素 帶素恃其强大 與句麗爭攻伐 卒爲所擊 殺 其弟曷思代立 至孫都頭降句麗 東扶餘亡[曷思非王名 都曷思之濱 曰曷思] …").

82) 『三國遺事』권 1, 紀異 2, 東扶餘. 또『三國史記』대무신왕 3・4년조에는 고구려가 부여를 멸망시키기 위한 전쟁과정을 상세하게 기술하고 있다(『三國史記』권 14, 高句麗本紀 2, 대무신왕 3・4년 참조).

前朝鮮紀).

여기서 먼저 검토해야 할 점은 『帝王韻紀』에 소개되어 있는 『本紀』가 어떤 성격의 자료인지에 대한 문제이다. 이와 관련하여 『帝王韻紀』는 「漢四郡及列國紀」에서 또 『檀君本紀』를 인용하여 단군이 非西岬 河伯女와 혼인하여 夫婁를 낳았음을 기록하고 있다. 이런 기록이 「前朝鮮紀」의 『本紀』에 함께 서술되지 않고, 「漢四郡及列國紀」에 별도로 소개되고 있는 이유에 대해서는 자세히 알 수 없다. 다만 『三國遺事』가 「古朝鮮[王儉朝鮮]」조에서 『古記』를 인용하여 신화적인 내용을 전하고 있으면서도 夫婁와 관련한 후계의 내용은 『壇君記』를 인용하여 「高句麗」조에 싣고 있는 것과 형식을 같이하고 있음만을 지적할 수 있다. 그러나 『帝王韻紀』의 「前朝鮮紀」에 인용된 『本紀』는 『三國遺事』에 수록된 『古記』·『壇君記』와는 달리, 「漢四郡及列國紀」에 수록된 『檀君本紀』와 같은 자료로 보인다. 즉 『本紀』는 『檀君本紀』의 약칭일 것으로 짐작된다.[83]

『檀君本紀』에 따르면, 단군의 계보는 『古記』와는 달리 上帝 桓因→檀雄天王→□→檀雄天王 孫女+檀樹神→檀君으로 이어지고 있다. 즉 그 구조는 우리나라 북방계 건국신화의 기본구조인 祖→父→子로 이어지는 부계 중심의 3대 계보를 벗어나 5대에 걸쳐 있고, 그것도 非父系로 이어지는 계보를 보여준다. 이것은 또 모계가

---

83) 田中俊明은 『帝王韻紀』에 인용된 『檀君本紀』를 李承休가 함께 인용하고 있는 『東明本紀』와 함께 『舊三國史』에서 인용하였을 것으로 추측하는 한편(田中俊明, 위의 논문, 7~9쪽 참조), 『三國遺事』와 『帝王韻紀』에 인용되고 있는 『古記』·『壇君記』·『本紀』(『檀君本紀』) 역시 『舊三國史』와 같은 계통의 자료일 것으로 추측하고 있다(田中俊明, 앞의 논문, 9~11쪽 참조).

天神系인 반면 부계가 地神系로 나타나 북방계 건국신화의 일반
적인 틀에서도 벗어나고 있다. 혼인의 관여 여부에서도 地神系 보
다는 天神系가 적극성을 보인다. 이런 면 때문에 『本紀』 유형의
전승은 이후 많은 사람들에게 수용되지 못하고, 『古記』 유형이 전
승의 最古形이자 典型으로 이해되는 결과를 낳게 하였다. 또 이후
조선시대 전승양상 역시 곰이 변하여 사람이 되었다는 비합리성에
도 불구하고 『古記』의 유형이 후술할 『應製詩』 유형과 함께 전승
의 주류를 차지하게 하였다.

이에 최근에 이르러는 『古記』와 『本紀』의 내용은 熊女와 孫女
의 문제만 제외한다면 거의 일치되는 구조를 가지고 있고, 桓雄과
檀樹神도 동일 인물로 보아야 한다는 전제아래 熊女를 孫女로 바
꾼 것은 동물의 熊字를 피하기 위한 개작이라거나,[84] 孫女는 熊女
의 오기나 오각이라는 견해[85] 등이 제시되었다. 또 더 나아가 李承
休가 原詩에서 '釋帝의 손자 이름이 檀君'이라고 분명히 밝히고
있음을 근거로 단군의 世系를 桓因→桓雄+熊女→檀君으로 재차
정리하는 견해가 제시되기도 하였다.[86]

물론 이런 견해들은 일견 합리적이고 타당한 듯 보인다. 그러나
『帝王韻紀』에서 단군신화를 인용하고 있는 『本紀』의 내용과 李承
休의 이해는 별개의 것으로 파악해야 한다. 즉 『檀君本紀』의 非父
系를 중심으로 하는 5대 계보는 어떤 오각 내지 오기, 또는 의도적
인 개작이 아니고 『古記』와는 분명히 다른 별개의 전승이다. 또 檀
雄天王과 檀樹神을 같은 개념으로 이해할 근거 역시 전혀 없다.

---

84) 李丙燾, 1976, 위의 논문, 29~30쪽 참조.
85) 朱承澤, 1982, 「北方系 建國神話의 體系에 대한 試論」 『冠岳語文論集』
    7, 서울대 국어국문학과 및 1993, 「北方系 建國神話의 文獻的 再考察-
    解夫婁神話의 再構를 중심으로-」 『韓國學報』 70, 일지사 참조.
86) 崔柄憲, 앞의 논문, 151~152쪽 참조.

이것은 『檀君本紀』가 『古記』 또는 『壇君記』와는 달리 그 계승국 가의 이해에서 尸羅·高禮·南北沃沮·東北扶餘·穢·貊 등을 모두 단군을 이은 국가로 정리하고 있고, 그 歷年 역시 1038년이라 하여 『古記』와 다른 이해를 보이고 있음에서도 짐작할 수 있다.[87] 특히 李承休는 原詩에서 前朝鮮의 享國을 1028년으로 이해하여[88] 『檀君本紀』와도 다른 이해를 보이고 있음에서 더욱 그러하다.

즉 李承休는 原詩에서 『古記』 유형을 토대로 단군전승을 이해하 고 있었다. 그러나 그 주석에서는 『本紀』 유형의 전승을 소개하여 고려시대에 『古記』 유형과는 기본적인 인식을 달리하는 전승도 함 께 전하고 있음을 알려주고 있다.[89] 이와 같은 유형은 『世宗實錄』에 인용된 『檀君古記』가 유일한데, 그 내용을 비교하면 뒤의 <표 3>과 같다.

<표 3>에서 살펴볼 수 있듯이 전승에 있어 『檀君古記』가 『檀 君本紀』와 다른 내용은 『檀君本紀』에 언급이 없던 堯와 같은 날 즉위했다는 단군의 건국과 그가 阿斯達山神이 된 때를 殷 武丁 8 년 乙未라고 밝히고 있는 점, 단군의 계승국가를 막연히 부여라고 한 『檀君本紀』에 비해 東扶餘라고 구체적으로 지적하고 있는 점 등을 들 수 있다. 이를 통해 볼 때, 『檀君古記』는 『檀君本紀』에 보 이지 않는 내용이 포함되어 있어 이들은 별개의 자료로 추정된다. 또 단군이 태자 夫婁를 塗山에 보내 禹에게 조회했다는 것 역시 『檀君古記』에 처음 보이지만,[90] 이것은 앞서 살펴본 바와 같이 이

---

87) 李康來는 『三國遺事』의 『壇君記』와 『帝王韻紀』의 『檀君本紀』를 동 일한 인물의 계보인식을 가지고 있음을 근거로 같은 실체의 자료명으 로 추측하고 있다(李康來, 위의 논문, 193쪽 참조).

88) 『帝王韻紀』 권 하, 「東國君王開國年代」, 前朝鮮紀 참조.

89) 이와 관련한 구체적인 논의는 3-Ⅱ. 「高麗 後期의 認識」 참조.

90) 『世宗實錄』 권 154, 地理志, 平安道 靈異. "檀君古記云 上帝桓因 有庶

미 고려시대부터 전해오던 것이 『檀君古記』에 수록되었을 것으로 짐작된다.

<표 3> 『本紀』傳承類型 比較

出典		主要神話素	變形動機	血緣關係							即位年	在位年	最後	繼承國家
				外高祖	外曾祖	外祖	父	母	婦	子				
韻紀	本紀	桓因·雄(檀雄天王)·神檀樹·孫女·檀樹神·檀君	飲藥	上帝桓因	檀雄天王	檀雄天王의아들	檀樹神	檀雄天王의孫女				1038年	阿斯達山神	尸羅·高禮·南北沃沮·東北扶餘·穢貊
	檀君本紀	檀君·非西岬河伯女·夫婁							非西岬河伯女	夫婁				扶餘
世宗實錄[檀君古記]		桓因·雄(檀雄天王)·神檀樹·孫女·檀樹神·檀君	飲藥	上帝桓因	檀雄天王	檀雄天王의아들	檀樹神	檀雄天王의孫女	非西岬河伯女	夫婁	堯同日	1038年	阿斯達山神(殷武丁乙未)	東扶餘

한편 李承休는 「前朝鮮紀」의 原詩나 『本紀』에서와는 달리 「漢四郡及列國紀」에서 단군의 아들이 夫婁라는 사실과 함께 『東明本紀』를 인용하여 金蛙說話를 수록하고는 자신이 元에 가는 도중 遼河의 해변 옆에 자리하고 있던 扶餘駙馬大王의 墓를 보았다는 내용을 소개하고, 賈耽의 說을 인용하여 부여에 대한 위치 비정을 시

子名雄 意欲下化人間 受天三印 降太白山神檀樹下 是爲檀雄天王 令孫女飲藥 成人身 與檀樹神婚而生男 名檀君 立國號曰朝鮮 朝鮮尸羅高禮南北沃沮東北扶餘濊與貊 皆檀君之理 檀君聘娶非西岬河伯之女 生子曰夫婁 是謂東扶餘王 檀君與唐堯 同日而立 至禹會塗山 遣太子夫婁朝焉 享國一千三十八年 至殷武丁八年乙未 入阿斯達爲神 今文化縣九月山"

도하고 있다.[91] 이것은 그가 前朝鮮이 夫婁→金蛙로 이어지는 부여로 계승되었다고 이해하고 있음을 보여주는 것이다. 또 沸流國王 松壤을 仙人의 후예로 이해하고,[92] 아울러 尸羅·高禮·南北沃沮·穢·貊·膺[93] 등이 모두 단군의 후손임을 강조하여[94] 고조선[王儉朝鮮 또는 前朝鮮]을 축으로 한 체계적인 상고사의 정리를 도모하고 있다.

『本紀』유형은 "중국의 堯와 함께 건국하여 檀木에게 전해졌다"는 邊安烈(1334~1390)의 詩에서도 그 일면을 엿볼 수 있다.[95] 여기서 그는 神壇·壇君을 중심으로 한 『古記』의 이해와는 달리 檀樹를 중심으로 하는 『本紀』의 전승을 이해하고 있는 것으로 짐작된다. 즉 그가 이해하고 있던 檀木은 단군을 지칭하는 것으로 판단된다. 이것은 『本紀』유형의 전승이 고려후기 사대부계층에게 일정 부분 반영되었음을 보여주는 것이다. 그러나 『本紀』유형의 전승은 후술하는 바와 같이 고려사회에서 도참사상과 긴밀하게 연계

---

91) 『帝王韻紀』권 하, 「東國君王開國年代」, 漢四郡及列國紀. "… 臣嘗使於上國 至遼濱路傍有立墓 其人曰扶餘駙馬大王墓也 又賈耽曰 大原南 ○ 鴨綠 血扶餘舊地 則北扶餘者 宜在遼濱 其開國 盖自後朝鮮 而至此 幾矣"

92) 『帝王韻紀』권 하, 「東國君王開國年代」, 漢四郡及列國紀. "… 東明本紀曰 沸流王松讓謂曰 予以仙人之後 累世爲王 今君造國日淺 爲我附庸可乎 則此亦疑檀君之後也"

93) 膺은 鷹準(『帝王韻紀』권 하, 「東國君王開國年代」, 百濟紀)·鷹遊(『三國遺事』권 3, 塔像 4)와 함께 백제의 별칭이었다고 한다. 이에 대해서는 趙法鍾, 1989, 「百濟別稱鷹準考」『韓國史硏究』66, 한국사연구회 참조.

94) 『帝王韻紀』권 하, 「東國君王開國年代」, 漢四郡及列國紀. "… 次有尸羅與高禮 南北沃沮穢貊膺 此諸君長問誰後 世系亦自檀君承"

95) 『大隱先生實記』, 詩, 「東國留居吟」. "在祗乾坤夙避地 大東自有小中華 唐堯幷立傳檀木 周武所封繞槿花 島晚橫居風氣勁 海餘連踏月輝斜 高山麗水吾先國 松茂承承祝永嘉"

되어 반란세력에게 이용되었고, 후대에는 유교적인 입장에서 檀雄
天王과 檀樹神의 관계, 檀樹神과 檀雄天王 孫女의 혼인 등의 문제
에 관한 혼란으로 널리 유포되지 못하고, 『古記』 유형이 전승의 전
형으로 자리하게 되었다.

Ⅱ. 朝鮮時代의 類型

1. 『應製詩』 類型

이 유형의 最古 자료는 1396년(태조 5) 權近이 명나라 高皇帝에
게 製進한 應製詩중 하나인 「始古開闢東夷主」에 대한 주석이다.
『古記』 유형과 함께 조선시대에 가장 널리 이해되고 있던 자료로
전승의 내용은 다음과 같다.

D-1. 옛날 神人이 檀木 아래로 내려왔다.

D-2. 國人들이 추대하여 왕을 삼으니 이름이 檀君이다.

D-3. 이때는 堯의 원년인 戊辰年이다(『陽村集』 권 1, 應製詩).[96]

이 유형에서는 帝釋 혹은 天帝・上帝로 이해되던 桓因이나 그

---

96) 原詩에는 "聞說鴻荒日 檀君降樹邊 位臨東國土 時在帝堯天 傳世不知
幾 歷年曾過千 後來箕子代 同是號朝鮮(『陽村集』 권 1, 應製詩)"이라
하여 전해진 세대는 알 수 없으나, 歷年은 천년을 훨씬 넘었고 후에 箕
子가 와서 계승하였음을 전하고 있다.

서자 桓雄 혹은 桓雄天王(檀雄天王), 곰과 호랑이, 檀樹神과 孫女 등의 신화적인 내용이 배제되고 있다. 단지 단군의 고조선 건국이 라는 역사적인 사실만을 위주로 전승을 재구성하여 신화를 유교적 인 관점에서 합리적으로 재해석하려는 의도가 엿보일 뿐이다. 이 에 神人이었던 단군이 직접 하늘에서 檀木 아래로 하강하여 國人 의 추대로 왕이 되었다는 것으로 전승의 내용이 구성되어 있다.97)

이런 구성은 조선초기 성리학을 수용하고 있는 유학자의 입장에 서『古記』나『檀君本紀』, 혹은『檀君古記』의 비합리적인 요소를 배제하고, 이를 합리적으로 이해하려는 노력에서 비롯된 것으로 보인다.98) 따라서『太宗實錄』의 卞季良(1369~1430)의 이해를 비 롯하여『龍飛御天歌』,『高麗史』地理志,『世宗實錄』지리지「平 壤府」『東國輿地勝覽』의「平壤府」『平壤誌』에서 尹斗壽(1533~ 1601)의 이해 등은 이제까지 단군 즉위년으로 이해되고 있던 堯 戊 辰年을 단군의 강림시기로 파악하게 하였다.99) 이 유형에 속하는

---

97) 이같은 내용은 신라의 건국신화와 기본적으로 같은 구조를 가지고 있 다(『三國史記』권 1, 新羅本紀 1, 始祖 赫居世 참조).

98) 그러나 앞서 살펴본 邊安烈의 "… 唐堯幷立傳檀木 周武所封繞槿花 …"(『大隱先生實記』, 詩,「東國留居吟」)이라는 詩句 중 檀木을 주목할 때, 후술할『應製詩』유형의 전승이 형성된 시기가 조선초기가 아닌 고려말로 상향될 가능성도 있으나, 확언하기 어렵다. 이 문제는 향후 검토할 필요가 있다.

99)『太宗實錄』권 31, 태종 16년 6월 신유. "敬承府尹卞季良上書 … 吾東 方 檀君始祖也 盖自天而降焉 非天子分封之也 檀君之降 在唐堯之戊 辰歲 迄今三千餘禩 矣":『龍飛御天歌』권 1, 9장. "平壤本三朝鮮舊都 也 唐堯戊辰歲 神人降于檀木之下 國人立爲君 都平壤 號檀君 是爲前 朝鮮 周武王克商 封箕子于此地 是爲後朝鮮":『高麗史』권 58, 지 12, 지리 3, 西京留守官. "… 唐堯戊辰歲 神人降于檀木之下 國人立爲君 都平壤 號檀君 是爲前朝鮮":『世宗實錄』권 154, 地理志, 平安道. "平 壤府 … 本三朝鮮舊都 唐堯戊辰歲 神人降于檀木之下 國人立爲君 都 平壤 號檀君 是爲前朝鮮":『東國輿地勝覽』권 51, 平壤府, 建治沿革.

자료를 정리하면 <표 4>와 같다.[100]

"本三朝鮮高句麗之故都 唐堯戊辰歲 有神人降太伯山檀木下 國人立爲君 都平壤 號檀君 是爲前朝鮮 周武王克商 封箕子于此 是爲後朝鮮 …" : 『平壤誌』 권 1, 沿革. "本府 本三朝鮮舊都 唐堯戊辰歲 神人降于檀木之下 國人立爲君 都平壤 號檀君 是爲前朝鮮"

이외에 堯 戊辰年을 단군의 강림시기로 이해하고 있는 자료는 鄭述 (1543~1620)의 『寒岡先生續集』, 林昌澤(1682~1723)의 『崧岳集』, 洪 敬謨의 『冠巖全書』, 1871년에 간행된 『關西邑誌』 등이 있다(『寒岡先 生續集』 권 15, 雜著 3, 歷代紀年 하, 東方, 「檀君朝鮮」. "檀君(唐堯戊 辰 神人降于太白山[今寧邊府妙香山]檀木下 國人立爲君 國號朝鮮 都 平壤 徒白岳 或名王儉 商武丁乙未 入阿斯達山[今九月山 在文化縣] 白 岳卽此山 化爲神 享壽一千四十八年 前輩謂安有檀君獨壽千四十八年 乃檀君歷年之數 非檀君之壽也 … 詩林目錄 商高宗三十九祀 入阿斯達 山 蓋武丁入祀 乃甲子非乙未也 且千四十八年之數 至三十九祀方準) 夫妻(檀君娶非西岬山河伯之女 生子曰夫妻 詩林目錄 檀君之子夫妻 朝禹于會稽 檀君後一百六十四年己卯 箕子來封 : 『崧岳集』 권 1, 「海 東樂府」. "檀君祠[唐堯戊辰 神人降于太白山神木下 國人立爲君 是爲 檀君]" : 『冠巖全書』 권 17, 「古都沿革記」. "箕城三朝鮮古都也 唐堯戊 辰 神人降于太伯之檀木下 國人立爲君 都平壤 號檀君 是爲前朝鮮 …" : 『關西邑誌』 권 4, 平壤府, 沿革. "本府 本三朝鮮舊都 唐堯戊辰歲 神人 降于檀木之下 國人立爲君 都平壤 號檀君 是爲前朝鮮")

한편 『龍飛御天歌』에서는 위의 이해와는 달리 堯 戊辰年을 단군의 개 국연도로 파악하고 있기도 하다(『龍飛御天歌』 권 6, 41장. "本國與堯並 立[檀君開國 實唐堯之戊辰歲也]"). 또 許琮(1434~1494)은 단군이 직접 檀木을 통해 강림하였다는데 인식을 같이하면서도 그 시기는 『東國通 鑑』을 쫓아 甲辰年으로 이해하고 있다(『成宗實錄』 권 24, 성종 19년 3 월 정묘. "遠接使許琮馳啓曰 … (天使)曰檀君者何 (答)曰東國世傳 唐 堯卽位之年甲辰歲 有神人降於檀木下 衆推以爲君 其後入阿斯達山 不 知所終 …"). 이로 볼 때 이 유형은 『古記』 유형의 합리적인 이해를 위 한 재해석 내지는 축약형으로 파악할 수 있다.

100) 洪敬謨는 『應製詩』 유형을 소개하고 있으면서도 이것은 대개 神市, 즉 桓雄에 대한 사실을 의미하는 것으로 誕妄之說이라 믿을 수 없다 는 입장을 취하고 있다(『冠巖全書』 권 19, 記, 「三聖祠記」. "… 史云 神人降于檀木下 國人立爲君 號檀君 盖有神市之事而史不言歟 史旣 不言 則直一迂怪誕妄之說 何爲而信之 …").

〈표 4〉『應製詩』 傳承類型 比較

出　典	主要神話素	降臨時期	下降者	推戴者	都邑	即位年	享國	壽命	最　後
陽村集(權近)[應製詩]	神人(檀君)·檀木·國人		神人	國人		堯 戊辰			
太宗實錄(卞季良上書)	檀君	堯戊辰	檀君						
歷代世年歌(權踶)	神人·檀木·國人·檀君		神人	國人	平壤→白岳	堯興戊辰	1048年		阿斯達山神(商武丁乙未)
龍飛御天歌	神人·檀木·國人·檀君	堯戊辰	神人	國人	平壤				
高麗史	神人·檀木·國人·檀君	堯戊辰	神人	國人	平壤				
世宗實錄	神人·檀木·國人·檀君	堯戊辰	神人	國人	平壤				
三國史節要	神人·檀木·國人·檀君		神人	國人	平壤→白岳	堯戊辰			阿斯達山神(商武丁乙未)
東國通鑑	神人·檀木·國人·檀君		神人	國人	平壤→白岳	堯25年戊辰			阿斯達山神(商武丁乙未)
成宗實錄(許琮馳啓)	神人·檀木·衆·檀君	堯甲辰	神人	衆	平壤				阿斯達
東國史略(朴祥)	神人·檀木·國人·檀君		神人	國人	平壤→白岳	堯25年戊辰		4018年	阿斯達山神(商武丁8年)
東國輿地勝覽(平壤府建置沿革)	神人·檀木·國人·檀君	堯戊辰	神人	國人	平壤				
平壤誌(尹斗壽)	神人·檀木·國人·檀君	堯戊辰	神人	國人					
東史纂要(吳澐)	神人·檀木·國人·檀君		神人	國人	平壤→白岳	堯25年戊辰	1048年		阿斯達山神(商武丁乙未)

洪敬謨의 역사인식에 대해서는 韓永愚, 1990, 「19세기 전반 洪敬謨의 歷史敍述」『韓國文化』11, 서울대 한국문화연구소 : 姜錫和, 1994, 「홍경모·이원익」『한국의 역사가와 역사학』상, 창작과비평사 및 2001, 「19세기 京華士族 洪敬謨의 생애와 사상」『韓國史研究』112, 한국사연구회 참조.

出 典	主要 神話素	降臨 時期	下降 者	推戴 者	都邑	即位 年	享國	壽命	最 後
寒岡先生續集 (鄭逑)	神人·檀木· 國人·檀君		神人	國人	平壤 → 白岳			1048 年	阿斯達山神 (商武丁乙未)
東史補遺 (趙挺)	神人·檀木· 國人·檀君		神人	國人	平壤 → 白岳	堯 25年 戊辰			阿斯達山神 (商武丁8年)
敬菴文集 (吳汝撥)	仙人·檀木· 國人·檀君	堯戊辰	仙人	國人	平壤		1048年		九月山神仙 (殷高宗39年)
孝宗實錄 (金堉上箚)	檀君·太白		檀君		鐵甕 → 浿上	堯 甲辰			阿斯
東國通鑑提綱 (洪汝何) [舊史]	神人·檀木· 國人·檀君		神人	國人	平壤 → 白嶽	堯 25年 戊辰	1048年		阿斯達山神 (商武丁乙未)
藥泉集 (南九萬) [檀君紀]	神人·檀木· 國人		神人	國人					阿斯達山神 (商武丁8年)
崧岳集 (林昌澤)	神人·神木· 國人·檀君	堯戊辰	神人	國人					
藥山漫稿 (吳光運)	神人·檀木· 國人·神市		神人	國人		堯幷 戊辰	1048年		
圓嶠集 (李匡師)	神人·檀木· 國人·神市		神人	國人		堯幷 戊辰	1400年		
旋菴全書 (申景濬)	壇君·神壇 樹·國人		壇君	國人		堯 25年 戊辰	1221年	1400 年	
東史綱目 (安鼎福)	神人·檀木· 國人·檀君		神人	國人	平壤 → 白嶽	堯 25年 戊辰	1017年	1048 年	阿斯達山神 (商武丁甲子)
日省錄 (徐有隣) [東史]	檀君·太白 山		檀君		王儉城 (平 壤)				阿斯達山神
頤齋全書 (黃胤錫)	檀君·檀木		檀君		平壤 → 白岳	堯 25年 戊辰	1212年		阿斯達山神
顧堂集 (金圭泰)	神人·檀木· 國人		神人	國人					
燃藜室記述 (李肯翊) [檀君記]	神人·檀木· 國人		神人	國人		堯 戊辰			阿斯達山神 (商武丁8年)

出　典	主要神話素	降臨時期	下降者	推戴者	都邑	即位年	享國	壽命	最　後
東國史略 (朴祥)	神人·檀木·國人·檀君		神人	國人	平壤→白岳	堯25年戊辰		4018年	阿斯達山神(商武丁8年)
大東遺事	神人·檀木·人·檀君		神人	人	平壤→白岳				
冠巖全書 (洪敬謨)	神人·檀木·國人	堯戊辰	神人	國人	平壤				
東典考 [檀君記]	神人·檀木·國人		神人	國人	平壤→白岳	堯戊辰			阿斯達山神(商武丁8年)
東史 (沈大允)	神人·檀木·國人·檀君		神人	國人		堯戊辰	1048年		
大東地志 (金正浩) [東國古記]	神人·檀木		神人			堯並立			
[三國遺事]	熊·天神(檀因)				平壤→白岳	堯25年			阿斯達山神(商武丁8年)
關西邑誌	神人·檀木·國人·檀君	堯戊辰	神人	國人	平壤				

　<표 4>에서 볼 수 있는 바와 같이 이 유형에 속하는 자료는
『應製詩』를 비롯하여 30여종에 달한다. 그러나 현전하는 전승들을
보다 구체적으로 검토하면 더 많은 자료가 찾아질 것이 분명하
다.101) 그런데 이 유형의 자료들은 대부분 단군의 강림과 건국에
관한 사실을 전제한 후, 『古記』유형의 자료를 보충하는 의미로 부
기하고 있다.102) 즉 이것은 『古記』유형에서 보이는 비합리적인

---

101) 曺恰의 이해 역시 그 예 중의 하나이다(『退思軒文集』권 1, 雜著, 「箕
子東來實蹟序」. "… 平壤卽王儉城 檀君名王儉 唐堯戊辰歲 有神人降
于太白山檀木下 國人立之 號曰檀君 都平壤 國號朝鮮 是爲東方有君
之始也").
102) 이러한 예로는 朴祥(1474~1530)의 『東國史略』, 吳澐(1540~1617)의
『東史纂要』, 趙挺의 『東史補遺』, 南九萬(1629~1711)의 『藥泉集』, 吳
光運(1689~1745)의 『藥山漫稿』, 黃胤錫(1729~1791)의 『頤齋全書』,
李肯翊(1736~1806)의 『燃藜室記述』, 『東典考』, 『大東遺事』, 金正浩

신화적 요소를 합리적으로 수용하기 위한 의도임을 반증하고 있
다.103) 따라서 이 유형의 전승은 시기적으로『古記』나『本紀』보
다는 늦은 시기에 정형화되었다고 생각된다.

이 유형의 자료들은 대부분 典據에 대해 아무런 언급이 없다. 단
지 洪汝河(1621~1678)가『東國通鑑提綱』에서 제시한「舊史」,104)
南九萬의『藥泉集』・李肯翊의『燃藜室記述』・『東典考』에서의「舊
史 檀君紀(記)」105), 金正浩의『大東地志』에서의「東國古記」106)

<hr>

(?~1864)의『大東地志』등을 들 수 있다.

103) 이런 점은 吳光運이『藥山漫稿』에서 단군의 출생에 대하여 "곰이 사
   람으로 변해 혼인을 하여 아들을 낳았다는 설은 매우 荒誕해서 기록
   하지 않는다(『藥山漫稿』권 5, 詩,「海東樂府」, 太伯檀. "… 至若熊化
   爲女 昏而生子之說 尤荒誕不幷記)"는 이해에서 구체적으로 보인다.

104)『東國通鑑提綱』권 1, 朝鮮紀 상,「殷太師」. "… [舊史云 東方初無君
   長 有神人降于太白山檀木下 國人立爲君 是爲檀君 國號朝鮮 乃唐堯
   二十五年戊辰歲也 初都平壤 後徙都白岳 至商武丁八年乙未 入阿斯
   達山爲神 …"
   洪汝河(1621~1678)의 고조선에 관한 인식은 위에서 볼 수 있는 것처
   럼 단군조선을「殷太師」조에 포함함으로써 정통에서 제외하고, "…
   檀君與堯並立 是爲檀君朝鮮 開國千餘歲 至殷武丁歲 國絶無嗣 …"라
   고 하여 그 혈통이 후대로 계승되지 않는 것으로 파악하고 있어 그의
   역사의식 속에는 문화에 대한 독자적인 인식을 찾아볼 수 없다(韓永
   愚, 1989,「17세기 중엽 南人 洪汝河의 歷史敍述」『朝鮮後期史學史研
   究』, 일지사, 148쪽 참조). 그 밖에 鄭求福, 1977,「16~17세기 私撰史
   書에 대하여」『全北史學』1, 전북사학회 : 高英津, 1994,「홍여하」
   『한국의 역사가와 역사학』상, 창작과비평사 참조.

105)『藥泉集』권 29, 雜著,「東史辨證」, 檀君怪說辨. "舊史檀君紀云 有神
   人降太白山檀木下 國人立爲君 時唐堯戊辰歲也 至商武丁八年乙未
   入阿斯達山爲神 此說出於三韓古記云 而今考三國遺事載古記之說云
   昔有桓國帝釋 庶子桓雄 受天符印三箇 率徒三千 降太伯山頂神壇樹
   下 謂之神市 是謂桓雄天王也 將風伯雨師雲師 在世理化 時有一熊
   常祈于神雄 願化爲人 雄遺靈艾一炷蒜二十枚 熊食之三七日 得女身
   每於壇樹下 呪言有孕 雄乃假化而婚之 生子曰壇君 以唐堯庚寅歲 都
   平壤 御國一千五百年 周武王己卯 封箕子於朝鮮 壇君乃移於藏唐京

등을 확인할 수 있을 뿐이다. 이중 洪汝河와 金正浩가 제시하고
있는「舊史」와「東國古記」가 어떤 자료인지는 자세히 알 수 없다.
단지 그 내용으로 짐작할 때, 15세기에 편찬된 『歷代世年歌』나
『高麗史』・『三國史節要』・『東國通鑑』 등의 자료를 지칭하는 것

後還隱於阿斯達 爲山神 壽一千九百八歲 以此言之 …": 『燃藜室記
述』별집 권 19, 歷代典故,「檀君朝鮮」. "檀君諱王儉 舊史檀君記云
有神人降太白山[今寧邊妙香山]檀木下 國人立爲君 時唐堯戊辰歲也
至商武丁八年乙未 入阿斯達山[今文化九月山 本名闕山 以有宮闕遺
址也 後緩聲呼之 訛爲九月山 一說 阿斯者 方言九也 達者 方言月也
阿斯達 九月之方言]神利[三韓古記]"; "文化九月山 有三聖祠 祀桓因
桓君檀君三人[舊史 檀君降太白山檀木下 今考三國遺事載古記之說云
昔有桓因帝釋庶子桓雄 受天符印三箇 率徒三千 降太白山頂神檀樹下
謂之神市 是謂桓雄天王也 將風伯雨師雲師 在世理化 時有一熊 常祈
于神雄 願化爲人 雄遺靈艾一炷 蒜二十枚 熊食之三七日 得女身 每
於檀樹下 呪願有孕 雄乃假化而婚之 生子曰檀君 以唐堯庚寅歲 都平
壤 御國一千五百年 周武王己卯 封箕子於朝鮮 檀君乃移於唐藏京 後
隱阿斯達山爲神 壽一千九百八歲 以此言之 …": 『東典考』 권 12, 歷
代,「檀君朝鮮」. "檀君諱王儉 舊史檀君記云 有神人降太白山[今寧邊
妙香山]檀木下 國人立爲君 時唐堯戊辰歲也 至商武丁八年乙未 入阿
斯達山[今文化九月山 本名闕山 以有宮闕遺址也 緩聲呼之爲九月山
一說 阿斯者 方言九也 達者 方言月也 阿斯達則九月之方言]爲神[三
韓古記]"; "文化九月山 有三聖祠 祀桓因桓雄檀君三人[三國遺事載
昔有桓因帝釋庶子桓雄 受天符印三箇 率徒三千 降太白山頂神檀樹下
謂之神市 是謂桓雄天王也 將風伯雨師雲師 在世理化 有一熊 常祈于
神雄 願化爲人 雄遺靈艾一炷 蒜二十枚 熊食之三七日 得女身 每於
檀樹下 呪願有孕 雄乃假化而婚之 生子曰檀君 以唐堯庚寅 都平壤
御國一千五百年 周武王己卯 封箕子於朝鮮 檀君乃移於唐藏京[白岳
之唐藏京 或云在白川 或云在開城東 後訛爲藏藏坪] 後隱阿斯達山
壽一千九百八歲 以此言之 …"
106) 『大東地志』 권 29, 方輿總志,「檀君朝鮮」. "檀君 東國古記云 有神人
降于太白山檀木下 與堯並立 國號朝鮮 三國遺事云 古有一熊 祈天爲
女 天神交之而生 又云檀因之子[高麗史作檀因 俎豆錄作桓因] 唐堯
二十五年戊辰立 商武丁八年入阿斯達山爲神 初都平壤 後徒白岳 …"

으로 보인다.107)

그런데 南九萬과 李肯翊, 그리고 『東典考』에서의 인용되고 있는 「舊史 檀君紀(記)」가108) 어떤 자료인가는 문제이다. 南九萬 등이 「舊史 檀君紀(記)」를 전거로 제시하고 있는 『應製詩』 유형의 전승은 한결같이 『三韓古記』에서 비롯하였다고 부언하고, 이후 『三國遺事』 소재의 『古記』를 인용하여 단군전승을 재차 소개하고

107) 『歷代世年歌』, 「東國世年歌」. "遼東別有一乾坤 山川風氣自區分 三方濱海北連陸 中有萬里之古國 厥初檀君降樹邊 始開東國號朝鮮[初有神人降檀木下 國人立以爲君 是爲檀君 初都平壤 後都白岳] 並與帝堯興戊辰[檀君開國 實唐堯之戊辰歲也] 武丁乙未化爲神[檀君歷虞夏商 至商武丁八年乙未 入阿斯達山爲神] 享國一千四十八 至今廟在阿斯達[阿斯達山名 一名九月山 在黃海道文化縣] 却後一百六十四周武己卯箕子至": 『三國史節要』권 1, 外紀, 「檀君朝鮮」. "… 以初無君長 有神人降檀木下 國人立爲君 國號朝鮮 時唐堯戊辰歲也 初都平壤 後徙都白岳 是爲檀君 至商武丁八年乙未 檀君入阿斯達山爲神": 『東國通鑑』권 1, 外紀, 「檀君朝鮮」. "… 東方初無君長 有神人降于檀木下 國人立爲君 是爲檀君 國號朝鮮 是唐堯戊辰歲也 初都平壤 後徙都白岳 至商武丁八年乙未 入阿斯達山爲神"
『歷代世年歌』에 대해서는 韓永愚, 1991, 「權踶의 歷代世年歌」 『우리 역사와의 대화』, 을유문화사 참조. 또 『三國史節要』에 대해서는 鄭求福, 1975, 「三國史節要에 대한 史學史的 考察」 『歷史敎育』 18, 역사교육연구회 : 李元淳, 1979, 「朝鮮前期 史書의 歷史認識」 『韓國史論』 6, 국사편찬위원회 : 鄭杜熙, 1985, 「朝鮮前期의 歷史認識」 『韓國史學史의 硏究』, 을유문화사 : 南智大, 1991, 「朝鮮前期의 歷史意識」 『韓國思想史大系』 4, 한국정신문화연구원 : 南東信, 1994, 「동국사략·삼국사절요」 『한국의 역사가와 역사학』 상 참조. 『東國通鑑』에 대해서는 鄭求福, 1978, 「東國通鑑에 대한 史學史的 考察」 『韓國史研究』 21·22합집, 한국사연구회 : 韓永愚, 1981, 「東國通鑑의 編纂經緯와 歷史敍述」 『朝鮮前期史學史研究』, 서울대출판부 : 全德在, 1994, 「동국세년가·동국통감」 『한국의 역사가와 역사학』 상, 창작과 비평사 참조.

108) 南九萬은 「舊史 檀君紀」로, 李肯翊과 『東典考』는 「舊史 檀君記」로 기록하고 있다.

있다. 이것은 이들이 지칭하고 있는 「舊史」가 '三韓古記' 이후의 역사책을 의미한다고 하겠다. 따라서 「舊史 檀君紀(記)」란 '三韓古記' 이후에 편찬된 어느 역사책 안에서의 편목으로서 「檀君紀(記)」를 뜻하는 것으로 추측하고자 한다.

그러면 『三韓古記』는 또 어떤 자료인가를 살펴보도록 한다. 이에 대해서는 앞서 검토한 바와 같이 『三國遺事』 「古朝鮮[王儉朝鮮]」조의 『古記』와 관련한 이해가 제시되어 있다.[109] 그러나 '三韓古記'는 『三國遺事』의 『古記』와도 다른 자료였을 것으로 보인다. 이것은 이들이 『三韓古記』를 출전으로 하여 『應製詩』 유형의 전승을 소개하고 있으면서 이에 덧붙여 다시 『三國遺事』의 『古記』를 인용했음을 분명히 밝히며 『古記』 유형의 전승을 싣고 있기 때문이다. 즉 南九萬 등이 인용하고 있는 '三韓古記'가 『三國遺事』 소재의 『古記』를 지칭하는 자료라고 할 경우에, 이들은 『三韓古記』와 『古記』를 구분해서 서술하지는 않았을 것이다. 이것은 또 『燃藜室記述』에서 "「舊史」에서는 단군이 太白山 檀木 아래로 강림하였다"고 전제하고 바로 이어 『古記』 유형을 소개하여 양자를 비교하고 있음에서 더욱 그러하다.[110] 이런 점에서 『三韓古記』란

---

109) 金貞培, 위의 논문 및 李康來, 위의 논문, 199~203쪽 참조. 특히 李康來는 「舊史」를 『東國通鑑』 혹은 그것을 계승한 이후의 史書 가운데 하나로 판단하고, 「舊史 檀君紀」가 싣고 있는 내용의 출전을 「三韓古記」로 파악하고 있다(李康來, 앞의 논문, 200쪽 참조). 이것은 洪萬宗(1643~1765)이 『海東異蹟』에서 『三國遺事』에 인용되어 단군신화를 싣고 있는 『古記』가 신라 때 혹은 安弘이 지은 『三韓古記』와 관련하여 이해하고 있는데서 비롯한 것으로 짐작된다(『海東異蹟』 하, 「檀君」. "三國遺事引三韓古記云 上古九夷之初 有桓因帝釋者 … 三韓古記者 新羅所作 或云安弘所作).

110) 李肯翊의 역사인식에 대해서는 洪以燮, 1968, 「李肯翊의 歷史著述의 精神」 『韓國史의 方法』, 탐구당 : 李存熙, 1977, 「完山 李肯翊의 歷史 敍述」 『論文集』 11, 서울산업대 및 1981, 「燃藜室記述의 分析的 研究」

우리나라의 옛 기록, 특히 三韓이 우리나라를 가리키는 일반적인
개념으로 사용되던 고려시대 또는 그 이후의 옛 기록을 지칭하는
범칭으로 보는 것이 좋을 듯 싶다.111)

  한편 『應製詩』 유형의 자료가 『古記』의 대략적인 내용을 전제
하고 있거나 부분적인 내용을 소개하고 있다고 할지라도, 『古記』
유형의 전승을 충실히 인용하고 있지는 않다. 吳澐·吳光運·李
匡師(1705～1777) 등은 『古記』에서 단군의 수명으로 기록하고 있
는 1048년에 대해 이것을 단군의 歷年으로 이해한 權近의 설을 이
용하여 비판하고 있다.112) 또 『大東遺事』와 金正浩에게는 『古記』

    『韓國學報』24, 일지사 ; 1986, 「李肯翊과 燃藜室記述의 編纂」『韓國
    古典 심포지움』3, 일조각 : 金世潤, 1984, 「李肯翊의 燃藜室記述」『論
    文集』17, 부산여대 및 1989, 「燃藜室記述의 紀事本末體에 대한 再檢
    討」『釜山女大史學』6·7합집, 부산여대사학회 ; 1991, 「燃藜室記述
    原集의 人物條」『釜山女大史學』8·9합집, 부산여대사학회 ; 1992,
    『朝鮮後期 私撰史書硏究』, 서강대박사학위논문 : 鄭求福, 1986, 「燃藜
    室記述 別集에 대한 檢討」『韓國古典 심포지움』3, 일조각 : 鄭萬祚,
    1986, 「燃藜室記述 續集의 檢討」『韓國古典 심포지움』3, 일조각 ;
    1994, 「연려실기술」『한국의 역사가와 역사학』상, 창작과비평사 : 趙
    珖熙, 1986, 「李肯翊의 歷史認識에 대한 一考察－燃藜室記述을 중심
    으로－」『大邱史學』29, 대구사학회 참조.

111) 이에 대해서는 『三國史記』百濟本紀 東城王 23년조에 보이는 '三韓
    古記'를 고려시대에 三韓이라는 용어가 고려를 지칭하는 범칭으로 사
    용되었다는 사실과 관련하여 그 의미를 밝히고 있는 徐永大의 견해가
    유효하다(徐永大, 1994, 앞의 논문, 66～67쪽 참조).

112) 『東史纂要』권 1, 상, 「檀君朝鮮」. "東方有九種夷 初無君長 有神人降
    于太白山檀木下 國人立爲君 國號朝鮮 時唐堯二十五年戊辰歲也 初都
    平壤 後徙白岳 是爲檀君 至商武丁八年乙未 入阿斯達山爲神[古記 享
    壽千四十八年 此說可疑 前輩謂千四十八年者 乃檀氏傳世歷年之數 非
    檀君壽 此說有理 ○ 太白山卽妙香山 阿斯達山 文化縣九月山 白岳卽
    此山也]" : 『藥山漫稿』권 5, 詩, 海東樂府, 「太伯檀」. "東方初無君長
    有神人率徒三千 降于太伯山檀木下 謂之神市 國人立爲君 國號朝鮮 以
    東表日出之故也 古記云 與堯幷立於戊辰 壽千四百八年云 或曰檀氏傳

나『三國遺事』를 인용하였다고 밝히고 있음에도 불구하고, 태백에
내려온 天神이 웅녀와 결합함으로써 단군을 낳았다고 축약·변형
되어 전하고 있다.[113] 그러나 趙挺·南九萬·李肯翊·『東典考』
등에서는 비교적『古記』의 전승이 충실하게 인용되고 있으며,[114]
특히 南九萬의 경우에는 환인을 桓國의 帝釋으로 표현하여 이 부

世歷年之數 非檀君之壽也 …”:『圓嶠集』권 1, 東國樂府,「太伯檀」.
“東方始無君長 神人率其屬三千 降太伯山檀木下 謂之神市 國人立爲君
國號朝鮮 以日始出也 古記云 與帝堯幷立于戊辰 壽千四百年 或曰其傳
世歷年數也”
한편 韓永愚는 吳澐이 환인·환웅·단군에 관한 서술이나 태자 夫婁
에 대해 언급하고 있지 않은 것을 단군조선과 연결된 신앙적 요소를
부인하는 태도의 결과로 해석하고 있다(韓永愚, 1989,「17세기 초 東
人의 歷史敍述－吳澐의『東史纂要』와 趙挺의『東史補遺』」『朝鮮
後期史學史硏究』, 일지사, 29～30쪽 참조).
113)『大東遺事』,「三朝鮮」. “檀君朝鮮 … 有神人降于太白山[今妙香山]檀
木下 人共立爲君 號曰檀君 國號朝鮮 初都平壤 後都白岳 ○ 古記云
昔有天神 降于太白 時有一熊 祈于天 發願爲人 遂食蒜二十枚 不見
日光三七日 後乃化爲女身 天神交之生子 名曰王儉 是爲檀君” 특히
金正浩의 경우는『大東地志』에서 환인을『高麗史』를 따라 檀因이라
고 이해하고 있으면서도『俎豆錄』에는 桓因으로 기록되어 있다고 밝
히고 있는데,『俎豆錄』이 구체적으로 어떤 성격의 자료인지는 자세히
알 수 없다.
114)『東史補遺』권 1,「檀君朝鮮」. “東方初無君長 有神人降于太白山檀
木下 國人立爲君 國號朝鮮 時唐堯二十五年戊辰歲也 都平壤 後徙白
岳 是爲檀君 至商武丁八年 入阿斯達山爲神 古記云 昔有桓因[帝釋
也]庶子雄 貪求人世 父知子意 乃授天符印三箇 往理之 雄率徒三千
降於太白山頂[卽妙香山]神檀樹下 是謂桓雄天王也 時有一熊一虎 同
穴而居 願化爲人 神遺靈艾一炷 蒜二十枚曰 爾輩食之 不見日光百日
便得人形 熊虎食之 虎不能忌 熊忌三七日 得女身 每於檀樹下 祝願
有孕 雄假化而爲婚 孕生子 號曰檀君[今配桓雄于九月山 春秋致祭]
都王儉城[今平壤] 始稱朝鮮 御國一千五百年 周武己卯 封箕子於朝
鮮 檀君還隱於阿斯達山[九月山也] 爲神 壽一千九百八歲” 趙挺의 역
사인식과 관련해서는 韓永愚, 1989, 위의 논문 참조.

분에 있어서는『古記』유형에 속하는 李種徽나 李福休와 이해를
같이하고 있다.

　단군의 표현에 대해서는 대부분이 檀木을 중시하여 檀君으로
이해하고 있다.115) 그러나 南九萬만은 태백산 檀木 아래로 내려온
것이 檀君이 아니라 그의 아버지이고, 壇樹 아래서 태어난 것이 壇
君이라는『古記』의 기록에 의존하여 檀木 아래로 내려왔기 때문
에 檀君이라고 하는 설을 비판하며 이에 대한 표기로 壇君을 지지
하고 있다.116) 申景濬의 경우는 壇君과 神檀樹에서 볼 수 있듯이
壇과 檀을 혼용하고 있다.117) 이것은 위의 南九萬과 뒤에서 언급

---

115) 朴瀰(1592~1645)·黃胤錫(1729~1791)의 이해와『日省錄』의 기록 역
　　시 이에 포함된다(『汾西集』권 8,「西京感述」. "檀下神人始此都 至今
　　遺廟古城隅 不知當日阿斯達 亦有攀髯墮者無[東史言 檀君入阿斯達
　　山爲仙 或言倒今九月山也]":『頤齋全書』하, 資知錄,「東國歷代享
　　年圖」. "檀君朝鮮 都平壤 又都唐莊京[在今文化縣 一云藏唐 今俗訛
　　傳爲庄庄坪] 後徒白岳[今文化縣阿斯達山 卽九月山也] 檀君名王儉
　　唐堯二十五年戊辰立 始降于太白山[今寧邊妙香山 白亦作伯]檀木下
　　[檀亦作壇] 商武丁八年甲子 入阿斯達山爲神 廟在平壤[阿斯達山 亦
　　有三聖祠 曰檀因檀雄檀君] 或云 周武王時箕子東來 檀君乃移唐藏京
　　後人名其所都 平壤爲王劍城 …":『日省錄』정조 13년 6월 6일. "弘
　　文提學徐有隣以爲 … 謹按東史曰 檀君降於太白山 都王儉城 後入阿
　　斯達山爲神 太白山卽寧邊府妙香山 王儉城卽平壤府 阿斯達山卽文化
　　縣九月山也 …").
116)『藥泉集』권 29, 雜著,「東史辨證」. "… 以此言之 降太伯壇樹下者 乃
　　檀君之父 非檀君也 以其生於壇樹下 故稱壇君 非降檀木故稱檀君也
　　第其說妖誣鄙濫 初不足以誑閭巷之兒童 作史者其可全信此言 乃以檀
　　君爲神人之降 而復入山爲神乎"
117)『旅菴全書』권 4, 疆界考,「三朝鮮 前朝鮮國」. "壇君名王儉[史記作
　　險] 初降太伯山頂神檀樹下 國人立爲君 國號朝鮮 起唐堯二十五年戊
　　辰 止周武王元年己卯 凡一千二百二十一年 壽千四百年 或曰其傳世
　　歷年數也"
　　申景濬의 역사인식에 대해서는 李相泰, 1984,「申景濬의 歷史地理認
　　識」『史學硏究』38, 한국사학회 : 朴仁鎬, 1994,「신경준」『한국의 역

할 『三國遺事』에는 壇君으로 기록하고 있으나, 이후의 여러 자료
들이 檀君을 쫓고 있어 함부로 고칠 수 없다는 洪萬宗의 이해
를[118] 수용한 결과라고 보인다.

　이 유형의 주요 내용은 神人인[119] 단군이 檀木 아래로 내려와
國人의 추대를 받아 왕이 되었다는 것이다.[120] 그러나 그 神人이
단군이 아닌 桓雄으로 이해되는 경우도 보인다. 金圭泰의 이해가
그 예이다.[121] 즉 그가 이해하고 있는 神人 新市는 許穆에게서 보

사가와 역사학』상, 창작과비평사 참조.

118) 『東國歷代總目』,「檀君朝鮮」.“檀君[名王儉 史記評林作王儉] … 按
　　 三國遺事曰 昔有天神 降于太白山頂神壇樹下 時有一熊 祈于天神 願
　　 化爲人 遂得女身 仍乞有孕 天神乃交之而生子 號曰壇君 盖以其孕生
　　 於神壇下故也 愚意三國遺事 乃東方始出之史 檀君之檀 似宜從土 而
　　 諸史皆從木 亦不敢任改 今姑兩存之”

119) 神人은 吳汝撥(1570〜1635)에게 仙人으로 이해되고 있으나, 仙人 역
　　 시 神人과 같은 의미로 사용되고 있음을 확인할 수 있다(『敬菴文集』
　　 권 5, 雜著,「東國歷代紀事」.“奧我東方肇自開闢初無君長 只有九種
　　 夷于斯之時 人物之生 林林總總蠢蠢貿貿 草衣木食 夏巢冬穴 與禽獸
　　 無異 雖有神市氏者 首君於是 而洪樸之世 文籍無徵 事蹟難知 逮至
　　 唐堯二十五年戊辰之歲 有一仙人降于太白山檀木下 國人相與共立爲
　　 君 是爲檀君 姓桓氏 名王儉 以其降於檀木下 故曰檀君 都平壤 國號
　　 朝鮮 歷千四十八年 至殷高宗三十九年乙未 入九月山爲神仙云 或曰
　　 傳世歷年之數 非其壽也 子扶婁爲北扶餘王 夏后氏會諸侯于塗山時
　　 執玉帛而朝焉 其後孫避箕子來封移唐藏京 … 自檀君以來至今四千
　　 餘年間 世之治亂安危 國之興廢存亡不知 其幾經於前 而檀君則以神
　　 人 首君於上古之世 垂拱無爲政敎號令未備 …”).

120) 이러한 면모는 朴承任(1517〜1586)에게서도 보이는데, 그는 『東國通
　　 鑑』의 이해를 따르고 있는 것으로 보인다(『嘯皐文集』권 4, 箋,「禮曹
　　 請撰東國通鑑提綱目箋幷引」.“… 竊惟我東方 檀君降樹 箕子分圭 人
　　 物鴻荒 幷唐堯甲辰之紀歲 敎條陳列敷 大禹疇範之彝倫 辰韓馬韓弁
　　 韓之鼎 分朱氏朴氏溫氏之繩起 …”).

121) 『顧堂集』별집 권 3, 大東樂府,「太白檀」.“太白檀[東方初無君上 有
　　 神人降于太白山檀木下 謂之新市 國人立爲君 國號朝鮮 以先受朝日
　　 光鮮也缺]”

이는 神市와 같은 개념으로 생각된다. 安鼎福의 경우는 桓因에 대한 帝釋이라는 이해가 불교의『法華經』에서 비롯하였음을 기록하면서 이외의 여러 명칭 역시 신라와 고려에서 존숭되었던 불교의 영향아래 僧談에서 나왔다고 하였으나,122) 이 역시 근거는 알 수 없다.123) 또 成汝信(1546~1632)의 경우 평양의 유적을 읊고 있는

122)『東史綱目』권 1, 상. "東方初無君長 有神人降于太白山檀木下 國人立以爲君 是爲檀君 或曰名王儉 國號朝鮮 卽唐堯二十五載戊辰歲也 [按東方古記等書 所言檀君事 皆荒誕不經 檀君首出 必其人有神聖之德 故人就以爲君耳 古者神聖之生 固用異於衆人者 豈有若是無理之甚乎 其所稱桓因帝釋 出於法華經 其他所稱 皆是僧談 羅麗之代 尊崇異教 故其弊至此矣 東方累經兵火 國史秘藏 蕩然無存 而僧釋所記 得保於岩穴之中 以傳後世 作史者悶其無事可記 至或編入正史 世愈久而言愈實 使一區仁賢之方 歸於語怪之科 可勝嘆哉 若是不經之說 一切不取 庶欲洗刷 襲謬之陋習爾 夫先王制禮祀典最嚴 今文化縣九月山 有三聖祠 自勝國至本朝 祭桓因桓雄檀君 檀君祭之固當矣 因桓亟去勿疑 非其鬼之祭 此類是也] 教民編髮盖首 君臣男女飲食居處之制 自此始焉 初冀州東北之地 東夷居焉 堯德廣被 率皆歸化 貢其皮服 舜攝政 置幽營二州 覇屬諸夷 夏禹卽位 會諸侯於塗山 檀君遣子夫婁入朝 至商王武丁八年甲子 入阿斯達爲神 在位一千十七年 壽一千四十八云 崔氏傳曰 唐虞至夏商 世漸澆漓 人君享國久長 不過五六十年 安有檀君獨壽千四十八年 以享一國乎 知其說之誣也 前輩以爲傳世歷年之數 此說近理 近世權近 入覲天庭 太祖命賦詩 以檀君爲題 近詩曰 傳世不知幾 歷年會過千 時以近言爲是 ○ 檀君初都平壤 後徒白岳 檀君薨後一百九十六年[此年數當係于檀君子孫] 而箕子東封" 安鼎福의 역사인식과 관련해서는 卞瑗林, 1973,「安鼎福의 歷史認識」『史叢』17·18합집, 고려대 사학과 : 沈喁俊, 1985,『順菴安鼎福研究』, 일지사 : 鄭求福, 1987,「安鼎福의 史學思想」『韓國近世社會의 政治와 文化』: 韓永愚, 1989,「18세기 후반 南人 安鼎福의 思想과『東史綱目』」『朝鮮後期史學史研究』, 일지사 : 姜世求, 1989,「安鼎福의 歷史考證方法」『實學思想研究』1 : 車長燮, 1992,「安鼎福의 歷史觀과 東史綱目」『朝鮮史研究』1, 복현조선사연구회 : 裵祐晟, 1994,「안정복」『한국의 역사가와 역사학』상, 창작과비평사 참조.
123) 이런 이해는 韓致奫(1765~1814)·洪敬謨 등에게서도 찾아 볼 수 있

詩중 「檀君廟」에서는 『應製詩』 유형의 전승을, 「太伯壇」에서는 『古記』 유형의 전승을 소개하고 있기도 하다.[124]

도읍에 대해서는 전반적으로 처음에는 平壤에 도읍하였다가 이후 白岳으로 옮겼다고 이해하고 있는 반면, 金堉은 鐵甕(영변)에서 浿上(평양)으로 옮겨졌다고 이해하고 있다.[125] 또 단군 즉위년과 관련해서는 戊辰說로 일치하고 있다.[126] 그러나 이때가 堯의 원년인가, 25년인가 하는 구체적인 시점에 대해서는 양분되어 있으나 이 점 역시 堯의 즉위년에 대한 여러 가지 설 중 어느 것을 따르는가의 문제이지, 단군 건국에 대한 구체적인 이해의 차이가 반영된

다(『海東繹史』 권 2, 世紀 2. "… 按東史所言 檀君事皆荒誕不經 檀君首出 必其人有神聖之德 古者神聖之生 固有異於衆人者 豈有若是之無理乎 其所稱桓因帝釋等語 出於法華經 羅麗之代 尊尙異教 其弊至此 東方屢經兵燹 國史秘藏 蕩然無存 緇流所記 得保巖穴之間 以傳後世 作事者悶其無事可記 時或編入正史 世愈久 而言愈實 以至流傳中國 遂使一隅仁賢之邦 歸於語怪之科 可勝歎哉 又按會紀 商武丁八年 非乙未 乃甲子 自唐堯戊辰至武丁甲子 爲一千十七年 東史皆言檀君壽 一千四十八年 其說誕謾無稽 …" : 『叢史』 外編, 東史辨疑. "○ … 且其桓因帝釋等語 出於法華經 羅麗之時 屢經兵燹 國史野逋蕩然無存 緇流所記 得保巖穴之間 以傳後世 而編入記述之書 世愈久而言愈實 使一隅仁賢之邦 歸於語怪之科 可勝歎哉 …").

124) 『浮查集』 권 1, 「西都遺跡 12首」. "鴻荒朴略無君長 天遣神人作我王 遙想唐堯戊辰歲 晚生衰季意茫茫[右檀君廟 ○ 檀君 降于太伯山檀木下 立於唐堯戊辰歲 是爲前朝鮮]" ; "太伯山熊化女兒 天神仍嫁誕神态 國人推戴爲君長 東土爲邦始此時[右太伯山 ○ 一名妙香山 有一熊常祝于神 願作人身 神遣靈藥 使食之 熊遂化爲女 生子是爲檀君]"

125) 『孝宗實錄』 권 17, 효종 7년 9월 경신. "領敦寧府事 金堉上箚曰 … 檀君東方首出之君也 世傳甲辰之歲 並堯而立 降於太白 都於鐵甕 移於浿上 入於阿斯 人文宣朗 肇基於此 而非常之變 不于他而在是(寧邊) 議者之隱憂深慮"

126) 이런 이해는 洪裕孫(1431~1529)의 이해에서도 보이고 있다(『篠叢遺稿』 하, 詩, 「題金剛山」. "生先檀帝戊辰歲 眼及箕王號馬韓 留與永郎遊水府 又牽春酒滯人間").

것이라고는 생각되지 않는다.127) 享國에 대해서는 李匡師의 1400
년, 申景濬의 1221년, 安鼎福의 1017년을 제외하고는 전반적으로
『歷代世年歌』의 1048년과 그 인식을 같이하고 있다.128)

___

127) 徐永大, 1994, 앞의 논문, 56쪽 참조. 여기서 그는 堯 25년 戊辰說은
　　『東國通鑑』에서 비롯된 것으로, 이 설은 『應製詩』 혹은 『帝王韻紀』
　　의 說에 따라 단군 즉위년이 戊辰年임을 인정하되, 이와는 달리 堯의
　　원년을 西晉의 皇甫謐의 說에 따라 甲辰年으로 보고 이를 환산한 것
　　에 불과하다고 하였다(위와 같음).

128) 이들에게 있어서 단군의 享國이 1400년·1221년·1017년으로 이해되
　　고 있는 근거는 알 수 없다. 또 수명에 대해서 대부분 언급이 없으나
　　申景濬의 경우 1400년, 安鼎福의 경우 1048년으로 이해하고 있는 반면,
　　朴祥의 경우 4018년으로 이해하고 있는데(『東國史略』, 「檀君朝鮮」. "東
　　方初無君長[只有九種夷] 有神人降于太白山[在今寧邊府 卽妙香山]檀
　　木下 國人立爲君[唐堯二十五年戊辰] … 都平壤 徙白岳 後入阿斯達
　　山[今九月山]爲神 是爲檀君[名王儉 古記云 檀君與堯並立 至商武丁
　　八年爲神 壽四千四十八 然權近應製詩曰 傳世不知幾 歷年曾過千 盖傳
　　世歷年之數 非檀君壽也]"), 이런 朴祥의 이해는 1048년의 오기 또는
　　오각으로 보인다.
　　또 李萬運은 향국 1048년의 이해와는 별도로 모두 재위와 나이가
　　1048년이라는 설, 향국 1211년·나이 1908세라는 설과 나이 1048세
　　또는 1017세라는 설을 함께 소개하고 있고(『紀年兒覽』 권 5, 序. "○
　　檀君朝鮮 … 歷年一千二百十一年 ○ 檀君[… 在位一千四十八年 壽
　　同 ○ 或云享國一千二百十一年 壽一千九百八歲] 派系[祖桓因 俗號
　　天神 父桓雄 俗號神市] … 故實[… ○ 又按古史云 檀君商武丁八年
　　乙未爲神 壽一千四十八 武丁八年 則當爲甲子而非乙未 壽當爲一千
　　十七 而非一千四十八 以乙未及一千四十八 各互考之 當作三十九年
　　…]"), 洪敬謨는 재위년과 享壽를 모두 1048년으로 이해하고 있으면
　　서도(『叢史』, 外編, 「檀君享國」. "○ 古記曰 檀君在位一千四十八年
　　享壽同"), 享國 1211년과 나이 1908세 및 1017세라는 설도 병기하고
　　있다(『大東掌攷』 권 1, 「歷代攷」. "檀君[… 在位一千四十八年 壽同
　　或云 享國一千二百十一年 壽一千九百八歲] 派系[父桓雄 俗號神市
　　○ 祖桓因 俗號天神] … 攷異[按古記史云 … 有桓因命庶子雄 降于
　　太伯山神檀樹下 時有熊 食靈藥化爲女神 與雄爲婚 生檀君 ○ 又按
　　古史云 檀君商武丁八年乙未爲神 壽一千四十八 武丁八年 則當爲甲

이 유형에서 처음 보이는 내용으로는 『三國史節要』의 단군이
건국하기 전에 동방에는 9종의 夷가 있었다는 것과 朴祥의 조선의
어원에 대한 이해, 그리고 吳澐의 단군부터 조선 태조까지의 歷年
산출 등이 있다. 이중 『三國史節要』에서 동방의 九夷와 단군을 직
접 연결하고 있는 이해는[129] 고조선을 동이족의 국가에 포함하고
자 하는 의도로 생각되고, 조선의 어원에 대한 朴祥의 이해는[130]
『史記』에서 「索隱」의 기록을 취하고 있는 것이다. 또 단군 歷年에
대한 吳澐의 이해는[131] 堯 즉위 甲辰說에 따라 단군 즉위년을 堯
즉위 25년 戊辰으로 파악하고 있는 『東國通鑑』을 근거로[132] 3725

子而非乙未 壽當爲一千十七 而非一千四十八 以乙未及一千四十八
參互考之 當作三十九年]").

이것은 黃胤錫의 경우도 마찬가지인데, 그는 단군의 享國을 1017년으
로, 나이에 대해서는 1908세・1048세・2800세 등의 설을 소개하면서
그 자신은 1212세로 파악하고 있다(『頤齋全書』하, 資知錄, 「東國歷
代享年圖」. "… 又[起唐堯二十五年戊辰 止商武丁八年甲子] 凡一千
一十七年[或曰壽一千九百八歲 或曰一千四十八歲 或曰二千八百歲]
又[起商武丁九年乙丑 止周武王元年己卯] 凡一百九十五年 合一千二
百一十二年[或曰 檀君壽逾千歲 或曰 子孫歷年之數 未詳]").

129) 『三國史節要』 권 1, 外紀, 「檀君朝鮮」. "東方有畎夷・方夷・于夷・
黃夷・白夷・玄夷・風夷・陽夷等九種 而初無君長 …" 이와 유사한
이해는 『大東遺事』에서도 보인다(『大東遺事』, 「三朝鮮」. "檀君朝鮮
○ 東方初無君長 只有九種夷 草衣木食 夏巢冬穴 …").

130) 『東國史略』, 「檀君朝鮮」. "… 國號朝鮮[在東表日出之地 故曰朝鮮 索
隱曰 以有山水故名] …" 朴祥의 역사인식에 대해서는 韓永愚, 1981,
「16세기 士林의 道學的 歷史敍述」 『朝鮮前期史學史研究』, 일조각
참조.

131) 『東史纂要』 권 1, 상, 「檀君朝鮮」. "自唐堯甲辰 至則太祖戊申 三千七
百二十五年 自檀君戊辰 至我太祖壬申 三千七百二十五年"

132) 『東國通鑑』, 外紀, 「檀君朝鮮」. "… 今按堯之立 在上元甲子甲辰之歲
而檀君之立 在後二十五年戊辰 則曰與堯並立者非也 …" : 『筆苑雜記
』권 1. "嘗考 自唐堯元年甲辰 至洪武元年戊申 摠三千七百二十五年
自檀君元年戊辰 至我太祖元年壬申 亦三千七百二十五年 吾東方歷年

년을 제시하고 있다.[133] 이것은 단군이 堯 즉위 25년에 건국했듯이 조선 역시 명나라 건국 25년에 건국하여 우리의 역사가 중국과 불가분의 관계에 있음을 강조하는 한편, 역사적으로 조선의 건국이 고조선에 바탕을 두고 건국하였다는 정통성 확보의 의도가 내포되어 있는 것으로 짐작된다.[134]

神人이었던 단군이 직접 檀木 아래로 하강하여 國人에 의해 추대되어 왕이 되었다는 역사적인 사실 위주로 재구성된 『應製詩』

之數 大槪與中國上同 …" 이것은 崔溥(1454~1504)에게서도 보인다 (『錦南先生文集』권 1, 論,「東國通鑑論」, 檀君朝鮮 참조). 堯 원년 甲辰說은 3세기 西晉의 皇甫謐에 의해 제시된 견해로, 皇甫謐가 지은 『帝王世紀』의 기록을 南宋의 裴駰이 『史記集解』에서 인용한 것이라고 한다(徐永大, 1994, 앞의 논문, 77쪽 주 5) 참조).
徐居正은 또 단군 기원 戊辰年부터 1478년(성종 9)까지의 歷年을 약 3800년으로 이해하고, 堯의 즉위를 戊辰年으로 설정하고 있는 자료들을 緯書로 단정하고 있기도 하다(『四佳文集』권 5,「歷代年表序」. "… 於是分中國東國爲上下 中國則始自帝嚳四十一載甲子 而終於皇明成化十四年戊戌 凡三千八百幾年 東國則始自檀君戊辰 而終於我殿下九年戊戌 凡三千八百幾年 … 曰古記云 檀君與堯並立於戊辰 今書堯立於甲辰 檀君於戊辰何也 曰以堯爲戊辰者緯書也 是以不取爾 …").

133) 한편 南孝溫의 경우는 구체적인 제시는 아닌 듯 싶지만 단군 歷年을 3700년으로 보고 있다(『秋江先生文集』권 1, 詩,「壬寅二月日聞慶徵君哀訃」. "… 巍然大賢名 一日聞朝野 檀君開東邦 三千七百年 紛紛智與愚 孰與君幷肩 …").

134) 이점에 대해서는 조선후기에 편찬된 『東史撮要』에서도 살펴볼 수 있다(『東史撮要』. "檀君後唐堯二十五年而立 我太祖亦後明太祖二十五年而興 自唐堯元年甲辰 至明太祖元年戊申 三千七百二十五年 自檀君元年戊辰 至我太祖元年壬申 亦三千七百二十五年 聖神之非天意不能 自檀君至高麗恭讓 三千七百二十五年 …").
한편 李裕元(1814~1888)의 경우에는 단군부터 조선 태조 건국까지의 歷年으로 3785년을 제시하고 있다(『林下筆記』권 13, 文獻指掌編 3,「開闢算」. "唐堯甲辰至洪武戊申 三千七百八十五年 檀君戊辰至我太祖壬申 亦三千七百八十五年 …").

유형은 조선시대 이해의 주류이다. 이 유형이 널리 유포된 이유는
『古記』및『本紀』유형의 단군의 先系와 출생에 대한 비합리적인
요소를 극복하고 신화적인 요소를 배제하여 이를 합리적으로 이해
하기 위한 노력에서 찾을 수 있다. 그러나 이 유형 역시 그 토대는
『古記』유형에 있었으며,『本紀』유형의 전승은 檀木을 중시하는
이해를 제외하고는 철저하게 배제되고 있었다.

2. 『東國輿地勝覽』類型

이 유형은『東國輿地勝覽』의 寧邊大都護府「古蹟」조에 처음
보이며, 주요 내용은 神因과 웅녀의 결합으로 단군이 태어났다는
것이다.『東國輿地勝覽』에는 이외에도 平壤府「建置沿革」조에서
『應製詩』유형을 소개하고 있기도 하다.135) 여기에서는 神因과 웅
녀의 결합으로 단군을 낳았다는 전승을『東國輿地勝覽』유형으로
분류하여 검토하기로 한다.136) 전승의 내용은 다음과 같다.

> E-1. 옛날 天神 桓因이 서자 雄에게 명하여 天符三印을 지니고 무리
> 삼천을 거느려 太伯山 神檀樹 아래로 내려오니 이를 神市라고
> 하는데, 여기서 인간의 360여가지 일들을 주관하였다.

> E-2. 이때 한 마리의 곰이 항상 神에게 기원하며 사람의 몸이 되기를

---

135)『新增東國輿地勝覽』권 51, 平壤府 建置沿革 참조.
136) 물론 "… 神因假化爲婚 而生子 是爲檀君 …"(『新增東國輿地勝覽』
    권 54, 寧邊大都護府, 古跡,「太伯山」)에서 神因을 '神이 이로 인하
    여'라고 해석하여 그 존재를 桓雄과 동일한 개념으로 파악할 수도 있
    으나(이 경우에『東國輿地勝覽』유형은『應製詩』유형에 포함된다),
    여기서는 이를 神人 桓因의 축약으로 파악하고자 한다.

바람에 神은 靈藤을 주어 먹게 하니 곰이 이를 먹고 여자의 몸이 되었다.

E-3. 神因이 잠시 변하여 혼인하여 아들을 낳으니 이 사람이 檀君으로 나라를 세워 朝鮮이라 하였다.

E-4. 檀君이 非西岬 河伯之女와 혼인하여 아들을 낳으니 夫婁였고, 禹가 塗山에서 朝會할 때 夫婁를 보내 朝會하였으며 후에 夫婁는 北扶餘의 왕이 되었다(『新增東國輿地勝覽』 권 54, 寧邊大都護府 古蹟).

이상이 『東國輿地勝覽』[137) 유형의 대략적인 내용이다. 이 유형을 전하는 자료로는 洪萬宗의 『海東異蹟』·『旬五志』·『東國歷代總目』, 李瀷(1681～1763)의 『星湖僿說』, 韓致奫(1765～1814)의 『海東繹史』 등이 있다. 그 내용을 정리하면 <표 5>와 같다.

이들 자료가 전승을 전하는 근거는 『古記』(『東國輿地勝覽』·『海東異蹟』), 『東史』(『旬五志』), 『三國遺事』(『東國歷代總目』), 『東國輿地勝覽』에 인용된 『古記』(『星湖僿說』) 등 다양하다. 그러나 이것은 모두 『三國遺事』에 인용되어 있는 『古記』를 지칭하는 것으로 짐작된다. 즉 이들은 『三國遺事』 소재의 『古記』 전승을 전제하고 있음을 밝히고 있음에도 불구하고, 충실하게 인용하고 있지는 않다. 이것은 이들이 이해하고 있는 桓因에 대한 명칭이나, 곰과 결합하고 있는 神格의 존재, 단군의 후계에 대한 이해 등에서 쉽게 알 수 있다.

---

137) 『東國輿地勝覽』에 대해서는 李泰鎭, 1980, 「東國輿地勝覽 編纂의 歷史的 性格」 『韓國古典 심포지움』 1, 일조각 : 金恒洙, 1994, 「동국여지승람·동국사략」 『한국의 역사가와 역사학』 상, 창작과비평사 참조.

〈표 5〉『東國輿地勝覽』 傳承類型 比較

出　典	主要神話素	變形動機	血緣關係						都邑	即位年	在位年	壽命	最後	繼承國家
			祖	外祖	父	母	婦	子						
東國輿地勝覽[古記]	天神桓因(神因)·雄(神市)·神檀樹·熊·檀君	靈藤			神因	熊女	非西岬河伯女	夫婁						北扶餘
海東異蹟(洪萬宗)[古記]	天神桓因(神因)·雄(桓雄天王)·神檀樹·熊·檀君	靈藤			神因	熊女			平壤→白岳→唐藏京	堯25年		1508年	阿斯達山神	
旬五志(洪萬宗)[東史]	天神·神檀樹·熊	靈藥			天神	熊女	非西岬河伯女	扶婁	平壤→白岳→唐藏京	堯25年		1800年	阿斯達山神	
東國歷代總目(洪萬宗)	神人·檀木·國人							扶婁		堯25年	1212年		阿斯達山神	
[三國遺事]	天神·神壇樹·熊·壇君	祈			天神	熊女								
星湖僿說(李瀷)[興地勝覽引古記]	天神桓因(神因)·雄·太伯山·熊·檀君				神因	熊女	非西岬河伯女	扶婁						北扶餘
海東繹史(韓致奫)	天神桓因·桓雄·檀木·檀君				因				平壤	堯29年		1048年	九月山神	

　　우선 桓因의 명칭에서 이들은 『古記』의 帝釋, 『本紀』의 上帝 등을 배제하고 天神으로 이해하고 있다. 특히 『東國歷代總目』에서는 분명히 『三國遺事』를 참고하였음을 밝히고 있으면서도 帝釋이 아닌 天神으로 기록하여 부분적인 개작이 이루어지고 있다. 桓因에 대한 天神으로의 이해는 고조선의 시조 단군의 출자가 하늘

로부터 비롯하였고, 그 존재는 帝釋 또는 上帝라는 불교·유교 혹은 도교 등의 종교개념을 뛰어넘어 國祖가 하늘과 직접 연계되어 있었다는 李先齊의 天帝와 유사한 개념에서 출발하고 있는 것으로 짐작된다.

다음은 단군의 후계에 대한 문제이다. 단군이 非西岬 河伯女와 결합하여 夫婁(扶婁)를 낳았음과 塗山에서 禹가 조회할 때 夫婁를 보내 참석하게 하였다는 전승은 앞서 살펴본 바와 같이『三國遺事』의「高句麗」조에 인용된『壇君記』,『帝王韻紀』의「漢四郡及列國紀」에 소개된『檀君本紀』,『世宗實錄』地理志에 소개된『檀君古記』등에서 보이는 내용이지,『古記』에 소개되어 있는 전승은 아니다. 물론 이 유형의 전승을 이해하고 있는 사람들이『古記』와『壇君記』를 같은 자료로 이해하고 있었을 수도 있다. 그러나 夫婁가 塗山에서 禹를 조회하였다는 전승은 성격이 또 다르다. 이런 점에서 이들이 전거로 언급하고 있는『古記』·『東史』·『三國遺事』등은『三國遺事』소재의『古記』가 분명하지만, 이외의 다른 자료도 참고하면서 여기에서 필요한 내용을 발췌하여『古記』또는『三國遺事』를 전거로 함께 제시하고 있는 것으로 생각된다.

곰과 결합하고 있는 神格의 문제는 이 전승을 별개의 유형으로 검토하게 하는 결정적인 내용이다. 그런데 문제는 현전하는『三國遺事』에 곰과 神因의 결합이라는 내용이 전혀 보이지 않는다는 점이다. 이를 그대로 인정할 경우, 다른 유형에서 神으로서 곰과 혼인함으로써 단군을 낳았다는 桓雄(檀雄)이 여기에서만은 단지 神因이 지상으로 내려와 곰과 혼인하여 단군을 낳기 전까지의 기반을 닦는 역할에만 그치고,[138] 이외의 역할이 전혀 부여되지 않은

---

138) 이정재는 이와 관련하여『東國輿地勝覽』의 단군 기록에 雄의 성이 밝혀져 있지 않은 것은 가볍게 간과할 일이 아니라고 지적하고 있다(이

존재로 남게 된다. 이에 神因은 神雄의 잘못된 표기라는 견해가 일
반적으로 수용되고 있기도 하다. 그러나 이런 이해를 오기 내지 오
각, 또는 이에 대한 답습으로 넘겨버리기에는 문제가 간단하지 않
다. 그렇다고 『三國遺事』의 『古記』와 이 유형을 소개하고 있는 자
료들이 인용하였다고 전하고 있는 전거로서 『古記』가 별개의 자
료라고 생각되지도 않아 문제를 더욱 혼란스럽게 한다. 이 때문에
神因을 중심으로 한 이 같은 이해를 별도의 유형으로 검토하고자
하는 것이다.

　우선 곰과 혼인하였다는 神因에 대해 洪萬宗은 『旬五志』와 『東
國歷代總目』에서 天神으로,[139] 韓致奫은 『海東繹史』에서 因으로
기록하여[140] 소개하고 있다. 또 李瀷과 洪萬宗은 이를 神因으로

정재, 1999, 「檀君神話 異本 硏究―婚姻・出生 神話素를 중심으로―」
　　（Ⅰ）, 『한국문화연구』 2, 경희대 민속학연구소, 317쪽 참조).
139) 『旬五志』 상, 「檀君」. "… 按東史 有天神降于太白山頂神檀樹下 時有
　　一熊 祝于天神 願作人身 天神遽遺靈藥使食 熊食之化爲女 天神交之
　　而生子 始爲檀君 名王儉 以唐堯二十五年戊辰 都平壤 始稱朝鮮 娶
　　非西岬河伯之女 生子曰扶婁 至大禹會諸候於塗山 檀君遣子扶婁朝焉
　　後徒白岳 周武王元年己卯 封箕子於朝鮮 檀君乃移於唐藏京 後入阿
　　斯達山爲山神 壽一千八百歲 …": 『東國歷代總目』, 「檀君朝鮮」. "檀
　　君[名王儉 史記評林作王險 ○ 東方初無君長 有九種夷 草衣木食 夏
　　巢冬穴 有神人降于太白山檀木下 國人立爲君 國號朝鮮 按三國遺事
　　曰 昔有天神 降于太白山頂神壇樹下 時有一熊 祈于天神 願化爲人
　　遂得女身 仍乞有孕 天神乃交之而生子 號曰壇君 盖以其孕生於神壇
　　下故也 愚意三國遺事 乃東方始出之史 檀君之檀 似宜從土 而諸史皆
　　從木 亦不敢任改 今姑兩存之 ○ 太伯山 今寧邊妙香山] …"
140) 『海東繹史』 권 2, 世紀 2, 「檀君朝鮮」. "唐堯氏帝天下二十有九年戊
　　辰 檀君氏立焉 始治都邑 邑于平壤 國號朝鮮 是爲檀君朝鮮 桓雄者
　　天神桓因之子也 降于太白之山檀木之下 因假化合而生子 以生檀樹下
　　是爲檀君 檀君名儉 生而神明 九夷君之 迄有殷氏武丁八年乙未 檀君
　　入九月山爲神云 壽千四十有八歲[朝鮮而紀]"
　　韓致奫의 단군조선에 대한 이해는 『古記』의 불신에서 시작되고 있다

이해하고 있어[141] 天神은 바로 神因인 桓因을 지칭하는 것이 분명
하다. 즉 神因은 天神인 桓因이라는 이해를 축약하여 기록하고 있
는 것이라고 짐작되는데, 이것은 帝釋을 天神(柳馨遠)·神人(柳希
齡·李種徽 등과 『應製詩』 유형)으로 이해하고 있는 자료와 桓因

고 한다. 그의 역사인식에 대해서는 黃元九, 1962, 「韓致奫의 史學思
想」『人文科學』72, 연세대 인문과학연구소 및 1982, 「海東繹史의 文
化史的 理解」『震檀學報』53·54합집, 진단학회 : 李泰鎭, 1982, 「海
東繹史의 學術史的 檢討」『震檀學報』53·54합집, 진단학회 : 韓永愚,
1989, 「19세기 초『海東繹史』의 歷史敍述」『朝鮮後期史學史硏究』,
일지사 및 1994, 「한치윤」『한국의 역사가와 역사학』상, 창작과비평
사 참조.
141) 『星湖僿說』권 26, 經史門, 「三聖祠」. "輿地勝覽引古記云 天神桓因
使庶子雄 持天符三印 帥徒三千 降於太伯山頂 是時熊化爲女 神因爲
昏 生檀君 檀君娶非西岬河伯之女 生扶婁 爲北扶餘王 老無子 祈子得
金蛙養之 扶婁死 金蛙嗣 傳至帶素 爲高句麗大武神王所滅 然則檀君
之世 只一傳而絶矣 …": 『海東異蹟』, 「檀君」. "東方之有君長 自檀君
始 古記云 昔有天神桓因 命庶子雄 持天符三印 率徒三千 降於太伯山
[今寧邊妙香山]頂神檀樹下 謂之神市 是爲桓雄天王也 將風伯雲師雨
師 主穀主命主病主刑 凡三百六十餘事 時有一熊 常祝于神 願作人身
神遺靈藥使食 熊食之化爲女 神因假化爲昏而生子 是爲檀君 名王儉
國人立爲君 國號朝鮮 時唐堯二十五年戊辰歲也 初都平壤 後都白岳
[今文化九月山] 至周武王元年己卯歲 封箕子於朝鮮 檀君迺移唐藏京
[九月山東] 後入阿斯達山[亦九月山]爲山神 壽一千五百八歲 …"
한편 李瀷은 위에서 볼 수 있는 것처럼 단군의 후계가 夫婁에게서 단
절되어 그 이후 계승되지 않고 있다는 이해를 가지고 있었다. 李瀷의
역사인식에 대해서는 宋贊植, 1976, 「星湖의 새로운 史論」『韓國人의
歷史認識』하, 창작과비평사 : 黃元九, 1981, 「實學派의 歷史認識」『韓
國史論』6, 국사편찬위원회 : 申千湜, 1983, 「實學者의 歷史認識」『傳
統文化硏究』1, 명지대 전통문화연구소 : 韓永愚, 1989, 「18세기 전반
南人 李瀷의 史論과 韓國史 理解」『朝鮮後期史學史硏究』, 일지사 : 鄭
昌烈, 1990, 「實學의 歷史學─李瀷과 鄭若鏞을 중심으로─」『민족사
의 전개와 그 문화』하, 창작과비평사 : 河宇鳳, 1994, 「이익」『한국의
역사가와 역사학』상, 창작과비평사 참조.

을 桓因氏(許穆)·桓國帝釋(李種徽)·桓國君(李福休)으로 이해하고 있는 자료들과 일정한 관련을 가지고 있는 것으로 보인다. 특히 洪萬宗은『東國歷代總目』에서 먼저『應製詩』유형을 전제한 다음,『三國遺事』를 인용하여 이 유형을 소개하고 있어 그의 이해에는『應製詩』와『東國輿地勝覽』유형이 함께 하고 있는 것을 볼 수 있다.[142]

그러나 이 유형 역시『古記』나『本紀』유형과 비교할 때, 그다지 오랜 전승이라고 생각되지는 않는다. 이것은 이 유형의 전승들이 제시하고 있는 전거들이『三國遺事』의『古記』를 지칭하고 있다고 생각되기 때문이다. 따라서 이 유형은『應製詩』유형과 함께 조선시대의 유교적인 사고를 기준으로 전승을 이해하는 과정에서 비롯되었을 것으로 짐작된다. 곰이 웅녀로 변하는 동기로 이들이 제시하고 있는 전거인『古記』의 靈艾·蒜과는 달리, 이 유형에서『本紀』와 같은 靈藤 또는 靈藥 혹은 祈로 표현하고 있는 것은 이를 의미한다.

한편 단군의 즉위년·수명·최후 등에 대해 이 유형의 기본자료인『東國輿地勝覽』에는 아무런 언급이 없다. 그러나 즉위년에 대해 堯 즉위 29년 戊辰으로 이해하고 있는 韓致奫의 설을 제외하고는[143] 대체로『歷代世年歌』의 堯 즉위 25년 戊辰說을 따르고 있고, 재위에 대해서는 洪萬宗만이『東國歷代總目』에서 1212년을 제시하고 있다.[144] 또 수명에 대해서는 洪萬宗이 모두『古記』를

---

142) 洪萬宗의 역사인식에 대해서는 韓永愚, 1992,「17세기 후반~18세기 초 洪萬宗의 會通思想과 歷史認識」『韓國文化』12, 서울대 한국문화연구소 : 韓明基, 1994,「홍만종」『한국의 역사가와 역사학』상, 창작과비평사 참조.

143) 韓致奫은 단군 즉위년을 堯 즉위 29년 戊辰으로 이해하고 있는데, 이에 대해서는 그 이유를 자세히 알 수 없다.

인용하였다고 밝히고 있으면서도 『海東異蹟』에서는 1508세로, 『旬五志』에서는 1800세로 기록하여 이해를 달리하고 있으며, 韓致奫은 1048년으로 이해하여 『應製詩』 유형을 따르고 있다. 이런 이해의 차이 역시 그 근거들이 제시되어 있지 않아 구체적인 이유를 알 수 없으나, 전승에 대한 기본적인 이해는 크게 다르지 않았던 것으로 생각된다.

이 유형에서 처음으로 보이는 전승은 『東國歷代總目』에서의 단군의 教民編髮盖首 사실과 국내의 산천을 다스렸다는 洪萬宗의 이해이다.[145] 이중 우선 그가 백성에게 머리털을 땋고 머리를 덮도록 가르쳤다는 기록은 중국의 『尙書』나 『博物志』류의 영향을 받은 자료에서 보이는 동이족에 관한 기록을 종합하는 과정에서 비롯된 것이라고 생각된다.[146] 또 彭吳에게 명하여 국내의 산천을 다

---

144) 『旬五志』 상, 「檀君」. "… ○ [甲子 商武丁八年]入阿斯達山[亦九月山]爲神 廟在平壤[九月山亦有三聖祀 檀君居其一 ○ 按東國通鑑 商王武丁八年乙未 檀君入阿斯達山爲神 又按輿地勝覽 周武王封箕子於朝鮮 檀君乃移於唐藏京 後隱阿斯達山 化爲神 兩說不同 今從通鑑以商王武丁八年爲正 而以皇極經世書推之 商王武丁八年 乃甲子而非乙未 故又以甲子爲正 自元年戊辰至甲子計之 在位一千十七年 上世神聖之人 年壽與後世不同 廣成子年千二百歲 彭祖年八百歲 則檀君之享壽千餘歲 亦無甚怪 而權近賦檀君詩曰 傳世不知幾 歷年曾過千近之詩意 以一千十七年 歸之於傳世歷年之數 頗爲近理 故東國史斷以近言爲是 然諸史皆以商王武丁八年 爲檀君化神之歲 以後人臆見有難懸斷其必不然 古今從舊史書之 若以商王武丁甲子 爲檀君末年則自甲子至周武王己卯 當歸之於檀君後孫 ○ 唐藏京在文化縣東 起檀君元年戊辰 止箕子受封己卯] …"

145) 『東國歷代總目』, 「檀君朝鮮」. "… ○ [戊辰]元年[唐堯二十五年]教民編髮盖首[君臣男女飮食居處之制 亦自此始云] ○ 命彭吳 治國內山川 以奠民居[本記通鑑云 牛首州彭吳碑 金時習詩曰 壽春是貊國 通道自彭吳 牛首州今春州 壽春卽本州別號] ○ [甲戌 夏禹十八年]遣子扶婁朝夏[時禹會諸侯於塗山 檀君遣扶婁朝焉] …"

146) 『史記』, 「西南夷傳」. "皆編髮 隨畜遷徙" : 『漢書』, 「從軍傳」. "有解

스리고 백성의 주거문화 수준을 높였다는 이해는『本記通鑑』과
金時習의 詩가 전거로 제시되어 있다.[147] 이런 이해들은 기존의 전
승을 토대로 여러 자료들을 참고하면서 그 내용을 풍부하게 하는
과정에서 이루어진 것이라고 생각된다.

3. 『第代朝記』類型

『第代朝記』유형은 18세기초의 승려인 秋鵬(1651～1706)이 편
찬한『妙香山誌』에 실려 있다. 전승의 주요 내용은 桓熊과 白虎의
결합이 단군이라고 하여 이제까지 알려진 유형과는 전혀 다른 내
용이다. 이것은 단군전승에 관한 유형들이 그리 단순하지 않음을

編髮 削左衽 襲冠帶 要衣裳 而蒙化者焉":『太平御覽』,「羽族 雉」.
"尙書大傳曰 … 武丁祭成湯 有雉飛升鼎 … 祖巳曰 … 遠方將有來
朝者乎 武丁思先王之道 編髮重譯 至者六國" 이에 대해서는 朴光用,
1994, 위의 논문, 166～167쪽 참조.
또『正祖實錄』에서는 洪萬宗의 이런 이해를 반영하여 군신 상하간의
분수, 음식과 거처에 관한 예의까지 모두 단군에서 비롯하였음을 기
록하고 있다(『正祖實錄』권 22, 정조 10년 8월 기유 "… 檀君卽我東
首出之聖 史稱編髮盖首之制 君臣上下之分 飮食居處之禮 皆自檀君
創始 …").

147) 彭吳에 대한 이러한 洪萬宗의 이해는 그가 漢人이었음을 근거로 한
安鼎福과 姜再恒에 의해 비판되고 있다(『東史綱目』附 권 상,「考異」.
"○ 彭吳之非 洪氏總目 命彭吳治國內山川 殊不知彭吳乃漢人 而有
此誤也 漢書食貨志 彭吳開道 通穢貊朝鮮 置滄海郡 盖武帝時也 金
時習詩 壽春時貊國 通道自彭吳是也 洪氏所引 不當故不取":『立齋
遺稿』권 9, 雜著,「東史評証」. "… 本記通覽曰 檀君使彭吳 奠國內山
州 近世洪萬宗引金時習詩以實之曰 壽春古貊國 通道自彭吳[按漢武
帝使彭吳 穿濊貊朝鮮置滄海郡 壽春卽今之春川府 盖古貊國都 時習
詩正謂此也 謂檀君時者妄矣]").

의미한다.

물론『第代朝記』가 어떤 성격의 자료인지는 불분명하다. 이와 관련하여 세조가 팔도관찰사에게 諭示하여 私處에서 간직해서는 안될 서적으로 조정에 수거된 자료중에 고조선과 단군 관계자료들이 포함되어 있어, 조선초기만 하더라도 이들이 민간에서 제법 유통되고 있음을 알 수 있다.[148] 즉 이때 수합된 서적 중『古朝鮮秘詞』·『朝代記』·表訓의『三聖密記』·安含老와 元董仲의『三聖記』 등은 고조선 중심의 역사책이거나 단군과 관련한 古記類일 것으로 짐작된다. 또 세조는 이들을 수합·정리하여『東國通鑑』을 편찬함으로써 이제까지 소홀히 다루었던 고대사를 고조선을 중심으로 재구성하려는 의지를 보여주고 있다.[149]『第代朝記』 역시 이들과 유사한 성격의 자료였을 것으로 추측하는 견해도 있다.[150] 전승의 내용은 다음과 같다.

> F-1. 桓仁의 아들 桓熊이 太白山 神檀樹 아래로 내려왔다.
>
> F-2. 桓熊이 어느 날 白虎와 交通하여 아들을 낳으니 이 사람이 檀君으로 우리 동방에서 나라를 세운 君長이다.
>
> F-3. 堯와 같은 해에 나라를 세웠다(『雪巖雜著』 권 1, 詩文, 「妙香山誌」).

이상의 내용은 이제까지 알려진 桓因→桓雄+熊女→壇君, 혹은 桓因→檀雄天王→□→檀雄天王의 孫女+檀樹神→檀君으로 이어

---

148)『世祖實錄』 권 7, 세조 3년 5월 무자 참조.
149) 全德在, 위의 논문, 154~156쪽 참조.
150) 許興植은『第代朝記』와『朝代記』의 명칭이 유사한데 착안하여 이들이 같은 서적일 가능성을 암시하고 있다(許興植, 1997,「雪巖秋鵬의 妙香山誌와 檀君記事」『淸溪史學』 13, 청계사학회, 168쪽 참조).

지는 전승과는 전혀 다른 모습을 전하고 있다. 우선 桓因의 명칭이
앞서 살펴 본 여러 유형과는 달리 桓仁으로 이해되고 있다. 환웅의
명칭 역시 桓雄 혹은 檀雄이 아닌 桓熊으로 기록되어 있다. 단군
의 어머니도 곰이 변한 熊女 혹은 檀雄天王의 손녀가 아니라 白虎
로 이해되어 있다. 단군의 先系가 桓仁→桓熊＋白虎→檀君으로
설정되고 있는 것이다. 즉 이 자료는 단군의 先系가 부계를 중심으
로 3대로 설정되어 있어 신화의 기본 틀은『古記』유형에서 크게
벗어나 있지는 않지만, 桓仁의 아들이었던 곰(桓熊)과『古記』유형
에서 탈락되어 있는 白虎와의 결합으로 단군이 출생하였음을 전하
고 있다. 이를 정리하면 <표 6>과 같다.

〈표 6〉『第代朝記』傳承類型 比較

出 典	主要神話素	血緣關係						卽位年
		祖	外祖	父	母	婦	子	
妙香山誌 [第代朝記]	桓仁·桓熊·神檀樹· 白虎·檀君	桓仁		桓熊	白虎			堯並年

　여기서 桓熊의 '熊'과 다른 자료에서의 '雄'을 어떻게 이해해야
할 것인가 하는 점도 문제이지만, '桓'은 성씨의 의미로 사용되었
을 가능성이 높다. 그러나 이 유형의 자료는 널리 유포되지 못한
것으로 보인다. 그것은 이 유형을『妙香山誌』이외의 어떤 자료에
서도 확인할 수 없기 때문이다. 또 일반적으로 동물간의 교통으로
사람이 출생하였다는 荒誕한 내용이 합리적인 이해를 추구하던 조
선시대의 유학자들에게 쉽게 수용되지 않았을 것이 분명하다는 것
역시 그런 추측을 가능하게 한다. 아울러 이 같은 전승은 사람들이
애착하거나 따르지 않는 색다른 설명이라고 秋鵬이 주석하고 있는
것[151] 역시 그런 면에서 유효하다. 다만 桓仁에 대한 표기가 15세

기 말 仙家에서 펴낸 서적으로 알려져 있는 趙汝籍의 『靑鶴集』에
서 '桓因'과 혼용되고 있어,152) 일찍부터 仙家를 중심으로 이런 전
승이 전해져 왔을 개연성을 엿볼 수 있을 뿐이다.153)

---

151) 『雪巖雜著』권 1, 詩文, 「妙香山誌」. "… 卽非世人愛奇 踵謬之說明
矣"

152) 『靑鶴集』. "金蟬子曰 卞沚 記壽四聞錄者 記吾東道流之叢 有曰桓因
眞人 受業于明由 明由受業于廣成子 廣成子古之仙人也 桓仁爲東方
仙派之宗 桓雄天王 桓仁之子也 繼之述事 又主風雨五穀 三百六十餘
事 以化東民 檀君繼業 化行十年 九夷共尊之 立爲天王 蓬亭柳闕而
居 絢髮跨牛而治 主世一千四十八年 入阿斯達仙去 子孫蕃衍 當其時
大國九 小國十二 大抵皆檀氏也 其後有文朴氏 居阿斯山 韶顔方瞳
能得檀君之道"

153) 仙家 계통의 전승에는 이외에 발해인의 저술인 『朝代記』를 근거로
고려말 李茗이 지었다는 『震域遺記』를 바탕으로 하여 1675년(숙종 1)
北崖子가 저술했다는 『揆園史話』의 전승을 포함할 수도 있다. 즉
『揆園史話』에는 一大主神 桓因→桓雄(神市氏)→桓儉神人으로 이어
지는 계보와 군주로 추대된 桓儉神人 檀君부터 그 후손인 47대 古列
加 檀君에 이르기까지 1195년 동안 檀國을 통치했다는 전승이 실려
있다(徐永大, 1994, 앞의 논문, 57~59쪽 참조). 그러나 이것은 일제강
점기에 편찬된 僞書일 가능성도 있어 일단 검토의 대상에서 제외하며
(趙仁成, 1988, 「『揆園史話』와 『桓檀古記』」 『韓國史市民講座』 2,
일조각 및 2000, 「단군에 관한 여러 성격의 기록」 『韓國史市民講座』
27, 일조각, 52~55쪽 참조), 향후 본격적인 검토의 기회를 가지고자
한다. 단 『揆園史話』에 인용되어 있는 『震域遺記』의 경우 姜再恒에
게서 인용되고 있는 『震朝通紀』 등과 그 명칭이 유사하여(『立齋遺
稿』권 9, 「東史評証」 참조), 이 책이 『揆園史話』의 저자가 『揆園史
話』를 저술하면서 꾸며낸 것일 가능성(趙仁成, 1988, 위의 논문, 82쪽
참조)에 대해서는 보다 구체적인 검토가 필요하다고 생각된다.
이에 대해서 『揆園史話』를 17세기에 저술된 후 한말·일제 초기에
윤색·가필된 것으로 추측하여 후대에 轉寫되는 과정에서 약간의 윤
색이 있었다고 할지라도 전적으로 僞書로 볼 수는 없다는 견해가 있
기도 하다(韓永愚, 1976, 위의 논문 참조). 또 하늘에서 내려온 사람과
굴속에 있던 곰의 결합으로 남자인 단군이, 여우와의 결합으로 여자
인 箕子가 태어났다는 황해도 平山郡의 전설(任晳宰, 1988, 『韓國口

고조선의 역사와 관련해서 이 유형의 자료는 단군이 堯와 같은 해에 즉위하였음을 밝히고 있을 뿐이다. 다른 유형의 자료에서 언급하고 있는 처자 관계나 계승국의 문제, 도읍·재위연수·수명·최후 등에 대한 내용은 전혀 없다.[154] 이런 기록들이 『第代朝記』에는 원래 있었는지 확신할 수 없으나, 원 자료에도 이 같은 이해는 없었던 것으로 짐작된다. 또 원 자료에 이 같은 이해가 없었다고 하더라도 이 유형의 자료가 후대에 널리 유포되었다면, 다른 자료와의 비교 및 보충을 통해서 다른 전승 내용이 추가로 기록될 수 있었겠으나, 이 역시 가능하지 못했던 것으로 보인다.

단군전승은 단군의 출생을 중심으로 『魏書』·『古記』·『本紀』·『應製詩』·『東國興地勝覽』·『第代朝記』등 대략 6가지 유형으로 구분할 수 있다. 이중 『魏書』·『古記』·『本紀』유형은 고려시대의 전승으로, 『應製詩』·『東國興地勝覽』·『第代朝記』유형은 조선시대의 전승으로 보인다. 또 고려시대에는 『古記』와 『本

傳說話-평안북도편Ⅲ·평안남도편·황해도편-』, 평민사, 230~231쪽 참조) 역시 단군의 출생을 중심으로 하는 별개의 유형으로 파악할 수 있다.

한편 서대석은 함경북도 성진의 廣積寺라는 사찰을 중심으로 거미·승려 등이 등장하는 야래자설화를 단군신화와 관련하여 해석하고 있으나(서대석, 2001, 『한국신화의 연구』, 집문당, 201~204쪽 참조), 수용하기 어렵다.

154) 許興植은 『第代朝記』유형의 전승이 『三國遺事』나 『帝王韻紀』 보다 신화의 원초성을 더 많이 내포한 전승이라고 추단하고 있다(許興植, 1997, 위의 논문, 169~170쪽 참조). 그러나 여기서는 이 유형을 조선 중기이후 仙家 계통의 전승내용을 반영하고 있는 것으로 짐작하여 조선시대의 전승유형으로 파악하고자 한다. 그렇다고 이 유형의 전승이 묘향산 일대에서 고려시대부터 전승되었을 가능성이 전혀 없다는 것은 아니다. 이에 대해서는 2-Ⅰ. 「妙香山의 傳承」 참조.

紀』유형을 중심으로 전승이 전해졌고,『應製詩』와『東國輿地勝覽』유형은 조선초기 성리학적인 사고를 바탕으로 전승의 합리적인 이해를 위해 재해석하는 과정에서 이루어졌다고 생각된다. 또『第代朝記』유형은 仙家 계통의 전승으로 짐작된다.

이들 전승은 또 각 유형의 전승이 독립적으로 전해진 것이 아니라 여러 유형의 개별적 내용들이 섞여서 전해졌고, 시대를 거듭하면서 사회적 여건이나 개인적 입장에 따라 새로운 내용들이 가필되거나 불필요한 내용이 삭제되기도 하였다. 그러나 전승의 주류는 고려시대에는『古記』와『本紀』유형에, 조선시대에는『應製詩』유형에 있었다. 또 조선시대의 경우『應製詩』유형이라고 할지라도『古記』유형을 함께 부기하여 유형에 있어서는『應製詩』유형을 인식하면서도 내용에 있어서는『古記』유형을 이해하고 있는 경우가 많았다. 이것은 단군전승을 싣고 있는 最古의 자료로서『三國遺事』에 대한 이해를 반영하고 있는데서 기인하는 것으로 생각된다.

제2장

地域別 傳承의 樣相

이 장에서는 고려시대 단군전승을 전하고 있는 지역에서 그 모습과 성격을 검토하고자 한다. 전승이 전해지던 지역으로는 妙香山·平壤·九月山·江華 등을 들 수 있다. 이들 지역에서 단군은 地域神으로 숭배되며, 공동체의 안녕과 질서 유지를 위해 기능하였을 것으로 생각된다. 따라서 고려시대의 각 지역에서 전승 모습과 성격을 살펴보는 것은 지역별의 전승 양상뿐만 아니라 전반적인 면모를 이해하는데 도움을 줄 것으로 기대된다.

妙香山은 단군이 출생한 곳으로 전승의 출발지라고 할 수 있다. 그러나 『三國遺事』와 『帝王韻紀』를 제외하면, 고려시대 妙香山에서 전하고 있는 전승의 직접적인 자료는 거의 전하지 않고 있는 실정이다. 또 조선시대의 자료라 할지라도 여러 자료들에서 단편적인 기록들만 산견되고 있어 그 일단을 추측하는 것조차 쉽지 않다. 따라서 『高麗史』·『高麗史節要』 등에 보이는 北界 지역의 전반적인 자료를 중심으로 이 시기 妙香山이 고려 조정이나 지역민에게 어떤 존재로 인식되고 있는지를 살펴 본 후, 이를 토대로 이곳에서의 단군 유적은 어떤 것들이 있으며, 어떻게 전해지고 있었는지를 검토하고자 한다.

平壤은 단군의 초기 도읍지로 알려져 있다. 그러나 이곳의 전승은 고구려의 東明王 전승과 많은 부분에서 섞여 있다. 이에 먼저 이곳에서의 단군전승과 관련한 자료들을 검토하여 그 전승이 부여·고구려의 전승들과 착종 상태를 보이는 원인을 살펴보고자 한다. 그리고 西京神祠·平壤神祠·平壤神堂·平壤廟·平壤君祠 등 여러 가지 명칭으로 『高麗史』에 기록되어 전하는 平壤廟에서의 神格을 단군과 관련하여 추측하고, 그 기능과 성격에 대해서도 검토하고자 한다.

九月山은 단군의 移都地일 뿐만 山神地이다. 이에 먼저 각종 자료에 보이는 단군과 관련된 자료를 검토하고, 이를 토대로 文化縣의 鎭山이었던 九月山 일대에서의 전승에 관한 전반적인 모습과 범위를 추적하고자 한다. 또 1420년대 이전에 편찬된 것으로 짐작되는 『三聖堂事跡』과 『關西勝覽』의 文化縣「古跡」조를 중심으로 三聖祠에서의 단군 숭배의 현황과 의례를 검토하고자 한다. 아울러 一然이 단군 도읍지로 비정하고 있는 白岳山 阿斯達의 위치 중 白州의 白岳・개성 동쪽의 白岳宮 등이 고려중기 이후 도참의 영향 아래 '開京의 地氣衰旺說'의 부각으로 조성된 離宮 창궐과도 깊은 관련을 가지고 있었음을 살펴보고자 한다.

江華는 고려시대 단군전승의 최남단이라고 짐작된다. 그러나 이곳에서 전승의 내용을 해명할 수 있는 자료 역시 『高麗史』・『世宗實錄』 등 단편적인 것들에 불과하다. 또 이들은 이전부터 구전・세전되어 오던 것을 조선초기 정리한 것이라고 믿어져 고려시대 이곳에서의 전승을 검토하는데는 충분치 못하다. 따라서 우선 江華에서의 전승에 관한 유적 및 그 내용을 일별하여 전반적인 모습을 이해하고, 摩利山을 중심으로 전승의 성격과 의미를 검토하고자 한다.

이상의 검토로 고려시대 단군전승이 전해지던 공간적인 범위를 설정할 수 있음은 물론, 각 지역에서 단군의 존재가 어떻게 모셔지고 있었는지, 그리고 그 숭배가 각기 어떤 성격을 지니고 있었는지 등의 문제가 보다 확연하게 드러날 수 있을 것이다. 이것은 또 3장 「傳承의 認識」에서 살펴볼 단군의 이해 모습과 그 존재에 관한 인식이 고려사회의 지배계층에게 어떻게 이용되고 있었고, 어떤 과

정을 거쳐 후기에 비로소 國祖로 인식되기에 이르렀는지를 검토하
는데 기초가 될 것으로 믿는다.

I. 妙香山의 傳承

1. 神山으로의 妙香山

묘향산이 단군뿐만 아니라 그 先系인 桓雄(檀雄)과 熊女, 檀樹神
등과도 관련한 전승의 출발지라는 사실은 널리 알려져 있다. 단군
신화에서 帝釋(上帝) 桓因의 아들 桓雄(檀雄)의 강림처이자 그가
神市를 열고 桓雄天王(檀雄天王)으로 모셔지던 곳인가 하면, 이를
중심으로 한 곰과 호랑이, 혹은 檀雄天王의 孫女와 檀樹神의 활동
무대이며 단군의 출생지이기도 하다. 즉 묘향산은 桓雄・곰(熊
女)・호랑이, 혹은 檀雄天王・檀雄天王의 孫女・檀樹神 등 단군
의 先系와 관련한 곳이자 壇君(檀君)이 출생하여 평양에 도읍하기
이전까지 활동하던 곳이다.[1]

---

1) 『三國遺事』에서 一然은 太伯山을 妙香山으로 細註하고 있으나(『三國遺
事』권 1, 紀異 2, 古朝鮮[王儉朝鮮]), 『帝王韻紀』에서 李承休는 『本紀』
를 인용하여 단군신화를 싣고 있는 가운데 檀雄의 강림처인 太伯山이
妙香山을 지칭하는지는 언급하고 있지 않다(『帝王韻紀』권 하, 「東國
君王開國年代」, 前朝鮮紀). 그러나 이 역시 妙香山을 지칭하는 것으로
짐작된다.
　妙香山이 太白山이라 불렸음은 비교적 여러 자료에서 볼 수 있는데,
조선시대의 자료이기는 하지만 秋鵬(1651~1706)에게서도 확인할 수
있다(『雪巖雜著』권 2, 詩文, 「香山」. "鳥外蒼茫太白山 脩眉迴出暮雲

이것은 고려시대에 묘향산이 위와 같은 전승을 토대로 神山으로 모셔졌음을 의미한다. 李穡(1328~1396)이 「香山潤筆菴記」에서 "산의 크기가 비할 데 없고 仙家와 불교의 舊跡이 많다"고 기록하고 있는 것은[2] 이런 점에서 의미가 있다.[3] 따라서 이곳에서의 단군전승의 내용을 살펴보기 위해 고려시대에 묘향산 일대의 전반적인 상황을 살펴보는 것은 선행해야 할 작업이라고 하겠다.

묘향산은 평안북도 寧邊에 위치하고 있다. 寧邊은 고려시대의 撫州와 延州, 熙川을 포함하는 지역이다. 그 이름은 1429년(세종 11) 그곳에 있던 藥山城이 천연의 요새이기 때문에 撫州와 延州를 합쳐 도호부를 두고 병마절제사로 하여금 겸직하게 하는 것이 좋겠다는 黃喜(1363~1452)의 건의에 의해 寧邊都護府가 설치되면서부터 시작되었다.[4] 특히 고려시대에 묘향산은 北界의 최변방으로 군사요새인 淸塞鎭에 속해 있었다.[5] 이에 地理志를 비롯한 제반 자료에는 묘향산에 대해 비교적 상세하게 기록하고 있는데, 이를 중심으로 그 산세와 위치를 살펴보기로 한다.

> A-1. 妙香山은 (熙川郡)의 남쪽 40리에 위치한다(『世宗實錄』권 154, 地理志, 熙川).

端 雪中香木千章列 巖底瑤泉五月寒 天界霽霞藏玉峀 星樓曉鼓振煙鬟 園春不老仙芝草 能使幽人可駐顔").
2) 『牧隱文藁』권 2, 記, 「香山潤筆菴記」. 이런 이해는 徐居正(1420~1488)에게서도 보인다(『四佳文集』권 6,「送郁上人遊妙香山序」).
3) 妙香山이 神山으로 모셔졌음은 조선시대의 자료에 비교적 많이 보인다. 神嶽으로 이해하고 있는 李滉(1501~1570)의 詩 역시 그중 하나이다(『退溪先生全書』권 2, 詩,「書南時甫遊香山錄後」."造物雄豪辨 神嶽病夫孤 僻隱深林非 君決去探靈 境顧我何由 豁遠襟衆皴 南山欣副願 小看東魯想 心編成許續 金剛錄首尾 尤須用意深").
4) 『寧邊誌』, 沿革 참조.
5) 『高麗史』권 58, 지 12, 지리 3, 淸塞鎭. "… 有妙香山[卽太伯山]"

A-2. 長白山의 한 줄기가 길게 연이어 압록강 南岸의 매우 높고 험한 곳에 이르니 이곳이 妙香山이다. … 산에는 仙家와 佛敎의 신비한 자취가 많아 至元(1264~1294)과 延祐(1314~1320)年間에는 황제가 降香하여 기도하기도 하였다. … 내가 일찍이 산의 웅대함을 보니 수십의 고을에 걸쳐 있었는데, 동으로는 成川府이니 沸流國王 松壤의 故都이고, 남으로는 平壤府이니 三朝鮮과 高句麗의 故都이다. 寧州·安州·雲州·嘉州 등의 여러 고을이 그 주위를 布列하고 있으며, 서북부로는 遼陽·閭陽과 접하고 있어 그 이름을 천하에 떨친 지 오래 되었다(『四佳文集』 권 5, 「送峻上人遊妙香山序」).

A-3. 妙香山은 (寧邊大都護府의) 동쪽 130리 떨어진 곳에 위치하는데 일명 太伯山이라고 한다(『東國輿地勝覽』 권 54, 寧邊大都護府, 山川).

A-4. 妙香山은 (寧邊의) 동북쪽 130리에 위치한다. 산세가 高大하고 웅장하여 400여 리에 걸쳐 있고 북쪽으로는 熙川·高州·連州·德州와 접해 있으며 관서지방 제일의 명산이다(『大東地志』 권 23, 寧邊, 山川).

A-5. 妙香山(일명 太白)은 郡의 동북부로 100리 정도 떨어져 위치한다. 높이는 6567척인데 봉우리가 기묘하고 향나무가 많은 까닭에 산의 이름이 붙여졌다. 국내의 명산을 논하는데 있어 동쪽의 金剛山, 남쪽의 智異山, 서쪽이 九月山, 북쪽의 妙香山을 4대 명산이라고 일컫는다. 이중 金剛山은 수려하나 장엄하지 못하고 智異山은 장엄하나 수려하지 못하며, 九月山은 수려하지도 장엄하지도 못한 반면, 오직 妙香山만이 장엄하고도 수려하다고 한다(『寧邊郡誌』 권 상, 山川).[6]

이상이 제반 자료에 전하는 묘향산의 위치와 산세에 관한 내용

---

6) 『寧邊郡誌』는 1937년 이곳의 유생 車國轅 등이 『寧邊誌』를 續修하기 위해 발의하여 이듬해 작업을 시작하고, 1939년 완성되었으며 간행은 1944년에 이루어졌다. 이 글에서는 한국인문과학원에서 1991년 영인·발간한 한국근대읍지 중 『寧邊郡誌』를 활용하였다.

이다. 즉 묘향산은 일명 太伯山·太白山으로 불렸다. 조선초기까지는 熙川에 속하여 郡의 남쪽 40리에 위치해 있다가 이후 寧邊大都護府가 설치되면서 寧邊에 속하게 되었다. 寧邊에서는 동북쪽으로 약 100리에서 130리 정도 떨어져 있었고, 산세는 熙川을 포함하여 寧州·安州·雲州·嘉州·高州·連州·德州 등 약 400여 리에 걸쳐 펼쳐 있었다. 산세는 高大하면서도 웅장하였고 높이는 6567척이었으며, 봉우리들은 기묘하고 향나무가 많이 자생하였다. 沸流國과 三朝鮮·高句麗의 古都인 成川과 平壤이 동쪽과 남쪽에 위치해 있었고, 서북쪽으로는 遼陽·閭陽과 접하고 있었으며, 장엄하고 수려하기가 국내의 제일이었다.7) 이에 元 간섭기에는 황제의 降香祈禱處로 활용되기도 하였다.

이 같은 묘향산에 대한 고려시대의 기록은 대부분 築城과 거란·여진 등 북방 민족의 침입에 대한 대응, 그리고 조정에서 이탈한 반란세력의 은신처와 관련한 내용으로 이루어져 있다. 이것은 이 산이 속한 淸塞鎭이 변방의 최접경 요새로 거란·여진·몽골 등 북방 민족의 침입에 따른 격전장이었으며, 北界 지역의 鎭山으로 산이 깊어 반란세력의 은신처로 충분히 활용될 수 있었기 때문이라는 것에서 기인한다고 생각된다.8)

築城과 관련해서는 947년(정종 2) 大匡 朴守文을 파견하여 鐵甕

---

7) 한편 徐居正은 또 묘향산의 웅장함을 그 정상에 서면 彈指할 짧은 시간에 강을 건널 수 있는 것처럼 浿水(대동강)와 薩江(청천강)이 눈앞에 들어온다고 묘사하고 있다(『四佳詩集』권 46,「送烱上人遊香山」. "妙香山色鬱嵯峨 遊訪師今不憚賖 萬里行雲隨杖錫 一天飛雨濕袈裟 開都平壤轉頭見 浿水薩江彈指過 桑下已無三宿戀 祇林何處不爲家").

8) 이런 이해는 徐居正에게서도 보인다(『四佳集』詩集補遺 권 2,「次韻正使朝鮮雜詠十首」, 妙香山. "妙香山嵯峨 浿水發源派 來經松壤都 襟抱玄菟界 古來爭戰地 毒螫劇群臺 緬懷隋與唐 紛紛幾成敗 往事旣如此 江流自澎湃 窮黷古所戒 虛內而事外").

과 博陵 등에 성을 쌓았다는 기록을 먼저 확인할 수 있다.9) 이후
광종과 경종 때에도 축성 기록이 보인다.10) 이것은 북방의 거란 침
입을 대비하기 위한 목적에서 이루어진 것으로 이미 고려초기부터
묘향산 일대가 군사적 요충지로서 주목되고 있음을 의미한다.11)
이에 淸塞鎭에는 中郞將 1인·郞將 3인·別將 7인·校尉 15인·
隊正 31인·行軍 835인·精勇 12대·內馬 2대·左軍 10대·內弩
1대·右軍 3대·保昌 5대·神騎 50인·步班 36인·白正 62대가
州鎭軍으로 편성되어 북방을 경계하고 있었고,12) 또 1033년(덕종
2)에는 平章事 柳韶가 압록강에서부터 동해에 이르기까지 쌓은 천
여리의 북경 관방에 포함되기도 하였다.13)

---

9) 『高麗史』권 82, 지 36, 병 2, 성보, 정종 2년. "城德昌鎭 又西京王城 及
鐵甕·三陟·通德等城 城德成鎭":『高麗史節要』권 2, 정종 2년. "春
遣大匡朴守文 城德昌鎭 又築西京王城 及鐵甕·博陵·三陟·通德等
城 秋 遣大匡朴守卿 城德成鎭". 여기서 鐵甕은 다른 기록에 보이는 藥
山城을 지칭하는 것으로 보이며, 寧邊의 별칭으로 사용되기도 하였다
(『東國輿地勝覽』권 54, 寧邊大都護府, 形勝. "狀如鐵甕[古記云 藥山
之險 甲於東方 層巒疊嶂 互回四面 狀如鐵甕] 天作之城[府籍云 藥山
天作之城]" 및 『輿地圖書』, 平安道, 寧邊, 形勝 :『寧邊郡誌』권 상, 城
郭 참조). 특히 『寧邊郡誌』에는 鐵甕城을 고을의 體城으로 기록하고
있다.
10) 『高麗史節要』권 2, 광종 원년. " 春 … 城長靑鎭":『高麗史』권 82,
지 36, 병 2, 성보, 경종 4년. "城淸塞鎭" 및 『高麗史節要』권 2, 경종
4년 참조.
11) 이것은 崔承老가 건의한 時務 28조중 첫 번째 항목에서 고려가 統三한
지 47년이 지났음에도 불구하고 사졸들이 편안함을 얻지 못하고 糧餉
에 糜費를 면치 못하는 것이 서북 지방이 戎狄과 이웃하여 防戍하는
곳이 많기 때문이니 장차 이곳에 활을 잘 쏘고 말을 잘 타는 士人을 가
려서 防戍하도록 청하고 있는데서도 살펴볼 수 있다(『高麗史』권 93,
열전 6, 崔承老 참조).
12) 『高麗史』권 83, 지 37, 병 3, 州縣軍, 北界 淸塞鎭 참조.
13) 『高麗史』권 82, 지 36, 병 2, 城堡, 덕종 2년 및 같은 책 권 94, 열전
7, 柳韶 참조.

따라서 고려 조정에서는 淸塞鎭을 포함하여 북계 지역에 거주하
며 藩民・北人[14] 등으로 이해되고 있던 주민들이 이탈하지 못하
도록 지속적인 관심을 보였다. 1042년(정종 8)에는 西北路兵馬使가
압록강 동쪽에서부터 淸塞鎭에 이르기까지 蕃戶의 籍을 작성하였
고,[15] 1109년(예종 4)에는 거란의 침입으로 어수선한 변방의 백성
들을 위무하기 위해 延州關外蕃長 守弗首 등 7인과 淸塞關外蕃將
歸夫 등 18인 등을 왕이 직접 인견하고 酒食과 예물을 하사하고
있는 것은[16] 그 예라고 할 수 있다.

이후 1216년(고종 3) 哈丹兵이 국경을 넘어오자 이곳은 그들에
맞선 격전장이 된다. 이에 延州郎將 玄章으로 대표되는 延州 백성
들은 哈丹賊과 맞서 전과를 올리며 그 침입을 물리쳤는데,[17] 이 때
哈丹賊은 일시적으로 묘향산으로 들어가 위기를 모면하는 와중에
普賢寺를 불태우기도 하였다.[18] 또 이듬해 哈丹賊이 다시 침입하

---

14) 고려 조정에서는 北界 주민들을 藩民・北人으로 이해하고 있었다(『高
    麗史』권 20, 명종 26년 11월 기축 및 『高麗史節要』권 15, 고종 15년
    3월 참조).
15) 『高麗史節要』권 4, 정종 8년 정월 참조.
16) 『高麗史節要』권 7, 예종 4년 2월 참조.
17) 『高麗史節要』권 14, 고종 3년 9월 참조.
18) 『高麗史節要』권 14, 고종 3년 9월. "… 賊奔入香山 燒普賢寺 …" 및
    『高麗史』권 103, 열전 16, 金就礪 참조. 이때 金就礪는 朝陽・開平・
    墨近・香山 등의 전투 등에서 대승을 거둔 것으로 알려져 있다. 또 비
    록 조선시대의 자료인 『東國輿地勝覽』에서부터 보이지만, 檀君墓가
    위치한 곳으로 전하는 江東縣의 朴達串에서도 큰 승리를 하고 있음을
    알 수 있다(「金就呂墓誌銘」, "… 又以公代他將爲前軍使 公乃忍痛應命
    行與敵戰于交谷克之 自朴達□大捷以來 彼且失勢 …", 金龍善 編著,
    1993, 『高麗墓誌銘集成』, 한림대 아시아문화연구소, 362~364쪽).
    한편 이때 소실된 普賢寺의 중수에 대한 감회를 읊은 金良鏡(?~ 1235)
    의 詩가 『東國輿地勝覽』에 전하는데, 그는 胡虜를 물리친 것이 부처의
    법력에서 기인하였다고 읊고 있다(『東國輿地勝覽』권 54, 寧邊大都護

여 淸塞鎭을 공격하자 判官 周孝嚴과 京將 韓貂 등이 이들과 맞서고 있으며,[19] 그 공으로 淸塞鎭은 威州防禦使로 승격하였다가 후에 다시 오랑캐에 投歸하였다고 하여 熙州로 강등되기도 하였다.[20]

묘향산 일대는 또 반란세력과 이들에게 맞서는 지방 토호의 근거지로 활용되기도 하였다. 그 대표적인 예가 1174년(명종 4) 일어난 趙位寵의 반란에서이다. 趙位寵은 서경을 근거지로 당시 무인집정자 鄭仲夫와 李義方을 토벌한다는 명분아래 반란을 일으키며 東界와 北界의 여러 성에 동조를 구하는 檄文을 보냈다. 그러나 오직 延州都領 玄覃胤과 그 아들 德秀는 거란의 蕭遜寧이 침입했을 때도 延州만 굳건히 성을 지켜 王府에 기록되어 있음을 이유로 응하지 않고 있다. 오히려 그들은 趙位寵이 보낸 사자를 사로잡아 죽이는 등 대항을 하고 있다.[21] 이에 그 공으로 이듬해에 玄覃胤은 장군으로, 그의 아들 德秀는 內侍祗候로 임명되었다.[22] 또 이때 昌州에서 防戍하고 있던 西北面兵馬副使 杜景升은 香山洞과 通路驛에서 西京兵을 만나 이를 격퇴하는 한편, 撫州館에서도 다시 맞서 승리하였다.[23]

府, 佛宇. "普賢寺 [在妙香山 金良鏡詩 寺廢重修非一度 春禽感古語間關 峰巒四擁幾千疊 堂構半新三百間 卜地規模深密祖 絶塵塗堅信香山 須知法力降胡虜 草綠郊原戰馬閑]").

19) 『高麗史』 권 22, 고종 4년 6월 갑술 및 『高麗史節要』 권 15, 고종 4년 6월 ; 『高麗史』, 권 22, 고종 4년 7월 정축 및 『高麗史節要』 권 15, 고종 4년 7월 참조.

20) 『高麗史』 권 58, 지 12, 지리 3, 淸塞鎭 참조.

21) 『高麗史節要』 권 12, 명종 4년 9월·10월·11월 및 5년 2월조 참조.

22) 『高麗史節要』 권 12, 명종 5년 8월 참조. 趙位寵의 난과 관련한 北界 지역의 동향에 대해서는 金南奎, 1989, 「明宗代 兩界 都領의 性格과 活動」 『高麗兩界地方史研究』, 새문사 참조.

23) 『高麗史』 권 100, 열전 13, 杜景升 참조.

한 풀 꺾인 趙位寵의 잔당들은 서경의 曇和寺에서 香山으로 移屯하며 계속 반란을 도모하였다.[24] 이들이 山谷에 은신하며 인근 지역의 백성들에게 근심거리가 되자 조정에서는 이들을 직접 공격하는 한편, 위무하는 양동작전을 구사하였다.[25] 즉 趙位寵의 잔당들은 다시 모여 3軍을 편성하고 嘉州·渭州·泰州·連州·順州 등의 산골에 흩어져 백성을 약탈하기를 일삼으며 慈州와 肅州를 공격하여 불태웠다. 그리고 妙德·香山 등 여러 사찰을 도륙하기도 하였다.

이에 조정에서는 군사를 보내 토벌하였으나 진압하지 못하였다. 이것은 이들이 산림에 의지하여 한 곳에 머무르지 않고 옮겨 다니며 게릴라전 형태의 공격을 일삼았고, 지역민 역시 반란세력에 동조하여 관군의 동정을 반란군에게 알려주거나 주변 사찰의 승려들까지도 반란세력에 가담하여 連州를 공격하는 등 반란군에 동조하는 세력이 상당했기 때문이다. 이에 관군은 거의 모든 싸움에서 패하다시피 하여 사기를 잃고 반란세력과의 교전을 회피하기까지 하였다. 그러나 게릴라전 형태를 띤 반란세력의 대응은 관군에 비해 조직적이지 못했고, 특히 시간이 흐를수록 약탈 대상이 점차 줄어들어 굶주리고 곤궁하게 되어 마침내는 토벌군에 항복할 수밖에 없었다.[26]

---

24) 『高麗史』 권 19, 명종 7년 9월 갑인 및 『高麗史節要』 권 12, 명종 7년 9월 참조.

25) 『高麗史節要』 권 12, 명종 7년 10월 및 11월 참조.

26) 이때 조정에서는 반란세력을 회유하기 위해 그 지휘자들인 西賊 괴수 崔光秀를 校尉로, 金甫를 攝校尉로, 思進·軾·端·戒訓을 隊正으로 임명하고 있다(『高麗史節要』 권 12, 명종 8년 10월 및 『高麗史』 권 100, 열전 13, 朴齊儉 참조). 이러한 사정은 「申甫純墓誌銘」에서도 확인할 수 있다(「申甫純墓誌銘」. "… 其年冬西都叛逆 號嘯陸梁公 以前軍兵馬判官 從西而行至城下 諸軍亂退 公獨以所領軍 入安北府以固守

이로 볼 때 이 시기 北界 지역민의 민심은 이미 상당히 이반되어 있었고, 그 근본적인 원인중 하나는 생계에 대한 불안정에 있었을 것으로 짐작된다. 따라서 묘향산을 중심으로 활동했던 趙位寵의 잔당들은 이런 北界의 동향을 적극 이용하여 세력을 확대해 나갔다. 그리고 그들은 지역민이나 불교세력에게도 어느 정도 호응 내지는 동조를 얻었음이 분명하다. 이것은 지역민이 관군의 동정을 반란세력에게 알려주었거나, 이들이 妙德·香山 등의 여러 사찰들을 도륙했음에도 불구하고 승려들까지도 반란세력에 가담하고 있는데서 짐작할 수 있다. 특히 이들이 관군에게 항복한 이유가 반란세력 내부의 분열 등에서 기인한 것이 아니고, 오랜 기간동안 산악지대에서의 게릴라전 전개와 이에 대한 인적·물적 자원의 고갈에 있었다는 점에서 이들에 대한 조정의 회유책도 성공적이지 못했다고 할 수 있다.

北界 지역민의 조정에서의 이탈은 그들의 생계가 보장되지 않는 등의 불안 요소가 다시 등장할 경우에 언제라도 재발할 수 있었다. 이에 조정에서는 지역민의 회유를 위한 대책을 시행하기도 하였다. 항복하는 屯賊들을 위무하기 위해 600여 곡에 달하는 곡식을 풀어 진휼하는 한편, 龜州와 連州 등지에 나누어 살게 하며 생업에 편안하도록 하였다. 또 1178년(명종 8) 八關會를 개최하면서 왕이 직접 동서 兩界 여러 성의 上長과 都領을 인견하여 예물을 하사하였고,[27] 1188년(명종 18)에는 서경의 반란에 의해 없어진 田簿를 다시 量田하여 개량하기도 하였다.[28]

軍無挫挫 又移連州 攻城取勝 果有功績 …", 金龍善 編著, 위의 책, 261~263쪽).
27) 『高麗史節要』 권 12, 명종 8년 11월 참조. 그러나 이런 조정의 위무책은 근본적인 해결책이 되지 못하여 西賊의 잔당 牛方田 등이 다시 반란을 일으키기도 하였다(같은 책 권 12, 명종 9년 4월 참조).

그러나 이런 대책은 지역민을 위해 근본적이거나 적극적인 것이 되지 못하고, 일시적인 고식책에 불과하였다. 이것은 지역민의 조정에 대한 이반이 이후에도 지속되었다는 사실에서 알 수 있다. 특히 1196년(명종 26) 八關會를 개최하면서 北界의 都領들을 불러 풍악을 구경하게 하던 도중 麟州都領 中郎將 子冲이 判閣門事 王珪를 보고도 揖만 하고 절을 하지 않자 이를 탄핵하는 有司의 요청에 왕이 적극적으로 대응하지 못하고 있음은 단적인 예라고 할 수 있다.29) 또 北界 지역 대부분의 관리들이 백성들의 살을 벗기고 뼈를 긁어낼 정도로 탐욕스럽고 잔포하여30) 義州에서 別將 韓恂과 郎將 多智 등이 防守將軍 趙宣 및 고을 수령 李棣 등을 살해하고 元帥를 자칭하며 반란을 일으키자 여러 성들이 이에 동조하고 있는 것31) 역시 조정에서 이탈하고 있는 北界 지역민의 동향을 보여주고 있다.32)

고려시대 묘향산은 거란·여진 등 북방민족과의 최접경지인 淸塞鎭에 위치하고 있었다. 따라서 이곳은 북방 민족의 침입에 맞선 격전장, 또는 北界 지역민의 반란 근거지로 이용되었다. 이것은 묘향산의 산세가 깊고 험하여 요새 또는 반란민의 근거지로서 충분한 자연적인 지형을 갖추고 있기 때문이다. 그러나 여기에는 『三國遺事』와 『帝王韻紀』에 실려 전하고 있던 단군전승이 일찍부터 지역민에게 이해되어 묘향산이 神山으로 숭배되었던 데서도 원인

---

28) 「金元義墓誌銘」, 金龍善 編著, 앞의 책, 316~318쪽. "… 戊申秋 全羅道 按察使 先是西京叛亂 田簿蕩失 國家遺刑部郎中金卿 量其土田 積年乃 成 然分授不均 人頌騰沸 有司劾奏罷黜 於是命公改量 甚得精允 …"
29) 『高麗史節要』 권 13, 명종 26년 11월 참조.
30) 『高麗史節要』 권 15, 고종 6년 10월 참조.
31) 『高麗史節要』 권 15, 고종 6년 10월 참조.
32) 이때 連州는 인근 龜州와 成州와 더불어 義州賊에 대항하고 있다(『高麗史節要』 권 15, 고종 6년 10월 참조).

을 찾을 수 있다.33) 이런 점에서 묘향산을 神仙이 깃들어 있는 산
으로 읊고 있는 李穡의 이해는 깊이 참고할 수 있다.34)

2. 遺蹟과 傳承

『三國遺事』와 『帝王韻紀』의 기록을 살펴볼 때, 묘향산의 단군
전승과 관련한 유적으로는 桓雄(檀雄)이 강림하였으며 熊女가 혼
인하기를 빌었다는 태백산정의 神壇樹(神檀樹), 桓雄이 인간사를
관장하였다는 神市, 곰과 호랑이가 사람되기를 빌고 삼칠일을 忌
했다는 곳 또는 檀雄天王의 孫女와 檀樹神의 혼인처, 단군의 출생
처 등을 생각할 수 있다. 이중 곰과 호랑이가 忌했다는 곳과 檀雄
의 손녀와 檀樹神의 혼인처, 그리고 단군의 출생처는 같은 장소일
가능성이 있다. 또 이들 유적들은 같은 장소가 아니더라도 멀리 떨
어지지 않은 곳에 집중되어 있었을 것이다.

이와 아울러 이 산에 佛跡과 함께 仙跡이 많이 있다는 李穡의
언급중,35) 仙跡이란 桓雄(檀雄)→檀君으로 이어지는 신화와 관련

---

33) 妙香山이 단군과 관련한 유적이 산재해 있음은 秋鵬이 다음의 詩에서
읊고 있다(『雪巖雜著』 권 3, 詩文, 「妙香山」. "茫茫天際妙香山 雪立亭
亭鎭北關 怪石飛泉駭遠矚 仙花樂樹解愁顔 金皇駐驛人皆仰 檀帝遺蹤
鬼亦慳 最愛毘盧峰萬丈 磨天紫翠白雲間").

34) 『牧隱詩藁』 권 13, 「詠太白」. "謫仙風彩照堪輿 醉賦沈香興有餘 獨步
盛朝靑瑣闥 重營秘術紫河車 艶詞吐鳳紆新寵 豪氣騎鯨入大虛 莫道婦
人幷酒耳 知仁觀過一歆獻"

35) 『東國輿地勝覽』과 『輿地圖書』에는 「古記」를 인용하여 묘향산에 약
360개의 암자가 있었다고 기록하고 있다(『東國輿地勝覽』 권 54, 寧邊
大都護府, 山川. "妙香山[… 古記其山有三百六十菴" 및 『輿地圖書』,
平安道, 寧邊, 山川 참조). 이 같은 기록은 조선중기에 편찬된 『寧邊誌
』에서도 보인다(『寧邊誌』, 山川. "妙香山 一名太白山 在府東一百里

한 유적을 지칭하는 것으로 추측되기도 한다.[36] 이것은『三國遺
事』에 인용되어 있는『古記』의 단군전승이 상당 부분에 걸쳐 불교
적인 색채를 포함하고 있다는 점을 상기할 때, 이곳의 전승이 이미
고려시대부터 仙家 및 불교와 융합되어 전해지고 있었을 가능성을
보여준다.[37] 따라서 이곳에서 전하고 있는 단군 유적을 살펴봄으
로써 전승의 양상을 이해하고자 한다.

B-1. 檀君臺

· 頭陀峰 서쪽에 있다(『寧邊誌』, 佛宇).

· 檀君窟에서 산 정상 쪽으로 1리 정도 떨어져 있다. 주변의 높고
  험한 봉우리가 이를 호위하고 있으며, 세상에서는 단군의 降臨
  處로 전한다(『芝山先生文集』권 3, 雜著, 「遊妙香山錄」).

· 內賓鉢菴에서 동쪽으로 1리 정도 떨어져 있다. 산비탈이 험상
  하지만 깊은 곳은 넓고 편편하며 3개의 서까래를 세우고 '檀君
  臺'라고 題額하였으며, 서너 사람이 들어갈 만한 공간이 마련되
  어 있다(『雪巖雜著』권 1, 詩文, 「妙香山誌」).

古有三百六十菴 自廣城嶺行百里爲小白山 行二百里爲香山 其上多香
木 故名焉 仙佛舊蹟多焉 諺傳扶餘故都 荇人舊國 檀君誕降 …").

36) 이것은 묘향산을 '神契'라고 하여 神과 인연이 깊은 곳으로 묘사하고
  있는 李珥(1536~1584)의 이해에서도 엿볼 수 있다(『栗谷全書』권 1,
  詩,「送山人敬悅之香山」. "太白橫西未了靑 高標欲與雪山爭 層雲歸鳥
  空神契 目斷春鴻送爾行").

37) 최복홍은『三國遺事』에 인용되어 있는『古記』의 단군전승에서 桓雄의
  降臨地인 太伯山을 妙香山으로 주석한 것은 불교에서 帝釋이 오간다
  는 香山의 이름을 끌어들여 마치 香山이 애초의 太伯山이었던 것처럼
  꾸밈으로써 단군신화의 계보에 대한 불교적인 윤색을 합리화하려는 一
  然의 의도가 개재되어 있는 것으로 파악하고 있다(최복홍, 1986,「≪삼
  국유사≫에 실려있는 고조선과 가락국 건국신화의 불교관계자료에 대
  한 고찰」『력사과학』, 1986년 4호 ; 서영대 편, 1995,『북한학계의 단군
  신화연구』, 백산자료원, 355쪽 주 4) 참조).

B-2. 檀君菴

· 賓鉢의 동쪽 봉우리에 있으며, 단군을 모신 불교와 관련된 암자
이다(『寧邊誌』, 佛宇, 檀君菴).

B-3. 檀君窟

· 香爐峰 남쪽에 위치한 阿蘭峰 아래에 있다(『寧邊郡誌』 권 상,
山川).

· 檀君菴 오른쪽에 있고 붉은 문짝으로 靈巖임을 표시하였다(『寧
邊誌』, 佛宇, 檀君菴).

· 登天窟이라고도 하며 높이는 4丈이고 동서의 폭이 5肘, 남북의
폭이 3肘이다. 鐵室이 있는데 그 위에는 檀木이 叢鬱하며, 세상
에 전하기를 단군의 誕降處라고 한다(『寧邊誌』, 古蹟, 檀君窟).

· 높이가 2·3丈이고 수십인을 들어갈 수 있을 정도의 크기이며,
굴 가운데에는 맛이 좋은 맑은 물이 나오는 샘도 있다. 단군이
이곳에서 나라를 다스렸던 곳이었다고 한다(『芝山先生文集』
권 3, 雜著, 「遊妙香山錄」).

· 檀君臺의 오른쪽에 위치해 있는데, 바위와 돌로 여닫이문을 만들
었고 굴 안에도 정면에 방과 같이 작은 문이 있다고 한다. 단군이
降神한 곳으로 전하기 때문에 나무로 난간을 만들어 접근을 막아
구분하였다고 한다(『雪巖雜著』 권 1, 詩文, 「妙香山誌」).[38]

B-4. 頓悟洞

· 檀君窟 아래에 있다. 頓悟는 단군의 하인 이름인데, 단군이 활
쏘기를 연습할 때 그가 이곳에서 화살을 수습하였다는데서 유
래하였다(『寧邊誌』, 古蹟, 檀君窟).

---

38) 『平安北道鄕土誌』에서는 檀君窟에 대해 『三國遺事』의 桓雄·곰·호
랑이와 관련한 전승을 소개하면서, 단군신화를 고려시대에 一然이 국
민사상을 고무시키기 위해 만들어낸 설화로 폄하하고 있다(平安北道敎
育會 編, 1933, 『平安北道鄕土誌』, 138쪽 참조).

B-5. 講武臺

· 檀君窟에서 왼쪽으로 수십보 떨어져 있으며, 단군이 무예를 연마하던 곳이라고 한다(『寧邊誌』, 佛宇, 檀君菴).

· 이곳에 작은 樓臺가 공중에 걸려 있고 나지막한 소나무 7·8그루가 땅을 덮고 있다고 한다(『雪巖雜著』 권 1, 詩文,「妙香山誌」).

B-6. 天柱石

· 普賢寺 동쪽에 위치하고 있고 神市 때부터 있었으며, 높이는 100丈이라고 한다(『寧邊誌』, 佛宇, 普賢寺).

· 講武臺 서쪽에 있는데 높이는 200丈으로 단군이 무예를 연마할 때 射的이었다고 한다(『寧邊郡誌』 권 상, 古蹟).

B-7. 帿杖巖

· 講武臺 북쪽에 있다. 산중턱에 누워 있는데 갈아낸 듯이 편편하여 4·50인이 앉을 만큼 넓은데, 단군이 과녁을 세웠던 바위라고 한다(『雪巖雜著』 권 1, 詩文,「妙香山誌」).

B-8. 三聖菴

· 香積峰 북쪽에 있다. 桓因·桓雄·檀君을 위해 건립했다고 한다(『寧邊誌』, 佛宇, 三聖菴).

B-9. 虎臺

· 引虎臺라고도 한다. 上院菴 근처에 있는데, 예전에는 길이 통하지 않았고 여름철인 5월에도 진눈깨비가 오기도 하였다고 한다. 호랑이가 이곳에서 농사를 지으면서부터 길이 개통되어 그 이름이 유래하였다고 한다(『寧邊誌』, 佛宇, 上院菴).

위에서 살펴본 바와 같이 묘향산에서 단군 유적으로 확인할 수

있는 곳은 檀君臺를[39) 비롯하여 모두 9건이다. 이들은 또 단군의
탄강 또는 강림지 2건, 무예 연마처 4건, 단군을 모신 암자 2건, 호
랑이 관련 전승 1건 등으로 나눌 수 있다. 이중 虎臺와 단군을 모
신 암자를 제외하고는 대부분이 단군의 출생과 그가 평양에 도읍
하기 이전에 이곳에서의 활동과 관련을 가진 유적이라는데 공통점
이 있다.[40) 이들은 대부분 香爐峰을 중심으로 한 곳에 밀집되어 있
는 것으로 생각되는데, 이것은 香爐峰을 비롯한 그 인근 지역이 단
군전승의 중심지임을 보여주는 것이다.

관련 유적중 단군이 평양으로 옮겨 나라를 건국하기 이전에 이
곳에서의 활동과 관련한 전승지로서 頓悟洞·講武臺·天柱石[41)·
幀杖巖 등은 이곳의 전승이 그 先系인 桓雄(檀雄)과 熊女 혹은 檀
雄天王의 孫女나 檀樹神 등이 아닌 단군을 중심으로 전해오고 있
음을 보여준다. 또 檀君菴과 三聖菴은 이곳에서의 전승이 불교와
긴밀하게 연계되며 전하고 있다는 사실을 반영하고 있다.

한편 단군의 誕降處 혹은 降神地로서의 전승을 전하는 檀君窟
은 전승이 전해오면서 어떤 형태로든지 원형과는 다른 모습으로
변했을 가능성을 보여주고 있다.[42) 즉 단군의 출생과 관련하여 誕

---

39) 檀君臺에 대해서는 秋鵬의 다음과 같은 詩와 「普賢寺樓重修文」에서
   단군이 하늘에서부터 降臨한 곳이라는 이해를 확인할 수 있다(『雪巖雜
   著』 권 2, 詩文, 「檀君臺」. "檀木古臺上 蒼蒼但夕烟 名爲今世表 實自
   古初前 往事憑誰問 遺蹤托句傳 空看喬木外 斜日下寒天 ; 같은 책 권
   3, 詩文, 「普賢寺樓重修文」. "… 金皇駐蹕之窟 紫盖高飄 檀君降跡之
   臺 黃旗自拂 …").
40) 이밖에 『寧邊誌』와 『寧邊郡誌』 등에 수록되어 있는 靈神菴·三聖臺
   등도 단군과 관련한 유적으로 포함할 수 있는 여지가 있으나, 상세한
   전승의 내용을 알 수 없어 제외한다.
41) 『雪巖雜著』 권 2, 詩文, 「香山天柱石」. "有石名天柱 山腰屹峙然 惟應
   女蝸世 鍊出補東天" 및 「天柱石」. "可憐天柱石 虛對野僧庵 若逢廊廟
   擧 定不讓曺叅"

降處와 降臨處 등 두 가지 전승이 전하는 것은 桓雄(檀雄)의 降臨
處와 단군의 誕生處에 대한 전승이 전래과정에서 융합되었거나,
환웅과 웅녀의 결합에 의해 태어난 것이 단군이라는『古記』유형
의 전승이 조선시대에 들어와 단군이 하늘에서 직접 내려온 존재
라는『應製詩』유형으로 그 주류가 바뀌고 있는 사정을 반영하고
있는 것으로 짐작된다.43) 또 虎臺는 환웅을 중심으로 곰과 사람이
되기를 빌던 호랑이가 사람이 되지 못하여 환웅과 웅녀를 피해 은
신하던 곳으로 추측하고자 한다.44)

특히『三國遺事』와『帝王韻紀』에는 이 산이 단군을 낳기 위한
桓雄(檀雄)의 降臨處로, 桓雄이 신단수를 중심으로 神市를 열었던
곳으로, 곰과 호랑이가 사람이 되기를 기원하던 곳으로, 환웅과 웅
녀 혹은 檀雄天王의 손녀와 檀樹神이 혼인한 곳으로 전하고 있다.

---

42) 檀君窟에 대해서는『應製詩註』를 통해『古記』유형의 전승을 정리한
   權擘(1520~1593)의 詩가 전한다(『習齋集』續篇 권 2, 詩,「上登天窟」.
   "杖錫春風裡 仙靈有宿緣 危蹊經木杪 小窟得山巓 擧眼渾無物 回頭只
   見天 此身眞一粒 着處摠蕭然"). 여기서 그는 妙香山의 神格을 仙靈으
   로 표현하고 있는데, 이것이 환웅과 단군 중 누구를 지칭하는지 확실하
   게 알 수 없다. 그러나 權擥(1416~1465)의『應製詩註』의 이해를 염두
   에 둘 때, 환웅을 지칭하고 있는 것으로 짐작되기도 한다.

43) 이에 대해서는 2-Ⅰ-2『古記』類型 및 2-Ⅱ-1『應製詩』類型 참조.

44) 虎臺에 대해서는 金昌翕(1653~1722)과 金碩奎(1826~1883)·秋鵬의
   詩가 전한다(『三淵集』권 8, 詩,「引虎臺」. "雪際看丹碧 危菴尙隔溪
   迢迢銀是瀑 裊裊鐵爲梯 客至僧扶立 龍藏佛與棲 高奇兼奧妙 未有此
   招提":『耻庵文集』권 2, 詩,「引虎臺」. "尋眞道釋路無通 引導誰敎馴
   戾蟲 爾作山君宜爾鎭 禪從上國關禪宮 故生奇絶洪濛世 不欲終慳造化
   翁 大抵荒唐有如此 何妨收拾入詩中":『雪巖雜著』권 2, 詩文,「登引
   虎臺」. "銀河一派落靑冥 千尺飛流噴玉生 白日有風飄練色 旱天無雨動
   雷聲 石梁鐵鎖高低響 玉節金魚上下行 萬古香爐峰亦在 謾添徐子惡詩
   情). 여기서 金碩奎는 虎臺와 관련한 전승을 황당한 것으로 파악하고
   있지만, 호랑이를 묘향산의 山君으로 이해하고 있기도 하다.

이것은 이곳에서의 유적에 桓雄(檀雄)·곰·호랑이·檀樹神 등과
관련한 내용들을 마땅히 포함하고 있어야 함을 의미한다. 그러나
현재 전하는 유적들은 한결같이 단군을 중심으로 하는 전승과 관
련되고 있고, 桓雄(檀雄)·곰·檀樹神 등과 관련한 것은 전혀 전
하고 있지 않거나 단군을 중심으로 내용이 바뀌어 전하고 있음은
주목할 만 하다.

묘향산에서의 단군 유적과 전승은 기대와는 달리 풍부한 내용을
담지 못한 채 전해지고 있다. 이것은 이곳의 桓雄(檀雄)을 중심으
로 하는 원래의 전승 모습이 이후 어느 시기에 이르러 단군을 중심
으로 재편되는 과정에서 桓雄(檀雄)·웅녀, 檀樹神 등과 관련한 전
승이 단군과 관련한 전승으로 바뀐데 원인이 있다고 짐작된다.[45]

3. 傳承의 樣相

『三國遺事』의 『古記』와 『帝王韻紀』의 『檀君本紀』에 따르면,
묘향산은 帝釋 혹은 上帝로 이해되던 天神 桓因이 서자 桓雄(檀
雄)의 降臨處로 점찍은 三危太伯(三危太白)으로, 桓雄(檀雄)이 무
리 삼천을 이끌고 내려온 神壇樹(神檀樹)가 있고 그가 桓雄天王(檀

---

45) 이점은 고려 고종 때 淫祀를 배격하여 칭송을 들은 바 있는 玄德秀가
이 지역 출신이었다는 점에서도 어느 정도 원인을 찾을 수 있다고 생
각된다(『寧邊郡誌』권 上, 祠宇. "鄕賢祠[一稱南嶽祠 在南山下] 享祀
尙書玄德秀松坡尹居衡[景宗癸卯創建 今廢]"). 물론 그가 巫覡을 배제
하고 淫祀를 엄금하였던 때가 安南都護副使로 있을 때라고는 하지만,
그의 이런 성향은 延州에서도 마찬가지였을 것이다. 즉 그는 묘향산에
서의 환웅·웅녀 등과 관련한 제반 전승들을 淫祀로 여겨 배제하였을
가능성이 있다(『高麗史』권 99, 열전 12, 玄德秀 및 『高麗史節要』권
14, 고종 2년 5월 참조).

雄天王)이라고 모셔지며 風伯·雨師·雲師를 거느리고 인간의 모든 일들을 관장하던 神市가 있던 곳으로 전해지고 있다. 이곳에는 또 곰과 호랑이가 항시 桓雄에게 사람되기를 빌던 곳이자, 熊女의 혼인에 대한 간청으로 桓雄이 그와 관계하여 壇君을 낳은 곳, 혹은 檀雄天王이 손녀로 하여금 약을 먹여 檀樹神과 혼인함으로써 檀君을 낳은 곳이다.[46] 즉 이곳은 단군의 출생을 위해 天神 桓因이 미리 점지한 곳이자, 아들 桓雄(檀雄)으로 하여금 무리를 거느리고 신단수를 통해 내려가게 함으로써 神市를 열고 인간의 모든 일을 관장하게 한 곳이다. 또 곰 혹은 檀樹神과 자신이 관계하거나 또는 손녀로 하여금 혼인하게 하여 고조선의 시조인 壇君(檀君)을 출생한 곳이다.

이런 내용을 종합할 때, 묘향산은 桓因→桓雄+熊女→壇君, 혹은 桓因→檀雄→檀雄의 아들→檀雄天王의 孫女+檀樹神→檀君으로 이어지는 신화 중 桓雄(檀雄)과 혹은 檀雄天王의 손녀 및 檀樹神의 주요 활동무대였다. 또 이곳에는 묘향산 정상에 있는 신단수를 중심으로 桓雄(檀雄)이 주도하던 神市라는 정치체가 운영되고 있어 이곳을 통해 인간 세상의 모든 일(360餘事)이 관장되고 있었을 것으로 짐작된다. 즉 이곳은 고조선의 건국과 관련한 전승의 중심지였다.

따라서 조선시대 지식인들에게도 이 산은 山靈이 깃들어 있거

---

46)『三國遺事』권 1, 紀異 2, 古朝鮮[王儉朝鮮] 및『帝王韻紀』권 하,「東國君王開國年代」, 前朝鮮紀 참조. 이와 관련해서는 金時習(1435~1493)의 다음과 같은 詩를 참고할 수 있는데, 그는『古記』유형의 전승을 수용하고 있는 것으로 보인다(『梅月堂詩集』권 9, 遊關西錄,「民俗好淫祀取其有功德者歌之(檀君)」. "帝子降兮香峰 熊虎嘷兮毛鬣 茸錫靈劑兮化人 謇轉繽兮相嬗 檀君來兮阿丘 臣姜走兮狹輈 靈繽紛兮來遊 謇揖讓兮悽悽 明酒兮犧 奠燔悉兮捓豚 擊缶鼓兮吹卷 蘆奠羞菲兮心愉 愉公尸喜兮顔酡 羌屢舞兮偓佺 靈降福兮穰穰 謇歡樂兮無疆").

나[47] 仙郎이 있는[48] 신성한 곳으로 이해되고 있었다. 이것은 묘향산이 고조선의 시조 단군이 일어난 곳으로[49] 한결같이 이곳에서의 단군전승을 염두에 둔 이해였음이 분명하다. 이에 조선시대의 자료들이라 할지라도 이곳의 神格을 山靈·仙郎 혹은 仙靈·太白神靈[50] 등으로 이해하고 있는 것은 桓雄(檀雄)이나 단군을 지칭하는 것으로 보인다.[51]

이런 이해는 직접적인 자료를 확인할 수 없지만, 고려시대에도

---

47) 이런 이해는 權擘과 宋翼弼(1534~1599)·李元翼(1547~1634)·李縡 (1680~1746) 등에게서 볼 수 있다(『習齋集』 續篇 권 2, 詩, 「送僧印還往妙香山」. "行色春風只一節 天涯何處更相逢 憑渠爲報山靈道 興在香爐最上峰": 『龜峰集』 권 2, 詩, 「香山」. "山嶽威靈赫 田原雨露均 日星休往復 天地失昏晨 寶閉千年雪 花開五月春 康衢歌帝德 聞昔降神人": 『梧里先生文集』 권 1, 詩, 「在關西作(辛丑)」. "聖恩不許歸田里 三入關西鬢髮新 每過香山山下路 山靈應笑往來頻": 『陶菴集』 권 1, 詩, 「望妙香山」. "(其一) 驄馬遲遲發 香山却在前 方知眞面目 未了宿因緣 乍見還千里 相期且壯年 螺鬟如有意 送客過熙川 (其二) 咫尺神仙宅 滄茫遊子行 不因王事重 直可世緣輕 花柳迷西塞 雲霞護赤城 平生孟陽戒 駐馬謝山靈").

48) 이런 이해는 李達(1561~1618)에게서 보인다(『蓀谷集』 권 3, 詩, 「送北渚金學士遊妙香之行」. "地理連玄武 爐峰近玉京 仙郎自有分 道峽帶經行 空外聞香氣 林間聽梵聲 如逢綠髮叟 再拜問長生"). 또 權擘은 「上登天窟」이라는 詩에서 묘향산의 神格을 仙靈으로 이해하고 있기도 하다(『習齋集』 續篇 권 2, 「上登天窟」 참조).

49) 이런 이해는 梁誠之(1415~1482)와 17세기 말 승려였던 道安(1638~1715) 등에게서도 볼 수 있다(『訥齋集』 권 2, 奏議, 「便宜二十四事」. "一 嶽鎭海瀆 … 至於妙香山 檀君所起 … 妙香山爲北鎭 又移祭 …": 『月渚堂大師集』, 七言律, 「次權西伯(瑌)遊香山韻」. "妙香花雨正濛濛 西伯乘春藥峀東 檀帝昔年開鑿後 棠減此日指揮中 三千法界旌旆列 四十關防節制雄 收拾滿山烟霧趣 □題詩句答空空").

50) 『耻庵文集』 권 2, 詩, 「檀君臺」 참조.

51) 秋鵬 역시 妙香山을 仙區로 이해하고 있다(『雪巖雜著』 권 1, 詩文, 「村野書懷寄香山法侶以叙思歸之志」(三). "一下瑤臺久未還 仙區偏恨紫芝閑 塵魔不許燒丹許 難駐童顔鬢欲斑").

마찬가지였을 것이다. 그리고 『三國遺事』나 『帝王韻紀』에서의 桓雄天王 혹은 檀雄天王이라는 기록은 桓雄(檀雄)이 이미 이곳의 山神으로 좌정하고 있는 모습을 반영하고 있는 것이라고 할 수 있다.

한편 위의 단군 유적을 살펴볼 때, 그 양상은 桓雄(檀雄)이나 熊女 등이 한결같이 배제되고 있다. 또 이들과 관련한 유적이라고 추측되는 것들이 檀君臺·檀君窟 등 명칭에서부터 모두 단군과 관련한 곳으로 재편되어 전하고 있다. 이것은 결론부터 말하자면, 시대를 내려오면서 단군의 先系인 桓雄(檀雄)과 熊女 혹은 檀雄天王의 孫女와 檀樹神 보다는 고조선의 건국시조로서 단군이 중시되면서 그 전승의 중심이 桓雄(檀雄)에서 단군으로 변화함에 따른 것이다. 즉 전승의 주체가 桓雄(檀雄)에서 단군으로 바뀜에 따라 그 관련 유적 또한 단군을 중심으로 다시 윤색된 것에서 기인한다고 짐작된다.

이런 추측은 檀君臺와 檀君窟을 중심으로 하는 전승내용에서 보다 구체적으로 살펴볼 수 있다. 이를 중심으로 이곳의 관련 유적을 정리하면 뒤의 <표 7>과 같다.

<표 7>에서 神壇樹(神檀樹) 혹은 神檀은 『三國遺事』·『帝王韻紀』·『東國輿地勝覽』·「妙香山誌」 등에서 桓雄(檀雄) 또는 桓熊의 降臨處이자 熊女의 祝願處로 기록되어 있다. 그러나 신단수 혹은 신단은 앞서 살펴본 단군 유적에서는 확인할 수 없다. 그리고 『三國遺事』와 『東國輿地勝覽』에 환웅의 在世理化處로 기록되어 있는 神市도 찾을 수 없고, 혼인처 및 『陽村集』과 『大東地志』에서 단군의 강림처로 기록되어 있는 檀木 역시 확인할 수 없다. 물론 단군의 降臨地로서 檀木을 檀君臺와 관련하여 생각할 수 없는 것은 아니다. 그러나 이것 또한 거리가 있다고 생각된다. 또 『三國遺事』의 곰과 호랑이가 사람되기를 빌었다는 동굴과 단군이 태어났

다는 출생지는 『寧邊誌』나 曹好益(1545~1609)에게 보이는 檀君窟과 같은 곳일 것으로 짐작된다.

<표 7> 妙香山 檀君遺蹟의 傳承樣相

유적종류	전승양상	전 거
神壇樹 (神檀樹·神檀)	桓雄降臨處	『三國遺事』권 1, 기이 2, 고조선[왕검조선]
	檀雄降臨處	『帝王韻紀』권 하, 동국군왕개국연대, 전조선기
	熊女祝願處	『東國輿地勝覽』권 54, 영변대도호부, 고적
	桓熊降臨處	『雪巖雜著』권 1, 詩文,「妙香山誌」
神 市	桓雄 在世理化處	『三國遺事』·『東國輿地勝覽』
洞 窟	熊·虎의 忌處	『三國遺事』
婚姻處	桓雄·熊女 婚姻處	『三國遺事』
	檀雄天王孫女·檀樹神의 婚姻處	『帝王韻紀』
	神因·熊女 婚姻處	『東國輿地勝覽』
	桓熊·白虎 婚姻處	『雪巖雜著』
誕生處	壇君(檀君)誕生處	『三國遺事』·『帝王韻紀』·『東國輿地勝覽』
檀 木	檀君降臨地	『陽村集』권 1, 응제시·『大東地志』권 23, 영변, 산천
檀君臺	檀君降臨處	『芝山先生文集』권 3, 잡저,「遊妙香山錄」
檀君窟	檀君誕降處	『寧邊誌』, 고적
	檀君治國地	『芝山先生文集』
	檀君初居地	『芝山先生文集』
	檀君降神地	『雪巖雜著』

이로 볼 때 고려시대의 전승과 관련한 유적으로서 신단수·신시·혼인처 등은 시대가 내려오면서 점차 잊혀지고 있다. 이것은 고려후기 이후 이곳의 전승에 변화가 있었음을 반영하는 것이다. 특히 檀君臺와 檀君窟 등은 『三國遺事』와 『帝王韻紀』의 기록을 볼 때, 단군보다는 桓雄(檀雄)과 곰·호랑이·檀樹神 등과 관련한 유적이어야 한다. 그럼에도 불구하고 檀君臺는 단군의 강림처로, 檀君窟은 誕降處·治國地·初居地·降神地 등으로 이해되고 있

어 여러 전승이 혼재되어 전하고 있다.

이것은 이곳에서의 전승에 관한 이해가 간단하지는 않음을 뜻한다. 먼저 『寧邊誌』에서 檀君窟이 단군의 탄강처로 이해되고 있는 것은 『寧邊誌』 자체가 비교적 『三國遺事』에서 전하는 『古記』의 기록을 충실하게 전재하고 있는 것으로 미루어 『古記』 유형의 전승을 따르고 있는데서 기인하는 것으로 보인다.52) 그러나 「妙香山誌」에서 降神地로서의 이해는53) 秋鵬이 『第代朝記』를 인용하여 소개하고 있는 桓熊과 白虎의 결합 결과가 단군이라는 이해와도54)

---

52) 『寧邊誌』, 古跡. "檀君窟 … 昔桓因(帝釋也)之子桓雄 貪求人世 父知子意 乃授天符印三箇 往理之 雄率徒三千 降於太伯山頂(卽妙香山)神檀樹下 是爲桓雄天王也 爲神市主人 將風伯雨師雲師 而主穀主命主病主刑主善惡 凡主人間三百六十事 時有一熊一虎 同穴而居 願化爲人 雄遺靈艾一炷 蒜二十枚曰 爾輩食之 不見日光百日 便得人形 熊虎食之 虎不能忍 熊忍三七日 得女身 每於檀樹下 祝願有孕 雄假化而爲婚 孕生子 號曰檀君 東方初無君長 國人立爲君 都王儉城[今平壤] 國號朝鮮時唐堯二十五年戊辰歲也 御國一千五百年 周武王己卯封箕子於朝鮮 檀君還隱於阿斯達[今九月山]爲神 壽一千九百八歲 或云至商武丁八年乙未 入阿斯達山爲神"

53) 許興植은 「妙香山誌」의 檀君降神地로서 檀君窟에 대한 전승을 이곳에서 단군이 부각됨에 따른 단군의 誕生地 혹은 환웅의 降神地의 와전으로 추측하고 있다(許興植, 1997, 「雪巖秋鵬의 妙香山誌와 檀君記事」 『淸溪史學』 13, 청계사학회, 164쪽 참조).

54) 『雪巖雜著』 권 1, 詩文, 「妙香山誌」. "第代朝記云 桓仁之子桓熊 降于太白山神檀下居焉 熊一日與白虎交通 生子是爲檀君 爲我東立國之君長 而帝堯並年"
許興植은 이런 『第代朝記』의 전승을 『三國遺事』·『帝王韻紀』의 전승과 비교하여 『第代朝記』·『三國遺事』의 단군신화가 父系가 강조된 신화인 반면, 『帝王韻紀』의 것은 母系의 흔적이 남아 있으나 人性으로 바뀌거나 동물이 배제된 사실은 『三國遺事』와 『帝王韻紀』가 『第代朝記』 보다 후대에 윤색된 것이라 하여 『第代朝記』의 전승을 『三國遺事』나 『帝王韻紀』 보다 古形으로 파악하고 있다(許興植, 위의 논문, 166~170쪽 참조). 그러나 『第代朝記』 유형은 『三國遺事』나 『帝王韻

차이를 보이는 것이다. 즉 이곳은 단군의 직접 강림하였다는 『應製詩』유형과 연계되는 것으로 파악된다.[55] 결국 묘향산에서의 檀君臺와 檀君窟이 단군의 降臨處라는 전승은 『應製詩』유형의 전승이 유포되면서 이루어진 것이라고 짐작된다.

또 曹好益은 檀君臺를 단군의 降臨處로,[56] 檀君窟을 단군의 初居地로[57] 이해하여 「妙香山誌」와 함께 『應製詩』유형의 전승을 따르고 있다. 이와 아울러 그는 檀君窟이 단군의 治國地로서의 전승도 함께 전하고 있음을 소개하고 있다. 물론 그는 이곳이 산이 깊고 험하여 왕이 거처할 곳이 되지 못한다는 이유를 들어 혹자들이 말하는 治國地로서의 전승을 수용하고 있지 않다.[58] 그러나 이

紀』보다 비교적 후대의 전승으로 짐작된다. 이에 대해서는 2-Ⅱ-3『第代朝記』類型 참조.

55) 『陽村集』권 1, 應製詩. "昔神人降檀木下 國人立以爲主 曰號檀君 時唐堯元年戊辰也" 降神의 주체가 환웅인지 단군인지 분명하지 않지만, 그 이해는 宋翼弼(『龜峰集』권 2, 詩,「香山」참조)과 단군이 降神한 것으로 이해하고 있는 金碩奎(『耻庵文集』권 2, 詩,「檀君臺」참조)의 詩에서도 보인다.

56) 조선 후기 金昌翕과 金碩奎가 檀君臺를 주제로 읊은 詩가 전하는데, 그 내용은 다음과 같다(『三淵集』권 8, 詩,「檀君臺-次定而韻」. "躑躅林中太始苔 緣雲繚繞上層臺 悲吟坐撫神明迹 地老天荒獨後來";「又賦」"一有聰明出 東方亦放勳 炳靈山有寶 慈覆樹參雲 護迹幽禪得 傳奇過客聞 微茫採藥意 厭世與誰群":『耻庵文集』권 2, 詩,「檀君臺」. "東方草昧蠢蚩然 首出知應上帝憐 太白神靈檀木窟 唐堯日月甲辰年 乾坤開闢蹄三五 世代迷茫閱萬千 禮義文明從此始 香山異蹟至今傳").

57) 『寧邊郡誌』에는 金鉉中(생몰년 미상)의 檀君窟을 주제로 한 詩가 소개되어 있는데, 여기서 그는 『古記』유형의 전승을 이해하고 있는 것으로 보인다(『寧邊郡誌』, 詩,「妙香山檀君窟」. "檀君遺跡隔幾辰 往事蒼忙熊化身 百代興亡山外國 一區烟月洞中春 只從石寶流聞驗 不復人間俗化淳 日暮長懷愁獨立 關河千里一孤臣").

58) 『芝山先生文集』권 3, 雜著,「遊妙香山錄」. "… 世傳檀君窟 … 則檀君之初居 窟中無足疑者 但或者謂居此治國則誤矣 深山嶔巖之上 豈君臨之地也 …"

것은 환웅이 天王이라 불리며 인간의 360여가지 일들을 관장하던
神市에 관한 전승이 후대로 내려오면서 단군을 중심으로 전승이
개편되는 과정에서 비롯된 것이라고 짐작된다. 즉 曹好益이 단군
의 降臨處로 이해하고 있는 檀君臺는 桓雄이 강림하였다는 신단
수와 관련한 곳으로, 단군의 初居地로 이해하고 있는 檀君窟은 사
람이 되기 위해 곰과 호랑이가 삼칠일을 忌했던 곳이자 桓雄과 혼
인한 熊女가 단군을 출생한 곳과 관련한 전승을 가진 유적으로 짐
작하고자 한다.

이와 관련해서 『孝宗實錄』과 『寧邊郡誌』에서 묘향산을 단군의
始都한 곳으로 기록하고 있음도 역시 참고할 만 하다.59) 1656년(효
종 7) 金堉(1580~1658)은 단군을 동방 최초의 君長으로 이해하면
서 중국의 堯가 건국한 甲辰年에 고조선을 건국하였음을 밝히고
있다. 그는 또 단군이 太白山에 강림하여 처음에 도읍한 곳이 鐵甕
(寧邊)이며, 이후 浿上(平壤)으로 移都하였다가 阿斯達山에 들어가
산신이 되었음도 언급하고 있다.60) 金堉이 무엇을 근거로 단군이

---

59) 『寧邊郡誌』권 상, 沿革. "… 按古史檀君始都太白山[今妙香山] …" 또
　　같은 책 人物조에는 후대적인 요소들이 상당 부분 반영되어 전하지만,
　　이런 내용이 보다 구체적으로 서술되어 있다(『寧邊郡誌』, 人物, 「檀君
　　記」. "檀君姓桓 諱儉(一云 王儉) 桓因帝釋之孫 桓雄天王之子也 時有
　　九種民族 國無君長 分居山野 草衣木食 夏巢冬穴 上元甲子十月三日
　　檀君誕降于太白山(一名 妙香山 下同) 神窟(見古蹟) 誕而神靈 及長聖
　　德 聞於四方 國人推戴爲君(唐堯二十五年戊辰) 繼天登極 定都于太白
　　山下 國號震檀 年號開天 設三百六十條律令 教民編髮 蓋首火食 衣服
　　居處之制 立君臣上下男女之制 不言而信 不怒而威 無爲而化 納匪西
　　岬侯女爲后 命彭虞治國內山川 以奠民居 庚寅移都平壤 開國號曰朝鮮
　　(取朝日鮮明之意) 行德政民 皆化之").

60) 『孝宗實錄』권 17, 효종 7년 9월 경신. "領敦寧府事 金堉上箚曰 … 檀
　　君東方首出之君也 世傳甲辰之歲 並堯而立 降於太白 都於鐵甕 移於
　　浿上 入於阿斯 人文宣朗 肇基於此 而非常之變 不于他而在是(寧邊) 議

太白으로 내려와 도읍을 鐵甕→浿上→阿斯로 옮긴 것으로 이해하였는지 확실하지 않다. 그러나 이것은 분명 平壤→阿斯達이라는 단군 도읍에 대한 이제까지의 이해와는 달리하는 것이다. 그리고 묘향산이 단군의 初都地로서의 전승도 함께 전해오고 있음을 엿볼 수 있게 한다.

그런데 이것은 檀君窟이 단군의 治國地였다는 전승과도 일정하게 연계되어 있다. 그렇다면 단군 治國地로서의 檀君窟은 신단수를 중심으로 있었던 桓雄(檀雄)의 神市였을 가능성이 높다고 하겠다. 이런 추측이 가능하다면, 桓雄(檀雄)은 이곳에서 『三國遺事』와 『帝王韻紀』의 기록에서처럼 桓雄天王(檀雄天王)이라고 불리며 風伯・雨師・雲師 등을 거느리고 곡식・생명・질병・형벌・선악 등 사람의 360여가지 일들을 관장하고 세상을 이롭게 하였을 것이다.

한편 이곳에는 약 360여 개의 불교와 관련한 암자가 있었다고 한다.[61] 李稷이 지은 「安心寺指空懶翁舍利石鐘碑」에는 묘향산에 약 300여 개의 암자가 있는 것으로 기록하고 있어[62] 일치하고 있지는 않다. 하지만 이것은 桓雄이 神市에서 관장하였다는 사람의 360여 가지의 일과도 관련을 가지는 것으로 짐작된다. 즉 묘향산의 360여 개의 암자는 단군신화에 전하는 桓雄이 인간사 360여 가지를 관장하였다는 전승이 이후 불교 및 도참사상과 연계되어 전해지는 과정에서 이루어진 것으로 추측된다.

이것은 이곳이 고려시대부터 불교의 성지로 이해되어 단군과 관련한 전승이 일찍부터 불교와 융합되어 『三國遺事』에 전하는 『古

者之隱憂深慮"
61) 『新增東國輿地勝覽』 권 54, 寧邊大都護府, 山川 및 『輿地圖書』, 平安道, 寧邊, 山川 참조.
62) 『懶翁集』 부록, 「安心寺指空懶翁舍利石鐘碑」. "… 況妙香爲普賢菩薩主處 與金剛諸山並稱 而其高也壓遼左 鄰長白 … 山中寺院 三百餘所 …"

記』 형태의 내용으로 정리되었을 가능성도 함께 보여준다.63) 또 묘향산의 단군 유적중에는 단군을 모시고 있는 것으로 추측되는 檀君菴이나 환인·환웅·단군을 모시고 있다는 三聖菴이 있다.64) 이들은 단군과 桓因·桓雄을 모신 사당이면서도 불교와 관련한 사찰로 보이고 있다.65) 이것은 이곳의 전승이 九月山의 三聖祠나 평양의 平壤廟와는 달리 불교와 융합되거나 밀접한 관련을 가지면서 전승되어 왔음을 보여주는 것이다.66)

　그러면 묘향산에는 檀君菴·三聖菴 등 불교와 관련을 가진 단군 혹은 三聖을 모신 사당을 제외하고 민간에서 공동체의 신앙 대

---

63) 묘향산이 불교와 관련하여 전하는 기록으로는 1009년(목종 12) 千秋太后가 康兆를 꺼리는 것을 걱정한 康兆의 아버지가 아들에게 그 사실을 알리는 과정에서 노비를 묘향산의 승려로 위장시키고 있는 내용이 처음이다(『高麗史節要』 권 2, 목종 12년 정월 임신 참조).

64) 三聖菴에 대해서는 秋鵬의 다음과 같은 詩가 전한다(『雪巖雜著』 권 2, 詩文, 「三聖菴」. "薄暮携僧到上方 秋風蕭瑟石牕凉 玉沙瑤草隨長谷 紅樹靑山遶短墻 靜夜高談獅子吼 空壇細霧鵲爐香 身淸骨冷渾如鐵 月下呼兒閉竹房" 및 「三聖菴夜詠」 참조).

65) 『寧邊誌』, 佛宇. "檀君菴 在賓鉢東 峰抽玉笋 松韶金徽 碧海長天 摠入眼界 胡山鴈塞 皆在掌中" 및 같은 책 "三聖菴 在香積北 爲桓因桓雄檀君而建也 見之則眼下湖山千里萬里 頭上空天 一尺二尺引袖 而庶可撫天星"

66) 묘향산에서의 단군전승이 불교와 융합되어 전해졌음은 조선시대의 자료이지만, 權擥(『習齋集』 續篇 권 2, 詩, 「上登天屈」)·李達(『蓀谷集』 권 3, 詩, 「送北渚金學士遊妙香之行」)·徐居正(『四佳詩集』 권 46, 「送炯上人遊香山」) 등의 詩와 승려 道安(1638～1715)의 詩(『月渚堂大師集』, 七言律, 「次西伯香山途中口占」. "不必天台訪赤城 香山積翠望中橫 長林雨過花爭發 大野春深草欲平 旗影日移雲共梯 角聲風送鳥和鳴 白雲回首丘陵遠 欲上檀臺問太淸"), 그리고 李時恒(1672～1736)의 詩(『寧邊郡誌』, 詩, 「妙香山香爐峰」. "香爐高出揷靑旻 我上其巓訪道眞 白白巖皆菩薩骨 摰摰樹是釋迦身 何湏佛是專爲界 亦有檀君誕降神 看取瑤臺羅玉子 不妨仍作爛柯人[絶頂有棋枰石子故耳]") 등에서 엿볼 수 있다.

상으로 모시던 神格은 어떤 모습을 가지고 있었는지 궁금하다. 이
와 관련해서 고려시대에 이곳에서 단군 혹은 三聖을 모신 사당이
있었다는 기록은 찾아볼 수 없다. 단지 조선시대 許穆(1595~1682)
이 阿斯達이 있는 文化縣과 함께 泰白山에도 檀君祠가 있었음을
전하고 있을 뿐이다.67) 이것이 위의 檀君菴이나 三聖菴과 어떤 관
계에 있는지 불분명하지만, 일단 許穆이 지칭한 泰白山의 檀君祠
는 이들과 독립된 별개의 사당으로 짐작하고자 한다. 또『高麗史』
나『高麗史節要』등에서 묘향산을 비롯한 北界 지방의 제반 상황
과 관련하여 神祠에 대한 단편적인 자료들을 찾아볼 수 있다. 먼저
관련 기록을 살펴본 후, 토착신앙과 관련하여 妙香山 山靈을 모시
던 사당의 존재를 확인하기로 한다.

> C-1. 지난 貞祐 某年 丙子에 거란이 封境을 침입하여 佛寺와 神祠를
> 가릴 것 없이 모두 焚滅시켰다(『東國李相國集』全集 권 24, 記,
> 「妙香山普賢寺堂主毘盧遮那如來丈六塑像記」).

> C-2. 왕이 內帑의 腰帶・羅衫・戎服・紫衫을 神祠에 베풀어 놓고
> 거란병이 가시기를 빌었다(『高麗史』권 22, 고종 5년 9월 기축).

> C-3. 北界의 賊變과 메뚜기가 벼농사를 망치는 일이 있었음으로 內
> 侍를 보내 중외의 神祠에 빌고 또 宣慶殿에서 般若道場을 27일
> 동안 베풀었다(『高麗史節要』권 15, 고종 15년 5월).

> C-4. 北界의 시내와 강에 얼음이 얼어 두께가 4・5척이나 되더니 갑
> 자기 갈라져 흘러 내려가니 父老들이 狄兵이 국경을 넘어 올
> 징조라고 하였다(『高麗史節要』권 16, 고종 32년 10월).

위의 기록중 묘향산의 단군 혹은 三聖을 모신 사당에 대해 직접

---

67)『眉叟先生文集』記言 권 32, 外篇, 東事 1,「檀君世家」및 권 48, 續集,
   四方 2,「關西誌」. "… 泰白阿斯達 皆有檀君祠"

언급하고 있는 기록은 없다. 단지 이를 통해 이곳에서의 단군 혹은 三聖을 모신 사당의 존재를 추측할 수 있을 뿐이다. 우선 자료 C-2·3은 거란병의 침입이나 蝗害로부터 곡식의 피해를 가시기 위해 조정이 北界 지역에 있던 神祠에서 기원을 하고 있음을 알려주고 있다. 여기에는 당연히 묘향산이 포함되어 있었을 것이고, 그렇다면 이곳의 神格을 모신 사당이 존재하여 기원의 대상이 되었을 것이다. 또 C-4의 狄兵이 넘어 올 징조를 가시기 위한 기원의 대상으로도 묘향산의 山靈에게의 기원은 행해졌을 것으로 추측된다.[68]

묘향산에서 산의 神格을 모시던 사당이 존재하였을 가능성을 가장 직접적으로 보여주는 것은 자료 C-1이다. 이것은 1216년(고종 3) 거란의 침입으로 묘향산에 있던 佛寺와 神祠가 모두 불에 타는 피해를 입었다는 李奎報(1168~1241)의 술회이다. 여기서의 神祠에는 당연히 묘향산의 山靈을 모신 사당이 포함되어 있었을 것이다. 이로 볼 때 이곳에서의 전승은 불교와 융합되어 전하고 있지만, 민간에서의 신앙 대상으로도 모셔지고 있었음을 짐작할 수 있다.

이런 점에서 조선후기의 자료이지만, 묘향산에 있던 神堂과 관련하여 민간에서 이루어지던 치성 행위를 전하고 있는 金碩奎(1826~1883)의 묘향산 기행에 관한 기록은 참고할 수 있다. 즉 묘향산 중턱에는 神堂이 있었는데, 土俗에 의하면 이곳을 지나려는 사람은 떡을 사서 제물로 바치고 기원한 다음, 반드시 그 제물을 먹은 후 지나야 탈이 없다는 것인데,[69] 이것은 무사한 묘향산 산행

---

68) 한편 1217년(고종 4) 崔光秀가 高麗興復兵馬使를 자칭하고 난을 일으키고는 檄文을 북계의 여러 성에 보내고 장차 大事를 거행하려 함에 여러 神祠에 기원하였다고 하는데(『高麗史節要』 권 15, 고종 4년 6월. "崔光秀據城作亂 自稱句高麗興復兵馬使金吾衛攝上將軍 署置僚佐 召募精銳 傳檄北界諸城 將擧大事 禱諸神祠 …"), 여기에서도 묘향산의 山靈을 모신 神祠가 포함되었을 것이다.

을 기원하기 위한 민간에서 이루어지던 신앙행위중 하나였을 것으로 짐작된다. 그리고 이곳 神堂의 神格은 당연히 묘향산의 山靈이었던 단군이었고, 奠祀의 대상 역시 단군이었던 것으로 추측되며, 이와 유사한 치성 행위는 이미 오래 전부터 전해오던 것이라고 생각된다.

묘향산은 단군신화의 근원지로 알려져 있다. 그러나 이곳에서의 전승은 어느 시기에 이르러 桓雄(檀雄)과 熊女, 檀樹神 등이 철저하게 배제되고 단군을 중심으로 전해져 오고 있었다. 이것은 대략 『應製詩』 유형의 전승이 형성·유포되던 때와 같은 시기일 것으로 추측된다. 이에 桓雄(檀雄)의 降臨地로 여겨지던 檀君臺와 단군의 誕生地로 여겨지던 檀君窟 등에서의 전승은 단군이 강림한 장소 혹은 治國地·初居地 등으로 재편되었다. 그러나 고려시대 묘향산에서는 이미 桓雄(檀雄) 혹은 단군을 山靈으로 하는 전승이 전해오고 있었다. 이 같은 추론을 보강할 고려시대의 자료는 직접 확인할 수 없다. 그러나 거란 등 북방민족의 침입에 대한 北界 지역의 대응, 조정에 이반하고 있는 지역민의 동향 등에서 이 지역의 神祠가 기원의 대상으로 적극 활용되고 있음은 이러한 사실을 반영하고 있다.

한편 이곳에서의 전승은 비교적 이른 시기부터 불교와 융합되어 전해져 왔음을 추측할 수 있다. 이것은 묘향산이 고려시대부터 불교의 성지로 이해되어 약 360여 개에 달하는 사찰이 이곳에 자리하고 있었으며, 단군을 모신 檀君菴이나 환인·환웅·단군 등 三聖을 모신 三聖菴이 사찰의 형태로 조선후기까지 전해지고 있던데

---

69) 『恥庵文集』 권 6, 詩, 雜著, 「香山錄幷序」. "… 庚子 胸喘氣急 僅抵嶺上 有神堂 土俗經過者買餅 奠而祝之 名曰致誠 興源請之 余笑曰旣爲療飢 則從容俗無妨也 遂唉餅 …"

서 짐작할 수 있다. 이로 볼 때 불교에 윤색된 형태로『三國遺事』
에 전하는 단군신화는 묘향산의 이런 사정을 반영하고 있는 것으
로 짐작된다.

Ⅱ. 平壤의 傳承

1. 傳承의 錯綜

고려는 초기부터 朝鮮에서 출발하는 역사인식을 지니고 있었다
고 한다.[70] 이것은 896년 泰封의 松岳郡沙粲으로 있으면서 弓裔에
게 귀복하고 있는 王建의 아버지 世祖가 궁예에게 肅愼·卞韓을
비롯하여 朝鮮의 땅에서 왕이 되려면 먼저 松嶽에 성을 쌓고 그
아들을 城主로 삼을 것을 권하고 있는 것이나,[71] 문종의 아들인 燾
가 1061년(문종 15) 侯로 책봉되고 1077년(문종 31) 公으로 進封된
封號가 朝鮮이라는 사실,[72] 인종의 장인으로 '十八子之讖'으로 난
을 일으켰던 李資謙과 부인 權氏가 朝鮮國公·朝鮮國大夫人에
봉해지고 있는데서[73] 짐작할 수 있다. 그러나 고려의 역사인식체

---

70) 金光洙, 1986,「高麗建國期 一國家意識의 理念的 基礎」『高麗史의 諸
問題』, 삼영사 및 1988,「高麗朝의 高句麗繼承意識과 古朝鮮認識」
『歷史敎育』43, 역사교육연구회 참조.

71)『高麗史』권 1, 태조. "… 世祖說之曰 大王若欲王朝鮮·肅愼·卞韓之
地 莫如先城松嶽 以吾長子爲其主 裔從之 使太祖築勃禦塹城 …"

72)『高麗史』권 90, 열전 3, 종실 1, 朝鮮公 燾 및 권 9, 문종 31년 3월 을
묘 ; 권 11, 숙종 즉위년 10월 경진 참조.

73)『高麗史』권 127, 열전 40, 반역 1, 李資謙 및 권 15, 인종 2년 7월 갑신

계가 朝鮮을 시원으로 하는 것이었다고 하더라도 이것이 단군조선 (王儉朝鮮 또는 前朝鮮)을 의미하는 것이었는지는 의문이다.

D-1. 海東에 나라가 있은 지는 오래이다. 箕子가 周나라 왕실에서 책봉을 받은 때부터 漢初 衛滿이 稱王할 때까지 연대는 오래되었으나 문헌이 소략하여 詳考할 수 없고, 三國이 鼎峙하면서부터는 傳世가 더욱 많았다(『三國史記』 권 29, 年表 上).

D-2. 唐이 王瓊과 楊昭業을 보내와 왕을 冊하고 詔하기를 … 그 땅은 평양이라 칭하고 영도자는 材幹을 겸하여 五族의 强宗을 통솔하고 三韓의 깊숙한 땅을 통어하여 임무는 鎭靜함을 兼攝하고 뜻은 聲明을 받들도다. 朱蒙이 개국한 祥瑞를 이어 그 君長이 되고 箕子가 蕃國을 이룩한 자취를 밟아서 이에 惠和를 편다. 풍속은 淳厚하여 書를 아는 故로 능히 禮義로써 教導하고 氣風은 驍勇하여 武를 숭상함으로 능히 위엄으로써 肅正하게 된다(『高麗史』 권 2, 태조 16년 3월 신사).

D-3. 東京留守에게 致書하여 말하기를 "當國은 箕子國을 承襲하여 鴨綠江으로써 경계선을 삼았으며, 하물며 前太后皇帝께서 王冊으로 頒恩하고 茅土를 賜하여 땅을 나누되 또한 압록강으로 한계를 삼았는데 요사이 上國이 우리 封界에 들어와서 橋壘를 설치하였다(『高麗史』 권 7, 문종 9년 7월 정사).

D-4. 金悌가 宋으로부터 돌아왔는데 宋帝가 勅書에 五道를 붙여 보냈다. … 그 다섯 번째에 이르기를 箕子가 封土를 연 것은 遼左에서 비롯하였고 僧伽가 教를 편 것은 泗濱을 뒤따라 이었다 (『高麗史』 권 9, 문종 26년 6월 갑술).

자료 D는 고려와 후당·거란·송 등과의 대외관계 속에서 고려 위정자뿐만 아니라 외국에서의 고려 역사에 관한 이해를 보여주고 있다. 이중 D-2는 후당의 詔書 내용중 일부이고, D-1·3·4 역시

참조.

고려 자체에서 혹은 거란과 송과의 관계에서의 고려 역사에 관한 이해이다.

여기서 고려는 고구려를 계승하였지만(D-2), 그 이전의 역사는 箕子에게서 비롯하였음을 밝히고 있다. 물론 여기에는 箕子가 周武王에 의해서 봉해졌다는 사실을 강조하여 고려와의 관계를 수평관계가 아닌 상하 종적인 것으로 설정하려는 후당·거란·송 등의 의도가 내포되어 있다. 그러나 자료 D-1·3은 고려에서도 역사가 중국과의 관계 속에서 箕子로부터 비롯하였다고 인식하고 있음을 보여준다. 이점은 고려시대의 단군 이해와 연계하여 볼 때, 고려의 역사시원으로서의 朝鮮認識이 단군조선(王儉朝鮮 또는 前朝鮮)과는 일정한 거리를 가지고 있음을 보여주는 것이다. 즉 고려의 역사인식체계가 朝鮮에서 시원하는 것이었다고 하더라도, 이것은 단군조선(王儉朝鮮 또는 前朝鮮)을 시원으로 하는 것이 아니라 중국과의 관계 속에서 箕子에서 비롯되고 있었음을 의미한다.[74]

平壤은 단군·기자·위만의 三朝鮮과 高句麗의 도읍지로 알려져 있을 뿐 아니라,[75] 고려시대에도 國都 開京과 함께 兩京으로 자리하여 역사적으로 중요한 역할을 하였다. 이것은 각 시대의 전승을 비롯한 제반 요소가 시대를 거듭하면서 상호 출입을 가능하게 하였다. 고구려에서 日神·襪神·可汗神 등의 고유 神格과 함께 箕子가 숭배되었음도 그러한 예라고 할 수 있다.[76] 이점은 평양에서의 단군전승을 이해하는데 폭을 넓힐 수 있는 실마리를 제공

---

74) 우리 역사와 箕子와의 관련성에 대한 최근의 연구로는 金翰奎, 2001, 「箕子와 韓國」『震檀學報』92, 진단학회 참조.
75) 이런 이해는 成俔(1439~1504)에게서도 확인된다(『虛白堂文集』권 3, 記, 「浮碧樓記」. "… 執盞謂余言曰 高句麗三壤皆大邑 而惟此平壤爲寇阜 檀君之所起 東明之所居 九梯宮之基 卽今之永明寺 …").
76)『舊唐書』권 199 상, 열전 149, 東夷, 高麗 참조.

하고 있다.

『三國遺事』를 비롯하여 權近의 『應製詩』, 『世宗實錄』 地理志
의 단군 기록은 부여·고구려 계통의 전승과 상당한 부분에서 錯
綜되어 있다.

E-1. 東明王 - 甲申年에 나라를 세워 18년을 다스렸다. 姓은 高氏이
며 … 壇君의 아들이다(『三國遺事』 권 1, 王曆).

E-2. 「壇君記」에 이르기를 君은 西河 河伯의 딸과 要親하여 아들을
낳았으니 이름이 夫婁이다. 夫婁와 朱蒙은 異母兄弟이다(『三國
遺事』 권 1, 紀異 2, 高句麗).

E-3. 『古記』에 이르기를 … 국호를 朝鮮이라 하고 처음에는 平壤에
도읍하였다가 후에 白岳에 도읍하였다. 非西岬 河伯의 딸을 취
하여 아들을 낳으니 夫婁로 이가 東扶餘王이 되었다. 禹가 塗
山에서 제후를 조회함에 이르러 檀君은 아들 夫婁를 보내 조회
하였다(權擥, 「命題十首」 增註).

E-4. 『檀君古記』에 이르기를 … 檀君은 非西岬 河伯의 딸을 聘娶하
여 아들을 낳으니 夫婁로 이가 東扶餘王이다. 檀君은 唐 堯와
같은 날 국가를 세웠고 禹가 塗山에서 조회함에 이르러서는 태
자 夫婁를 보내 조회하였다(『世宗實錄』 권 154, 地理志, 平安道).

위의 자료중 E-1에서 一然은 어떤 자료에 근거했는지 모르겠지
만, 고구려의 시조인 東明王을 壇君의 아들로 이해하고 있다. E-2
에서는 또 『壇君記』를 인용하여 단군이 西河 河伯의 딸과 관계하
여 夫婁를 낳았으니 夫婁와 朱蒙은 異母兄弟임을 밝히고 있다.

한편 『三國遺事』보다 뒤늦은 기록이지만 E-3·4의 『應製詩註』
와 『世宗實錄』 地理志에서도 단군이 非西岬 河伯의 딸을 聘娶하
여 東扶餘王 夫婁를 낳았음과 단군이 직접 아들 夫婁를 塗山에 파
견하여 禹에게 조회하였다고 기록하여 고조선이 동부여로 계승되

었다는 역사인식체계를 보여주고 있다. 그러나 夫婁와 朱蒙은 단
군과 역사적으로 천여년 이상 거리가 있고 그 사이에 箕子・衛滿
朝鮮이 존재하여 이들을 단군과 직접 관계짓기는 어렵다. 즉 단군
의 아들로『三國遺事』는 夫婁와 朱蒙을,『應製詩』와『世宗實錄』
지리지는 夫婁를 지칭하여 그 전승이 부여・고구려 계통의 전승
과 혼재되어 있는 모습을 보여주고 있는 것이다.

이에 대하여『三國遺事』의 기록만에 국한하여 주몽신화를 단군
신화 속에 흡수하려는『壇君記』저자의 의식적인 기록으로 보는
견해가 있다.[77] 그러나 이것보다는 고조선에서의 지배세력 교체나
고조선 사회의 해체로 새로운 정치세력이 등장하여 자신들의 이데
올로기로 나름대로의 시조신앙을 내세움으로써 사회적 기능을 상
실한 단군숭배가 고조선의 문화전통을 간직한 몇몇 집단이나 지
역, 특히 고구려 지역에서 그들의 수호신 신앙으로 지속되었을 것
이라는 견해가[78] 보다 타당하다. 즉 箕子가 고구려 문화에 동화됨
으로써 고구려의 민간신앙에서 箕子神이 숭배되었던 것과 같이[79]

---

77) 高翊晉, 1982,「三國遺事 撰述考」『韓國史研究』38, 한국사연구회, 50
   쪽 참조.
78) 徐永大, 1992,「檀君崇拜의 歷史」『단군・단군신화・단군신앙』, 한국
   정신문화연구원, 44~46쪽 참조. 徐永大는 더 나아가 天孫인 단군에 대
   한 숭배의 확산은 天神의 후예임을 내세워 왕권을 정당화하려던 고구
   려 왕권의 이해와 상충될 수 있었기 때문에 고구려에서의 단군숭배는
   특정집단이나 지역에 한정된 것으로 고구려 전 영역에 확산될 수 있는
   보편적인 신앙은 아니었다고 추측하고 있다(徐永大, 위의 논문, 45~46
   쪽 참조). 이점에 대해서는 고구려의 고유 神格중 하나인 日神 또는 可
   汗神과 관련하여 상세한 논의가 필요하다.
79) 朴光用, 1981,「國內史書를 통해 본 箕子朝鮮에 대한 認識의 變遷」
   『韓國史論』6, 서울대 국사학과, 254~255쪽 : 盧泰敦, 1982,「三韓에
   대한 認識의 變遷」『韓國史研究』38, 한국사연구회, 147쪽 : 柳璟娥,
   1986,「李承休의 生涯와 歷史認識」『高麗史의 諸問題』, 삼영사, 557쪽
   참조.

부여·고구려에 고조선의 영역이 흡수되자 그 문화전통을 간직한 집단이 영입·동화됨으로써 몇몇 집단이나 지역에서는 단군전승이 그들의 수호신 신앙으로 지속되었다. 그리고 그 전승은 부여·고구려의 전승과 연결을 가짐으로써 고려시대까지 지속되었으리라고 추측된다.[80]

이것은 최씨무인집권기 몽골의 침입에 정권유지에만 급급해서 江華로 천도한 것을 찬양하기 위해 崔滋가 지은 「三都賦」에서도 나타난다. 즉 그는 西都를 創先한 東明帝가 五龍車를 타고 천상과 지상을 자유자재로 왕래하였으며, 百神과 列仙을 거느리고 風伯과 雨師를 지휘하였다고 하여 고구려의 시조 東明을 찬양하고 있다.[81] 여기서 전자는 解慕漱, 후자는 단군신화의 桓雄과 관련한 것으로 짐작된다. 이것은 평양의 동명왕 전승이 단군·해모수 전승과 착종되었음을 보여준다. 이런 점들은 곧 평양을 중심으로 전해 내려오던 제반 전승들이 후대에 발생하는 요소들과 융합되어 보다 풍부한 내용으로 분식되었음을 의미하는 것이라고 할 수 있다.

---

80) 이것은 箕子가 축조하였다고 하는 箕子井이 고구려까지 전해져 東明王이 飮用하여 사람들로부터 靈水로 불렸다는 전승과 관련하여 깊이 참고된다(平壤商業會議所, 1933, 『平壤全誌』 상 ; 1989, 경인문화사 영인본, 55～56쪽 참조). 고구려와 기자조선의 연계성은 『三國遺事』에서 唐나라의 『裴矩傳』을 인용하여 고구려가 지역적으로 고조선을 계승하였다고 하는 一然의 인식에서도 찾아볼 수 있다(『三國遺事』 권 1, 紀異 2, 古朝鮮[王儉朝鮮] : 崔柄憲, 1994, 「高麗時代 檀君神話 傳承文獻의 檢討」 『檀君 - 그 이해와 자료-』, 서울대출판부, 141～142쪽 참조).

81) 『東文選』 권 2, 「三都賦」. "西都之創先 帝號東明 降自九玄乃眷下士 此雄宅焉 匪基匪築化城 屹然乘五龍車 上天下天 導以百神 從以列仙 熊淵遇女 來往翩翩 江心有石 曰朝天臺 悅兮盤陁 忽焉峽壃 惟帝時升 神馭徘回 靈祇所宅 平壤其祠 呼叱風伯 指揮雨師 怒則白日霹雷 木石文飛 …"

2. 平壤의 神格과 檀君

평양의 단군전승과 관련하여『高麗史』에서 찾아 볼 수 있는 자료는 "平壤은 본래 三朝鮮의 舊都로 唐堯 戊辰年에 神人이 檀木 아래로 내려와 國人이 세워 임금으로 삼고 平壤에 도읍하여 이름을 檀君이라고 하니 이것이 前朝鮮이다"라는[82] 기록이 유일하다. 그러나 이 역시 조선초기『高麗史』편찬자의 인식을 토대로 하는 것이어서 고려시대 평양에서의 전승을 살펴보기 위한 자료로 활용하기에는 충분치 못하다. 이것은 또 고려시대 평양과 관련하여 단군전승 자료가 지극히 제한되어 있음을 의미한다.[83]

> F-1. 朝鮮王 滿은 옛날 燕나라 사람이다. … 浿水를 건너 秦의 옛 빈터 上下障에 거처하여 점차 眞番・朝鮮・蠻夷 및 옛날 燕・濟의 망명자들을 役屬하게 됨에 왕이라 하고 王險에 도읍하였다 [徐廣이 이르기를 昌黎에 險瀆縣이 있다고 하였다](『史記』권 115, 열전 55, 朝鮮).

> F-2. 燕人 衛滿이 망명하여 무리 천여인을 모으고 와서 準의 땅을 빼앗아 王險城(險은 儉으로도 쓰니 즉 平壤이다)에 도읍하니 이것이 衛滿朝鮮이다(『高麗史』권 58, 지12, 지리 3, 西京留守官).

> F-3. 平壤城을 築城하고 백성과 廟社를 옮겼다. 平壤은 본래 仙人 王儉의 유택이다. 혹은 왕의 도읍을 王儉이라고 한다(『三國史記』권 17, 高句麗本紀 5, 동천왕 21년).

---

82)『高麗史』권 58, 지 12, 지리 3, 西京留守官 참조.
83) 평양에서의 단군 유적에 대한 기본적인 검토를 하지 않은 것은 후술하는 바와 같이 그 유적이 平壤廟・大聖山・조선시대의 檀君祠 등 지극히 적게 전하고, 이 역시 그 내용이 구체적이지 못한데 1차적인 원인이 있다.

F-4. 『魏書』에 이르기를 이천여년 전에 壇君王儉이 있어 阿斯達에 도읍하였다(『三國遺事』 권 1, 紀異 2, 古朝鮮[王儉朝鮮]).

F-5. 『古記』에 이르기를 … 熊女는 혼인할 사람이 없어 매일 壇樹 아래에서 아이 가지기를 呪願하였다. 雄이 임시로 사람으로 변하여 이와 혼인하여 아들을 낳으니 이름이 壇君王儉으로 唐高 즉위 50년 庚寅 평양성에 도읍하였다(『三國遺事』 권 1, 紀異 2, 古朝鮮[王儉朝鮮]).

　자료 F-1·2는 衛滿이 조선에 들어와 箕子의 후손 準을 몰아내고 평양에 도읍하여 王險城(혹은 王儉城)이라 하였으며,[84] 후에 그의 후손 右渠가 漢나라 武帝의 침입으로 멸망할 때까지 王險城이 위만조선의 도읍으로 자리하였음을 보여준다. 그런데 자료 F-3·4·5에 의하면, 金富軾(1075～1151)이나 一然에게 王儉은 단군의 이름으로 이해되고 있다.[85] 특히 유교적인 합리주의에 입각하여 『三國史記』를 편찬한 金富軾이 평양을 仙人王儉이라는 인간보다

---

84) 平壤이 王儉城이라는 이해는 曺恰(?～1444)에게서도 확인할 수 있다(『退思軒文集』 권 1, 詩, 七言古詩, 「浿江懷古[浿江在平壤 卽大洞江]」 참조).

85) 『三國史記』에서는 "平壤者 本仙人王儉之宅"이라 주석하여 王儉을 人名으로 뿐만 아니라 "或云 王之都 王儉"이라 하여 왕의 도읍을 지칭하는 보통명사로도 이해하고 있다. 이것을 金富軾 또는 『三國史記』 편찬자들이 주석한 것이라고 할 때, 『史記』·『漢書』 등의 王險城을 地名으로 파악하고 있는 사실을 염두에 두고 주석한 것인지, 『三國史記』 편찬에 참고된 그 이전 史書에서의 이해인지는 분명하지 않다. 이런 이해는 金正浩에게도 보인다(『大東地志』 권 29, 方輿總志 1, 「檀君朝鮮」. "初都平壤 後都白岳(史記 險瀆縣註 王險城 在樂浪郡浿水之東 又諸書險轉爲儉 東史以王儉 作壇君之名 然是地名也)". 또 『新增東國輿地勝覽』에는 平壤府의 郡名으로 王儉城이 기록되어 있다(『新增東國輿地勝覽』 권 51, 平壤府, 郡名. "王儉城[古記 檀君名王儉]"). 그러나 자료 F-3의 仙人王儉이 단군을 지칭한다는 견해와 王儉을 단군의 이름으로 보는 견해는 일반화되어 있다(徐永大, 앞의 논문, 46쪽 참조).

는 神에 가까운 신성하면서도 초월적인 존재가 자리했던 특별한
곳으로 언급하고 있다는 점은86) 마땅히 주목할 만 하다. 이것은 고
조선의 도읍이었던 평양에서의 단군전승이 이후 箕子朝鮮·衛滿
朝鮮에 이르기까지 어떤 형태로던지 전해지고 있었음을 추측하게
한다.

이 문제와 관련하여 검토할 수 있는 자료는 妙淸의 大花宮 창건
과 八聖 奉安에 관한 것이다. 妙淸은 민간에서 숭배되고 있던 여
러 神格들을 도참을 이용하여 보다 신성한 존재로 미화시켜 西京
의 林原驛에 大花宮을87) 창궐하고 八聖을 봉안하여 고려의 중흥
을 기도하였다.88) 인종에게 서경으로의 移御와 大花宮의 창궐에
대한 妙淸의 요청은 앞서 있었던 李資謙 등 姻戚의 득세가 종국에
는 반란까지 이르는 등 '開京의 地氣衰旺說' 혹은 '龍孫十二盡說'
과 밀접한 관련을 가지고 추진된 듯 하다. 여기서 妙淸이 大花宮
八聖堂에 봉안했다는 八聖은 도참과 관련을 가진 중요 지역의 神
格이라는 추측을 할 수 있다.89) 그런데 평양과 관련한 神格으로 駒
驪平壤仙人과 駒驪木覓仙人, 2位의 神格이 상정되었다는 것은 토
착신앙에서나 도참에서 평양이 다른 곳보다 중요한 지역이었음을
짐작하게 한다.90)

---

86) 徐永大, 앞의 논문, 46쪽 참조.
87) 大花宮은 太和宮으로도 불렸다(「文公裕墓誌銘」. "… 西京林原立新闕
號太和宮 上召公命書宮額 公辭之曰 …", 金龍善 編著, 앞의 책, 172~
175쪽).
88) 『高麗史』 권 127, 열전 40, 반역 1, 妙淸 참조.
89) 李丙燾는 妙淸이 八聖堂에 봉안한 八聖에 대하여 위치 비정을 시도하
였다(李丙燾, 1980, 『高麗時代의 研究』, 아세아문화사, 204~207쪽 참
조). 이에 의하면 八聖은 고려의 서북한 지역의 神格이라는데 공통점이
있다.
90) 平壤이 도참과 관련하여 주목을 받은 것은 태조의 西京 경영과 10訓要
의 내용에서 살펴볼 수 있다. 이후 定宗의 평양천도계획, 문종·예종

妙淸에 의해 평양의 神格으로 봉안된 駒驪平壤仙人·駒驪木覓仙人이 모두 이전부터 평양에서 모셔져 오던 神格이라는데 이견은 없다. 그러나 구체적인 대상에 대해서는 견해가 일치하고 있지 않다. 먼저 駒驪木覓仙人에 대해서 검토하기로 한다. 이에 대해서는 일찍이 단군전승이 평양과 긴밀히 연계되어 있음을 근거로 그 실체를 단군과 관련하여 이해하려는 경향이 있었다.[91] 그러나 駒驪木覓仙人은 서경의 木覓祠를 지칭하는 것이 분명하다고 생각된다. 그렇다면 木覓祠는 崔滋의 이해처럼 稼穡을 담당하던 神格이다.[92] 따라서 駒驪木覓仙人을 河伯의 딸이자 東明의 어머니로 穀神의 역할을 담당하였다는 李奎報의 「東明王篇」에 보이는 神母, 즉 고구려의 襚神과 관련하여 추측하고자 한다.[93]

襚神은 『周書』에 보이는 扶餘神을 지칭하는 것으로 짐작되는데,[94] 개경의 東神堂이 그 전통을 계승한 것으로 자료에 나타난다.[95] 그러나 고구려의 전통은 개경보다는 평양에 많이 전하고 있

등의 西京 경영도 이와 관련하여 파악할 수 있다. 자세한 것은 李丙燾, 위의 책, 34~189쪽 참조.

91) 李丙燾, 1976, 『韓國古代史硏究』, 박영사 및 盧泰敦, 위의 논문 참조. 그러나 위의 李丙燾의 견해는 그후 『高麗時代의 硏究』(1980)에서 이를 西京의 稼穡을 담당하던 農神을 모신 木覓祠와 연결하여 추측하고 있어 駒驪木覓仙人의 神格을 단군에서 稼穡을 담당하는 農神으로 수정하고 있다(李丙燾, 1980, 앞의 책, 207쪽 참조).

92) 『東文選』권 2, 「三都賦」. "… 又有木覓 稼穡是司"

93) 「東明王篇」에 보이는 神母에 대하여는 金哲埈, 1975, 「東明王篇에 보이는 神母의 性格」 『韓國古代社會硏究』, 지식산업사 참조.

94) 『周書』권 49, 열전 41, 高麗. "又有神廟二所 一曰扶餘神 刻木作婦人之像 一曰高登神 云是共始祖扶餘神之子 竝置官司 遣人守護 蓋河伯女與朱蒙云"

95) 『高麗圖經』권 17, 祠宇, 「東神祠」. "東神祠 … 榜曰 東神聖母之堂 以帛幕蔽之 不令人見神像 蓋刻木作女人狀 或云 乃夫餘妻河神女也 以其生朱蒙 爲高麗始祖 故祀之 舊例使者至 則遣官設奠 其牲牢酌獻 如

었을 것이다. 木覓廟 또한 개경의 東神堂과는 별개의 고구려의 이런 유습을 따른 神格을 모신 사당으로 짐작된다. 이점은 고구려 시조를 모신 東明王祠가 서경에 자리하고 있음에서도 추측이 가능하다. 즉 고구려의 國中大會였던 10월의 東盟에서 日神・可汗神・箕子神 등과 함께 섬겨지고 있던 禭神 숭배의 유습은96) 서경의 木覓祠 숭배로 전해졌고, 이것이 妙淸에 의해 서경 고유의 神格으로 주목받은 것이 아닌가 싶다.

다음은 駒驪平壤仙人에 대한 문제이다. 이에 대해서도 고구려와 관련한 神格, 구체적으로는 東明이라는 견해와97) 단군과 관련한 神格이라는 관점으로98) 양분되어 있다. 하지만 仙人이란 인간보다는 선천적으로 神에 가까운 존재이다.99) 또 평양이 仙人 王儉이란 신성한 존재, 즉 단군과 관련이 깊은 곳이라는 『三國史記』의 이해 (F-3), 그리고 부여・고구려를 비롯하여 松壤의 沸流國까지 仙人 단군의 후예로 파악하려는 李承休의 이해100) 등과 관련하여 볼 때, 후자의 견해가 타당한 듯 하다.

이것은 妙淸 일파가 八聖堂을 건립할 곳으로 선정한 林原驛의 위치에서도 어느 정도 추측이 가능하다. 妙淸이 大花宮의 입지로 선정한 林原驛은 평양과 근접한 대동군 임원면 일대라고 한다.101) 이곳

禮崧山神式"
96)『舊唐書』권 199 상, 열전 149, 高麗 및『新唐書』권 220, 열전 145, 高麗 참조.
97) 盧泰敦, 앞의 논문, 147~148쪽 참조.
98) 今西龍, 1937,「檀君考」『朝鮮古史の硏究』, 國書刊行會 및 홍기문, 1964, 『조선신화연구』및 1989, 지양사 영인본 : 徐永大, 앞의 논문 참조.
99) 山田利明, 1983,「神仙思想」『道敎 1, 道敎とは何か』, 337~339쪽 참조.
100)『帝王韻紀』권 하,「東國君王開國年代」, 漢四郡及列國紀. "東明本紀 曰 沸流王松壤謂曰 予以仙人之後 累世爲王 … 則此亦疑檀君之後 也"
101) 李丙燾는 妙淸의 大花宮址를 池內宏의 견해를 수용하여 大同郡 斧山

에는 九龍山·魚陽山이라고도 불리던 大城山이 있는데,102) 「古記」
에 따르면 그 정상에는 99곳의 연못이 있었으나 3곳밖에 남아 있지
않으며, 가물 때 祈雨하면 징험이 있다고 한다103). 이것은 또 황해도
儒州에 있던 三聖堂이 민간뿐만 아니라 국가의 기우처로 이용되었
음과 비교할 수 있다.104)

그런데 大城山은 大聖山으로도 불렸고, 정상에는 태백산 檀木
아래로 내려온 단군이 이곳에 居城하여 그 城의 이름을 檀君城이
라 하였다는 전승이 전해오고 있다.105) 이런 전승은 이미 고려시대
부터 전해져 오고 있었을 가능성이 있다.106) 그렇다면 妙淸이 大花
宮의 위치로 林原驛을 선정한 배경에는 평양의 神格으로 단군을
인식하고 있었음과 八聖중 駒驪平壤仙人은 단군을 지칭하고 있음
이 분명하다.

한편 인종은 1129년(인종 7) 大花宮에서 개경으로 돌아와 서경

面 南宮里 일대로 추측하고 있다(池內宏, 「大花宮と所謂倭城」 『東洋
學報』 제9권 2호 및 李丙燾, 1980, 위의 책 207~212쪽 참조).

102) 『高麗史』 권 58, 지 12, 지리 3, 西京留守官 平壤府. "… 有大城山[一
云九龍山 一云魯陽山 文獻通考云 平壤城東北有魯陽山 卽謂此也 山
頂有三池] …" 및 『大東地志』 권 21, 平壤, 山水 참조.
103) 『世宗實錄』 권 154, 地理志, 平壤. "… 名山曰 … 大城山[在府北 一
云九龍山 一云魯陽山 古稱山頂有九十九池 今但有三池 遇旱則禱 二
池有蓴菜] …": 『東國輿地勝覽』 권 51, 平壤府, 山川. "九龍山(在府
北二十里 或云大城山 古記 山頂九十九池 今但有三池 天旱祈雨有
驗"
104) 九月山 三聖祠에서의 기우에 대해서는 2-Ⅲ. 「九月山의 傳承」 참조.
105) 平壤商業會議所, 1933, 『平壤全誌』 상 ; 1989, 경인문화사 영인본, 55~
56쪽 참조.
106) 한편 尹斗壽가 1590년(선조 23) 편찬한 『平壤誌』에는 大城山 정상에
사당이 있었다고 한다(『平壤誌』 중, 山川. "大城山 … 神堂在其上 四
時鼓缶不絶"). 이것은 大城山山神을 모신 사당으로 추측되는데, 그렇
다면 그곳의 神格 역시 단군일 가능성이 있다.

및 所過 州縣의 山川神祇에게 각각 尊號를 더하고 大花宮의 主山은 秩品을 祀典에 올리도록 하고 있다.[107] 이점은 고려 조정의 단군에 관한 이해를 살펴보는데 참고할 수 있다. 妙淸이 大花宮의 입지로 선정한 곳이 林原驛이었고, 그 主山이 단군이 居城하였다는 檀君城址가 있는 大聖山으로 추측되기 때문이다. 즉 단군전승이 내려오는 大聖山을 林原宮의 主山으로 삼고, 이를 祀典에 실었다는 것은 일시적인 것이고 역사적 존재로서의 의미와 관련여부가 희박하다고 할지라도 단군이 국가의 祀典儀禮에 포함되었음을 의미한다.

평양의 단군전승과 관련하여 검토해야 할 문제중 또 하나는 이곳의 神格으로 『高麗史』 등에 보이는 西京神·平壤神·平壤君에 대한 실체이다.

G-1. 辛卯에 契丹主가 西京을 공략함에 이기지 못하고 포위를 풀고 동쪽으로 갔다. 癸亥에 西京神祠에서 旋風이 홀연히 일어나니 契丹의 軍馬가 모두 도망하였다(『高麗史』 권 4, 현종 원년 11월).

G-2. 西京神祠에서 旋風이 홀연히 일어났다(『高麗史』 권 55, 지 9, 오행 3, 현종 원년 12월 계사).

G-3. 同知樞密院事 許慶을 보내어 平壤·木覓·東明神祠에 제사하였다. 또 文豆屢道場을 興復·永明·長慶·金剛 등의 절에 설치하였다. 또 門下侍中 尹瓘·樞密院副使 柳仁著를 보내 昌陵에 제사하고 兵捷을 기원하였다(『高麗史』 권 13, 예종 4월 을유).

G-4. 사신을 보내 上京(開京)의 강 위에 있던 松岳·東神 등 여러 神

---

107) 『高麗史』 권 16, 인종 7년 3월 기묘. "至自西京赦 詔曰 … 西京及所過州縣 山川神祇各加尊號 新闕主山秩載祀典 …"

廟 및 朴淵, 그리고 西京·木覓·東明祠·道哲嵒·梯淵 등에 비가 오기를 빌었다(『高麗史』 권 63, 지 17, 예 5, 길례소사, 잡사, 예종 11년 4월 정묘).

G-5. 平壤祠堂에 재해가 있었다(『高麗史』 권 53, 지 7, 오행 1, 명종 17년 11월 경신).

G-6. 日官 文昌裕·伍允孚 등에게 명하여 西京의 땅을 점치게 하였는데 명년의 避署之所를 위한 것이었다. 贊成事 元傅 등에게 명하여 聖容殿·東明·平壤·木覓廟를 제사하게 하였다(『高麗史』 권 28, 충렬왕 4년 9월 정유).

G-7. 왕이 서경에 이르러 聖容殿을 배알하고 사람을 나누어 보내 平壤君祠·東明王 및 木覓廟를 제사하였다(『高麗史』 권 30, 충렬왕 19년 10월 무신).

위의 자료 G-1～7은 자료 각각이 지니고 있는 성격을 살펴보기에는 미흡하지만 이를 종합할 때, 다음의 사실을 짐작할 수 있다. 평양에는 木覓·東明 이외의 여러 神格이 숭배되고 있었고, 그 중에는 평양지역을 대표하는 것으로 짐작되는 神格도 당연히 포함되어 있었다. 이것은 西京神·平壤神·平壤君 등으로 불렸고, 그 사당 역시 西京神祠·平壤神祠·平壤神堂·平壤廟·平壤君祠 등으로 불려 神格의 명칭이 일정하지는 않았다. 그러나 西京·平壤 등 지역명을 神格의 이름으로 사용하고 있음을 볼 때, 이들은 평양을 대표하는 神格으로 짐작된다. 즉 이들은 명칭을 약간씩 달리하고 있지만, 하나의 神格을 지칭하는 異名이지 평양에서 기능하고 있던 별개의 神格들로 생각되지 않는다.

이런 점에서 평양에서 모셔지고 있던 神格으로 생각할 수 있는 것으로는 三朝鮮의 檀君·箕子·衛滿과 부여의 解慕漱와 夫婁, 고구려의 시조 東明, 또 『舊唐書』에 고구려에서 숭배되고 있던 것으로 전하는 靈星神·日神·可汗神,[108] 『後漢書』에서의 禭神[109] 그리고 고려의 太祖·木覓神 등을 들 수 있다. 이중 고구려 시조 東明王과 箕子는 祀典制度에 포함되어 이들을 모시는 東明聖帝祠와 箕子祠가 설립되어 있었고, 또 봄·가을로 2회씩 정례적인 致祭가 이루어졌음에 일단 西京神·平壤神·平壤君의 실체와는 거리가 있다.[110] 또 자료 G-6·7에 보이는 聖容殿은 고려 태조의 畵像을 봉안한 사당이라는 점에서[111] 일단 검토의 대상에서 제외해도 좋을 듯 싶다.

그러면 平壤神의 실체를 위해 검토 대상으로 거론한 神格중 檀

---

108) 『舊唐書』 권 199 상, 열전 149, 高麗. "其俗多淫祀 事靈星神·日神·可汗神·箕子神 … 皆以十月 王自祭之" 고구려에서 숭배되고 있던 神格들을 淫祀로 이해하고 있는 위의 기록은 이들 神格의 숭배가 중국인의 입장에서는 유교적인 祀典儀禮에 적합하지 않다고 파악했음에서 기인하는 것으로 보인다(韓永愚, 1983, 「高麗와 朝鮮前期의 箕子認識」 『朝鮮前期社會思想研究』, 지식산업사, 233쪽 참조).

109) 『後漢書』 권 85, 東夷列傳 75, 高句麗. "… 好祠鬼神·社稷·靈星 以十月祭天 大會名曰東盟 其國東有大穴 號禭神 亦以十月 迎而祭之"

110) 箕子祠堂은 1112년(숙종 7) 평양에 설치되었고(『高麗史』 권 62, 지 17, 예 5, 숙종 7년 10월 임자 참조), 1178년(명종 8)에는 箕子油香田 50결이 지급되고 있다(같은 책, 권 78, 지 32, 식화 1, 명종 8년 4월 참조). 또 東明王祠는 고려가 역사적으로 고구려 계승의식을 표방하고 있었고(河炫綱, 1976, 「高麗時代의 歷史繼承意識」 『韓國의 歷史認識』 상, 창작과비평사 : 金毅圭, 1983, 「高麗前期의 歷史認識」 『韓國史論』 6, 국사편찬위원회 참조), 태조 때부터 西京을 중시하여 開京과 함께 兩京制로 기능하고 있는 것으로 미루어 정확한 시기를 알 수 없지만 國初부터 평양에 설립되어 致祭되었다고 생각된다(『高麗史』 권58, 지 12, 지리 3, 西京留守官 참조).

111) 고려시대 사당에 모셔진 神格은 대부분 塑像으로 만들어져 모셔진 것으로 짐작된다. 1184년(명종 14) 역시 사신을 파견하여 西都의 藝祖廟에 致祭한 기록이 보이는데, 이 역시 聖容殿을 지칭하는 것으로 짐작된다(『高麗史』 권 63, 지 17, 예 5, 雜祀 참조).

君・衛滿・解慕漱・夫婁・靈星神・日神・禭神・可汗神・木覓神 등이 남게 된다. 이중 衛滿은 중국에서 들어온 도래인 집단으로서의 인식이 강하였고, 禭神은 朱蒙의 어머니이자 河伯의 딸인 穀神으로112) 木覓神과 연결된다고 할 때, 이 역시 검토 대상에서 제외된다. 또 夫婁 역시 단군의 아들이며 東明과 異母兄弟라고 파악하고 있는 『三國遺事』의 기록을 고려할 때, 夫婁 숭배는 단군 혹은 고구려와 관련한 신앙 대상에 포함되었을 가능성이 많다. 이것은 解慕漱도 마찬가지이다. 특히 자료상에 보이는 朱蒙의 출자가 日光에 의한 것이라거나,113) 고구려인이 자신들의 출자를 '日月之子'로 밝히고 있는 것을 볼 때,114) 『舊唐書』의 日神은 解慕漱와 관련한 것으로 짐작된다. 또 靈星神은 대부분의 神格이 역사적 존재와 관련되어 있다는 점에서 평양의 神格과는 거리가 있는 것으로 추측된다.

이상과 같이 평양의 神格으로 상정할 수 있는 것중 검토 대상에서 제외시켜 놓고 보면, 平壤神과 관련하여 생각할 수 있는 神格으로는 단군과 고구려에서 이미 日神・箕子神・禭神 등과 함께 숭배되었던 可汗神만 남게 된다. 여기서 『舊唐書』에 淫祀로 기록되어 있는 可汗神을 단군으로 비정한 견해를 참고할 수 있다.115) 이에 따르면, 고구려의 祭天東盟에서는 자연신 이외의 단군조선・부여・고구려의 始祖神에 대한 제사가 거행되고 있었던 바, 可汗神

---

112) 李丙燾는 禭神을 大穴과 관련되어 있다는 점에서 단군신화에 보이는 熊女神으로 추측하고 있다(李丙燾, 1966, 『韓國史－古代篇－』, 진단학회, 251쪽 참조). 이점에 대해서는 보다 상세한 논의가 필요하다.

113) 『三國史記』 권 13, 高句麗本紀 1, 동명성왕 원년 참조.

114) 「牟頭婁墓誌銘」(韓國古代社會硏究所 編, 1992, 『譯註韓國古代金石文』 Ⅰ) 참조.

115) 韓永愚, 1983, 위의 논문, 232쪽 참조.

을 단군과 관련하여 추측하고 있다. 또 이와 관련해서는 『高麗圖
經』의 다음과 같은 기록은 참고할 만 하다.

> H-1. 夷狄의 君長類는 詐力으로 스스로를 높이고 이상하고 괴이한
> 이름으로 單于・可汗이라 하니 족히 칭할 만 하지 못하다. 오
> 직 高麗만은 箕子가 封해짐으로부터 德으로써 侯를 취하였다
> (『高麗圖經』권 1, 建國).

> H-2. 10월 東盟은 지금 그 달 보름에 素饌을 마련하는데 이를 八關
> 齋라고 이른다(『高麗圖經』권 17, 祠宇).

인종 때 송나라의 사절로 고려를 다녀간 徐兢이 夷狄의 君長을
지칭하는 명칭으로 單于와 可汗을 들고 있다는 사실은 중요한 의
미를 가진다(H-1). 또 고구려의 東盟祭가 고려의 八關會로 전해진
것이라면(H-2), 東盟祭에서 숭배되었던 靈星神・日神・襚神・箕
子神 등과 함께 可汗神의 숭배 전통 역시 고려에 전해졌을 것으로
추측된다. 따라서 單于와 함께 君長의 명칭으로 徐兢에 의해 거론
되고 있는 可汗은 당연히 단군을 지칭할 수밖에 없다.116)

이로 볼 때 평양의 여러 神格중 西京神祠・平壤神祠・平壤神
堂・平壤廟・平壤君祠 등의 사당에서 西京神・平壤神・平壤君
으로 모셔진 神格의 실체는 고구려 이후 可汗神으로 숭배되었고,
徐兢에게는 夷狄의 君長 명칭으로 인식되었던 可汗, 즉 단군으로

---

116) 徐永大에 의하면 可汗(Kaghan)이란 북아시아 고대 유목민족 사회에서
최고의 君長을 지칭한다고 한다. 또 만약 고구려의 可汗神이 단군을
가리키는 것이라면, 고구려시대에도 단군이 어떤 정치세력의 君長,
나아가서 시조였다는 사실이 기억되고 있었던 셈이 된다고 파악하고
있다(徐永大, 앞의 논문, 45쪽 참조). 徐永大의 이런 지적과 관련하여
徐兢이 可汗을 고려의 역사에 있어 君長 명칭으로 파악하고 있다는
사실은 깊이 참고된다.

파악된다.117) 그러나 그 명칭이 평양이라는 지역을 표방하고 있는
것이나, 神格 및 사당의 명칭이 정리되지 못하고 여러 이름들이 혼
용되었다는 것은 고려시대와 평양이라는 시간과 공간적 범위 안에
서 단군을 이해하는 깊이와 관련을 가지는 것이라고 하겠다.

3. 平壤廟의 機能과 性格

平壤君・平壤神의 실체가 단군이었음과118) 그 사당인 平壤廟
119)에서의 숭배는 이미 고려중기 이전부터 있었다. 이에 妙淸은 서

---

117) 그러나 金富軾을 비롯한『三國史記』편찬자들은 可汗神과 檀君과의
   관계를 주목하지 못했다.『三國史記』祭祀志에는『古記』라는 국내측
   자료와 함께『北史』・『梁書』・『唐書』등 중국측 자료를 이용하여
   고구려의 제사에 대하여 서술하고 있는 가운데 "唐書云 高句麗俗多
   淫祠 祀靈星 及日・箕子・可汗等神 國左有大穴曰 禭神 每十月 王
   皆自祭"(『三國史記』권 32, 雜志 1, 祭祀)라고 하여 靈星・日神・箕
   子神 등과 함께 可汗이 고구려에서 섬겨졌음을 언급하고 있으나, 그
   서술 순서가 原典과는 다르고 可汗이 단군을 의미하고 있음을 이해
   하지 못하고 있다.
   한편 李丙燾는 可汗을 滿蒙語의 Kakhan, 즉 大人君長의 뜻으로 이해
   하여 箕子・可汗을 2개의 신격으로 보지 않고 기자조선시대의 始祖
   假飾說에서 유래된 유습의 하나로, 箕子可汗을 箕子大王을 의미하는
   것으로 파악하고 있다(李丙燾, 1977,『國譯三國史記』, 503쪽, 을유문
   화사 참조).
118) 조선시대의 이해이지만 평양의 檀君祠에 모셔진 神格으로서의 단군
   을 神君으로 표현하고, 그 사당이 이전부터 있었음은 沈彦光(1490~
   1569)에게서 확인할 수 있다(『漁村先生文集』권 4, 詩,「檀君祠」. "神
   君肇開國 遠期堯甲子 千年有遺祠 蘋藻奉廬祀").
119) 평양의 단군사당인 平壤廟는 앞서 지적한 바와 같이『高麗史』에 西
   京神祠・平壤神祠・平壤君祠・平壤廟・平壤祠堂 등으로 여러 가
   지 명칭으로 나타나고 있다. 여기서는 이를 '平壤廟'라는 하나의 명칭

경 일대에서 기능하고 있던 平壤廟에서의 단군숭배를 도참사상과 연결시켜 大城山(혹은 大聖山)을 중심으로 고려의 중흥을 도모하려고 하였다. 여기에서는 平壤廟에서의 단군전승이 어떤 기능을 수행하였고, 어떤 성격을 가지고 있는지를 검토하기로 한다.

고종 때 尙書禮部侍郎 知制誥를 지낸 權敬中은 李奎報·兪升旦(1168~1232) 등과 더불어『明宗實錄』을 편찬하고, 명종 때의 4년간 災異 기록을 분석하면서 국가뿐만 아니라 민간에서 숭배되고 있는 여러 神은 백성의 주체라고 언급하고 있다.[120] 이것은 불교·도참·토착신앙 등에서 초자연적인 靈威力을 가진 神格들은 사람들에게 관념적인 형태이기는 하지만, 절대적인 존재로 자리하고 있었음을 의미한다. 실제로『高麗史』·『世宗實錄』地理志·『東國輿地勝覽』등을 살펴보면, 전국 각 지역에서 국가나 마을의 안녕, 외적의 침입에 대한 壓兵, 染病의 퇴치, 풍년 또는 풍어, 출산, 충해의 극복, 祈雨, 祈晴, 祈雪 등을 목적으로 諸神祠에서의 기복숭배가 끊임없이 이루어지고 있음을 확인할 수 있다. 이것은 平壤

으로 사용하고자 한다.

[120]『高麗史』권 101, 열전 14, 權敬中 참조. 특히 그는 자료 G-5의 平壤祠堂의 火災를 명종이 일찍이 配耦를 잃고 궁중에 內主가 없어 七妾이 총애를 다투고 五孽이 권세를 부른 까닭에 백성의 主인 神이 없음을 보여준 것이라고 평하고 있다(『高麗史』권 101, 열전 14, 權敬中 "… 火之變 則樞院火者一 大倉災者一 平壤祠堂災者一 傳曰弃法律逐功臣 以妾爲妻 則火不災上 說曰火南方楊光輝爲明者也 其於王者南面向明而理 或耀虛僞讒 夫昌邪勝正 則火失其性 而爲災矣 明宗早失配耦 中無內主 七妾爭寵 五孽招權 是以火樞密 而示譴牝雞女 謁失於樞密之密也 大倉之火 不復畜養人也 平壤祠堂災者 示無神也 …"). 權敬中의 災異觀에 대해서는 李熙德, 1997,「王道와 災異觀-『高麗史』權敬中傳의 檢討-」『韓國史研究』99·100합집, 한국사연구회(李熙德, 2000,『高麗時代 天文思想과 五行說 研究』, 일조각 재수록) 참조.

廟에서의 단군숭배가 어떤 목적에서 이루어졌는가를 검토하는데 많은 점을 시사한다.

平壤廟의 기능으로 우선 언급할 수 있는 것은 자료 G-1·2에서 볼 수 있는 것처럼 壓兵에 대한 기원을 들 수 있다.[121] 이것은 다음의 『高麗史』 기록에서 보다 자세한 내용을 볼 수 있다.

> … (蔡文은) 적병이 安定驛에 와서 주둔하고 있는데, 그 勢가 심히 대단하다는 보고를 받았다. 蔡文은 (卓)思政에게 급히 보고하고 드디어 사정 및 僧 法言과 함께 병사 9000명을 거느리고 林原驛의 남쪽에서 맞아 격퇴하여 3000여명을 斬首하였다. … (大)道秀가 東門으로 나가 비로소 속은 것을 알고 또 힘이 적을 대적할 수 없었음으로 드디어 부대를 이끌고 거란에게 항복하였으며, 諸將들은 모두 흩어져 성안은 두려움으로 가득 찼다. 統軍錄事 趙元, 陰守鎭將 姜民瞻, 郎將 洪叱·方休 등은 어찌할 바를 몰라 함께 神祠에 빌고 점을 쳐서 길한 징조를 얻었다. 이에 여러 사람들은 (趙)元을 병마사로 삼고 흩어진 병사들을 모아 城門을 닫고 고수하였다(『高麗史』 권 94, 열전 7, 智蔡文).

거란의 침입에 어찌할 바를 모르던 諸將들이 이들이 물러갈 것을 기원한 神祠는 자료 G-1·2의 旋風이 일어나 거란의 軍馬를 모두 도망하게 하였다는 西京神祠를 지칭하는 것이 분명하다.[122] 이

---

121) 자료 G-1과 G-2는 시기적으로 한 달간의 차이를 보이고 있으나, 같은 내용으로 보인다.

122) 尹斗壽가 1590년(선조 23)에 간행한 『平壤誌』에 의하면, 평양의 여러 神格중 壓兵을 위한 기능은 斧山祠와 上甲祠에서 주로 담당했고, 특히 上甲祠는 몽골병이 平壤城을 공격했을 때 그 기능을 했음을 기록하고 있다(『平壤誌』 권 1, 祠墓, 「斧山祠」 및 「上甲祠」 참조). 이런 기능은 斧山祠·上甲祠 뿐 아니라 평양에 있던 諸神祠 역시 마찬가지였을 것이다. 그러나 『高麗史』 智蔡文傳에서 기원의 대상이 되고 있는 神祠를 자료 G-1·2의 西京神祠와 동일한 대상으로 파악하는 것은 이들이 모두 같은 시기에 있었던 거란의 침입에 대한 대응사실

것은 거란의 침입이라는 위기 속에 평양에서의 단군숭배가 백성과 諸將들에게 구심점 역할을 하고 있음을 보여주는 것이다. 이에 조정에서는 거란이 물리친 이듬해인 1011년(현종 2) 平壤廟에 勳號를 더하는 조치를 취하고 있다.[123] 平壤廟의 전첩기원에 대한 예는 예종 때 여진과의 병첩을 기원하는 자료 G-3에서도 나타난다.[124]

平壤廟는 지방 토착세력의 특정 목적을 위해 이용되기도 하였다. 崔光秀는 1217년(고종 4) 고구려의 舊都였던 평양에서 자칭 句高麗興復兵馬使 金吾衛攝上將軍을 칭하며 고구려의 부흥을 도모하였다. 그리고 이 사실을 北界의 여러 城에 알리면서 諸神祠에 기원하고 있다.[125] 이때 그가 난의 성공을 기원하였다는 諸神祠에는 北界의 여러 神祠 및 평양의 箕子祠·東明王祠·木覓神祠·城隍祠[126] 등과 함께 평양의 神格중 하나인 平壤廟가 포함되어 있

을 전하고 있기 때문이다.

123) 『高麗史』 권 4, 현종 2년 5월 정해. "加平壤·木覓·橋淵·道知巖·東明王等神勳號" 및 『高麗史節要』 권 3, 현종 2년 5월 참조.

124) 1109년(예종 4) 여진과의 병첩에서 平壤廟 이외에 檀君城의 전승이 내려오던 大聖山에서도 기원한 사실을 확인할 수 있다(『高麗史』 권 13, 예종 4년 6월. "丙戌制曰 近者東陲未靖 軍馬疲斃 此乃地勢衰廢之使然 宜以陰陽祕術禳之 其司天太史員及散官等 各上封事 戊子 … 制曰 益日邊患窘迫 軍民勞苦 君臣同發至誠 誓告于天 行祖宗訓戒之事 宜令有司奏議 且命近臣 分禱于進奉九龍兩山"). 여기서 進奉山과 함께 기원처가 되었던 九龍山은 大聖山의 다른 이름이다(『高麗史』 권 58, 지 12, 지리 3, 西京留守官 참조).

125) 『高麗史節要』 권 15, 고종 4년 6월. "崔光秀據城作亂 自稱句高麗興復兵馬使 金吾衛攝上將軍 暑置僚佐 召募精銳 傳檄北界諸城 將擧大事 禱諸神祠"

126) 崔光秀가 난의 성공을 위해 기도하고 있는 諸神祠에 城隍祠가 포함되었음은 金甲童, 1991,「高麗時代의 城隍神仰과 地方統治」『韓國史研究』 74, 한국사연구회, 18~19쪽 참조. 여기서 그는 諸神祠의 기원 목적이 병첩과 지역민의 정신적인 결집에 있었다고 한다.

었음을 추측하는 것은 어렵지 않다. 이는 平壤廟가 국가를 상대로
한 반란세력에게도 이용되었음을 보여주는 것으로, 그 목적은 자
료 G-1·2··3과 마찬가지로 兵捷, 또는 민심 규합에 있었을 것이
다.127)

 平壤廟의 또 다른 기능으로는 고려후기의 일이지만 국왕의 入
元에 따른 장도 기원을 들 수 있다(G-6·7). 충렬왕은 원으로부터
의 내정간섭을 없애기 위해, 또는 失地의 회복·민폐의 제거·고
려 전통의 유지 등을 목적으로 수차례에 걸쳐 入元하였다.128) 자료
G-6·7은 충렬왕의 入元과 관련하여 平壤廟가 聖容殿·木覓廟·
東明王祠 등과 함께 致祭의 대상에 포함되었음을 보여준다. 특히
G-6은 金方慶의 무고를 해명하기 위한 목적에서 入元했던 충렬왕
이 무사히 원에 다녀온 것에 대한 보답으로 西京을 지나면서 찬성

---

127) 한편 1174년(명종 4)에 있었던 趙位寵의 난에도 서경의 諸神格은 이용
  되었을 것이다. 이는 조정에서 서경의 燃燈이나 八關에 왕을 대행하
  여 재상을 파견하여 齋祭를 대행하도록 하던 것을 趙位寵의 난을 겪
  은 후에는 파견을 정지하고, 다만 3품관을 보내고 있는 것에서 짐작된
  다(『高麗史』 권 100, 열전 13, 崔忠烈. "舊例燃燈八關 必遣宰相 至西
  京 攝行齋祭 自甲午之變 西京有事 詔停遣使 後只遣三品官"). 여기에
  서는 이를 趙位寵의 난 이후 西京에서 이루어지고 있던 燃燈과 八關
  에만 3품관을 보낸 것이 아니라, 조정의 주관아래 西京의 神格을 모
  시는 모든 제사를 재상에게 대행하도록 하지 않고 3품관을 보낸 것으
  로 파악하고자 한다. 특히 서경의 八關齋가 그곳의 神格들을 모시는
  행사였음은 참고할 수 있다.
  또 金富軾은 평양에서 妙淸 등 西京賊을 討平한 후 여러 城隍神廟에
  답례하고 있는데, 여기에도 평양의 諸神格중 하나였던 平壤廟가 포함
  되었을 것이다(『新增東國輿地勝覽』 권 51, 平壤府, 古蹟. "觀風殿[舊
  址在乙密臺南 ○ 金富軾討平西賊 備軍儀入景昌門 坐觀風殿西 序受
  五軍兵馬將佐賀 使人祠諸城隍神廟 撫慰城中 使按堵如舊 …]").
128) 충렬왕의 入元활동에 대해서는 金惠婉, 1986, 「忠烈王 入元行蹟의 性
  格」『高麗史의 諸問題』, 삼영사 참조.

사 元傅를 보내 平壤廟에 제사하고 있는 사실을 기록한 것이다.[129]
또 G-7은 元의 東征 중지와 탐라의 반환 등을 건의하기 위해 入元
하면서 平壤廟가 제사되고 있음을 보여주고 있는데, 이 역시 무사
한 元幸을 기원하는 것이라 할 수 있다.

平壤廟의 또 다른 기능으로는 祈雨를 들 수 있다. 이점은 九月
山 三聖祠의 주된 기능이 祈雨였다는 점에서 어느 정도 추측이 가
능하다. 또 檀君城이 있던 大城山(혹은 大聖山)이 기우처로 자리하
고 있음과[130] 조선시대의 일이지만 평양의 檀君祠에서 祈雨祭를
거행하였다는 『大東野乘』의 기록에서 그렇게 짐작할 수 있다.[131]
자료 G-4의 木覓·東明 등의 사당과 함께 西京祠가 기우의 대상
이 되고 있음이 바로 그것이다. 이밖에 치병·충해의 방지·출산
등의 기능을 생각할 수 있다. 그러나 이것은 각 지역에 있던 여러
神祠의 기능과 비교하여 추측하는 것일 뿐,[132] 平壤廟의 특징적인
기능을 거론하는데 있어서는 미흡하다.

平壤廟를 포함한 평안도에서의 단군숭배는 공동체의 안녕을 위

---

129) 충렬왕은 元에 행차하면서 서경에 들러 聖容殿에도 제사하며 入元에
대한 장도를 기원하고 있는데(『高麗史』 권 28, 충렬왕 4년 정월 경오
참조), 이때 平壤廟도 마땅히 致祭되었을 것으로 짐작된다.

130) 앞의 주 103) 참조.

131) 『大東野乘』 권 35, 申靈 再造藩邦志 1 참조. 또 일제강점기 때 조사된
자료에 의하면, 平壤府의 기우 대상으로 平壤江神祠·九津江神祠·
大聖山龍池·雩井·木覓壇 등에서 숭배되던 山川神과 함께 檀君·
箕子 등이 거론되고 있는데, 조선시대에 檀君·箕子의 경우는 평안
감사가 觀祭하였고, 그 외의 기우처에는 평양부윤이나 기타 제관을
보내 거행하였다고 한다(朝鮮總督府, 1938,『釋奠·祈雨·安宅』, 116
쪽 및 237~238쪽 참조). 이점은 고려시대 平壤廟의 기능을 추측하는
데 도움을 준다.

132) 고려시대 민간신앙에 대해서는 徐永大, 1994,「민속종교」『한국사』
16, 국사편찬위원회 참조.

한 기능도 하였을 것으로 짐작된다. 그러나 1937년에 조사된 평안
도 지방의 洞神名으로 단군과 관련한 명칭이 전혀 보이지 않아,[133]
황해도에서 檀君·帝釋 등의 단군과 관련된 洞神의 명칭이 보이
는 것과 비교된다. 이것은 평안도 각 지역의 洞神의 유래에서도 짐
작이 가능하다. 평양의 祭神은 土地神만 나타나고, 大同郡의 男神
은 서해 옥황상제의 명에서 유래하였다거나, 檀君陵이 자리한 곳
인 江東郡은 늙은 男神에서 유래하였다는 것은 단군전승과 거리
가 있다.[134] 그러나 順川郡의 경우, 祭神·城隍神이 壇君의 아들
또는 부인이라고 하는 夫餘, 일명 夫婁(男神)와 河伯女(女神)라고
하여 단군전승이 고구려·부여 전승과 혼재된 상태로 전해오고 있
음과 龜城郡의 경우 城隍神이 단군의 신하인 彭虞라는 전승이 전해
오고 있음도[135] 확인된다. 平壤廟는 산신신앙과도 연계되어 나타난

---

133) 평안도의 洞神名으로는 洞神·山神·城隍神·山靈·山川神·堂神·
里祀神·城隍神·都神·土地之神·癘疫之神·木神·里社之神·里
稷之神·山川之神·城隍之神·路中之神·里脯神·水府神·聖人神
·都城隍神·本堂神·都山神·太歲神·大浦神 등이 보인다(朝鮮總
督府, 1937, 『部落祭』, 139~142쪽 참조).
134) 朝鮮總督府, 위의 책, 1937, 199~213쪽 참조.
135) 위와 같음. 한편 個人祭 명칭의 경우는 평안남도 成川郡의 神格이 帝
釋神祭, 평안북도 楚山郡이 帝釋祭로 겨우 2곳만이 단군전승과 관련
하여 추측할 수 있다. 그러나 함경남도의 경우에는 단천군의 檀君祭
(祭神은 檀君), 갑산군의 上山祭(祭神은 檀君), 경성군의 檀君祭(祭神
은 檀君), 명천군의 安宅祭(祭神은 竈神과 帝釋神)·山上祭(祭神은
檀君)·巫祝(祭神은 帝釋·土神·先祖)·檀君祭·香山祭(祭神은 檀
君), 길주군의 檀君祭, 무산군의 香山祭(祭神은 檀君) 등으로 평안도
보다 단군과 관련한 전승과 숭배가 풍부하게 남아 있음이 확인된다
(朝鮮總督府, 1938, 위의 책, 329~379쪽 참조).
한편 彭吳가 단군의 신하였다는 전승은 姜再恒(1689~1756)에게서도
보인다(『立齋先生遺稿』 권 9, 雜著, 「東史評証」. "本記通覽曰 檀君使
彭吳 奠國內山州 …").

다. 즉 妙淸이 八聖堂에 봉안한 八聖중 평양과 관련한 神格인 龍圍
嶽六通尊者・駒驪平壤仙人・駒驪木覓仙人은 龍圍嶽・大聖山・木
覓山 등에서 산신으로 숭배되고 있던 존재로 추측된다.[136)]

　平壤廟에서의 단군은 국가의 부정기적인 致祭 대상이 되기도
하였지만, 이것이 國祖는 물론 역사적 존재로서의 인식이 토대가
되어 이루어졌다고 생각되지 않는다. 고려전기에는 더욱 그렇다.
이것은 단군을 지칭하는 神格 자체나 사당의 명칭이 平壤・西京
이라는 지역성을 탈피하지 못하고 있고, 또 역사적인 존재를 구체
적으로 지칭하지 못하고 있다는 점에서 그러하다. 특히 妙淸이 민
간에서 숭배되고 있던 단군을 분명히 인식하고 있었으면서도 이를
고구려와 연계시키거나, 평양에 국한하여 이해하고 있었다는 점은
더욱 그러하다. 즉 고려시대 평양에서의 단군숭배는 평양을 중심
으로 한 地域神으로의 숭배였다.

　그러나 平壤廟에서 西京神・平壤神・平壤君으로의 단군에 대
한 호칭과 西京神祠・平壤神祠・平壤神堂・平壤廟・平壤君祠
등의 다양한 사당 명칭은 고려사회에서의 단군 이해가 변화하고
있는 모습을 반영하고 있다고 생각된다. 즉 妙淸의 駒驪平壤仙人,
『三國史記』의 仙人王儉과 함께 西京神・平壤神, 그리고 西京神
祠・平壤神祠・平壤神堂 등의 명칭은 역사적인 존재로서 인식의
심화가 이루어지지 못한 고려 전・중기의 신성하고 초월적인 면이
강조되어 있다. 그러나 平壤君과 함께 平壤廟・平壤君祠 등의 명
칭은 전・중기의 神的인 존재로서의 인식이 후기에 이르러 인간

---

136) 妙淸이 모신 八聖의 성격에 대하여 우리 고유의 산악신앙과 외래의
　　仙佛思想의 혼합으로, 일종의 本地垂迹으로 파악한 예로는 李丙燾,
　　1980, 앞의 책, 204～205쪽을 들 수 있으며, 車柱環 역시 산악신앙과
　　道佛 兩敎의 合糅로 파악하고 있다(車柱環, 1978, 『韓國道敎思想硏
　　究』, 서울대출판부, 47쪽 참조).

적·역사적 것으로 변화하는 모습을 반영하고 있다고 보여진다.
특히 충렬왕 때 이르러 평양에서 단군이란 존재가 인간적·역사적
인 면이 강조되게 된 것은 이 시기『三國遺事』·『帝王韻紀』의 편
찬과 관련하여 그에 대한 이해의 정도를 의미한다고 하겠다.

> … 銘하기를 … 平壤의 출발은 仙人 王儉으로 지금의 遺民 堂堂한 司
> 空에게 이르렀네
> 平壤의 君子는 三韓에 앞서 있어 천여년을 넘게 장수하고 또 仙人
> 이 되었다네
> 藩宣을 받음이 그 후손에게 이어져 衰盾의 세월 公에게 모두 갖추어
> 졌다네 … (「趙延壽墓誌銘」, 金龍善 編著, 앞의 책, 450~452쪽).

위의 자료는 1325년(충숙왕 12) 翰林直學士 李叔琪가 지은「趙
延壽墓誌銘」이다. 여기서 그는 平壤의 역사가 三韓 이전에 仙人
王儉에게서 비롯하여 이때까지 전해져 내려왔음을 읊고 있다. 즉
李叔琪는[137] 三韓 이전에 존재했던 고조선의 단군에 관해 분명하
게 인식하고 있었고, 그 壽 역시 천여년을 넘게 누렸으며 이후 仙
人이 되었다고 이해함으로써『三國遺事』와『帝王韻紀』수준의 인
식을 가지고 있었다고 생각된다. 이것은 仙人 王儉이 평양과 불가
분의 관계에 있는 神格임은 물론, 三韓 이전의 역사적 존재로 고려
후기 사대부계층에게 인식되고 있었음을 보여준다. 또 그 시기가
『三國遺事』·『帝王韻紀』의 편찬과 거의 같은 시기라는 점은 마
땅히 주목되어야 한다.

한편 고려후기에 이르러 自國의 역사를 중국과 같은 시기로 인

---

137) 李叔琪와 관련해서는 李齊賢의 詩를 확인할 수 있다(『益齋亂藁』권
   3, 詩,「雪後約衍軒訪李柯亭山齋」및 권 4, 詩,「悼李柯亭叔琪」참
   조). 또 그의 행적에 대해서는 翰林院에서 尙書 崔元中과의 관계만을
   확인할 수 있는 것이 고작이다(『櫟翁稗說』前集 2 참조).

식하고 있으면서도,138) 전승에 있어서 단군과 고구려전승의 착종
상태는 여전하였을 것으로 보인다. 이것은 李穡의 다음과 같은 이
해에서 짐작된다.

　… 들건대 朝天에는 일찍이 바위가 있었으니 檀君의 英爽이 群雄을
　다스렸도다(『牧隱詩藁』권 3, 「西京」).

李穡은 동명왕과 깊은 관련을 가진 것으로 알려져 있는 朝天臺
를 단군과 관련하여 이해하고 있다. 이것은 단군신화가 고구려의
건국신화에 일부 반영되었음을 추측할 수 있고,139) 또 고구려에서
단군이 숭배되었던 사실에서 짐작할 수 있듯이 고려전기 이래의
단군과 고구려 전승의 착종상태가 후기까지 지속되고 있음을 보여
준다. 이런 원인은 李穡이 '史不傳不可考'라고 언급하고 있듯이140)
고조선에서 출발하는 체계적인 역사기록을 가지고 있지 못한데 있
다. 그러나 이 같은 전승의 착종은 조선초기 평양에 檀君祠를 건립
하여 국가의 祀典儀禮에 포함시키는 과정에서 東明王을 함께 봉
안할 수 있는 배경을 마련하였다고 보인다.141)

---

138) 고려후기 自國의 역사를 唐 堯와 같은 시기로 파악하고 있는 것은 李
　　穡과 白文寶(1303～1374) 등에게서 살펴볼 수 있다(『牧隱詩藁』권 3,
　　詩, 「婆娑府」:『牧隱文藁』권 8, 序, 「賀竹溪安氏三子登科詩序」및
　　권 9, 序, 「送偰符寶還詩序」:『高麗史』권 112, 열전 25, 白文寶 참조).
139) 金成煥, 2000, 「단군신화의 기원과 고구려의 전승」『단군학연구』3,
　　단군학회 참조.
140)『牧隱詩藁』권 8, 序, 「賀竹溪安氏三子登科詩序」참조.
141) 조선초기 평양의 檀君祠에 東明王을 合祀한 것에 대하여는 金成煥,
　　1992, 「朝鮮初期 檀君認識」『明知史論』4, 명지사학회 참조. 또 沈彦
　　光(1487～1540)의 경우 단군 사당이 천여년 동안 평양에 있었다고 읊
　　고 있으며(『漁村先生文集』권 4, 詩, 「檀君祠」. "神君肇開國 遠期堯
　　甲子 千年有遺祠 蘋藻奉廬祀"),『大東地志』와 1915년 편찬된『平壤
　　志』역시 평양의 崇靈殿을 소개하고, 고려시대에 仁里坊에 있던 東明

Ⅲ. 九月山의 傳承

1. 資料의 檢討

一然은 『三國遺事』에서 『古記』를 인용하여 단군이 平壤에서 白岳山 阿斯達로 移都했다가 다시 藏唐京으로 천도한 후, 阿斯達山에 還隱하여 山神이 되었음을 기록하고 있다. 또 『魏書』를 인용하여 白岳山 阿斯達에 도읍했음을 기록하고, 그 위치를 無葉山·白州의 白岳·開城 동쪽의 白岳宮 등으로 자신의 견해를 밝히고 있다.142) 그런데 『三國遺事』에서 단군의 도읍지로 비정되고 있는

王祠에서 국가적인 致祭가 있었음을 언급하면서 세종 11년 箕子祠 곁에 崇靈殿을 始建하여 단군과 동명왕을 合祠하였다고 하여 고려시대에 이미 東明王祠에서 단군과 동명왕을 合祠하였을 가능성을 제시하고 있다(『大東地志』권 21, 평양, 廟殿. "崇靈殿[高麗史云 東明王祠在仁里坊 高麗以時降御押行祭 本朝世宗十一年 始建于箕子祠傍 稱 檀君祠東明王祠 英宗元年揭額崇靈殿 五年置參奉二人]" : 『平壤志』권 1, 祠墓. "檀君祠 東明王祠一祠同宇 每春秋降香祝祭以中祀 本朝世宗十一年始置 … 高麗史 仁里坊有祠宇 以時降於押行祭 朔望亦令其官行祭 邑人至今有事輒禱 世傳東明王聖帝祠 其言本朝始置者 或未之考").

한편 조선초기 實錄에 보이는 단군의 位牌를 九月山 三聖祠에서 평양으로 移安하여 평양의 檀君祠를 건립했다는 기록은 지역적으로 평양의 地域神에 머물고 있던 平壤廟(물론 神格은 단군이지만)와 九月山의 단군숭배를 하나로 통합하여 國祖로서의 단군숭배를 체계화하려는 관념의 반영으로 파악된다. 그렇다고 이후 九月山 三聖祠에서의 단군숭배가 단절된 것은 물론 아니었다. 『世宗實錄』 등에 보이는 文化縣 사람들의 지속적인 평양 檀君祠의 숭배에 대한 異見과 그곳에서의 致祭의 강조는 신앙의 주도권이 九月山에서 平壤으로 넘어간데 대한 文化縣 사람들의 의견을 반영하기 위한 노력으로 파악할 수 있다.

白岳山 阿斯達은 九月山으로[143] 알려져 있다. 그리고 이곳에는 일찍부터 檀因·檀雄·檀君을[144] 모신 사당인 三聖祠가 건립되어 그 致祭가 시행되고 있었다.[145]

九月山에서 전승의 모습을 살펴보기 위해서는 먼저 이곳에서 전해오는 자료들을 검토할 필요가 있다.[146] 이것은 이 지역의 단군전승의 전통이 오랜 기간을 전해오면서 많은 전승들을 남기고 있을 것으로 생각되기 때문이다. 우선『三國遺事』·『帝王韻紀』등 단군 관계의 기록을 싣고 있는 제반 자료들을 검토할 때, 구월산 일대의 그 전승지로 언급되고 있는 곳은 <표 8>과 같다.

---

142)『三國遺事』권 1, 紀異 2, 古朝鮮[王儉朝鮮] 참조.

143) 고려시대에 九月山은 文化縣의 鎭山이었다(『世宗實錄』권 152, 地理志, 文化縣. "… 鎭山九月[在縣東 世傳阿斯達山] …").

144) 九月山에서의 단군전승에서 桓因의 명칭을 檀因, 桓雄의 명칭을 檀雄으로 사용하는 것은『世宗實錄』地理志 文化縣 및『高麗史』儒州조에서 이들의 명칭을 檀因·檀雄으로 기록하고 있고, 고려시대 三聖祠에서의 단군숭배의 내용을 싣고 있는『三聖祠事跡』이나 三聖祠에서 단군숭배의 전통을 토대로 조선초기에 편찬된 것으로 보이는『關西勝覽』에 桓雄의 명칭이 檀雄으로 기록되어 있었을 것으로 추측되기 때문이다. 이것은 고려시대 九月山 일대의 단군 전승의 내용 중 桓因이 檀因으로, 桓雄이 檀雄으로도 불렸을 가능성을 내포한다.

145)『帝王韻紀』권 하, 「東國君王開國年代」, 前朝鮮紀 참조. 九月山의 단군전승에 대해서는 박진욱·안명찬, 1994, 「구월산의 단군사터에 대하여」『조선고고연구』1994-3 및 許興植, 1999, 「九月山 三聖堂事蹟의 祭儀와 그 變化」『단군학연구』1, 단군학회 참조.

146) 구월산의 전승과 관련해서는 孫永光(1795~1859)의 다음의 詩를 참고할 수 있다(『雪松堂逸稿』권 1, 「九月山」. "千峯萬壑鎭西方 自昔名高四大岡 首出神人開槿域 尊爲君長號檀皇 海松子熟時時落 山菊花明處處香 古寺新庄何盡說 儼然三聖妥同堂"). 또 九月山이 속해 있는 西海道를 옛날 단군이 통치하던 곳이라는 許穆의 이해도 참고할 수 있다(『眉叟先生文集』記言 권 7, 上篇, 「送海西觀察使詩序」. "西海古檀君之治 句驪南境 … 其詩曰 海甸葆澤檀君之墟 大岬小岬防海之岨 …").

〈표 8〉 九月山의 檀君傳承 資料

전승지	관련 기록	전 거
白岳山 阿斯達	移都於白岳山阿斯達 又名弓(一作方)忽山 又今 旀達後還於阿斯達 爲山神	『삼국유사』, 고조선[왕검조선]
	入阿斯達山 爲神 不死故也	『제왕운기』, 전조선기
	九月山(在縣東 世傳阿斯達山)	『세종실록』 지리지, 문화현
	九月山(世傳阿斯達山)	『고려사』 지리 3, 유주
藏唐京	周武王卽位己卯 封箕子於朝鮮 壇君乃移藏唐京	『삼국유사』
	庄庄坪 在縣東 世傳朝鮮檀君所都 卽唐莊京之訛	『세종실록』
	庄庄坪 世傳檀君所都 卽唐莊京之訛	『고려사』
三聖祠	入阿斯達山 爲神(今九月山也 一名弓忽 又名 三 危 神堂猶在)	『제왕운기』
	在九月山聖堂里小甑山(在檀因檀雄檀君祠)	『세종실록』
	有檀因檀雄檀君祠	『고려사』

<표 8>를 살펴볼 때, 구월산의 단군전승지로 전해 오는 곳으로
는 阿斯達山인 九月山을 포함하여 檀因·檀雄·檀君을 모신 사
당인 三聖祠, 단군의 세 번째 도읍지라고 전하는 藏唐京(唐莊京
혹은 庄庄坪)이 고작이다. 그러나 주변에 祭天壇이었다는 鹽州의
甑城이 있고,[147] 祀典에 실려 있던 안악군의 阿斯津省草串·阿斯
津桃串, 황주목의 阿斯津松串 등을 단군과 관련한 전승지로 추측
할 수 있다.[148] 그러나 이들 자료는 너무 단편적이어서 구월산의
전승 모습을 파악하기에는 부족하다. 따라서 이곳의 鄕土誌 등에
전하는 전승과 유적을 검토하여 도움을 얻고자 한다.[149]

---

147) 『高麗史』 권 58, 지 12, 지리 3, 鹽州. 甑城에서는 선종과 인종 때 두
   차례에 걸친 醮祭가 거행되었다(『高麗史』 권 63, 지 17, 예 5, 길례소
   사, 잡사, 선종 5년 3월 기유 및 인종 7년 3월 갑신 참조).
148) 『高麗史』 권 58, 지 12, 지리 3, 安岳郡 및 黃州牧 참조. 안악군의 阿
   斯津省草串·阿斯津桃串, 황주목의 阿斯津松串 등은 祀典에 실려
   祈雨處로 기능하였는데, 그 명칭이 단군의 도읍지인 阿斯達과 유사하
   다는 점에서 주목할 수 있다.

I-1. 九月山 : 信川郡・殷栗郡에 걸처 있으며 阿斯達山・弓忽山・
弓兀山・白岳・甑山・三危・西鎭 등의 다른 이름이 있다. 산
이름은 文化縣의 고구려 때 명칭인 弓忽 또는 弓兀이 闕口로
변했고, 闕口가 九月로 미화되었다는 전승과 단군이 9月 9일 승
천하여 阿斯達山神이 되었다는데서 유래했다는 전승이 있다.
최고봉은 思王峰(思皇峰)으로 1012년(현종 3) 여진과 거란의 침
입을 막기 위해 山城을 쌓았다는 기록이 『高麗史』에 보인다. 단
군이 箕子에게 양위한 뒤 9월 9일 이 산으로 들어와 승천했다고
한다.150)

I-2. 白雲臺 : 九月山 정상에 있는데, 단군이 승천한 곳이라고 한다.
지금도 지역민이 이곳에서 의관을 정제하고 단군을 추모하기
위한 敬禮를 행한다고 한다.

I-3. 檀君臺 : 周 武王이 箕子를 조선에 봉하자 단군이 阿斯達山에
은거하고, 한 때는 唐藏京에 천도하였다가 재차 이 산으로 옮겨
와 신선이 되었다고 한다. 또 단군이 도읍이 될 만한 곳을 전망
하던 터로, 이곳에 오르면 唐藏京의 옛 터가 눈앞에 들어온다고
한다. 臺 위쪽의 암벽에는 '檀君臺'라는 3字의 글씨가 새겨져 있
으며, 단군의 족적인 2개의 발자국이 남아 있다고 한다.151)

---

149) 九月山의 단군전승과 관련한 내용은 『黃海道鄕土誌』(1937, 黃海道教
育委員會 編 ; 1989, 경인문화사 영인본) 및 『黃海道誌-名勝古蹟篇』
(1970, 金龍國, 황해도지편찬위원회) ; 『信川郡誌』(1984, 신천군지편
찬위원회) 등을 참조하였다. 별도의 주는 생략한다.
150) 이와 관련하여 황해도 일원에서 이루어지고 있던 마을제가 안악군(7
월 중하순), 재령군(정월 중순, 7월 중순)만을 제외하고 대부분 9월 9
일 거행되고 있었다는 점은 참고할 만 하다(黃海道教育委員會 編, 위
의 책, 299~300쪽 참조).
151) 宋秉璿(1836~1905)의 「西遊記」에 의하면, 檀君臺는 四王峰 아래에
있는 것으로 파악된다(『淵齋先生文集』 권 19, 雜著, 「西遊記」. "自松
禾至九月山記 … 十月 乙酉 將上四王峰 … 復東而行十里 登檀君臺
世傳檀君升仙處云 …"). 이곳과 관련해서는 宋能相(1710~1758)의 詩
도 확인할 수 있다(『雲坪先生文集』 권 1, 詩, 「檀君臺望諸賢講學」.
"相將貝葉寺 漠爾檀君臺 宴坐溪聲外 拈花聯自哈").

I-4. 射弓石 : 檀君臺와 三聖祠 옛 터의 중간에 위치해 있다고 한다.
단군이 이곳에서 돌을 과녁으로 삼고 활을 쏘았는데, 바위에는
화살이 꽂혔던 자국과 이를 뽑기 위해 무릎을 꿇었던 흔적이라
는 자리가 전해온다고 한다.

I-5. 思皇峰 : 九月山의 최고봉으로 檀君天皇堂이 있었던 곳이라고
한다.152)

I-6. 단군 발자국 : 단군이 甑山에서 聖堂里로 넘어갈 때, 딛었던 발
자국이라고 한다. 일제강점기 때 樹林을 벌채하기 위해 林道를
건설하면서 땅속에 묻혔다고 한다.

I-7. 阿斯峰 : 단군이 승천한 곳이라고 한다.

I-8. 장재이벌 : 단군의 도읍지 唐藏京이 있던 곳이다. 도읍을 정한
후 쌓았다는 토성의 흔적이 남아 있다고 한다.153)

I-9. 三聖臺 : 금천군 월성면 예전의 兎山邑에 있는데, 단군과 그 아
들 夫婁가 놀았고, 三聖臺라고 새긴 비석이 있다고 한다.154)

---

152) 宋秉璿은 九月山의 단군 유적을 답사하고 이를 「西遊記」에 소개하고
있는데, 여기에 四王峰의 지형·위치 등이 자세히 묘사되어 있다(『淵
齋先生文集』 권 19, 雜著, 「西遊記」 참조). 한편 이곳과 관련해서 宋
能相(1710~1758)과 宋秉璿의 詩를 확인할 수 있다(『雲坪先生文集』
권 1, 詩, 「九月山四王峰」. "筍輿伊軋響遙空 節屐聯翩大衆同 雲海茫
茫天籟遠 朗吟飛上四王峰": 『淵齋先生文集』 권 1, 詩, 「九月山四王
峰謹次雲坪韻」. "入荒揮斥白雲空 脚底群山蟻垤同 醉後長吟南嶽句
駕風飛下四王峰").
153) 이에 대해 宋秉璿은 「西遊記」에서 다음과 같이 기록하고 있다(『淵齋
先生文集』 권 19, 雜著, 「西遊記」. "自九月山至長壽山記 … 到唐藏
京舊址 史云 檀君聞周武王封箕子於朝鮮 避位于烏住之聞[烏卽烏棲
山 長壽山舊號 住卽聖住峰]者此也 …").
154) 三聖臺에 대해서는 李宜茂(1449~1507)의 다음과 같은 詩가 전한다
(『蓮軒雜稿』 권 2, 「兎山三聖臺」. "層臺高壓大江橫 俯瞰江心徹底淸
不怕魚龍爭出沒 更催簫鼓亂嘲轟 山光隔斷千尋碧 天影徘徊一樣平
半日登臨無限意 五雲何處望蓬瀛"). 또 箕子朝鮮 때 세 聖人이 선녀

위의 전승들은 모두 9건으로 단군의 昇天地 3건, 遊覽地 2건, 神仙地・講武地・祠堂地・都邑地 각 1건 등으로 세분할 수 있는데, 九月山 또는 그 주변에 위치해 있으면서 단군과 관련한 전승을 전하고 있다.[155] 이것은 이 지역의 전승이 九月山을 중심으로 전해오고 있음을 의미한다. 즉 九月山은 단군과 관련하여 많은 전승을 전하며, 지역민들에게 神山 또는 靈山으로 모셔지고 기능하고 있었다.[156]

2. 三聖祠의 現況과 儀禮

三聖祠는 九月山 聖住峰 아래에 자리하고 있다.[157] 그러나 고려

들과 하늘에서 내려와 놀았다는 전설도 있다.

155) 이밖에 金川郡에 자리하여 天山 혹은 神山으로 불렸던 天神山도 포함할 수 있으나, 전승의 자세한 내용을 알 수 없다. 또 平山郡의 하늘에서 내려온 사람과 굴속의 곰・여우와의 결합으로 檀君(남)과 箕子(여)가 태어났다는 전설(任哲宰, 1988, 『韓國口傳說話－평안북도편 Ⅲ・평안남도편・황해도편－』, 평민사, 230~231쪽 참조) 역시 九月山의 전승으로 포함할 수 있다.

156) 三聖祠가 있던 九月山이 文化縣 뿐만 아니라 주변의 郡縣에서도 神山으로 모셔지고 있음은 朴東說(1564~1622)의 詩에서 짐작할 수 있다(『鳳村集』 권 2, 七言律詩, 「送金信川」. "檀王祠北鐵郊頭 雨後春光滿郡樓 仗節暫從丁歲過 看花曾共卯君遊 當時行樂人何在 此日支離病獨留 惆悵十年浮世事 送君唯有淚雙流"). 또 蔡濟恭(1720~1799)은 九月山의 檀君廟에 대해 언급하고 있다(『樊巖集』 권 16, 詩, 「九月山歌寄贈李公會行軒」 참조).
    한편 道安(1638~1715)은 『應製詩』 유형을 중심으로 이곳의 전승을 詩로 읊고 있다(『月渚堂大師集』, 七言律, 「次題九月山鳳林庵」. "雲雷天地昔鳩濛 帝降神人眷海東 異跡祗今檀木下 荒臺依舊夕陽中 百川皆會朝宗一 衆壑爭趨氣勢雄 向夜風松笙鼓發 怳然龍馭下層空").

157) 『淵齋先生文集』 권 19, 雜著, 「西遊記」. "自松禾至九月山記 … 至聖

시대 三聖祠가 어떤 모습이었으며, 그곳에서 三聖에 대한 儀禮 내용이 무엇인지에 대해서는 직접 검토할 자료가 없다. 단지 『帝王韻紀』에서 阿斯達山에 단군을 모신 사당이 있다고만 언급하고 있을 뿐이다. 이런 점에서 1472년(성종 3) 황해도관찰사 李芮(1419~1480)가 보고하고 있는 三聖堂과 관련한 내용은 고려시대 三聖祠에서 그 의례의 전반적인 모습을 살펴보는데 도움을 준다. 李芮가 보고하고 있는 시기가 비록 조선전기라고 할지라도, 여기에는 고려시대의 내용을 상당 부분 반영하고 있다고 생각되기 때문이다. 특히 그의 보고 내용이 文化縣의 古老인 崔池·崔得江 등에게 얻어 보았다는 『三聖堂事跡』을 토대로 작성되었다는 점에서 더욱 그러하다. 그 내용은 다음과 같다.

J-1. 諺傳에 의하면, 처음 단군이 神이 되어 九月山에 들어갔는데 祠堂이 貝葉寺의 서쪽 大甑山에 위치하여 佛刹과 가까워 절 아래의 小峰으로 옮겼다가 다시 小甑山으로 옮겼으니 이것이 三聖堂이다. 大甑山과 貝葉寺 아래 小峰의 舊址는 없어졌고, 이때의 致祭 여부와 三聖을 함께 제사하였는지는 알 수 없다.

J-2. 단군과 그의 父 檀雄·祖 桓因을 三聖이라 하며 祠宇를 설립하여 제사하였다. 제사가 폐지된 다음 堂宇도 傾頹되어 1450년(세종 32) 현령 申孝源이 중창하였고, 1458년(세조 4) 현령 梅佐가 단청을 하였다.

J-3. 三聖堂에는 桓因天王을 남향으로, 檀雄天王을 서향으로, 檀君天王을 동향으로 모셨고 位板이 있다. 俗傳에 의하면 옛날에는 모두 木像이었으나, 태종 때 河崙의 건의로 諸祠의 木像과 함께 혁파되었고, 儀物의 설치 여부는 알 수 없다.

J-4. 三聖堂의 서쪽 夾室에는 九月山大王이 가운데 모셔져 있고, 왼

住峰下 瞻拜三聖殿 則桓因桓雄檀君三天王祠也 …"

쪽에는 土地精神, 오른쪽에는 四直使者가 모셔져 있으며, 位板
은 모두 남향이다.

J-5. 예전에는 典祀廳이 없었는데, 梅佐가 三聖堂 아래에 수칸의 草
屋을 지어 緇徒(僧)로 하여금 기거하게 하였다. 제사 때에는 이
곳에서 齋宿하며 祭物 또한 辨設하였다.

J-6. 三聖堂의 서북쪽으로 3리쯤에 두 곳의 절이 있고, 5리쯤에 한
곳의 절이 있다. 동북쪽으로 4리쯤에도 한 곳의 절이 있다.

J-7. 貝葉寺 또한 三聖堂에서 서쪽으로 6리쯤 떨어져 있으며, 한 골
짜기와 한 고개를 사이에 두고 있다.

J-8. 三聖堂의 祭器는 예전에 金銀을 사용하였으나, 왜란 이후 沙器
를 쓰고 있으며, 梅佐가 鍮器를 제조하였다.

J-9. 廟宇를 평양으로 옮긴 후 三聖堂의 제사를 폐지한 지 지금까지
60여 년이 된다. 혹 이르기를 太宗年間이라고 하지만 알 수 없
고, 降香致祭儀軌 또한 상고할 수 없다.

J-10. 九月山의 上峰은 天王堂이 아니라 四王峰으로 또한 옛날의 降
香致祭處이다. 1415년(태종 15) 혁파하였고 그 사당터를 본 사
람은 없다.

J-11. 『關西勝覽』文化縣 古蹟에 이르기를 "九月山 아래 聖堂里에는
小甑山이 있고 桓因·檀雄·檀君의 三聖祠가 있으며, 九月山
정상에는 四王寺가 있는데 옛날 星宿醮禮處이다"라고 하였다.

J-12. 三聖堂을 평양으로 옮긴 후 비록 국가에서 致祭하지는 않았지
만, 祈雨·祈晴할 때는 縣官이 朝服을 갖추어 親祭하였다. 祭
用에는 白餅·白飯·幣帛·實果를 사용하였다. 이밖에 다른
제사는 행하지 않았고, 邑俗에 영험이 있다고 하여 사람들이 감
히 제사하지 못하였다.

J-13. 祈雨龍壇은 三聖堂 아래 약 100보 정도에 있으나 설치시기는

알 수 없다. 縣에 소장하고 있는 송나라 景德 3년 丙午(1006) 5
월의 儀注에 의하면, 餠·飯·酒 및 白鵝로 제사를 지냈다고
한다. 지금은 白雞로 代用하고 있고, 豚은 사용하지 않는다.

J-14. 三聖堂 아래 근처에는 人家가 조밀한데 제사를 혁파한 후로
惡病이 발생하여 人家가 모두 비었으며, 닭과 돼지를 함부로
잡아서 神이 노여워했다는 말은 듣지 못했다(『成宗實錄』 권 15,
성종 3월 2월 계유).

李芮의 馳啓는 1429년(세종 11) 평양에 檀君祠를 건립하여 祀典
에 포함시켜 매년 봄·가을로 致祭하게 되면서 三聖祠에서의 致
祭를 폐지하자, 이것이 민간에서 전염병을 유행시킨 원인이 되었
다고 하는 풍문을 조사한 것이다. 그 전거는 文化縣의 古老인 前
司直 崔池와 前殿直 崔得江에게서 얻은『三聖堂事跡』이다.[158] 그
런데 여기에서 고려시대에 三聖祠를 중심으로 이루어졌던 단군숭
배에 관한 몇 가지 모습을 짐작할 수 있다.[159]

우선 李芮가 참고한『三聖堂事跡』을 주목하고자 한다. 이 자료
가 언제 누구에 의해 편찬되었는지 구체적으로 알 수는 없다. 그러
나 제목으로 미루어 三聖祠를 중심으로『三國遺事』의『古記』나
『帝王韻紀』의『本紀』에 전하는 수준의 桓因(檀因)·桓雄(檀雄)·
檀君에 관한 신화적인 내용과 이곳에서의 致祭 및 祭儀에 관한 전
반적인 사항, 그리고 九月山 일대의 단군 유적과 전승 등을 싣고

---

158) 조선초기 三聖祠의 復置 및 祀典에 포함시키기 위한 文化縣 사람들
    의 노력에 대해서는 姜萬吉, 1969,「李朝初期의 檀君崇拜」『李弘稙
    博士回甲紀念韓國史學論叢』, 263～270쪽 참조.
159) 徐居正(1420～1488)은 九月山의 檀祠를 언급하고 있는데, 이것은 三
    聖祠를 지칭하는 것으로 보인다(『四佳詩集』 권 21,「送文化李使君
    [文興]」. "豸角觺冠日 牛刁試刃時 絃謌應有效 琴鶴自相隨 九月山前
    路 六年別後思 簿書多暇日 爲我酹檀祠").

있는 자료로 짐작된다. 편찬자는 李芮가 文化縣의 古老 崔池·崔
得江에게서 얻었다는 사실로 볼 때, 三聖祠에서 그 숭배를 주도하
였던 계층에 의해 편찬되었을 것이다. 또 편찬 시기는 위의 내용중
"平壤으로 廟宇를 옮기면서 三聖堂에서의 제사를 폐지한 지 60여
년이 되었다"는 것을 참고할 때(J-9), 상한은 평양의 檀君祠가 건립
되는 1429년(세종 11)이고, 하한은 李芮의 상소가 올려진 1472년(성
종 3)이다.

특히 조선초기 平壤에 檀君祠를 건립하는데 반발하여 이곳의
三聖祠를 존치하기 위한 文化縣 사람들의 노력이 상당했음을 고
려할 때, 『三聖堂事跡』도 이런 노력중 하나로 편찬되었을 가능성
이 있다. 그러나 설사 이 자료가 이 같은 목적에서 조선초기에 편
찬되었다고 하더라도, 그 내용의 대부분은 고려시대 三聖祠의 단
군숭배에 관한 것이었다고 생각된다.

다음은 『三聖堂事跡』에 실려 있는 『關西勝覽』에 주목하고자
한다(J-11). 이것은 關西地方의 풍물을 담은 地理志 성격의 자료로
추측된다. 편찬 시기는 1420년대 말에 편찬된 것으로 생각되는 『三
聖堂事跡』에 인용된 것으로 미루어 그 이전임이 분명하다. 文化縣
이라는 명칭은 1259년(고종 46) 최씨무인집정을 마감하고 政事를
왕실로 회복한데 대한 공으로 위사공신에 오른 柳璥의 內鄕이라는
데서 비롯되었다.160) 따라서 이 자료의 편찬 시기는 고려후기 또는
조선초기일 것으로 짐작된다. 그러나 고종 이후 몽골의 침략과 100
여 년간의 내정간섭 등으로 고려는 地理志나 風物誌를 편찬할 겨
를이 없었을 것으로 생각된다. 이에 『關西勝覽』을 1432년(세종 14)
편찬된 『世宗實錄』 地理志의 기초자료로 작성된 關西地方 地理

---

160) 『高麗史』 권 58, 지 12, 지리 3, 儒州 및 권 105, 열전 18, 柳璥 : 『新增東國
輿地勝覽』 권 42, 文化縣, 建置沿革 참조.

志의 한 종류로 파악하고자 한다.[161]

이제 『三聖堂事跡』과 『關西勝覽』에 실린 내용을 토대로 고려시대 三聖祠에서 단군숭배의 면모를 살펴보면 다음과 같다.

① 九月山 三聖祠는 원래 小甑山이 아니라 貝葉寺의 서쪽 大甑山에 있었다. 그러나 祠堂이 사찰 내에 위치하게 되자 사찰 아래에 있는 小峰으로 1차 옮겼다가 이후 다시 小甑山으로 옮겼다.

② 三聖祠에서 桓因(檀因)天王은 남향으로, 檀雄天王은 서향으로, 檀君天王은 동향으로 모셔져 있었다.

③ 桓因(檀因)·檀雄·檀君 등 三聖은 木像으로 모셔졌다.

④ 三聖祠 서쪽의 夾室에는 九月山大王이 모셔져 있었고, 이를 중심으로 왼쪽에는 土地精神, 오른쪽에는 四直使者가 모셔져 있었으며, 位牌는 모두 남향이었다.

⑤ 祭器는 모두 金銀으로 만들어 사용하였으나, 왜란 이후에는[162] 沙器로 대체 되었다.

⑥ 九月山 上峰인 四王峰은 降香致祭處이다.

⑦ 九月山 정상의 四王寺는 星宿醮禮處이다.

⑧ 三聖祠에서는 祈雨·祈晴을 위한 致祭만 지내고 다른 제사는 하지 않았다. 邑俗에서는 영험이 있다고 하여 함부로 제사하지

---

161) 『世宗實錄』 地理志가 1432년(세종 14)에 편찬되었음과 그 준비 단계에서 각 도·군현의 地理志가 편찬되었음은 鄭杜熙, 1976, 「朝鮮初期 地理志의 編纂」 『歷史學報』 69·70 역사학회에서 상세하게 검토된 바 있다. 이에 따르면, 『慶尙道地理志』는 1425년(세종 7) 편찬되었다고 하는데, 이점은 『關西勝覽』의 편찬 시기를 추측하는데 참고할 수 있다.

162) 倭亂이 어느 때의 왜구 침입을 의미하는지는 분명하지 않으나, 고려 말에 성행했던 왜구의 침구를 가리키는 것으로 추측된다. 이것은 직접적인 자료는 아니지만 三聖祠가 고려말에 왜구의 침구로 피해를 입었음을 뜻한다.

못하도록 하였다.

⑨ 三聖堂의 부대시설로 100여보 떨어진 곳에 있던 祈雨龍壇은163)
설치 연대를 알 수 없지만, 1006년(목종 9) 5월의 儀注에 의하면
祭物로 白飯・白餠・酒・白鵝 등을 사용하였다.

이상이 고려시대 三聖祠의 위치, 三聖의 位次, 그곳에서의 儀禮
및 機能 등에 대한 개략적인 내용으로 추측된다. 이중 三聖祠의 설
치시기와 위치에 대해서 먼저 검토하기로 한다. 『三聖堂事跡』에
의하면, 三聖祠는 원래 貝葉寺의 서쪽 大甑山에 위치하고 있었으
나, 어느 시기부터는 그 境內에 위치하게 되었다. 이에 그 숭배자
들은 사찰 안에 자리하는 것을 불합리하게 생각하여 그 아래의 小
峰으로, 이후 다시 小甑山으로 옮겼다고 한다. 특히 小甑山에 桓因
(檀因)・檀雄・檀君을 모신 三聖祠가 있다는 『關西勝覽』의 기록
으로 볼 때, 三聖祠는 조선초기 이전에 이미 小甑山으로 移建되었
음을 알 수 있다. 또 大甑山에서 小峰으로, 다시 小甑山으로 두 차
례나 移建된 배경은 貝葉寺라는 사찰과 무관하지 않다고 생각된
다. 이점은 『三聖堂事跡』의 내용중 三聖堂의 주변에 위치하고 있
는 사찰들의 위치에 대해 비교적 상세히 기술하고 있음에서도 추
측이 가능하다.

貝葉寺는 불교의 31本山중 하나로 신라중기 法深이 창건하였다
는 설과 애장왕 때(800~808) 具業祖師가 창건하여 具業寺라고 하
였다는 설이 있다. 그후 신라 말 이름을 알 수 없는 승려가 수도를
위해 西域에 다녀오던 중 貝葉經을 가지고 귀국하여 이 절에 보관

---

163) 徐永大 역시 祈雨龍壇을 三聖祠의 부대시설로 생각하고 있으며(徐永
大, 1992, 앞의 논문, 53쪽 참조), 羅喜羅 역시 그 견해를 따르고 있다
(羅喜羅, 1992, 「단군에 대한 인식－고려에서 일제까지－」 『역사비
평』 19, 역사비평사, 215~217쪽 참조).

한 것이 인연이 되어 절의 이름을 貝葉寺로 고쳤다고 한다.[164] 즉
貝葉寺의 명칭은 종이가 생산되지 않던 고대 인도에서 나뭇잎에
쓴 經文인 貝葉經[165]에서 유래하였다고 한다.

그런데 위의 『三聖堂事跡』이나 『關西勝覽』을 살펴볼 때, 三聖
祠는 貝葉寺가 창건된 신라 말 이전에 大甑山에 건립되어 있었을
것으로 짐작된다. 이것은 大甑山의 三聖祠에서 桓因(檀因)·檀雄
·檀君이 貝葉寺가 창건되기 이전부터 숭배되고 있었음을 의미하
는 것이자, 三聖이 이미 신라 말부터 九月山의 神格으로 자리하고
있었다는 뜻이다. 그러나 신라 말 貝葉寺가 三聖祠 부근에 창건되
었고, 이후 三聖祠가 貝葉寺 안에 자리하게 되어 사찰의 부속 건
물로 취급받기에 이르렀다. 이에 三聖을 숭배하던 文化縣 사람들
은 이 같은 모순을 해소하기 위해 사찰 아래의 小峰으로 祠堂의
移建을 추진하였고, 이후 貝葉寺의 寺勢 확장으로 小峰에 있던 三
聖祠 역시 사찰과 가까워지자 다시 小甑山으로 옮기게 되었다.

三聖祠가 두 차례에 걸쳐 移建된 시기는 고려전기에 이미 祈雨

---

164) 李能和, 1918, 『韓國佛敎通史』: 黃海道誌編纂委員會, 1970, 『黃海道
誌-名勝古蹟-』: 韓國佛敎硏究院編, 1978, 『韓國의 寺刹-北韓의
寺刹-』, 일지사: 權相老 編, 1979, 『韓國寺刹全書』, 동국대출판부 참
조. 貝葉寺는 황해도의 7군 34개 사찰을 관장하던 大本山으로, 九月
山에 있던 四王寺·月精寺·兜率庵 등이 그 末寺에 속했다고 한다.
165) 貝葉經은 고대 인도에서 종이 대신 나뭇잎에 쓴 經文으로 梵語 '貝多
羅', 즉 나뭇잎이라는 뜻이다. '貝多' 또는 '貝多羅葉'이라고도 한다.
'貝多羅'는 梵語 'Pattra'의 音寫로 특정 식물을 가리키기도 하나, 흔
히 일반 식물의 잎 또는 필사용 나뭇잎의 뜻이라고 한다. 가장 좋은
재료는 多羅나무의 잎이고, 불교에서 三藏의 經典에 많이 사용하였
다. 우리나라에 貝葉經이 전래된 것은 貝葉寺와 관련하여 파악되고
있다(韓國佛敎辭典編纂委員會, 1982, 『韓國佛敎辭典』: 한국민족대
백과사전편찬위원회, 1992, 『한국민족대백과사전』, 한국정신문화연구
원 참조).

龍壇이라는 부속건물을 가지고 있었다는 1006년(목종 9)의 「祈雨
龍壇儀注」로 보아 그 이전이었을 것으로 짐작된다. 즉 11세기초에
는 이미 小甑山에 자리하고 있었을 것이다.[166] 그리고 이 같이 三
聖祠가 두 차례에 걸쳐 옮겨진 배경에는 文化縣 사람들의 三聖에
대한 숭배의 정도와 함께 貝葉寺의 사세 확장 등이 긴밀한 관련을
가지고 있는 것으로 파악된다.[167]

　다음은 三聖祠에 봉안된 三聖의 位次에 대해 검토하기로 한다.

---

166) 三聖祠의 건립 및 이건 시기에 대하여 박진욱·안명찬은 고구려 때 건
　　립된 四王峰 밑의 사당터가 같은 고구려 때 대증산으로 옮겨졌고, 다
　　시 고려말에 소증산으로 옮겨졌다고 이해하고 있고(박진욱·안명찬,
　　위의 논문, 11쪽 참조), 손영종은 고려초기부터 九月山 제일봉인 四王
　　峰에 있다가 고려중엽 貝葉寺 서쪽 檀君臺 밑으로 옮겨졌으며, 다시
　　고려말에 小甑山으로 옮겨져 국가의 제사 대상이 되었다고 파악하고
　　있다(손영종, 1994,「조선민족은 단군을 원시조로 하는 단일민족」『단
　　군과 고조선에 관한 연구론문집』, 백산자료원, 116쪽 참조).
167) 이러한 과정에서 일시적인 것이었지만, 貝葉寺 경내에 三聖祠가 위치
　　했다는 것은 불교가 전래의 민간신앙과 융합하면서 발전하였다는 특
　　징을 보여주는 것이라고 할 수 있다.
　　한편 조선초기 南孝溫(1453~1492)은 貝葉寺를 방문하여 단군을 중심
　　으로 한 우리 역사에 관한 2편의 詩를 읊고 있다(『秋江先生文集』권 1,
　　詩,「八月念日謁先君空門友一庵於九月山貝葉寺是日乃先忌也請於
　　師奠祀涅槃堂仍話舊師年八十有三」참조 및 권 2, 詩,「謁師之翌日從
　　貝葉住僧道釋允中性明義浩登南明峰就懷古詩一篇還示一庵」. "檀君
　　昇仙入阿斯　三千年來傳神奇　匹馬短僮尋舊隱　千嶂萬壑處處疑　登登
　　石逕踏無盡　病身全賴杖筇枝　神人不得見平生　探冥討幽鬢如絲　一鳥
　　不鳴風射眼　掩被不勝前朝悲　周王革殷急賢良　首就箕子訪民彝　天生
　　賢聖無夷夏　胡乃檀君却不知　檀君自執謙謙德　韜光韜彩隱於玆　鼎中
　　烏冤自同穴　紫府九重神飈吹　箕王代作陳八條　青丘人物再熙熙　千年
　　山海輸燕虜　衛滿渡浿神器移　東明錄訖寶藏死　玆山出入羅與麗　山呼
　　九月今代名　崔巍神嶽鎮四垂　山前烟火列郡開　海水朝宗日二時　南明
　　峰上赤葉多　千江掌平明琉璃　同來四衲貝葉僧　與與俱事一庵死　同門
　　恩意喜相隨　強起我病勸題詩").

『關西勝覽』文化縣 古蹟조에는 三聖의 位次를 桓因(檀因)·檀雄
·檀君으로 기록하고 있어 祖→父→子로 이해되고 있던 位次에
별다른 문제가 없어 보인다. 이것은 桓因天王은 남향으로, 檀雄天
王은 서향으로, 檀君天王은 동향으로 位牌가 봉안되었음을 기록하
고 있는『三聖堂事跡』과 같다. 그런데 이러한 位次는『世宗實錄』
에 보이는 柳寬(1346~1433)의 이해와 차이를 보인다.

> K-1. … 嶺의 중턱에는 神堂이 있는데 어느 때 창건하였는지 알 수
> 없습니다. 북벽에는 檀雄天王이, 東壁에는 檀因天王이, 西壁에
> 는 檀君天王이 모셔져 있고, 文化縣 사람들은 이를 일러 三聖
> 堂이라고 합니다 … (『世宗實錄』권 40, 세종 10년 6월 을미).

> K-2. … 그 산의 중턱에는 神堂이 있는데 어느 때 창건되었는지 알 수
> 없습니다. 북벽에는 檀因天王이 있고 동벽에는 檀雄天王이 있으
> 며 서벽에는 檀君父王이 있는데, 고을 사람들이 일컬어 三聖堂
> 이라고 합니다 … (『端宗實錄』권 1, 단종 즉위년 6월 기축).

자료 K-1은 柳寬의 상소이고, K-2는 李先齊의 상소이다. 이들은
시기는 다르지만, 조선초기 구월산에 있던 三聖祠를 평양으로 옮
기는 것을 막고(K-1), 또 평양에 있는 檀君祠를 다시 文化縣으로
옮겨오려고 하였다는 점에서(K-2) 三聖祠를 단군숭배의 중심지로
확고히 하려는 같은 배경에서 출발하고 있다. 그런데 柳寬의 이해
는 李先齊의 상소, 그리고『三聖堂事跡』에 실려 있는 三聖의 位次
와 달리 기록되어 있다. 특히 李先齊의 상소는 柳寬의 것을 토대로
『三國遺事』에 소개되어 있는『古記』까지 참고한 상소이다.[168]
그런데 문제가 되는 것은 桓因(檀因)과 檀雄의 位次이다. 즉 李
先齊는 檀因天王 - 檀雄天王 - 檀君父王으로,『三聖堂事跡』은 檀

---

168)『端宗實錄』권 1, 단종 즉위년 6월 기축 참조.

因天王이 남향으로, 檀雄天王이 서향으로, 檀君天王이 동향으로
봉안되어 있음을 밝히고 있다. 이에 비해 柳寬은 檀雄天王－檀因
天王－檀君天王으로 기록하여 그 位次를 父→祖→子로 이해하고
있다. 물론 이를 李先齊가 柳寬의 상소문을 참고하면서 柳寬이 잘
못 이해하고 있었거나, 또는 오기되어 있는 상소문의 내용을 수정
한 결과라고 생각할 수도 있다. 그러나 李先齊가 柳寬의 상소문을
史草에서 인용하고 있음을 밝히고 있어 史草, 그것도 상소문에서
오기의 가능성은 희박하다. 또 다른 하나는 三聖祠에 모셔져 있는
三聖의 位次를 柳寬이 잘못 이해하고 있었을 가능성이다. 그러나
그는 文化縣 출신으로 평양에 건립된 檀君祠를 다시 文化縣으로
移置하려는 노력을 경주하고 있는 것으로 볼 때, 그가 三聖의 位次
를 잘못 이해하고 있었을 가능성 역시 적다.[169]

　따라서 柳寬의 이 같은 이해를 三聖祠의 移建과 관련하여 추측
하고자 한다. 三聖祠는 앞서 언급한 바와 같이 大甑山의 원래 자
리에서 두 차례씩이나 이건되어 小甑山에 자리하였다. 이것은 이
곳에 모셔진 三聖의 位次가 어느 神格에 중심을 두고 있었는가에
따라 바뀔 수 있는 개연성을 제시한다. 이점은 후술할 天王堂에서
단군이 山神으로 별도로 숭배되고 있었다는 사실에서도 어느 정도
추측이 가능하다. 三聖祠에서 桓因(檀因)·檀雄·檀君의 숭배는
그 상황과 여건에 따라 位次가 바뀔 수 있었을 것이다.[170] 그렇지

---

169) 文化縣을 중심으로 한 단군전승과 柳璥·柳寬 등 문화유씨, 그리고
　　『帝王韻紀의 「前朝鮮紀」에 보이는 『本紀』類型의 기록들 간에는 아
　　직까지는 불분명하지만, 어떤 연계성이 있는 것으로 생각된다. 이점
　　에 대해서는 향후 검토가 필요하다.

170) 『輿地圖書』와 1899년(광무 3) 편찬된 『文化郡邑誌』에는 三聖祠에 모
　　셔진 桓因(檀因)·檀雄·檀君중 桓因(檀因)을 主享으로, 檀雄과 檀君
　　을 配享으로 기록하고 있다(『輿地圖書』, 平安道, 文化, 壇廟. "三聖祠
　　[在縣北三十里 九月山東麓也 桓因主享 檀雄檀君配享 春秋降香祝致

만 이곳에서의 숭배는 단군을 중심으로 이루어지고 있었음을 의심할 여지가 없다. 이것은 大甑山과 貝葉寺 아래의 舊址에 있던 三聖祠에서 단군을 제외한 二聖이 致祭되었는지 여부를 알 수 없다는 것과 조선초기 그 사당이 평양으로 옮겨짐에 따라 나머지 二聖에 대한 致祭가 중단되었고 堂宇가 傾頹되었다는 李芮의 상소문에서 짐작할 수 있다.[171]

三聖祠는 구체적으로는 알 수 없지만, 적어도 貝葉寺가 大甑山에 건립되기 이전인 신라말에 이미 大甑山에 건립되어 숭배되고 있었다. 그러나 이곳에 사찰이 건립되어 貝葉寺안에 위치하게 되면서 이곳의 단군숭배는 불교와 융합과 갈등 관계를 반복하고 있는 특징을 보여주고 있다. 사찰 경내에 三聖祠가 위치하는 것이 불합리하다고 하여 두 차례에 걸친 移建 끝에 小甑山으로 옮긴 文化縣 사람들의 노력은 이를 의미한다. 이곳에서 三聖은 位板이 아니라 木像으로 모셔져 있었고,[172] 桓因(檀因)·檀雄·檀君중 가장 중요한 神格은 단연 단군이었다. 따라서 단군을 제외한 三聖의 位次는 桓因(檀因)과 檀雄중 어느 神格을 중요시하였는가에 따라 主神의 위치가 변할 수 있었다.

한편 三聖祠에서는 金銀으로 만든 祭器를 사용하였으나, 고려말 왜구의 침입 이후에는 沙器로 대체되었다. 降香致祭儀軌 및 祈雨·祈晴 등에 대한 儀軌는 있었을 것이지만 자세한 내용은 알 수 없고, 白餠·白飯·幣帛·實果·酒·白鵝 등이 祭物로 사용되었다.[173]

祭 又水旱祈禱輒應]" 및 『文化郡邑誌』, 壇廟 참조).
171) 『成宗實錄』 권 15, 성종 3년 2월 계유 참조.
172) 『高麗史』에는 1012년(현종 3) 거란의 침구로 피해를 입은 서경 木覓祠의 神像을 다시 건조하였음을 알려주는 기록이 있는데(『高麗史』 권 4, 현종 3년 12월 참조), 이로 보아 고려시대 諸神祠에서의 神格은 神像이 모셔져 있었을 것이다.

3. 崇拜의 機能과 性格

三聖祠에서 三聖이 어떤 기능을 하였는지, 또 어떤 성격을 지니
고 있었는지를 살펴볼 자료는 많지 않다. 이런 점에서 고려시대 민
간에서 모셔지던 祠堂·祠宇의 기능은 三聖祠의 기능과 성격을
살펴보는데 도움이 된다. 따라서 고려시대 祠宇에 대한 이해를 통
해 三聖祠에서의 단군숭배의 기능과 성격을 엿보기로 한다. 이와
관련해서는 徐兢의 이해와 『三國遺事』의 기록을 참고할 수 있다.

> L-1. 高麗에서는 평소 귀신만을 畏信하고 陰陽을 抱忌하여 병이 나
> 도 약을 먹지 않으며, 비록 父子와 같은 至親이라 할지라도 서
> 로 보지 않고 오직 呪咀厭勝만을 알뿐이다(『高麗圖經』 권 17,
> 祠宇).174)

---

173) 日帝强占期에 쓰인 崔敏烈의 「檀君聖殿」에 의하면, 三聖祠에서는 중
앙에 흙으로 만든 神位를 모시고 봄·가을(정월과 7월)로 致祭를 하
였는데, 예전에는 국가의 명을 받은 道臣이 親祭하였으나 지금은 邊
吏가 대신 行祭하며, 그 殿宇制度는 郡邑의 書院과 유사하다고 한다
(『宗陽集』 권 2, 雜言, 「檀君聖殿[一名三聖祠]」. "海西九月山下 有三
聖殿焉 盖三聖則桓因桓雄檀君三天王也 其祀板則求得大國 中央土造
成神位 而春正月日 秋七月日 自朝家命道臣親祭 而今則以邊吏代選
行祀 非古制也 其殿宇制度 則與列邑書院一般相似 …"). 그는 太白山
과 阿斯達山을 모두 九月山의 옛 이름으로 추측하여 단군의 降臨地
로서의 太白山과 入山地로서의 阿斯達山을 모두 九月山으로 보고 있
기도 하다(위와 같음).
한편 『樊巖集』에는 蔡濟恭(1720~1799)이 三聖祠에서 시행하는 祭儀
에 관한 儀禮를 규정한 「三聖祠祭儀議」가 전하는데(『樊巖集』 권 26,
議, 「三聖祠祭儀議」 참조), 이것은 1789년(정조 13) 6월 三聖祠를 개
수하고 제사의식을 개정하라는 왕명(『正祖實錄』 권 27, 정조 13년 6
월 경신 참조)에 따른 것으로 짐작된다. 「三聖祠祭儀議」 역시 향후
검토해야할 내용이다.

L-2. 雄이 무리 3000을 거느리고 太伯山頂(즉 太伯은 지금의 妙香山
이다) 神壇樹 아래로 내려오니 이를 神市라고 하였고, 桓雄天
王이라 이름하였다. 風伯・雨師・雲師를 거느리고 主穀・主
命・主病・主刑・主善惡하여 무릇 인간의 360여가지 일을 주
관하여 세상을 이롭게 하였다(『三國遺事』권 1, 紀異 2, 古朝鮮
[王儉朝鮮]).

자료 L-1의 기록은 비록 祠宇에 관한 직접적인 언급이 없을 지라
도, 그곳에 모신 神格에 대한 관념을 보여주는 자료로 治病이 그
기능중 하나였음을 보여준다. 이것은 祠宇가 민간에서 영험처로
모셔지고 있음을 의미하기도 한다. 또 L-2에서 환웅이 風伯・雨
師・雲師를 거느리고 主穀・主命・主病・主刑・主善惡을 중심
으로 인간의 360여가지 일을 관장하였다는 것은 특히 三聖祠의 기
능과 관련하여 참고할 수 있다. 이와 관련하여 三聖祠에는 안팎으
로 새나 짐승이 살지 못하였다는 점이나,[175] 祠堂이 위치한 곳이
聖堂里로 불렸던 점으로 미루어 靈驗處로 여겨졌음을 짐작할 수
있다.

앞서 살펴본 李芮의 상서는 三聖祠의 기능에 대해 祈雨・祈晴
만을 들고 있어 일단 이것이 주요 기능중 하나였음은 의문의 여지
가 없다.[176] 더욱이 『三聖堂事跡』에 의하면, 祈雨・祈晴 이외에
다른 제사는 하지 않았고, 사람들이 함부로 제사하지 못하였다는
점을 주목할 때,[177] 그 외에 다른 목적에서의 숭배는 이루어지지

---

174) 『高麗圖經』권 15, 「藥局」조에도 이와 유사한 기록이 보인다(『高麗圖
經』권 15, 官府, 藥局 참조).
175) 『世宗實錄』권 40, 세종 10년 6월 을미 柳寬上書 참조.
176) 三聖祠가 祈雨處였음은 『東國輿地勝覽』의 기록에서도 확인할 수 있
다(『新增東國輿地勝覽』권 42, 文化縣, 祠廟. "三聖祠[名九月山 卽桓
因桓雄檀君之祠 春秋降香祝致祭 又水旱祈禱輒應]").
177) 金甲童의 견해에 의하면, 고려시대 諸神祠에서의 제사를 민간에서 함

않았다고 생각되기도 한다.

이와 관련한 내용이 자료 J-13이다. 이에 의하면, 三聖祠와 100여보 거리를 둔 祈雨龍壇에서 언제부터 祈雨祭를 거행하였는지 알 수 없지만, 文化縣에는 1006년(목종 9)의 「祈雨龍壇儀注」가 조선초기까지 남아 있었다. 이로 미루어 三聖祠가 늦어도 10세기에는 건립되어 三聖에 대한 숭배가 있었을 것으로 추측되기도 한다.[178] 또 이런 추측을 대체로 수용하면서도 이때의 祈雨祭가 三聖祠에서 거행된 것인지, 祈雨龍壇에서 거행된 것인지 불확실하기 때문에 1006년의 「祈雨龍壇儀注」로는 고려전기 이전에 三聖祠가 건립되었다고 단언할 수 없다는 견해가 제시되기도 하였다.[179] 그러나 자료 L-2의 환웅이 風伯·雲師와 함께 雨師를 대동하였음을 보면, 환웅 역시 祈雨의 대상이었을 것이다. 그렇다면 三聖祠 아래에 위치했던 祈雨龍壇은 그 부대시설이 분명하며, 「祈雨龍壇儀注」는 이미 11세기초 이전부터 三聖祠가 숭배의 대상이 되고 있었음을 의미한다.

이런 祈雨·祈晴을 위한 三聖의 숭배는 주로 文化縣令의 주관 아래 이루어졌다고 생각되지만, 부정기적으로 고려조정의 祈雨處로도 활용되었던 듯 하다. 이점은 조선초기 三聖堂에서의 단군을 평양으로 옮긴 후 국가에서 제사하지 않았고, 祈雨·祈晴 이외에 다른 제사는 물론 사람들이 함부로 제사하지 못했다는 자료 J-12의 내용에서 짐작할 수 있다. 또 1006년의 「祈雨龍壇儀注」가 조선초기까지 文化縣에 보관되어 있었다는 것은 이때의 祈雨祭 역시 국

부로 하지 못하게 하고, 국가에서 파견한 사신이나 수령이 주관하도록 한 것은 지역민의 의식세계를 국가에서 장악하여 효과적인 지방통치를 달성하기 위해서였다고 한다(金甲童, 위의 논문, 17~23쪽 참조).
178) 姜萬吉, 위의 논문, 260쪽 참조.
179) 徐永大, 1992, 앞의 논문, 52~53쪽 참조.

가의 주도로 거행된 것이었음을 뜻한다. 또『高麗史』에서 1116년 (예종 11) 九月山에서 祈雨하였다는 기록을 찾을 수 있는데,[180] 이 역시 三聖祠에서 고려 조정이 祈雨를 하였음을 의미한다.[181] 즉 『高麗史』에는 祈雨處로 九月山만 언급하고 있어 구체적으로 어느 장소에서 祈雨祭가 거행되었는지 알 수 없다. 그러나 이미 목종 때 부터 三聖祠의 부대시설로 祈雨龍壇이 건립되어 祈雨만을 전담하 고 있는 것으로 미루어 이때의 祈雨處 역시 祈雨龍壇이었을 것이 다. 그리고 그 의례는 1006년의 儀注에 준하였을 것으로 생각된다.

三聖祠의 또 다른 기능으로는 治病을 들 수 있다. 이것은 조선 초기의 사실이지만, 황해도 지역의 染病 발생의 원인을 三聖의 단 군 位牌를 평양으로 옮긴 조선 정부의 조치에서 찾고 있는데서 짐 작할 수 있다.[182] 특히 三聖이 染病의 발생과 치료를 관장하고 있 다는 李先齊의 상서의 내용으로 볼 때,[183] 더욱 그러하다. 이점은 자료 L-1·2의『高麗圖經』에서의 이해와 환웅이 主病 역할을 하 고 있는 것에서도 엿볼 수 있다.

壓兵 역시 三聖祠의 주요 기능중 하나였을 것이다. 神祠의 일반 적인 기능이 공동체의 안녕을 위한 것이라면, 壓兵 역시 당연히 포 함되는 것이고, 妙香山·平壤·江華에서의 단군숭배의 기능중 하 나 역시 壓兵이었음에서 짐작할 수 있다. 특히 직접적인 자료는 아 니지만, 고려말 왜구의 침입으로 三聖祠에서 사용하던 祭器를 沙

---

180)『高麗史』권 14, 예종 11년 3월 기사. "禱雨于九月山" 및 권 54, 지 8, 오행 2, 예종 11년 4월 기사 참조. 이때 九月山에서의 祈雨는 예종의 西京행차와 관련하여 거행되고 있다.
181) 徐永大는 이때 九月山에서의 祈雨를 산신신앙과 관련하여 추측하고 있 다(徐永大, 1994,「민속종교」『한국사』, 국사편찬위원회, 338쪽 참조).
182) 姜萬吉, 앞의 논문, 259~272쪽 참조.
183)『端宗實錄』권 1, 단종 즉위년 6월 기축 참조.

器로 바꿨다는 사실(J-8)은 이때 왜구를 물리치려는 기원이 이곳에
서 있었고, 三聖祠에 대한 왜구의 습격은 그 대응에서 비롯되었을
것으로 추측된다.

三聖祠에는 祈雨龍壇 이외에 九月山大王을 모신 또 다른 부대
시설이 있었던 것으로 보인다.『三聖堂事跡』에 의하면, 三聖祠 서
쪽에 夾室을 건립하여 三聖祠와 별도로 九月山大王을 중심으로
왼쪽에는 土地精神, 오른쪽에는 四直使者를 모셔놓고 致祭하였다
고 한다(J-4). 九月山大王의 숭배는 전래의 산신신앙과 단군숭배가
연계되어 비롯된 것으로 그 神格 또한 단군을 지칭하는 것으로 짐
작된다.184) 그렇다면 이것은 단군이 阿斯達山에 들어가 산신이 되
었다는『三國遺事』등의 기록에서처럼 九月山의 단군전승이 산신
신앙과 결부되어 있는 구체적인 모습을 보여주는 예이다.

또 九月山에서의 전승은 道敎와도 융합되어 전래되었다고 생각
된다. 이것은 九月山 上峰인 天王峰(四王峰)이 降香致祭處였다는
『關西勝覽』의 내용과 이곳에 있던 四王寺는 星宿醮禮處였다는 기
록에서 알 수 있다(J-11).185) 또 각종 鄕土誌에 보이는 檀君天皇堂
이 있었다는 思皇峰은 이곳을 가리키는 것으로 짐작된다. 그러나
『高麗史』에서 九月山이 星宿醮禮處로 활용되었음은 확인할 수 없
다.186) 이것은『高麗史』기록의 미비에 일차적인 원인이 있겠지만,
九月山이 星宿醮禮를 위한 상설장소가 아니었던 데도 원인이 있

---

184) 자세한 것은 알 수 없으나 土地精神은 곡물, 즉 농업과 관계되는 것으
로 짐작되고, 四直使者는 九月山 上峰의 이름인 四王峰, 혹은 이곳에
있었다는 四王寺와 관련한 神格으로 짐작된다.
185) 이 점은『世宗實錄』地理志에서도 확인할 수 있다(『世宗實錄』권
152, 地理志, 文化縣. "… 四王寺 在九月山主峰[有舊星宿醮處] …").
186) 고려시대의 道敎에 대한 개관은 梁銀容, 1994,「도교사상」『한국사』
16, 국사편찬위원회 및 金澈雄, 1995,「高麗中期 道敎의 盛行과 그 性
格」『史學志』28, 단국대 사학회 참조.

다. 그러나 星宿醮禮處로서의 四王寺는 산신으로서의 단군이 道
敎와 융합되어 있는 모습을 보여주는 것이라고 짐작된다.[187]

이밖에 三聖祠는 祈蝗・禳虎・出産 등을 위한 祈禱處로도 민
간에서 모셔지고 있었을 것으로 추측된다. 平山郡의 마을제인 堂
祭祀・山神祭에서는 山神・府君・唐神 등과 함께 단군이 致祭되
었다. 또 은율군의 마을제인 山川祭・慰神祭・老路神祭에서는
『帝王韻紀』에서 上帝와 함께 桓因(檀因)을 지칭하던 帝釋이 여러
神들과 致祭되고 있음은[188] 이와 관련하여 참고할 수 있다.[189]

4. 檀君 移都地로서의 白岳

『三國遺事』古朝鮮[王儉朝鮮]조의『古記』에 의하면, 단군은 唐
堯 즉위 50년 平壤에 도읍했다가 白岳山 阿斯達로 移都하고, 御國
1500년만에 周 武王이 箕子를 조선에 봉하자 다시 藏唐京으로 옮
겼으며, 후에 阿斯達山神으로 還隱했다고 한다.[190] 단군이 처음 平

---

187) 梁銀容은 또 단군전승지역중 한 곳인 江華의 塹城壇에서 단군신앙과
    道敎가 융합되어 있음을 지적하고 있다(梁銀容, 위의 논문, 291～292
    쪽 참조).
188) 黃海道敎育委員會 編, 앞의 책, 280～286쪽 참조.
189) 崔柄憲은 姜萬吉의 견해(姜萬吉, 앞의 논문 참조)를 수용하여 平壤에
    서의 단군이 金富軾 등 지식인층을 위주로 平壤의 地域神으로 이해
    되었던 것과는 달리 九月山의 단군전승은 민간신앙과 관련하여 파악
    하고 있다(崔柄憲, 위의 논문, 154쪽 참조). 그러나 平壤에서의 단군숭
    배 역시 민간에서도 기능하고 있었으며, 九月山에서의 숭배 또한 정
    례적인 것은 아니지만 국가의 관심 대상이 되고 있음을 확인할 수 있
    다. 이런 견해는 조선초기 檀君祠 건립과 관련하여 平壤과 九月山의
    숭배의 면을 대립적으로 파악한데서 비롯한 것으로 생각된다.
190)『三國遺事』권 1, 紀異 2, 古朝鮮[王儉朝鮮] 참조.

壤에 도읍을 했다가 어떤 이유에서 白岳山 阿斯達로 移都했는지
는 자세히 알 수 없다.[191] 하지만 白岳은 一然에게 고조선의 도읍
지중 하나로 이해되고 있다. 그런데 一然에 의해 고조선의 도읍지
로 인식되었던 白岳山 阿斯達의 위치는 고려시대 당대에도 異說
이 많았던 듯 하다.[192] 따라서 九月山을 염두에 두고 一然의 이해
를 중심으로 阿斯達로 비정되고 있는 지역이 어떤 배경에서 단군
의 도읍지로 인식되었는지 살펴보기로 한다.

> 魏書에 이르기를 이천년전 壇君王儉이 있으니 阿斯達에 도읍을 하
> 였다 [經에 이르기를 無葉山이라고도 한다. 또 이르기를 白岳이라고
> 도 하는데 白州 땅에 있다. 혹 이르기를 開城의 동쪽 지금 白岳宮이
> 이곳이라고도 한다](『三國遺事』 권 1, 紀異 2, 古朝鮮[王儉朝鮮]).

一然은 『三國遺事』에서 『魏書』를 전거로 단군이 阿斯達에 도
읍했음을 기록한 후, 이에 대해서는 '經에 의거하여 無葉山'·'白
州 땅의 白岳'·'開城의 동쪽에 있는 白岳宮' 등으로 자신의 견해
를 밝히고 있다. 여기서 일단 經을 근거로 한 '無葉山'으로의 비정
을 논외로 한다면, 그가 언급하고 있는 阿斯達은 『古記』의 '白岳
山 阿斯達'이라는 기록에서 짐작할 수 있듯이 白岳과 밀접한 관련
을 지니고 있음을 알 수 있다. 그런데 白岳과 관련한 지명이 황해
도 일대에 많이 나타나고 있고, 특히 圖讖의 영향으로 추진된 離宮
의 건립과도 관련하여 나타난다. 즉 一然은 고조선의 도읍으로서
阿斯達을 황해도 일대의 이 같은 白岳과 관련하여 이해하고 있었
던 듯 하다.

---

191) 이것은 고조선의 사회적 변동과 관련되어 있었을 것으로 생각된다.
　　 이점에 대해서는 金成煥, 위의 논문 참조.
192) 『古記』 자체에도 白岳山 阿斯達의 다른 이름 혹은 위치를 '弓(方)忽
　　 山' 또는 '今旀達'로 비정하고 있다.

그러면 阿斯達의 위치로 一然이 經을 근거로 비정한 無葉山과 白岳은 어떤 배경에 의한 것인지 살펴보기로 한다. 먼저 經의 실체와 無葉山의 문제이다. 一然으로 하여금 阿斯達의 위치를 無葉山으로 비정하게 한 '經'의 실체가 어떤 經典을 가리키는 것인지는 분명하지 않다.[193] 그런데 一然이 阿斯達로 비정하고 있는 곳인 白岳山은 즉 弓(方)忽山－九月山－今旀達이고, 九月山에는 우리나라 최초로 貝葉經이 전래된 貝葉寺가 자리하고 있었다. 이를 고려할 때, 九月山은 佛家에서 貝葉山으로, 이 經은 貝葉經을 지칭할 가능성이 있다. 특히 승려였던 一然은 貝葉經의 전래나 白州 지역에서 貝葉寺의 위치를 충분히 알고 있었을 것이다. 또 無葉山의 '無葉'은 '貝葉'과 관련을 가지고 있거나, '無'字는 '貝'字의 오기 또는 오각일 수 있다. 결국 無葉山(貝葉山) 역시 九月山을 지칭하는 것으로 단군의 도읍지로서 阿斯達은 九月山의 今旀達로 짐작된다.[194] 여기서 九月山이 '弓忽山'과 함께 方忽山·弓兀山

---

193) 리상호는 어디에서 근거하였는지는 알 수 없으나 중국의 고대 지리관계 서적인『山海經』과 관련하여 이해하고 있으며(리상호 옮김, 1960,『譯註三國遺事』, 57쪽 ; 1990, 신서원 영인본 참조), 양기백은 무엇인지 분명하지는 않으나 佛敎聖典을 가리키는 것으로 추측하였다(양기백, 1967, 「삼국유사소재서명색인」『국회도서관보』 4-1, 국회도서관 참조). 徐永大는 이를 風水圖讖家들과 관계 있는 讖緯書로 이해하고 있다(徐永大, 1999, 「강화도의 塹城壇에 대하여」『韓國史論』 41·42합집, 서울대 국사학과, 220~221쪽 참조). 이외의『三國遺事』에 관한 여러 譯註들은 經의 실체에 대해 구체적인 언급을 피하고 있다.
한편 李詹(1345~1405)은 '經'을 註로 바꾸어 쓰고 있는데(『雙梅堂篋藏文集』권 22, 雜著. "… 立都阿斯達[註云 無葉山 或云 白岳 在白州地 或云 在開城東 今白岳宮] …"), 이에 대해서는 李詹 역시 고조선의 건국사실을『三國遺事』에서 재인용하면서 經에 대한 실체를 확인할 수 없어 註로 改書하였다는 견해가 있다(朴大在, 2001, 「『三國遺事』古朝鮮條 인용『魏書』論」『韓國史硏究』, 한국사연구회, 26~27쪽).
194) 이점에 대해서는 貝葉經의 전래와 관련한 貝葉寺의 전승은 전설일 뿐

195) · 關口山 · 甑山 · 三危山196) · 弓兀山197) 등 여러 이름으로 불렸음을 참고할 수 있다.198)

다음은 一然이 阿斯達로 비정한 白州의 白岳 문제이다. 平壤이나 후술할 江華의 단군전승은 토착신앙의 하나로 각 지방에서 숭배되며 불교 · 도참과 융합하면서 전해왔다. 따라서 고조선의 도읍지인 白岳山 阿斯達 역시 이 같은 관점에서 고려중기 '開京의 地氣衰旺說'과 관련 속에서 전개되었던 왕실의 離宮 설치와 관련하여 검토하고자 한다.199)

고려 태조는 불교 · 도참 뿐 아니라 전래의 토착신앙에도 많은

이고, 一然이 貝葉經을 직접 보고 인용했을 가능성이 적다는 비판이 있다(徐永大, 1999, 위의 논문, 220쪽 참조).

195) 『高麗史』에서 현종 3년 弓兀山에 축성한 기록을 찾을 수 있다(『高麗史』 권 82, 지 36, 兵志 2, 현종 3년 참조).

196) 三危山이 九月山의 異稱이었음은 『帝王韻紀』에서 볼 수 있다(『帝王韻紀』 권 하, 「東國君王開國年代」, 前朝鮮紀 참조).

197) 『大東地志』 권 18, 文化, 山水. "莊莊坪[在弓兀山之西 高麗史云莊莊坪乃唐藏京之訛 世傳檀君所都 有宮闕古址]"

198) 『三國遺事』 古朝鮮[王儉朝鮮]조의 『古記』에서 今旀達 역시 阿斯達의 異稱으로 짐작된다.

199) 『燃藜室記述』에서는 阿斯를 九의 邦訓, 達은 月의 방언과 유사함을 들어 九月山을 阿斯達로 비정하고 있으나(『燃藜室記述』 별집 권 19, 歷代典故, 「檀君朝鮮」 참조), 李丙燾는 白岳과 阿斯達을 뜻을 같이한 類意語의 중복으로 파악하면서 『高麗史』의 金謂磾가 올린 상서에서 西京을 일명 白牙岡이라고 한 것을 근거로(『高麗史』 권 122, 열전 35, 金謂磾 참조) 白岳의 유의어이자 相隨語인 阿斯達을 平壤의 異名으로 보고, 『三國遺事』 古朝鮮[王儉朝鮮]조에 인용된 『古記』의 白岳山 阿斯達이 단군의 移都地로 기록되고 있는 것은 『古記』 撰者의 잘못된 이해로 파악하였다(李丙燾, 1976, 위의 책, 35~37쪽 참조). 또 安岳을 중심으로 한 文化縣의 庄庄坪 · 九月山 일대에 단군 전승지가 전하게 된 배경을 옛 도읍 阿斯達(平壤)에서 신지배씨족에게 밀려 남하한 구지배씨족이 이곳을 근거지로 하였기 때문으로 파악하고 있다(위와 같음).

관심을 보였다. 이것은 태조의 10訓要중 불교의례였던 燃燈과 함
께 天靈·五嶽·名山大川·龍神 등을 섬기는 八關會를 停罷하지
말도록 遺訓하고 있는데서 단적으로 알 수 있다.[200] 이런 민간신앙
에 대한 태조의 관심은 후세의 왕들에게 영향을 미쳐 도참 또는 불
교와의 관련 속에서 발전하였다. 一然의 이 같은 비정 또한 고려중
기이래 이런 분위기에서 나온 것으로 생각된다.

『三國遺事』에서 一然이 阿斯達로 비정한 白岳 또는 白州가 도
참과 관련하여 왕실에 주목을 받던 때는 의종 때(1147~1170)이다.
인종의 아들로 왕위에 오른 의종은 金寬毅에게 고려의 창업을 도
참과 관련하여 神異하게 기술한 『編年通錄』을 편찬하게 하고,[201]
불교·도참·민간신앙 등의 숭배로 실추된 왕실의 재건과 중흥을
위해 일련의 조치를 시행했다. 이에 "佛法을 숭봉하고 神祇를 敬
信했으며 특별히 經色·威儀色·祈恩色·大醮色을 두어 齋醮의
비용을 법도 없이 거두어 구차스럽게 부처를 섬기고 神을 섬기는
한편, 榮儀·金子幾와 같은 阿曲한 자들로 術士를 삼았다"는 金良
鏡의 평과 같이[202] 史臣들에게 불교와 도참을 惑信했다는 평가를
받기도 하였다. 또 실제로 離宮·別宮을 함부로 창궐하여 이를 만

---

200)『高麗史』권 1, 태조 26년 참조. 李丙燾는 八關과 인종 때 妙淸이 섬겼
　　다는 八聖을 同類의 것으로 파악하여 妙淸의 八聖은 八關會를 변형시
　　킨 것으로 八仙과 같은 山嶽神과 기타의 名山·大川·天地·神靈을
　　섬겨 福利를 비는 양식이라고 하였다(李丙燾, 1980, 앞의 책, 68~69쪽
　　참조). 이점에 대해서는 고구려의 東盟祭가 고려의 八關會로 계승되
　　었다는 徐兢의 이해가 참고된다(『高麗圖經』권 14, 祠宇. "其十月東
　　盟之會 今則以其月望日 具素饌 謂之八關齋 …").
201)『編年通錄』에 대해서는 河炫綱, 1988, 「編年通錄과 高麗王室 世系의
　　性格」『韓國中世史研究』, 일조각 및 李基東, 1992, 「金寬毅」『韓國
　　史市民講座』10, 일조각 참조.
202)『高麗史』권 19, 의종 3, 史臣 金良鏡贊 참조.

류하는 諫官들의 복합상소가 올려지기도 하였다.203)

1158년(의종 12) 白州 兎山에 重興闕을 창건한 것 역시 의종의 이 같은 노력중 하나였다. 또한 白岳·白州 일대가 圖讖類의 서적에서 吉地 또는 靈地로 전해오던 것 역시 충분히 짐작할 수 있는 일이다. 즉 白州 일대는 단군전승과 관련이 깊은 神山인 九月山의 주변 지역으로 단군과 夫婁가 놀았다는 三聖臺가 위치해 있고, 또다른 神山인 天神山이 자리하고 있으며, 그밖에 단군·箕子와 관련된 전승이 곳곳에서 전해오고 있었기 때문이다. 그러나 이 지역이 왕실에 주목을 받을 수 있던 배경은 무엇보다도 妙淸이 주동한 西京遷都論의 실패에 있다.

고려 최대의 吉地로 이해되고 있던 西京을 중심으로 妙淸은 圖讖을 이용하여 36국의 조공, 金의 병탐 등 고려의 부흥을 위해 遷都論을 일으켰다. 그러나 金富軾을 대표로 하는 開京勢力에 의해 무력으로 진압된 후, 西京은 일순간 叛逆鄕으로 변하였다. 따라서 陰陽家들은 西京을 제외한 吉地를 구하기 위해서 여러 방법을 모색하였다.204) 이것은 태조이래 역대 왕들에게 매번 시행되던 西京행차가 妙淸亂 이후 33년이 지난 1168년(의종 22)에서야 다시 거행되고 있는 사실에서도 짐작할 수 있다. 그러나 이때 의종의 西京행차는 왕실의 전례에 따른 것이기는 하지만, 자발적인 것이 아니고 동생 翼陽侯와 平凉侯를 중심으로 한 의종 반대세력들의 반란

---

203) 의종은 도참을 惑信하여 開京 부근에 많은 離宮을 창건하였을 뿐 아니라 남의 私第를 강제로 빼앗아 別宮을 지어 폐단이 일어나자(『高麗史』권 17·18·19 의종 세가 참조) 諫官들은 이런 폐단을 방지하기 위해 복합상소를 하였다(『高麗史』권 18, 의종 16년 3월 병인 참조).
204) 妙淸亂 이후 圖讖과 관련한 吉地로의 西京에 대한 관심이 불식된 것이 아니라 前代보다는 미미한 것이었지만 나름의 기능을 하고 있었다고 생각된다. 이것은 1154년(의종 8) 西京에 重興寺를 重創하고 있는 데서 짐작할 수 있다(『高麗史』권 17, 의종 8년 9월 참조).

조짐을 눈치채고 시행된 것이어서 이전의 西京 행차와는 성격이
다르다.205) 따라서 쇠퇴 기로에 있던 왕실의 입장에서는 고려의 중
흥을 위해 토착신앙과 도참이 융합되어 전래되던 단군전승에 관심
을 가질 수 있었다. 그리고 고조선의 移都地로 알려진 白岳山 阿
斯達은 주목되었을 것이다.

M-1. 太史監侯 劉元度가 奏하기를 "白州 兎山의 半月岡은 실로 우
    리나라 重興의 땅이오니 만약 궁궐을 지으면 7년 안에 北虜를
    併呑할 수 있을 것입니다" 라고 하였다. 이에 平章事 崔允儀 등
    을 보내어 風水를 살펴보게 하였다. (允儀가) 돌아와 奏하기를
    "산이 陪朝하는 듯 하고 물이 순조로워 궁궐을 지음직한 곳입
    니다" 라고 하니 왕도 그렇게 여겼다(『高麗史』 권 18, 의종 12
    년 8월 갑신).

M-2. 崔允儀와 知奏事 李元膺·內侍 朴懷俊 등을 보내 白州에 別宮
    을 창건하였다. (朴)懷俊의 성질이 가혹하여 丁夫를 西海道에서
    징발하고 晝夜로 재촉하니 하루도 못되어 낙성하였다. 闕名을
    重興, 殿額을 大化라고 賜하니 術者가 사사로이 말하기를 "이는
    道詵이 말한 바 庚方의 客虎가 머리를 들고 엄습하여 오는 勢인
    바, 여기에 궁궐을 지었으니 혹시 危亡의 患이라도 있을까 두렵
    습니다" 라고 하였다(『高麗史』 권 18, 의종 12년 9월 경신).

M-3. 을묘에 白州에 행차하고 병진에 重興殿에 入御하였다. 정사에
    大化殿에서 受賀하였는데 이날 천지가 昏黑하고 大風이 나무
    를 뽑으니 왕이 자못 의심하여 여러 가지 방법으로 祈禳하였다.
    무오에 君臣을 大化殿에서 향연하였다(『高麗史』 권 18, 의종
    12년 9월 을묘·병진·정사·무오).

자료 M-1·2·3을 살펴볼 때, 太史監侯 劉元度의 주청에 의해
이루어진 白州 兎山의 重興闕(大化殿) 창궐은 7년안에 北虜(金)를

---

205) 『高麗史』 권 18, 의종 22년 3월 정축 참조.

병탄하고 중흥을 목적으로 한 것이라든지,[206] 전액의 명칭이 大化
라던지,[207] 또 의종이 入御하였다는 점 등 전대에 있었던 妙淸의
서경천도운동과 많은 유사함을 지니고 있다(M-1 · 2). 특히 자료
M-3에서처럼 의종이 大化殿에서 受賀하자 천지가 昏黑하고 大風
으로 나무가 뽑히는 등 이변이 발생했다는 사실까지 유사하다.

이것은 의종 때 白州의 大化殿 창궐이[208] 평양의 神格으로 자리
하던 단군과 도참을 연계하여 일어났던 妙淸의 西京遷都論이[209]
실패로 끝나자 왕실은 서경에 버금갈 수 있는 吉地를 구하게 되었
고, 자연 단군이 平壤에서 移都했다는 白岳山 阿斯達은 離宮 또는
移御地로 관심을 끌게 되었음을 시사하는 것이다. 이에 白岳이라
는 지명과 관련하여 白州의 兎山은 주목되었고, 大化闕의 입지로
선정되게 되었다. 一然이『三國遺事』를 편찬하면서『魏書』나『古
記』를 인용하여 고조선의 도읍지로 이해한 白岳山 阿斯達로 白州
의 白岳을 비정하게 된 배경에는 妙淸의 西京遷都論 실패 후 도참
을 중심으로 또 다른 吉地를 찾아 중흥을 기원했던 왕실의 이런 노
력이 반영되어 있었다.

다음은 一然에게 또 다른 阿斯達로 비정된 開城 동쪽에 있다는
白岳宮의 문제이다. 이에 대해서는 開城 동쪽에 있다는 白岳宮을
명종 때의 三蘇와 관련하여 장단의· 白岳으로 비정한 견해가 있
다.[210] 명종은 陰陽家가 주장한 '개경의 地氣衰旺說'을 근거로 三

---

206) 이와 관련하여 白州는 의종 13년 知開興府事로 승격하였다(『高麗史』
    권 58, 지 12, 지리 3, 白州 참조).
207) 의종이 白州에 창건한 大化殿의 '大化'는 妙淸이 서경에 지었다는
    '大花'·'太和', 혹은 서경 重興闕의 지세인 大華勢의 '大華' 등과 같
    은 의미라고 짐작된다.
208) 의종은 大化殿에서 한달 여를 머무르고 11월 開京으로 환궁하였다
    (『高麗史』권 18, 의종 12년 11월 계해 참조).
209) 3- I.「高麗 前·中期의 認識」참조.

蘇造成都監을 설치하고 左蘇 白岳山・右蘇 白馬山・北蘇 箕達山에 延基宮闕을 조성하였다.[211] 여기서 左蘇 白岳山은 一然이 비정한 開城 동쪽의 白岳宮으로 짐작된다. 즉 一然이 白岳山 阿斯達로 左蘇 白岳宮을 비정하게 된 배경에는 고려중기 도참과 관련하여 창궐된 離宮地가 있었음을 확인할 수 있다.[212] 이후 이곳의 白岳에는 松山王氣의 쇠멸을 주장하는 陰陽家에 의해 고려말까지 新闕이 조영되어 고려중기의 전례가 지속되고 있었다.[213]

一然이 단군 도읍지로 이해하고 있는 阿斯達은 白岳과 밀접한 관련을 가지고 있다. 阿斯達山인 九月山을 포함하여 白州의 白岳, 開城 동쪽의 白岳宮은 이런 이해를 단적으로 보여준다. 즉 그가 白岳을 단군의 도읍지로 비정하게 된 원인은 '開京의 地氣衰旺說'과 관련하여 陰陽家들이 주창한 離宮 창궐과 깊은 관련을 가지고 있다. 이것은 승려였던 그가 불교・유교와 함께 圖讖에도 조예를 가지고 있었으며, 어느 정도는 이를 수용하고 있었음을 보여주는 것이다. 그리고 一然의 이 같은 경향은 『三國遺事』의 편찬에도 일정 부분 반영되었을 것이다.[214]

---

210) 李丙燾, 1980, 앞의 책, 256~259쪽 참조.
211) 『高麗史節要』 권 12, 명종 4년 5월 참조.
212) 左蘇 白岳宮은 臨津縣 북쪽에 있었다고 한다(『新增東國輿地勝覽』 권 12, 長湍都護府, 山川 참조).
213) 『高麗史』 권 22, 고종 4년 12월 경술 및 『高麗史節要』 권 15, 고종 4년 12월 ; 『高麗史』 권 22, 고종 15년 12월 갑자 ; 권 39, 공민왕 9년 7월 을묘・신미, 공민왕 9년 11월 신유 ; 권 133, 열전 46, 신우 4년 12월 참조.
214) 『三國遺事』의 편찬에 風水地理書가 인용되었음은 『三國遺事』 권 3, 興法, 「寶藏奉老普德移庵」의 『神誌秘詞』와 권 4, 塔像, 「天龍寺」의 『討論三韓集』 등의 자료를 통해 짐작할 수 있다.

Ⅳ. 江華의 傳承

1. 遺蹟과 傳承

고려시대 江華에서의[215] 단군전승으로는 단군이 祭天하였다는 塹城壇과 그의 세 아들이 쌓았다는 三郎城을 우선 생각할 수 있다. 이들은 江華의 전승내용중 가장 핵심적인 부분이다. 먼저 이곳에 서 전승이 어떤 형태로 전해오고 있었고, 그 내용은 어떠했는지 살 펴보기로 한다.[216]

> N-1. 摩利山 塹城壇 : 摩利山 정상에 있다. 단군이 祭天하기 위해 쌓 았다고 하며, 瞻星·塹城·塹星·醮城 등 여러 이름이 있 다.[217] 下壇部는 하늘을, 上壇部는 땅을 상징하도록 하기 위해

---

215) 여기서 江華는 摩利山을 중심으로 하는 화도면과 길상면 일원을 가리 키는 제한된 범위로 사용하고자 한다. 이것은 현재의 江華가 고려시 대에는 江華를 비롯하여 鎭江·河陰·喬桐縣으로 나뉘어 각 지역마 다 나름의 神格이 있었다고 짐작되기 때문이다(『高麗史』권 57, 지 11, 지리 2, 江華·鎭江·河陰·喬桐縣 참조).

216) 江華의 단군전승에 관한 연구는 塹城壇을 중심으로 진행되고 있다. 이에 대한 연구성과의 정리는 徐永大, 1999, 앞의 논문, 207~211쪽 참조. 여기서의 단군과 관련한 전승내용은 江華文化院, 1979, 『江華 史』: 畿甸文化研究所, 1980, 『畿甸文化研究』11, 仁川教育大學 : 京 畿道, 1987, 『地名由來集』: 京畿道, 1988, 『畿內寺院志』등을 중심으 로 정리하였다. 별도의 주는 생략한다.

217) 塹城壇에 대해서는 李穡의 詩가 전한다(『牧隱詩藁』권 3, 摩尼山紀 行,「次韻山上作」. "○ 山河險如此 壯哉吾有國 絶頂雲氣流 顧崖俯喬 木 臨風發長嘯 餘響振巖谷 欲繼蘇門遊 石髓今正綠 日月兩轂輪 宇宙 一間屋 此壇非天成 不知定誰築 香昇星爲低 章入氣初肅 祇以答神貺 何以自求福 ○ 長風吹我上瑤臺 海闊天遙萬里關 不用振衣仍濯足 似

上方下圓으로 쌓았다고 한다. 축조 시기는 확실하지 않으나, 삼
국시대부터 이미 祭天壇으로 활용된 듯 하다. 고려시대부터 국
가 또는 민간에서 祭禮하였고 많은 修築이 있었는데, 기록을
확인할 수 있는 것은 1641년(인조 19)의 醮祭와 1717년(숙종 43)
의 修築뿐이다.[218] 또 1717년 중수 사실은 崔錫恒이 지은 陰記
를 통해 접할 수 있다.[219] 1437년(세종 19)에는 이곳에 曆官을
파견하고 측우기를 설치하기도 하였다.

N-2. 三郎城 : 鼎足山(일명 傳燈山)에 위치해 있으며 鼎足山城으로도
부른다. 단군이 세 아들로 하여금 築城하도록 했다고 전하며,
三郎이 쌓은 까닭에 그 이름이 유래하였다고 한다.[220] 삼국시대

聞笙鶴駕空來 : 『新增東國輿地勝覽』 권 12, 江華都護府, 社壇 참조).
한편 金時習(1435~1493)은 塹城壇에 올라 이를 단군과 연계하고 있
지 않으나 그 감회를 읊고 있고(『梅月堂詩集』 권 4, 「登摩尼山(江華)」
참조), 權韠(1569~1612)은 李穡의 韻을 사용하여 塹城壇에 단군의 자
취가 머물러 있다고 읊고 있다(『石洲集』 권 4, 七言律詩, 「登摩尼山
天壇用牧隱韻」. "捫蘿直上海山頭 坐送江南萬里舟 牧老舊題餘板在
檀君陳迹古壇留 分明日月臨玄圃 浩蕩風烟沒白鷗 天地有窮人易老
此生能得幾回遊").
이밖에 塹城壇과 관련한 詩로는 權韠(『石洲集』 권 2, 七言古詩, 「遊
摩尼山用觀燈行韻」)·鄭磺(朝鮮 宣祖, 『琴松堂詩集』, 「登塹城壇」)·
李廷龜(1564~1635, 『月沙集』 권 17, 「倦應錄」 중 「摩尼山淨水寺次僧
卷韻二首」)·權省吾(1587~1671, 『東巖先生文集』 권 1, 詩, 「江都感
興」)·金邁淳(1776~1840, 『臺山集』 권 3, 詩, 「三月三日登摩尼山絶
頂有石壇兩成高可四丈廣如之傳爲檀君祭天處」)·金正喜(1786~1856,
『覃揅齋文集』 권 6, 七言絶句, 「奉陪來實錄之命往江華史庫登摩尼絶
頂」)·申佐模(1799~1877, 『澹人集』 권 4, 詩, 「摩尼山次前人洗心齋
韻」·「塹城壇次牧隱五古八韻」) 등이 있다.
218) 『大東地志』 권 2, 江華府, 壇遺. "摩尼山塹城壇[… 仁祖十九年 始祭
摩尼山 肅宗丁酉重修]"
219) 『損窩遺稿』 권 12, 記, 「塹城壇改築記」. 이에 대해서는 京畿道, 1993,
『京畿金石大觀』 7 「塹城壇改築記」 및 徐永大, 1995, 「崔錫恒의 <塹
城壇改築記>에 대하여」 『博物館紀要』 창간호, 인하대박물관 참조.
220) 『輿地圖書』에는 그 내용이 구체적으로 기록되어 있다(『輿地圖書』,
江都府, 城池. "鼎足山城[一云三郎城 在府南三十里 三峰峙立 如鼎足

의 石城으로 추측되고 고려시대에도 중수가 있었던 것으로 보인다. 1739년(영조 15) 江華留守 權適이 중수하면서 남문에 宗海樓라는 門樓를 건립하였고, 1764년(영조 40) 다시 중수되었다.

N-3. 摩利山城址 : 石城으로 摩利山 서남쪽 일대에 있었다고 한다. 고려시대에 쌓았다고 하며,『高麗史』에 보이는 摩利山塹城은 이와 관련이 있는 듯 하다. 또 고려 말 왜구가 江華府에 침구하자 萬戶 金之瑞와 府使 郭彦龍이 대적하지 못하고 摩利山으로 도망한 곳이[221] 이곳으로 짐작된다. 1666년(현종 7) 江華留守 徐必遠에 의해 廢城되었다고 한다.

N-4. 天齋菴址 : 摩利山 祭天堂 동북간 절벽 아래에 있다. 塹城壇에서 祭天禮를 할 때 사용하던 祭器를 보관하고 祭需를 준비하던 암자이다. 국가에서는 祭田을 하사하여[222] 재지기를 두고 그 준비를 맡겼다고 한다. 李穡의 詩板이 보관되어 있었다고 전하며,[223] 조선 건국 이전 태종 역시 代言으로 이곳에서 天祭를 주

形 世傳檀君使其三子 各管一峰而築之 故名曰三郎城 周回五里 垛七百五堞 …]"). 그러나『江都府誌』는 이에 관한 전승에 부정적인 입장이다(『江都府誌』하, 古蹟. "三郎城 鼎足山城一名也 相傳檀君使其三子 各築一峰故名 雖不可信 而大抵城在羅麗之前矣").
한편 고려시대 墓誌銘중에서 開城의 서남쪽에 三郎山이 있었음을 확인할 수 있다(「朴全之妻崔氏墓誌銘」. "卞韓國夫人崔氏卒 … 葬于京城西南二十許里 三郎山之麓", 金龍善 編著, 앞의 책, 432~433쪽 ;「朴全之墓誌銘」. "令百官會葬 于城府二十許里 參廊山之麓", 金龍善 編著, 앞의 책, 454~457쪽 ;「朴遠妻洪氏墓誌銘」. "至元丙子 春秋四十有九 而病卒 … 宅兆三郎山之原其葬也", 金龍善 編著, 앞의 책, 488~489쪽 ;「朴遠墓誌銘」. "… 三郎山先塋之次 …", 金龍善 編著, 앞의 책, 518~519쪽). 즉 開城 서남쪽 20여리에 있던 三郎山, 혹은 參廊山은 고려시대 竹山朴氏의 先塋이었는데, 이것과 三郎城과의 관계는 확실하지 않다.
221)『高麗史』권 113, 열전 26, 崔瑩. "… 又寇江華府 萬戶金之瑞府使郭彦龍 遁入摩利山 賊大掠虜之 之瑞妻而去 禑遣羅世李元桂康永朴壽年趙思敬等 擊賊于江華 瑩爲都統使 次昇天府以備之 賊弃江華退 寇守安通津童城等縣 …" 및『高麗史節要』권 30, 辛禑 3년 3월 참조.
222)『高麗史』권 82, 지 36, 병 2, 둔전, 辛禑 3년 3월 참조.

관하기도 하였다.224) 조선시대에 들어와 명종이 親祭할 때 李
珥에게 짓도록 한 醮禮靑詞의 遺文이 남아 있다. 한편 이곳에
서는 일찍부터 불상을 모셔두고 있었으나, 1883년(고종 20) 건
물이 무너져 내려 불상을 傳燈寺로 옮겼다고 한다.

N-5. 興王離宮址 : 1259년(고종 46) 2월 국가의 基業을 연장하기 위
해 校書郎 景瑜의 청으로 창건했다는 摩利山離宮을225) 지칭하
는 것으로 짐작된다.226)

---

223) 齋宮에 대해서는 李岡과 李穡의 詩가 전한다(『鐵城聯芳集』권 1,「平
齋先生文集」詩,「齋宮有作示同齋諸僚」."火雲凝赤日 膏雨久違時 苗
長誰能助 民生未有期 況聞邊寇逼 復見野人飢 此極堪號泣 皇天忍聽
爲":『牧隱詩藁』권 3, 摩尼山紀行,「次韻齋宮二首」. ○ "焚香淸坐側
吟頭 一室虛明小似舟 最愛秋光開戶入 更邀山影滿庭留 身輕無罣思
騎鳳 心靜忘機欲近鷗 不用煉丹求羽化 掃除六鑿便天遊" ○ "茂陵何
事苦求仙 祇是蓬萊亦或然 山與雲浮自無際 風吹船去莫能前 金人一
滴盤中露 靑鳥孤飛海上天 何似塹城修望秩 坐令人享太平年" ;「曉發
齋宮」. "萬丈玄壇夜氣淸 綠章才奏澹忘情 歸鞍滿載長生福 拜獻吾君
作太平":『新增東國輿地勝覽』권 12, 江華都護府, 社壇 참조).
224)『世宗實錄』권 148, 地理志, 江華都護府 참조.
225)『高麗史』권 24, 고종 46년 2월 갑오 참조.
226) 이에 대해서는『輿地圖書』의 다음과 같은 기록을 참고할 수 있다(『輿
地圖書』, 江都府, 古蹟. "離宮故址[在摩尼山南興王村 麗高宗四十六
年 從校書郎景瑜之言 創離宮于此宮基 至今宛然]").
　한편 이곳의 서쪽 계곡에는 興王寺址가 있는데, 이 역시 1259년(고종
46) 興王離宮을 창건할 때 中郎將 白勝賢의 요청으로 함께 건립된 것
으로 추측된다.『江都府誌』에는 興王寺를 문종의 願刹이자 續藏經의
간행도감이 설치되었고, 1347년(충목왕 3) 王輪寺 등과 福靈道場이 개
설되었던 개풍의 興王寺로 파악하고 있으나(『江都府誌』상, 佛宇.
"興王寺 在摩尼南谷平田中 礎砌至今可徵 洞名興王 其以是歟 觀於
李穡詩 盖高麗文宗祝釐所也 其詩曰 流觀寶塔品 朗詠金仙歌 浮空本
無蔕 辭漢淚如波 兩途俱幻誕 令人發深嗟 恭惟文廟意 燕翼垂不劘
忠臣固愛主 祕術多差訛 悲雲擁曉絶 鬱然興山阿 有客屢回首 驅馬登
前坡"), 오류가 분명하다. 즉 이곳의 興王寺는 몽골의 兵亂을 피해 江
都에서 생활하던 고려 위정자들이 開京에서의 생활을 동경하며 兵亂
을 극복하고, 다시 開京으로 귀환하고자 하였던 의식에서 開京의 地

N-6. 三郎城假闕址 : 神泥洞假闕址와 함께 白勝賢의 國祚 延基와
神補를 위한 청에 의해 조영을 시작했으나 고종의 승하로 건립
이 중단된 듯 하다.227) 이후 원종의 즉위와 함께 다시 공사가
진행되었고, 1264년(원종 5) 5월부터는 4개월 동안 이곳에서 大
佛頂五星道場을 개최하여 왕이 친히 행차하여 行香하기도 하
였다. 이후 2년 뒤 대대적인 개창이 있었다고 한다. 조선시대에
들어와 영조 14년(1738) 개축하여 璿源閣史庫를 지었다고 한
다.228)

N-7. 왕거밋골 : 화도면 덕포리 소재의 자연마을 이름으로 단군왕검
이 이곳에서 道를 닦았다는데서 유래하였다고 한다.

이밖에 摩利山의 山川祭壇址229)와 祈雨晴祭壇址230) 등을 포함

名・建物名・寺刹名 등을 江都에 그대로 移植한데서 나온 명칭중의
하나라고 짐작된다. 이것은 고종이 송악산에 新宮을 짓고 開京을 그
리는 마음에서 그 이름을 '延慶'이라고 하였음에서 짐작할 수 있다
(『江都府誌』 上, 山川. "松岳山 … 麗高王嘗名新宮爲延慶 以寓不忘
開京之意 新宮之依此山 正如延慶之依松岳 則以松岳名此山 亦似當
時事也").
興王이란 이름의 사찰과 離宮을 摩利山에 건립한 것은 당시 민란・재
변・몽골의 침구 등으로 피해가 계속 발생한데 따른 왕실의 중흥과 안
녕을 기원하는 목적에서였던 것으로 보인다. 또 당시 도참에 능했던
白勝賢의 주장으로 祚基의 연장과 神補를 위한 離宮・假闕・寺刹 등
의 창건 작업이 빈번하였다는 사실도 당시 정세의 극복을 위한 염원을
반영한 것이라고 할 수 있다. 이와 관련한 지명으로는 '興王里'와 흥왕
의 방언이라는 '후엉고개'・'長安山' 등이 있다.
227) 李丙燾, 1980, 앞의 책, 296쪽 참조.
228) 『大東地志』 권 2, 江華府, 城池. "鼎足山城[在吉祥山有古城 俗傳三郎
城 高宗四十六年 命營假闕於三郎城 英宗十四年 因古址改築 周五里
中有璿源閣史庫 …]"
229) 山川祭壇은 塹城壇 아래에 위치해 있었다(『新增東國輿地勝覽』 권
12, 江華都護府, 祠壇. "山川祭壇[在摩尼山醮星壇下]").
230) 江華의 祈雨晴祭壇은 高麗山・花山・摩尼嶽・松岳山・穴口山・甲
串津 등 6곳에 있었다고 한다(『江都府誌』 上, 祠壇. "祈雨晴祭壇六所

할 수 있겠지만, 자료의 미비로 그 내용을 확인할 수 없다. 그러나 三聖祠에서의 단군숭배가 산신신앙과 융합되어 있고, 祈雨龍壇과 함께 이를 위한 별도의 부대시설이 마련되어 있었음에서 볼 수 있듯이[231] 山川祭壇址와 祈雨晴祭壇址 역시 塹城壇을 중심으로 하는 단군숭배를 위한 부속 건물로 짐작된다.

　江華에서 전해지던 단군과 관련한 유적과 전승은 대략 7건으로 정리할 수 있다. 이중 단군과 직접 관련한 유적은 塹城壇과 三郎城 2건이며, 나머지 5건은 그 신앙과 관련한 유적이다. 塹城壇 역시 신앙유적으로 분류할 수도 있다. 특히 興王離宮址・三郎城假闕址 등은 왕실이 조영에 적극 관여하고 있다는데 특징이 있고, 다음과 같은 점에서 주목된다. 첫째, 건립 시기가 元의 대대적인 영토의 寇掠으로 도읍을 江都로 옮긴 시기 - 구체적으로 元의 강압적인 강화 요구를 수용할 수밖에 없던 고종・원종 때 이루어졌다는 점이다. 둘째, 건립 목적이 도참을 토대로 國祚의 延基와 裨補를 위한 현실적인 것에 있었다는 점이다. 이런 특징들은 자료상에 보이는 摩利山 塹城壇에서의 전승 및 숭배의 성격과도 긴밀히 연계되는 것이다.

　한편 摩利山과 三郎城을 중심으로 전해지고 있는 전설・민담으로는 '떡봉・밥봉・죽봉',[232] '摩利山 傳說',[233] '고개 돌린 鎭江山',[234]

　　一在高麗山 一在花山 一在摩尼嶽 一在松岳山 一在穴口山 一在甲串津").
231)『成宗實錄』권 15, 성종 3년 2월 계유 참조.
232) 3개의 봉우리를 연결하는 방법으로 築城한 三郎城은 이 지역사람들에게 제일 높은 봉우리부터 떡봉・밥봉・죽봉으로 불리고 있다. 매년 정월 대보름에 달이 제일 높은 봉우리 위로 떠오르면 그해 大豐이 되어 여유있는 곡식으로 떡을 해먹을 수 있고, 중간 봉우리에 떠오르면 평년작으로 밥만 굶지 않고 먹을 수 있으며, 가장 낮은 봉우리로 떠오르면 흉년이 들어 죽으로밖에 끼니를 잇지 못한다고 한다(江華文化院

'摩利山과 무쇄못'[235] 등을 들 수 있다. 이들은 언뜻 단군 또는 그 전승과 아무런 관련을 가지지 못한 것으로 생각되기도 한다. 그러나 摩利山에는 단군이 祭天하였다는 塹城壇이 있어 민간에서뿐만 아니라 부정기적이었지만 조정에서도 숭배되고 있음을 고려할 때, 이들 역시 摩利山의 이 같은 위상과 관련하여 구전되었다고 생각된다.

또 민간신앙으로 '摩利山山神祭'를[236] 확인할 수 있다. 山神祭는 우리나라 전역에서 마을의 안녕・壓兵・치병 등을 위해 마을제・個人祭 등의 형태로 거행되어 왔다. 강화에서도 역시 摩利山뿐 아니라 혈구산・진강산・고려산 등에서 山神祭가 행해지고 있다. '摩利山山神祭'의 숭배 대상은 摩利山神, 즉 단군이 분명한데, 이것은 단군전승이 전래의 山神信仰과 융합된 모습을 보여주는 또 하나의 예라고 할 수 있다.[237]

編, 위의 책 참조).

233) 江華에는 摩利山을 비롯하여 혈구산・진강산・고려산・능주산 등이 있는데 이들은 형제였다. 옛날 이 5형제는 중국으로부터 떠내려와 이곳에 정착하게 되었는데, 이중 제일 높은 摩利山이 맏이로 主山이 되었다고 한다(江華文化院 編, 앞의 책 참조).

234) 옛날 鎭江山은 주위에 자신보다 높은 산이 없어 여러 곳을 돌아다니며 위용을 자랑하였다. 그러나 摩利山의 위용을 보고는 위세에 눌려 감히 정면으로 바라보지 못하고, 산머리를 摩利山의 반대쪽으로 돌렸다고 한다(江華文化院 編, 앞의 책 참조).

235) 고려 고종 때 神山・靈山으로 알려져 있던 摩利山까지 몽골병이 침입하여 산세를 보니 名將을 탄생시킬 기운을 안고 있어 이후 자신들에게 해가 될까 두려워 무쇄못을 박아 산의 정기를 뽑으려 하였다고 한다(江華文化院 編, 앞의 책 참조).

236) 화도면 장화리의 토착신앙으로 摩利山神을 主神으로 섬긴다고 한다. 봄・가을로 마을에 災變이 발생하지 않도록 기원하기 위해 마을제가 거행되고, 葬禮하기 전이나 밀례할 때, 또는 時祭를 지내기 전인 새벽에 개인 또는 공동으로 致祭한다고 한다(江華文化院 編, 앞의 책 참조).

237) 한편 江華의 巫俗信仰의 50여가지 신격 중에서 임경업장군신・최일

이상으로 볼 때, 江華에서 단군과 관련한 유적과 전승은 대부분 摩利山이 위치한 화도면, 특히 摩利山의 인접지역에 집중되어 있다. 이것은 摩利山이 그 일대의 마을공동체 생활 전반에 걸쳐 긴밀한 영향을 미치고 있었음을 의미한다.

2. 傳承의 樣相

江華의 단군전승은 摩利山을 중심으로 전해오고 있었고, 단군과 직접 관련한 유적으로는 塹城壇과 三郞城 등이 있었다. 특히 塹城壇은 단군이 祭天禮를 거행한 곳으로, 그 자료를 『世宗實錄』 地理志와 『高麗史』에서 확인할 수 있다.

> O-1. 摩利山 … 산 정상에 塹城壇이 있는데 돌을 겹으로 쌓았다. 壇의 높이는 10척으로 上方下圓이며, 壇 위의 4面은 각각 6척 4촌이고 下廣은 각각 15척이다. 世傳하기를 단군이 祭天하던 石壇이라고 한다. 산기슭에는 齋宮이 있는데, 舊例에 따라 매년 봄·가을로 代言을 파견하여 醮祭를 행한다. 今上(세종) 12년인 경술년에 비로소 2품 이상의 관원을 파견하였다(『世宗實錄』 권 148, 地理志, 江華都護府).

> O-2. 摩利山 … 府의 남쪽에 있다. 산 정상에 塹城壇이 있는데 단군의 祭天壇으로 世傳되고 있다(『高麗史』 권 56, 지 10, 지리 1, 江華縣).

자료 O중에서 『高麗史』보다는 『世宗實錄』의 내용이 비교적 상

장군신·황장군신과 함께 檀君神이 主神으로 자리하고 있음은 이 지역의 단군전승에 대한 전통을 이해하는데 참고할 수 있다(江華文化院 編, 앞의 책, 1009쪽 참조).

세하다. 그러나 塹城壇에서의 祭天儀禮가 언제부터 시작되었는지
는 밝혀져 있지 않다.238) 단지 단군이 祭天하였다고 世傳되던 塹
城壇에서 舊例에 따라 현재(1430)까지도 매년 봄·가을로 代言을
파견하여 齋宮에서 祭天禮를 거행하고 있음을 알 수 있을 뿐이다.
여기서 齋宮은 앞서 살펴본 天齋菴址를 지칭하는 것으로 파악된
다.239)

이점과 관련하여 摩利山과 塹城壇을 단군과 직접 언급하고 있
지는 않지만, 摩利山을 신선이 사는 신성한 곳으로, 塹城壇의 축조
시기와 이곳에서의 醮祭 설행을 太古 이전으로 이해하고 있는 李
岡(1333~1368)의 詩를 참고할 수 있다.240) 이것은 摩利山에서의
단군전승에 관한 이해의 단서로 삼을 수 있다. 그러면 舊例가 지칭
하는 시점에 대해 검토하기로 한다. 여기에는 두 가지 가능성이 있

---

238) 『輿地圖書』에는 塹城壇과 三郞城의 축조 시기를 단군이 평양에 도읍
　　하고 있었을 때로 기록하고 있다(『輿地圖書』, 江都府. "… 昔太白神
　　人 以靑丘首出之君 長築埤雲巔 躬自醮星 三郞承命城于鼎足 伊時國
　　都在平壤 則距此島半千其程 而挈諸子航險洋 親執土石 不憚勤老者
　　必因玆地之爲名區 而祭天營雄之際亦應 有設宮留居之所矣 …"). 또
　　최근 塹城壇의 축조를 남하하던 沸流 집단과 관련하여 추측한 연구
　　도 제시되었다(鄭炅日, 1997, 「摩利山 塹城壇 硏究」『靑藍史學』 1,
　　한국교원대, 101~104쪽 참조).
239) 『世宗實錄』 권 148, 地理志, 江華都護府. "… 山麓有齋宮 舊例每春秋
　　遣代言設醮 今上十二年庚戌 始遣二品以上 齋宮壁上有東字韻詩 太
　　宗潛龍嘗爲代言 齋宿于此次韻 今刻于板上 以金塡之] …"
240) 摩利山과 塹城壇에 대한 李岡의 詩는 그의 문집과 『東國輿地勝覽』에
　　전한다(『新增東國輿地勝覽』 권 12, 江華都護府, 祠壇. "高麗李岡詩
　　心靜身閑骨欲仙 遙思人事正茫然 薦蘋秘席巾興後 疊石靈壇太古前
　　已得眼看千里地 怳疑身在九重天 此行無偶如相詫 誰値還都第一年]"
　　및 『鐵城聯芳集』 권 1, 「平齋先生文集」, 詩, 「次摩利山齋室板上韻」.
　　"春風景物富年華 承命來遊道里賖 鞭駬朝辭舟鳳闕 棹舟暮趍白鷗波
　　半空蒼翠山浮色 滿壑氛氳草自花 借問蓬萊何處是 人言此地卽仙家").

다. 첫째는 塹城壇에서의 祭天儀禮를 三郞城의 축조 연대와 같은
삼국시대, 혹은 그 이전으로 상정할 가능성이다. 둘째는 자료 O가
조선초기 俗傳을 정리한 것이라는 점을 감안하고, 고려말 李芳遠
이 이곳에 潛邸하고 있을 때 天祭했음과 우왕 때 代言인 慶復興을
파견하여 醮祭하였음을[241] 근거로 고려시대, 특히 고려후기로 국
한시킬 가능성이다. 첫째의 가능성에 대해서는『三國史記』를 비롯
한 제반 자료에서 그 내용을 확인할 수 없다.[242]

摩利山이 자료상 최초로 보이는 것은 고려 성종 때이다.[243] 그러
나 이것은 摩利山이 新池・穴口 등과 함께 魚梁이나 放生所였음
을 보여주는 것으로 塹城壇의 檀君祭天과는 관련을 가지지 못한
다. 그러나 摩利山이 불교 행사와 관련한 장소로 조정에 주목받고
있음은 이곳이 불교와 관련하여서는 그 이해가 일찍부터 전해왔음
을 보여주는 것이다.[244]

이후 고려시대에 江華의 단군전승과 관련한 자료가 집중되어 나
타나는 시기는 고종말・원종초이다. 이것은 당시 고려가 처한 시

---

241)『高麗史』권 111, 열전 24, 慶復興 참조.
242) 江華와 관련한 명칭으로 자료에 보이는 최초의 것은 백제의 古爾王과
    辰斯王이 西海大島・國西大島에서 사슴을 사냥하였다는 기록이다
    (『三國史記』권 24, 百濟本紀 2, 고이왕 3년 10월 및 권 25, 百濟本紀
    3, 진사왕 7년 7월 참조). 여기서 西海大島・國西大島는 江華島를 가
    리키는 것으로 짐작된다.
243)『高麗史』권 93, 열전 6, 崔承老. "… 或以新池穴口與摩利山等處魚梁
    爲放生所 一歲四遣使 就其界寺院開演佛經 又禁殺生 御廚肉膳不使宰
    夫屠殺市買以獻 至今大小臣民 悉皆懺悔 擔負米穀柴炭菀豆 施與中外
    道路者 不可勝紀 …" 및『高麗史節要』권 2, 성종 원년 6월 참조.
244) 한편 妙淸의 八聖堂에 보이는 摩利山의 神格인 頭嶽天女 實德不動優
    婆夷(『高麗史』권 127, 열전 40, 妙淸) 역시 강화와 관련한 神格으로
    추측되는데, 頭嶽天女 實德不動優婆夷와 단군전승에 대해서는 3-I.
    「高麗 前・中期의 認識」참조.

대적 상황을 반영하고 있다. 고종 말은 1253년(고종 40)부터 1259년 (고종 46)까지 무려 7년에 걸친 元의 寇掠이 연이었고 민심의 이반 도 가속되어 가는 실정이었다.[245] 계속되는 흉년과 染病의 횡행은 강시가 길을 덮을 정도로 심각하였고,[246] 최씨무인정권이 무너진 직후인 1258년에는 태자가 元에 入朝하지 않을 수 없는 중대한 변 화가 야기되었다. 더구나 元이 영토를 초토화함에 따라 고려는 본 토의 백성을 山城이나 海島로 入保하도록 하여 본토는 丘墟로 변 했다. 따라서 文化縣・平壤 등에서 부정기적인 것이었지만 국가 재난에 대한 극복방도로, 혹은 이에 대한 報祀로 관심의 대상이 되 었던 단군 사당에서의 致祭 역시 거행할 수 있는 실정은 아니었다. 또 妙淸亂 이후에도 계속된 趙位寵・崔光秀의 난, 그리고 元의 2 차 침구때 洪福源 등의 배반으로 西京이 叛逆鄕으로 인식됨으로 써 국가주도로 이루어지고 있던 平壤에서의 숭배는 거의 중단되었 던 것으로 생각된다.

이런 상황에서 고종은 도참에서 吉地라고 알려진 곳에 離宮・ 假闕을 조영하여 직접 移御하거나 衣帶를 계절에 따라 봉안하도 록 하여 國祚의 延基와 裨補를 기원하였다. 松山의 王氣가 장차 쇠진할 것이니 마땅히 別宮을 짓고 移御하여 이를 가시게 해야 할 것이라는 術士의 말을 따라 竹坂宮을 짓고 移御한 것이나,[247] 樞 密院副使 李允誠에게 御衣帶를 白岳假闕에 봉안하도록 한 것 은[248] 구체적인 예이다.

---

245) 尹龍爀, 1991,『高麗對蒙抗爭史硏究』, 일지사, 202~207쪽 참조.
246) 고종 말 계속되는 자연재해로 인한 피해상황은『高麗史』・『高麗史節 要』에 자세하게 기록되어 있다. 특히 이에 대한 고종 46년 史臣의 평 은 참고할 만 하다(『高麗史節要』권 17, 고종 46년 2월 참조).
247)『高麗史』권 22, 고종 4년 4월 기유 참조.
248)『高麗史』권 22, 고종 15년 12월 갑자 참조.

이런 조정의 움직임 속에서 단군과 관련한 또 다른 편린을 찾아
볼 수 있다.

　　內侍 李白全을 보내 御衣를 南京假闕에 奉安하도록 하였다. 僧이
　　讖說에 근거하여 말하기를 "扶疎山으로부터 나누어 左蘇로 삼은 곳
　　을 阿思達이라 하는데, 이곳은 옛 楊州의 땅입니다. 만약 이곳에 궁
　　궐을 조영하여 왕께서 移御하신다면 國祚를 가히 800년 연장시킬
　　수 있을 것입니다"라고 하였다. 이에 이 命이 있었다(『高麗史』권
　　23, 고종 21년 7월 갑자).

이 자료는 1234년(고종 21) 7월 讖說에 근거하여 內侍 李白全에
게 南京假闕에 御衣를 봉안하도록 한 조치이다. 여기서 左蘇를 故
楊州之地인 阿思達로 비정한 道讖僧의 말은 주목된다. 즉 讖僧이
左蘇로 비정한 故楊州之地 阿思達은 그 명칭의 유사함으로 볼 때,
一然이 고조선의 도읍으로 이해하던 阿斯達과 관련이 있는 듯 하
다.[249] 따라서 阿思達의 위치를 故楊州之地로 비정한 讖僧의 해석
은 옳고 그름을 떠나, 민간신앙으로서의 단군전승이 도참과 연계
된 모습을 보여준다. 이로 볼 때 조정에서는 어떤 형태로든지 단군
전승을 이해하고 있었다고 하겠다. 즉 南京 故楊州之地를 고조선
의 도읍인 阿斯達로 비정한 것은 단순한 착오이기보다는[250] 平壤
이 시기를 달리하지만, 고조선과 고구려의 도읍이었던 관계로 그
전승들이 융합되어 전해졌다는 점과 밀접한 관련을 가지고 있는

---

249) 『三國遺事』권 1, 紀異 2, 古朝鮮[王儉朝鮮] 참조.
250) 李丙燾는 三蘇중 左蘇를 故楊州之地 阿思達로 비정한 讖僧의 견해가
　　南京의 西岳을 혹 白岳이라고 한데서 비롯된 오해라고 단정하고, 扶
　　疎山은 開城의 扶蘇山, 즉 松嶽이며 거기서 분파한 左蘇 阿思達은 숙
　　종 때 新闕이 창궐되었던 南京의 故楊州之地가 아니라 명종 때 三蘇
　　인 左蘇 白岳山·右蘇 白馬山·北蘇 箕達山중 左蘇 白岳山이라고
　　파악하였다(李丙燾, 1980, 앞의 책, 287~288쪽 참조).

것으로 생각된다. 南京(故楊州)은 고구려 때 南平壤이었는데,[251] 이것은 시대는 알 수 없지만 平壤에서의 단군전승이 후대로 전해지면서 平壤의 그것이 南京에 이식될 수 있는 빌미를 제공한 것에서 비롯된 것으로 짐작된다. 다시 말해서 『高麗史』의 故楊州之地 阿思達은 고구려에서 平壤을 중심으로 전해지던 단군전승이 어느 때에 이르러서는 南平壤인 故楊州之地까지 그 범위를 넓히고 있는 역사적 사실을 반영하고 있다는 것이다. 따라서 이 기록을 통해 미흡하나마 단군전승이 확대되어 가는 일면을 살펴 볼 수 있다고 생각된다.

고종 때의 이 같은 단군전승에 관한 이해와 叛逆鄕으로서의 西京에 대한 인식, 元의 寇掠으로 인한 江都로의 천도 등은 단군이 祭天했다고 世傳되던 摩利山 塹城壇에 자연스럽게 관심을 가지게 하였다. 그리고 이곳에서의 숭배는 나아가 平壤·九月山 등에서 행해지던 기능을 대행하게 되었던 것으로 짐작된다. 이와 관련해서는 다음의 기록을 참고할 수 있다.

> P-1. 摩利山 남쪽에 離宮을 창건하였다. 이에 앞서 校書郞 景瑜가 이 산에 (離宮을) 창궐하면 基業을 연장할 수 있을 것이라고 청하였다(『高麗史』 권 24, 고종 46년 2월 갑오).

> P-2. 三郞城과 神泥洞에 假闕을 조영하도록 命하였다(『高麗史』 권 24, 고종 46년 4월 정유).

摩利山 남쪽의 離宮과 三郞城·神泥洞의[252] 假闕 조영은 國祚

---

251) 『世宗實錄』 권 148, 地理志, 京畿, 楊州 참조.

252) 神泥洞의 위치를 『江都府誌』에서는 선원리의 神智洞으로 비정하고 있다(『江都府誌』 하, 事實. "高麗高宗 … 四十六年己未 … 五月 命 營假闕於三郞城及神泥洞 … 神泥洞 今不詳何處 仙源里有神智洞 無

의 延基裨補를 위한 것이었다.[253] 즉 1259년(고종 46) 2월 景瑜의
청에 의한 興王離宮의 창궐은 몽골의 출륙 강요와 태자의 입조 요
구에 어쩌지 못하던 고려 정부가 摩利山에 離宮을 설치하여 祈福
함으로써 난국을 타개하고자 하는데 건립 목적이 있었다. 이것은
'興王'이라는 離宮의 명칭에서도 유추할 수 있다. 또 4월 도참에
정통했던 中郎將 白勝賢의 청에 의한 三郎城假闕 역시 같은 목적
에서 건립되었다. 여기에는 또 당시 병으로 고생하던 고종의 쾌유
를 빌기 위한 목적도 있었던 듯 하다.[254] 그런데 摩利山과 三郎城
은 단군과 직접 관련을 가진 곳이다. 이것은 이곳에서의 단군전승
이 국가의 基業延長과 裨補를 위한 도참과 연계되어 離宮이나 假
闕 창궐 등 현실적인 면으로 표출되었음을 보여준다.

원종 역시 1264년(원종 5) 三郎城假闕에서 大佛頂五星道場을 설
치하여[255] 친히 행사를 주관하기도 하고, 神泥洞假闕에서도 大佛
頂五星道場을 설행하였다.[256] 『高麗史』 白勝賢 列傳을 중심으로
그 내용을 살펴보기로 한다.

　　원종 5년 몽골이 왕을 불러 入朝하라고 하였다. (白)勝賢이 또 金俊

　　　　或是歟 …").
253) 李丙燾, 1980, 앞의 책, 293쪽 참조.
254) 三郎城假闕의 조영 과정은 다음 기록을 참고할 수 있다(『高麗史』 권
　　　123, 열전 36, 白勝賢. "白勝賢 業風水 高宗末 補郎將 王在江都 嘗問
　　　延基之地 勝賢曰 願行穴口寺 談揚法華經 又創闕于三郎城 以試其驗
　　　王命兩府合坐 令勝賢與景瑜 判司天事安邦悅等 論難利害 勝賢以數
　　　馬駄道錄・佛書・陰陽道識 左抽右取 詭辯無窮 景瑜等 不能折其談
　　　鋒 兩府曰如之何 景瑜等不得已曰 勝賢之言 雖不可信 姑試之 於是
　　　命假闕于三郎城及神泥洞").
255) 『高麗史』 권 26, 원종 5년 5월 계묘 및 6월 병오. "行三郎城五星道場"
256) 『高麗史』 권 26, 원종 5년 6월 경술. "移御神泥洞假闕 設大佛頂五星
　　　道場"

을 인하여 奏하기를 "만약 摩利山塹城에 친히 醮祭하고 또 三郎城
·神泥洞에 假闕을 조영하여 친히 大佛頂五星道場을 설치하면, 8월
이 못되어 반드시 응함이 있어 親朝함을 면할 것이며, 三韓은 변하
여 震旦이 되어 大國이 來朝할 것입니다"라고 하였다. 왕이 이를 믿
고 (白)勝賢 및 內侍大將軍 趙文柱·國子祭酒 金坵·將軍 宋松禮
등에게 명하여 假闕을 창건하도록 하였다. 禮部侍郞 金軌가 右僕射
朴松庇에게 말하기를 "穴口는 흉산인데 (白)勝賢이 大日王 常住處
로 여겨 일찍이 고종에게 奏하여 穴口寺를 짓고 御衣帶를 안치하도
록 하여 오래지 않아 (고종께서) 승하하셨습니다. 이제 감히 또 浮言
을 만들어 假闕을 조영하도록 奏하고 또 穴口에 친히 大日王道場을
설치하도록 청하니 이는 가히 믿지 못할 것입니다. 청하건대 공께서
이를 금하도록 하소서"라고 하였다. (朴)松庇가 (金)俊에게 고하니
(金)俊은 깊이 (白)勝賢의 말에 惑한 지라 (金)軌를 베고자 하였다가
이내 그만 두었다(『高麗史』 권 123, 열전 36, 폐행 1, 白勝賢).

원종은 三郎城假闕에서 大佛頂五星道場을 4개월 동안 개최하
고[257] 摩利山塹城에서 醮祭를 하였다. 아울러 神泥洞假闕·穴口
寺 등지에서 佛事를 개설하기도 하였다.[258] 이것은 元이 8월 안으
로 親朝를 요구함에 어떻게 해서든지 이를 피해보려는 궁여지책에
서 나온 것이었다. 자신이 청한 일련의 행사를 개최하면 8월이 못
되어 반드시 응함이 있어 親朝를 면할 수 있을 것이라는 白勝賢의
말은 이를 반영한다. 그러나 이런 佛事와 醮祭는 효과가 없었던지

---

257) 『高麗史節要』 권 18, 원종 5년 5월. "始設大佛頂五星道場於三郎城假
闕 凡四月" 佛頂道場은 『佛頂尊勝陀羅尼經』을 외우면서 재액을 없
애고 복을 비는 의식으로, 佛頂은 석가모니불 정수리의 공덕을 인격
화하여 숭배의 대상으로 삼는 것이라고 한다(洪潤植, 1994, 「불교행사
의 성행」, 『한국사』 16, 국사편찬위원회, 181쪽 참조).

258) 『高麗史』 권 26, 원종 5년 6월 신해. "移御神泥洞假闕 設大佛頂五星
道場" 및 임자. "設大日王道場于穴口寺 乙卯親行行香":『高麗史節
要』 권 18, 원종 5년 6월 참조. 穴口寺는 穴口의 동쪽 계곡에 있었다
고 한다(『江都府誌』 상, 佛字. "穴口寺 麗高王用術士言 設此在穴口
東谷中 基址尙存").

원종은 그해 8월 元幸을 떠나고,[259] 宮主는 몸소 普濟寺와 妙通寺에 행차하여 왕의 무사귀환을 빌고 있다.[260]

한편 1293년(충렬왕 19) 摩利山이 무너져 내렸다는 기록을 『高麗史』에서 확인할 수 있다.[261] 이것은 塹城壇의 붕괴 사실을 의미하는 것으로 보인다. 이에 "石이란 산의 뼈와 같아 이것이 裂隙되면 산 또한 붕괴되는 것으로, 장차 나라가 危亡할 조짐을 보이는 것이어서 경계하지 않을 수 없다"는 權敬中의 이해에서[262] 볼 수 있는 것과 같이 국가의 주도로 修築이 있었을 것으로 짐작된다. 즉 당시 조정에서는 祭天禮를 행하던 塹城壇의 붕괴를 불길한 징조로 해석하고 노심초사했을 것으로 추측되며, 이를 극복을 위해 塹城壇을 중심으로 한 단군전승은 더욱 주목되었을 것이다.

摩利山塹城은 조정의 주도로 醮祭가 거행되던 곳이다. 따라서 그 祭奠의 비용을 충당하기 위한 祭田을 마련되어 있었다. 이것은 우왕 때 崔瑩이 江華의 土田之出을 모두 軍簿에 등록하여 왜구의 침구에 대비하기 위한 軍糧으로 사용할 것을 건의하면서도 府官祿俸을 위한 土田과 塹城壇의 祭田만은 남겨두어 그 의식에 필요한 비용을 수급하도록 하고 있는데서 확인할 수 있다.[263] 즉 고려말 江華의 土田之出은 다른 곳과 마찬가지로 모두 세도가에게 겸병

---

259) 『高麗史』 권 26, 원종 5년 8월 계축 참조.
260) 『高麗史』 권 26, 원종 5년 8월 경오 참조. 妙通寺는 摩利山塹城과 가장 가까이 있던 사찰중의 하나로 宮主가 이곳에서 거행한 기복행사가 단군전승과 관련을 가지고 있을 수도 있다. 妙通寺에서는 주로 기복을 위한 摩利支天道場이 개설되고 있는데, 이는 밀교사찰이었던 妙通寺가 고려 사회에서 어떤 기능을 수행했는가를 짐작하게 한다(洪潤植, 위의 논문, 182쪽 참조).
261) 『高麗史』 권 55, 지 9, 오행 3, 충렬왕 19년 4월 신해. "摩利山崩 聲如震"
262) 『高麗史』 권 101, 열전 14, 權敬中 참조.
263) 『高麗史』 권 82, 지 16, 병 2, 둔전, 우왕 3년 3월 참조.

되어 있었다.264) 그런데 이들 토지를 모두 軍簿에 등록하면서도 摩
利山 塹城壇에서의 致祭를 위한 祭田을 제외하고 있다는 점에서
摩利山에서의 단군전승에 대한 고려 조정의 이해 깊이를 짐작할
수 있다.

醮禮를 통해 이루어지고 있던 摩利山에서의 단군숭배를 위한
祭田이 언제부터 마련되었는지는 확실하지 않다. 그러나 이것은
塹城壇에서 단편적인 이루어지고 있던 고려 조정의 祭天과는 달
리 매년 정기적으로 江華縣을 중심으로 하는 致祭가 이루어지고
있었음을 보여준다. 그리고 이런 致祭는 앞서 江華에서의 단군전
승이 주목을 받던 시기를 고려할 때, 최소한 원종 때부터는 祭儀를
위한 祭田이 마련되어 있었을 것으로 추측된다.

우왕은 또 1379년(우왕 5) 右代言 慶復興을 파견하여 摩利山塹
城에서 醮祭를 거행하였다.265) 이때의 醮祭는 국방체계가 이완되
고 있던 고려 말, 서남해안을 거쳐 開京부근까지 抄掠하여 천도의
논의까지 일으켰던 왜구를 가시기 위한 목적이 내포되어 있었다고
생각된다. 또 塹城壇 祭田의 土田之出로 그 비용을 수급하였을 것
이다. 이런 摩利山을 중심으로 한 단군전승에 대한 조정의 관심은
고려가 망하기 직전까지 지속되었다. 이것은 고려말에 李芳遠이

---

264) 『高麗史』 권 113, 열전 26, 崔瑩. "… 瑩言 喬桐江華實要害之地 豪强
爭點土田 軍資不繼 請罷私田 充軍食 禑然之 乃徒喬桐老幼於內地
留壯者治農桑 又令諸元帥 出麾下士各十人 又發愛馬宮司倉庫人爲兵
使 戍江華 …"

265) 『高麗史』 권 63, 지 17, 예 5, 잡사, 신우 5년 3월 신미. "遣使醮摩利
山". 이때 摩利山 醮祭를 위해 파견된 사신은 慶復興이라고 짐작된
다. 이것은 그의 열전에서 摩利山塹城에서의 醮祭와 관련한 기록을
찾을 수 있기 때문이다(『高麗史』 권 111, 열전 24, 慶復興. "… 官至右
代言 嘗受命 醮摩利山塹城 聞空中若有乎 慶復興不幸短命者 再還謂
友人曰 吾不久於世矣 未幾果卒").

代言으로 이곳에서의 天祭를 주관했다는 사실에서 확인할 수 있다.[266]

3. 傳承의 性格

摩利山에서 단군전승이 언제부터 시작되었는지는 자세하지 않다. 이에 대해서는 대략 두가지 견해가 제시되어 있다. 첫 번째는 고조선의 영역확장과 관련해서 이해하는 견해이고, 두 번째는 참성단에 醮祭를 지냈다고 언급하고 있는 『高麗史』의 기록 이후부터 형성되었을 것이라는 견해이다. 이중 첫 번째 견해는 『高麗史』나 『東國輿地勝覽』 등에 강화도 마니산에 단군이 하늘제를 지냈다고 하는 참성단이 있다는 기록이 있고, 그의 세 아들이 쌓았다는 삼랑성이 있다는 전설 자체는 원래 평양을 기본으로 한 그리 넓지 않은 지역에서 작은 나라로 발족한 고조선이 단군의 적극적인 활동에 의해 광대한 영토를 가진 국가로 성장하기 시작하면서 이루어진 것으로, 즉 단군시대에 고조선의 영역이 확장되었다는 사실에 기초한 것이라고 파악하는 견해이다.[267] 그러나 이 견해의 가장 큰 문제는 근거가 없이 단지 추측에 의한 것이라는 점이다. 물론 塹城壇과 三郎城의 축조시기를 단군이 평양에 도읍하고 있을 때로 기록하고 있는 『輿地圖書』를 근거로 하고 있다고 생각되기도 하지만,[268] 이것은 조선후기의 인식을 토대로 하는 것이다. 두 번

---

266) 『世宗實錄』 권 148, 地理志, 江華都護府 참조.
267) 강인숙, 「단군의 출생과 활동」 『단군과 고조선에 관한 연구론문집』, 사회과학출판사 ; 1994, 백산자료원 영인본, 55쪽 참조.
268) 앞의 주 238) 참조.

째 견해는 塹城壇의 축조와 단군신앙의 형성 시기를 별개로 파악하고, 단군이 제사지내던 곳이라는 塹城壇의 전승은 이곳에서 醮祭를 설행한 1264년(원종 5) 이후부터 형성되었을 것으로 추측하고 있는 견해이다.[269] 그러나 이 견해 역시 단지 摩利山의 단군전승이 국가적으로 주목받던 시기를 중심으로 한 관점으로 이전부터 이곳에서 전해오던 단군전승과, 더욱이 妙淸이 八聖堂에 모셨다는 서북지역의 神格중 8위 頭嶽天女 實德不動優婆夷가 이곳과 관련한 神格이라는 사실 등이 고려되지 않은 견해라고 생각된다.

이런 점에서 江華에서의 단군전승은 妙香山・平壤・九月山 등 서북지방에서의 전승이 전해진 것으로 추측되며, 특히 江華가 황해도와 인접하고 있어 九月山 일대의 전승이 이곳까지 전해졌을 가능성이 있다. 특히 妙淸이 서경 大花宮에 봉안한 八聖 중 江華의 神格으로 추측되는 頭嶽天女 實德不動優婆夷를 고려할 때, 그 이전부터 숭배되고 있었을 것으로 짐작된다. 이때의 전승은 주로 민간의 주도로 이루어졌을 것이다. 하지만 江華縣令이 주관아래 致祭가 이루어지기도 하였고, 어느 때부터는 국가에서 별도의 祭田을 마련하게 하여 그 의례에 필요한 비용을 충당하도록 하기도 하였다. 이런 摩利山에서의 단군전승이 어떤 성격을 지니고 있었는지를 검토하기로 한다.

먼저 이민족의 侵寇를 祈禳하기 위한, 즉 壓兵을 목적으로 한 숭배이다. 이것은 왜구의 침입을 대비하기 위해 江華의 土田之出 모두를 軍簿에 등록하여 軍糧으로 사용할 것을 건의하면서도 塹城壇의 祭田만큼은 祭天禮를 거행하는데 수급하도록 한 崔瑩의 건의에서 짐작할 수 있다. 즉 그의 건의는 塹城壇에서 祭天禮 거

---

269) 金貞淑, 1997, 「先史 및 古代 江華文化의 特性」『누리와 말씀』2, 인천카톨릭대학교, 48~52쪽 참조.

행의 목적 중 壓兵을 위한 기원이 중요한 기능으로 포함되어 있었음을 의미한다. 이점은 국가의 공식적인 입장이었든지, 마을 공동체의 자체적인 것이었든지간에 塹城壇에서의 祭天禮가 공동체의 안녕과 긴밀하게 연계되어 있음을 의미한다.[270]

摩利山 祭天壇 동북쪽 절벽아래에는 단군 致祭를 위해 祭需를 준비하던 天齋菴이 있었고(N-4), 그 의례 비용을 수급하기 위해서도 별도의 祭田이 마련되어 있었다.[271] 이로 볼 때, 이곳에서도 九月山 三聖祠에서와 마찬가지로 단군전승과 관련한 부대시설이 마련되어 있었을 것이다. 摩利山에 있던 祈雨晴祭壇址 역시 여기에 포함할 수 있다. 平壤과 九月山에서 단군사당의 주요 기능중 하나는 祈雨ㆍ祈晴이었다. 특히 三聖祠에서 이를 위한 제사 이외에는 함부로 제사하지 못하도록 하였음을 참고할 때, 祈雨와 祈晴 역시 塹城壇에서 이루어지던 단군과 관련한 신앙의 기능중 하나였을 것으로 생각된다.[272]

山川祭壇址 역시 단군전승과 관련한 부대시설중의 하나였다. 이것은 또 九月山에서 三聖祠와는 별도로 서쪽에 夾室을 마련하여

---

270) 塹城壇에서의 祭天禮가 왜적의 침구로부터 벗어나려는 기원의 목적에서 이루어지고 있음은 조선초기의 자료이기는 하지만 權近(1352~1409)이 지은 塹城壇 醮禮靑詞에서도 찾아볼 수 있다(『陽村集』권 29, 靑詞類, 「塹城醮靑詞」 참조).

271) 그러나 이때 祭田의 규모가 어느 정도였는지는 확실하지 않다. 다만 1932년 朴憲用이 편찬한 續修增補『江都誌』에서 조선시대 塹城壇의 祭田으로 10여 畝가 지급되었음을 확인할 수 있다.

272) 이점은 조선시대에 摩利山이 국가의 祈雨處로 기능하고 있었음(『成宗實錄』권 17, 성종 3년 4월 무진 및『中宗實錄』권 59, 중종 22년 5월 갑진 :『明宗實錄』권 17, 명종 9년 7월 병진 및 권 25 명종 14년 7월 갑술 참조)과 朴承任(1517~1586)이 摩利山 塹城壇에서 祈雨를 위한 醮祭靑詞를 짓고 있음에서도 짐작할 수 있다(『嘯皋文集』권 4, 祭文, 「摩利山祈雨塹城醮三獻靑詞」 참조).

九月山大王을 모시고 있는 것, 思皇峰에서 九月山山神인 단군을
섬기고 있는 것[273] 등과 비교할 수 있다. 특히 摩利山山神은 단군
을 배제하고 생각할 수 없다. 더욱이 민간에서 摩利山山神祭가 거
행되고 있음과 摩利山에 山川祭壇址가 있었음은 이곳의 단군전승
역시 다른 지역과 마찬가지로 산신신앙과 융합되어 전하고 있음을
보여준다.

한편 摩利山의 단군전승은 자료가 단편적이기는 하지만, 고종·
원종 때 집중적으로 나타나고 있다. 특히 1264년(원종 5) 6월 원종
이 摩利山 塹城壇에서 醮祭를[274] 지내는 배경을 三韓에서 震旦으
로 변전시켜 大國의 내조가 있게 하기 위한 것에서 찾고 있는 白
勝賢의 주청은 관심을 끌기에 충분하다. 즉 그가 도참에 근거하여
설명하고 있는 '三韓變爲震旦'은 이 시기 고려 사회의 역사인식이
크게 변전하고 있음을 암시하고 있다.

Q-1. 書雲觀에 舊藏되어 있는 秘記에는 九變震檀之說중 建木得子
   라는 말이 있는데, 朝鮮은 즉 震檀之說이 수천년 전에 出自하
   여 지금 징험을 보인 것이다(『陽村集』 권 36, 「有明諡康憲朝鮮
   國太祖至仁啓運聖文神武大王建元陵神道碑銘(石刻本)」).

Q-2. 九變圖之局의 十八子說은 檀君之世부터 이미 천여년에 걸쳐
   내려왔다. 또 異僧이 智異山의 岩石之中에서 異書를 얻어 와서
   바쳤는데, 그 說이 위에서 말한 바와 같이 檀君之世에 나왔다
   는 것과 서로 합치된다(『陽村集』 권 36, 「有明諡康憲朝鮮國太
   祖至仁啓運聖文神武大王建元陵神道碑銘」).

---

273) 『成宗實錄』 권 15, 성종 3년 2월 계유 참조.
274) 梁銀容은 江華의 醮祭를 위한 祭壇인 塹城壇을 한국 고유의 仙脈과
   도교에 포함된 仙脈, 두 가지 측면이 함께 기능하고 있는 것으로 파악
   하는 한편, 당시 민간에서 이에 대한 뚜렷한 구별이 있었던 것은 아니
   라고 추측하고 있다(梁銀容, 앞의 논문, 219쪽 참조). 즉 그는 塹城壇
   에서의 단군전승을 도교와 융합되어 전하는 것으로 파악하고 있다.

자료 Q-1·2는 「建元陵神道碑文」의 일부로 그 내용은 '建木得子' 혹은 '十八子說'이 단군 때부터 전해왔다는 것이다.[275] 이 자료는 비록 후대의 것이지만, Q-1에서 보이는 震檀의 용례는 단군을 지칭하는 것으로 白勝賢이 사용한 震旦과 같은 의미로 파악된다.[276] 그러나 이 같은 震旦의 용례에도 불구하고 元의 병난을 겪으면서 『三國遺事』나 『帝王韻紀』가 출현하기 이전까지 고려의 역사인식은 고조선으로까지 확대되지 못했다고 생각된다. 여기에는 물론 여러 원인이 있을 수 있겠지만, 고려의 역사의식이 태조가 표방한 '一統三韓'에 머물러 있었던데 기인하는 바가 크다고 생각된다.

고려는 명분에 불과했다고 하더라도 삼국의 부흥이라는 기치를 내세우고 옛 고구려·백제의 영역에서 건국된 후삼국을 통합한 왕조이다. 따라서 태조가 내세운 統三의 명분은 고려 사회에서 대내외적으로 작용하고 있었다. 고려가 전·중기까지 고구려와 신라를

---

275) 이와 유사한 참설은 鄭道傳(?~1398)의 『三峰集』에서도 볼 수 있다 (『三峰集』 권 2, 樂章, 「受寶籙幷序」. "殿下在潛邸 有人得異書於智異山石壁中以獻 後十數年 其言果驗 ○ 彼高矣山 石與天齊 于以剖之 得之異書 桓桓木子 乘時而作 誰其輔之 走肖其德 非衣君子 來自金城 三奠三邑 贊而成之 奠于神都 傳祚八百 我龍受之 曰惟寶籙(按石壁中書曰 木子乘猪下 復正三韓境 秘書曰 木子將軍劍 走肖大夫筆 非衣君子智 復正三韓格 走肖謂趙浚 非衣謂裴克廉 又曰 三奠三邑 應滅三韓 謂公及鄭摠鄭熙啓也 又曰 朝鮮卜世八百 卜年八千").

276) 震旦의 용례는 1150년(의종 4)에 지은 「金德謙墓誌銘」과 고종 연간에 작성된 것으로 짐작되는 「修禪社形止案」에 소개되어 있는 「曹溪山修禪社普照國師碑銘」 등 여러 자료에서 찾아볼 수 있다(「金德謙墓誌銘」. "銘曰 … 流沙惹嶺 震旦竺乾 於之往返 法子曰玄 …" 金龍善 編著, 앞의 책, 116~118쪽 및 「修禪社形止案」. "… 禪那之學 源出於迦葉波 達磨得之 來化震旦 …", 盧明鎬 외, 2000, 『韓國古代中世古文書研究』(上), 서울대출판부, 373~403쪽 참조). 이같은 震旦이라는 용어는 원래 중국을 지칭하는 의미로 사용되었으나, 고려시대 어느 시점부터는 고려를 지칭하는 의미로 사용되고 있기도 하다.

계승한 국가라는 두 갈래의 역사인식이 공존하고 있었다는 사실
은[277] 이런 사정과 무관하지 않다. 이 같은 역사계승의식은 정치적
이해관계 또는 지방의식 등과 연결되어 고려의 내부분열을 조장하
기도 하였다.[278] 인종 때 있었던 妙淸 일파의 西京遷都論은 대표
적인 예라 할 수 있다.[279]

무인집권기에도 옛 신라·고구려·백제 영역에서 삼국의 부흥
을 명분으로 조정에 반기를 든 사건들이 발생하였다. 1190년(명종
20)부터 1204년(신종 7)까지 경주를 중심으로 한 新羅復興運動,
1217년(고종 4) 서경에서 崔光秀를 중심으로 일어난 高句麗復興運
動, 李延年 형제를 중심으로 1237년(고종 24) 담양에서 일어난 百
濟復興運動이 그것이다.[280] 물론 이들은 당시 전국적으로 일어났
던 민란과 밀접한 관계를 지니고 있고, 그 시기와 규모·형태 등에
서도 상이하다. 그러나 이들은 당초 고려가 새로운 통일왕조를 지
향하면서 지니고 있던 분립 요인들이 배경이 되어 발생하였음이
분명하다.

이런 점에서 담양에서의 百濟復興運動을 진압한 지 30년도 못
된 1264년, 역사인식의 방향을 震旦으로 變轉하려는 움직임이 모
색되고 있는 점은 주목할 만 하다. 여기에는 수십년 동안의 몽골
침구에 더 이상 대처할 수 없었고, 왕조의 분립 요인들이 원인이
되어 각지에서 야기되었던 민란 등 제반 모순을 타개하려는 위정

---

277) 고려 전·중기 역사인식에 대해서는 河炫綱, 1976,「高麗時代의 歷史
    繼承意識」『韓國의 歷史認識』상 및 金毅圭, 1981,「高麗前期의 歷
    史認識」『韓國史論』6, 국사편찬위원회 참조.
278) 徐永大, 1992, 앞의 논문 참조.
279) 이에 대해서는 姜玉葉, 1997,『高麗 前期 西京勢力의 硏究』, 이화여대
    박사학위논문 참조.
280) 高麗中期 三國復興運動에 대하여는 閔賢九, 1989,「高麗中期 三國復
    興運動의 歷史的 意味」『韓國史市民講座』5, 일조각 참조.

자들의 의도도 개재되어 있는 듯 하다. 즉 白勝賢이 언급하고 있는 '三韓變爲震旦'이란 統三의 명분을 앞세워 고려전기부터 작용하고 있던 三韓중심의 역사인식을 한 차원 높은 고조선으로까지 확대·진전시키려는 의도가 저변에 깔려있는 것으로 짐작된다. 이에 三韓 중심의 역사인식을 탈피함으로써 사경으로 치닫고 있던 고려사회에 새로운 발전방향을 제시하고자 하였을 것이다. 이점은 白勝賢의 주청이 있은 지 불과 20여년 후 國祖를 단군으로 설정하여 이후 국가들을 일정한 체계 속에서 정리하려고 한『三國遺事』와『帝王韻紀』가 편찬되었다는 사실과도 밀접한 관련을 가진다.

그러나 塹城壇이 단군이 祭天하던 장소라는 사실은 "하늘에서 쌓은 것이 아님이 분명한데 누가 쌓았는지 정확하게 알지 못하겠다"고 언급하고 있는 李穡의 이해에서 볼 수 있듯이[281] 고려말까지도 보편적으로 인식되지 못한 것으로 짐작된다. 이점은 그가 元 간섭기 摩利山에서의 祭天禮를 알지 못한데서 기인하는 것이 아니라, 최씨무인집정의 강요에 의한 江都로의 천도·몽골과의 항전 등에 관한 그의 이해와 관련이 있다고 추측된다.[282] 물론 江華와 관련한 것이라 해서 모두 단군과 그 전승을 언급해야 하는 것은 아니지만, 이런 점들은 고려말 이곳에서의 단군에 관한 이해의 깊이와도 관련이 있는 것으로 생각된다.

고려 조정이 摩利山의 단군전승에 주목하던 시기는 江都가 도

---

281) 『牧隱詩藁』권 4, 詩,「摩尼山紀行次韻山上作」참조.
282) 이것은 또 李承休가 江華에서 開京으로의 還都에 반대했던 三別抄를 부정적으로 이해하고 있는데서도 추측할 수 있다(『動安居士文集』, 雜著,「旦暮賦」참조). 이와 관련해서는 李穀(1298~1351)의 다음의 詩도 참고할 수 있다(『稼亭集』권 15, 律詩,「次江華郡」. "海山深處一扁舟 行到華山興未休 自古金湯能害德 移都此地是誰謀"). 여기에서도 江華와 단군 또는 그 전승의 내용을 전혀 볼 수 없다.

읍으로 자리하고 있던 특정 시기에 국한되어 있다. 이를 다른 지역
의 단군전승과 비교할 때, 다음과 같은 성격을 지니고 있는 것으로
생각된다. 고구려 전승과 융합되어 平壤의 神格으로 이미 고려전
기 이전부터 모셔지고 있던 단군 致祭는 元의 寇掠으로 전 영토가
초토화되고, 특히 江華로 천도한 상태에서 조정의 주관아래 이루
어질 수 없었다. 摩利山의 단군전승은 이런 상황에서 조정에 주목
받을 수 있었다. 실제로 이 시기 塹城壇에서의 醮祭를 통한 단군과
관련한 天祭는 고려 전·중기 평양에서의 기능을 대행하였을 것
이다. 이것은 元 간섭기 摩利山에서의 전승기록이 일시적으로 보
이지 않는 대신, 평양에서 平壤廟·平壤君祠 등의 致祭가 재개되
고 있음에서 알 수 있다.[283] 그렇다고 이 시기 平壤에서 단군숭배
가 중단되거나 平壤神으로서의 神格을 상실하였다고 생각되지 않
는다. 비록 국가 주도의 致祭가 이루어지지는 않았을지라도 민간
에서의 숭배는 더욱 활성화되어 공동체의 안녕을 기원하기 위한
기능을 하였을 것이다.

단군신화의 근원지로 알려져 있는 妙香山에서는 이미 고려시대
이전부터 桓雄(檀雄) 혹은 단군을 山靈으로 하는 전승이 전해오고
있었다고 짐작된다. 이에 대한 직접적인 자료는 확인할 수 없지만,
거란 등 북방민족의 침입에 대한 北界 지역의 대응, 조정에 이반하
고 있는 지역민의 동향 등에서 이 지역의 神祠가 기원의 대상으로
적극 이용되고 있음은 이를 의미한다. 그러나 이곳의 전승은 대략
『應製詩』 유형의 전승이 형성·유포되던 때와 같은 시기에 이르
러 桓雄(檀雄)과 熊女, 檀雄天王의 孫女, 檀樹神 등이 배제되고 그
내용이 단군을 중심으로 재편되었다. 따라서 桓雄(檀雄)의 降臨地

---

283) 이에 대해서는 3-Ⅱ.「平壤의 傳承」참조.

와 단군의 誕生地 등과 관련된 유적은 단군이 降臨地 혹은 治國地・初居地 등으로 바뀌어 전해졌다.

또 이곳의 전승은 비교적 이른 시기부터 불교와 융합되어 전해져 왔을 것으로 추측된다. 桓雄이 神市에서 관여했던 인간사 360여 가지와 거의 같은 수의 사찰이 이 산에 있었다는 것과 단군이나 三聖을 모신 檀君菴・三聖菴이 조선후기까지 전해지고 있음은 그런 사실을 반영한다. 불교에 윤색된 형태로 『三國遺事』에 전하는 단군신화 역시 마찬가지라고 할 수 있다.

平壤에서 단군전승은 고구려를 비롯한 제반 전승과 착종되어 전하고 있다. 이것은 고조선의 영역과 주민의 대부분을 계승한 고구려의 신앙체계에 그 전승이 융합되어 전해진데서 원인을 찾을 수 있다. 이런 전승의 착종은 고려시대 역시 마찬가지였다. 이에 『高麗圖經』에 夷狄의 君長 명칭중 하나로 기록되어 있는 可汗을 단군과 같은 존재로 짐작하였고, 『高麗史』에 보이는 西京神・平壤神의 존재 역시 이곳의 地域神으로 단군을 의미하는 것으로 파악하였다.

平壤廟에서 단군은 지역의 神格으로 좌정하면서 祈福을 위해 숭배되었고, 기능면에서는 이민족에 대한 兵捷・국왕의 장도에 대한 기원・기우 등의 특징을 지니고 있다. 또 妙淸이 봉안한 八聖 중 하나인 駒驪平壤仙人의 존재로 볼 때, 그 전승은 산신신앙과도 융합되어 전하고 있었다. 한편 『高麗史』의 기록에서 전기부터 平壤廟에 모셔진 神格의 명칭이 神→廟→君으로 변화하고 있음이 확인된다. 그리고 그 명칭이 平壤君으로 정리되는 시점이 『三國遺事』・『帝王韻紀』의 편찬, 평양에서의 단군을 三韓에 앞선 존재로 분명하게 인식하고 있던 고려후기와 일치하고 있어 전기의 神的인 존재로서의 이해가 후기에 이르러 인간적이고 역사적인 존재로 변화하였음을 알 수 있다.

九月山 역시 많은 단군 유적과 전승을 가지고 있어 지역민에게 神山·靈山으로 모셔지고 있었음을 알 수 있다. 또 그중 三聖祠는 단연 전승의 중심지로 숭배되고 영험처로 인식되었다. 『三聖堂事跡』과 『關西勝覽』에 의하면, 三聖祠는 貝葉寺가 건립되기 이전인 신라말 이미 大甑山에 건립되어 있었으나 寺勢의 확장으로 두 차례의 移建을 거쳐 1006년(목종 9) 이전에는 小甑山으로 옮겨졌다. 이것은 三聖祠에 대한 지역민의 숭배 정도와 이곳의 전승이 불교와 융합·갈등 관계를 지속하고 있음을 보여준다. 三聖祠의 기능 중 祈雨·祈晴은 단연 우세하였고, 부정기적이었지만 국가의 祈雨處로도 이용되었다. 그 밖에 染病의 퇴치·壓兵 등의 기능도 수행하였으며, 그 전승은 산신신앙으로 대표되는 토착신앙은 물론 도교와도 융합되어 전해졌다.

고조선의 移都地인 白岳山 阿斯達의 위치로 一然이 이해하고 있던 白州의 白岳·開城의 白岳宮 등은 '開京의 地氣衰旺說'과 관련한 의종의 白岳 新宮 창건 및 명종의 左蘇 白岳山에서의 離宮 창건과 깊은 관련을 가지고 있다. 특히 의종 때의 離宮 창건은 고려 최대의 吉地였던 西京이 妙淸의 西京遷都論 실패 이후 叛逆鄕으로 변모하게 됨에 따라 그 대응책으로 이루어진 것으로 一然의 白岳山 阿斯達에 대한 이해에는 이 같은 도참의 영향이 반영되어 있었다.

江華의 단군 유적과 전승은 단군이 직접 祭天했다는 塹城壇과 그가 세 아들로 하여금 쌓게했다는 三郎城을 제외하고는 모두 그 이후의 것이다. 그리고 이들은 시기에서는 고종 말·원종 초에, 목적에서는 國祚의 延基와 裨補에 집중되어 있다. 이것은 이전부터 민간에서 지역민에게 祈雨·壓兵 등을 위해 숭배되던 전승이 조

정에 의해 주목되었던 시기가 바로 그 때였으며, 그 목적도 공동체
의 안녕에서 국가적인 것으로 확대되었음을 의미한다. 이에 조정
에서는 그 致祭를 위해 祭田을 두는 한편, 齋宮을 설치하기도 하
였다.

특히 원종 때 塹城壇에서의 醮祭 설행배경을 '三韓變爲震旦'에
서 찾고 있는 白勝賢의 주청은 주목된다. 그의 주청은 고려 건국의
역사적 명분이었던 '一統三韓'이라는 역사인식의 한계로 각 지역
에서 일어났던 삼국부흥운동 등의 분립적인 요소를 해소하기 위한
歷史變轉意識에서 비롯된 것이다. 이것은 또 그 논의가 있은 지 20
여년후 고조선[王儉朝鮮 또는 前朝鮮]을 고려 역사의 출발로 설정
하는 『三國遺事』와 『帝王韻紀』가 간행되는 배경중 하나가 되었다
고 생각된다.

제3장

傳承의 認識

이 장에서는 제2장에서 살펴보았던 각 지역에서의 전승양상을 토대로 단군의 존재가 어떻게 인식되고 있었고, 그 전승이 고려사회에 어떤 모습으로 투영되고 있었는지를 검토하고자 한다. 제2장에서의 검토가 고려시대 단군전승의 공간적인 범위를 염두에 두고 각 지역에서 숭배되고 있는 모습을 살펴본 것이었다면, 이 장은 이런 전승을 왕실과 식자계층에서 어떻게 이해하고 이용했는지, 그리고 어떤 과정을 거쳐 후기에 國祖라는 인식으로 발전하게 되었는가의 문제를 살펴보려는 것이다.

우리 역사가 고조선[왕검조선] 혹은 전조선에서 출발하고, 그 기록이『三國遺事』와『帝王韻紀』에서 처음 정리되고 있음은 주지의 사실이다. 따라서 고조선[왕검조선]이나 전조선에 관한 역사적 사실의 심화나 단군 이해를 위해 이들 자료가 주목됨은 당연하다. 이들이「古朝鮮[王儉朝鮮]」조나「前朝鮮紀」에서 인용한『古記』와『本紀』는 단군전승의 原典으로 이해되어 그 편찬 시기에 관한 논의가 꾸준히 진행되어왔다. 특히 전승의 最古形으로 여겨지는『古記』에 대해서는『舊三國史』와 관련하여 추측하고, 그 편찬연대를 고려전기로 이해하였다.[1]

---

1) 김영경, 1984,「≪삼국사기≫와 ≪삼국유사≫에 보이는 <고기>에 대하여」『력사과학 1984-2 및 서영대 편, 1995,『북한학계의 단군신화연구』, 백산자료원 : 金貞培, 1987,「檀君記事와 관련된「古記」의 性格」『韓國上古史의 諸問題』, 한국정신문화연구원 : 洪潤植, 1987,「三國遺事에 있어 舊三國史의 諸問題」『韓國思想史學』1, 한국사상사학회 : 鄭求福, 1993,「高麗 初期의 ≪三國史≫ 編纂에 대한 一考」『國史館論叢』45, 국사편찬위원회 참조.

이런 성과들이 고조선[왕검조선 혹은 전조선]과 단군에 관한 이해를 심화시키는데 일조를 하였음은 물론이다. 그러나 그 이해의 범주가 『古記』의 편찬 시기에 한정됨으로써 단군에 관한 실질적인 이해에 접근하지 못하고 있으며, 『古記』를 『舊三國史』와 관련하여 이해함으로써 제반 전승의 존재를 주목하지 못하고 있다. 또 막연히 『古記』와 『舊三國史』를 비교하여 그곳에 실려있는 단군 관련 기록을 고려전기의 것으로 판단함으로써 그 인식이 고려전기에 처음 등장하는 것으로 이해하는 경향이 있기도 하다. 물론 고조선[왕검조선] 건국이라는 역사적 기록을 싣고 있는 『魏書』를 주목할 때, 단군에 관한 이해가 일찍부터 있어왔음은 분명하다. 그러나 『魏書』의 기록이 고조선[왕검조선]이나 역사적 존재로서의 단군에 관한 자료의 전부라고는 생각되지 않는다.

이 장에서는 왕실과 식자계층의 이해를 중심으로 고려사회에서 단군의 존재를 어떻게 이용하였고, 어떤 배경에 의해 후기에 國祖로 인식되게 되었는가를 검토하고자 한다. 그리고 그 시기는 『三國遺事』와 『帝王韻紀』가 편찬되어 상고사의 체계 내에서 고조선[왕검조선]혹은 전조선의 존재가 분명하게 자리잡은 충렬왕 때를 기점으로 전·중기와 후기로 나누고자 한다.[2] 또 논의의 주요 관

---

2) 고려사회에 대한 이해를 심화하기 위한 방법중의 하나로, 그 사회를 몇 단계로 구분하려는 연구는 일찍부터 시작되었다. 武人亂을 기점으로 전·후의 2시기로 구분하려는 이해가 있었고, 이후 3시기 또는 4시기, 혹은 5시기로 구분하려는 성과들이 제시되기도 하였다. 이에 대한 연구 성과는 채웅석, 1999, 「고려사회의 변화와 고려중기론」 『역사와 현실』 32, 한국역사연구회 참조.
특히 채웅석은 전·중·후기의 3시기 구분에 입각하여 高麗中期(12세기 초~13세기 중반)의 설정에 관한 문제를 논의하고, 그 특징을 사회 변화와 항쟁이라고 요약하고 있다. 또 고려사회에서 風水圖讖의 변화를 중심으로 시기를 설정한 李丙燾는 中期의 범위를 문종부터 원종까

점은『三國遺事』에 전하는『古記』에 두지 않고, 비교적 이제까지 주목받지 못하고 있는『帝王韻紀』에 전하는『本紀』에 두고자 한다. 이것은『本紀』의 자료 역시『古記』와 함께 고려시대의 전승 양상을 전하는 자료로 믿기 때문이다.

고려 전・중기의 인식에서는 먼저『本紀』의 5대에 걸친 非父系的인 계보를『高麗史』에 전하는 高麗世系와 비교하여『本紀』의 전승 역시 고려사회의 친족관념을 반영하고 일찍부터 전해오던 것임 밝히고자 한다. 또 이 같은 전승은 도참과 긴밀하게 연계되어 李資謙・李義旼의 난, 妙淸의 西京遷都論, 그리고 '開京의 地氣衰旺說'과 관련한 왕실의 離宮 경영 등에 적극 반영되고 있음을 검토하고자 한다.

고려 후기의 인식에서는 확대된 상고사의 체계를 士類層의 현실 인식과 연계하여 살펴보고자 한다. 이것은 고려사회를 주도하고 있던 그들의 현실인식이 自國의 역사 이해와 불가분의 관계에 있다고 생각되기 때문이다. 이런 점에서 고려 후기 몇몇 묘지명에서 보이는 '中古'의 이해와 그들이 지니고 있던 多元的 天下觀을 중심으로

지로 설정하고, 그 특징을 延基・巡住 중심의 圖讖으로 파악하고 있으며(李丙燾, 1980,『高麗時代의 研究』참조), 南仁國은 정치세력의 변화에 유의하여 12세기가 시작되는 숙종 때부터 실질적인 왕정복고가 이루어진 1270년(원종 11)까지를 중기로 설정하고 있다(南仁國, 1999,『高麗 中期 政治勢力研究』, 신서원 참조).
이런 논의들이 고려 역사의 다양한 모습을 구체적으로 이해하기 위해 활발하게 진행되어야 함은 물론이다. 이 연구에서는 충숙왕 때 제작된 몇몇 墓誌銘에 보이는 '中古'의 용례에 주목하고, 또 '龍孫十二盡說'・'十八子之讖' 등의 圖讖에서의 움직임, 그리고 공민왕 때 편찬된『國史』에서 李齊賢이 담당하고 있는 시기가 태조부터 숙종까지임을 고려하여 태조부터 숙종까지를 前期, 예종부터 원종까지를 中期(혹은 中古), 충렬왕 이후를 後期로 설정하고자 한다. 이에 대해서는 金成煥, 2000,「고려시대 '中古'의 인식과 도참」『史學研究』61, 한국사학회 참조.

한 세계관, 또 고종 때부터 구체적으로 보이기 시작하는 天孫과 이
어지는 姓氏說話를 주목하고자 한다. 즉 '中古'와 대비되는 현실인
식을 지닌 士類層은 고려 중흥을 위해 그들이 이끌던 개혁정치의
토대를 역사에서 찾았고, 그 가운데 이전부터 도참과 관련하여 전
해지던 고조선[왕검조선] 또는 전조선은 주목되었을 것이다.

또 元 간섭기 초기 편찬된 『三國遺事』와 『帝王韻紀』가 싣고 있
는 고조선[왕검조선] 또는 전조선의 역사적 사실을 검토하고자 한
다. 여기서는 특히 『古記』의 기록을 전적으로 믿고 있는 一然과
달리 李承休는 『本紀』(『檀君本紀』)를 인용하여 전승을 소개하고
있지만, 그의 '三敎一源論'적인 사상적 경향으로 볼 때, 그는 『古
記』와 『本紀』의 전승을 절충하는 입장이었음을 밝히고자 한다. 또
이런 이해의 심화가 이후 성리학을 수용한 士大夫 계층에게 계승
되었음도 살펴보고자 한다.

I. 高麗 前·中期의 認識

1. 『本紀』의 傳承과 高麗世系의 比較

고려시대의 단군전승은 대략 『魏書』·『古記』·『本紀』 유형으
로 나눌 수 있다. 이중 『魏書』와 『古記』의 최고형은 『三國遺事』
에 실려있고, 『本紀』의 최고형은 『帝王韻紀』에 실려있다. 그러나
『魏書』는 고조선[왕검조선]의 건국에 대한 역사적 사실만을 기록
하여 전승의 모습을 살펴보는데 미흡하다. 따라서 그 모습은 『古

記』와『本紀』만을 통해서 접근이 가능하다.[3]

　『古記』와『本紀』의 전승은 상고사의 출발을 고조선[왕검조선] 또는 전조선으로 설정하고 있으면서도[4] 그 구조와 이해는 달리하고 있다. 첫째는 계보에 있어『古記』가 桓因(帝釋)→桓雄+熊女→壇君으로 이어지는 3대의 부계적인 것인데 비해,『本紀』는 桓因(上帝)→檀雄天王→□→檀雄天王의 孫女+檀樹神→檀君으로 이어지는 5대의 非父系的인 것을 전하고 있다.[5] 둘째는 단군의 표현에 있어『古記』가 祭壇에서의 祭儀를 통해 사회통합기능을 수행하였던 '壇君'으로 기록하고 있는 반면,『本紀』는 樹木崇拜信仰과 관련한 '檀君'으로 기록하고 있다.[6]

---

3) 고려시대 단군전승의 유형에 대해서는 1-Ⅰ.「高麗時代의 類型」참조.

4) 一然은「古朝鮮」조의 편목에서 '王儉朝鮮'이라는 細註를 붙이고 있으면서도 箕子와 관련한 편목을 따로 설정하지 않고 '王儉朝鮮'조에 附收하고 있으며(『三國遺事』권 1, 紀異 2, 古朝鮮[王儉朝鮮] 참조), 李承休는 檀君과 箕子로 나누어 단군을「前朝鮮紀」로, 기자를「後朝鮮紀」로 편차하여 싣고 있다(『帝王韻紀』권 하,「東國君王開國年代」, 前朝鮮紀 및 後朝鮮紀 참조).

5) 李鍾旭은『三國遺事』와『帝王韻紀』에서 '雄'에 대한 표현이 '桓雄'과 '檀雄'으로 다른 원인을 '桓雄'은 桓因에 근거하여 '桓'을 姓으로 여겼고, '檀雄'은 檀君에 근거하여 姓을 '檀'으로 하였다는 부계적인 이해를 토대로 그 차이를 설명하고 있다(李鍾旭, 1999,「古朝鮮의 建國神話인 檀君神話」『韓國 古代史의 새로운 體系』, 소나무, 124쪽 참조).

6)『本紀』유형이 樹木崇拜信仰 중심의 전승이라는 점에 대해서는 崔柄憲의 견해를 참고할 수 있다. 즉 그는『古記』와『本紀』전승의 차이점 중 하나를 桓雄(檀雄)이 내려온 장소인 神壇樹와 神檀樹로 들면서 神壇樹는 '神壇 옆에 있는 나무'라는 뜻으로 그 의미의 중심은 祭壇으로서의 神壇 자체에 있는 반면, 神檀樹란 '神이 깃들어 있는 나무'를 의미하여 樹木崇拜信仰과 관련한 것이며 이 같은 신앙은 이후 祠堂木·本鄕木·神木 신앙으로 이어진 것으로 파악하였다(崔柄憲, 1994,「高麗時代 檀君神話의 傳承文獻 檢討」『檀君-그 이해와 자료-』, 서울대출판부, 147~148쪽 참조).

이제까지『古記』와『本紀』의 이런 차이는『古記』의 전승을 最
古形으로 이해하고,『本紀』는 전승 범위가 넓지 못하다는 이유로
처음부터 검토 대상에서 제외시켜왔다. 또 부계중심의 사고에 얽
매여 '桓雄'과 '檀樹神'을 동일한 존재로 보아야 한다는 전제 아래,
'熊女'와 '孫女'의 문제만 제외한다면 두 자료의 신화 내용은 거의
일치되는 구조를 가지고 있다고 판단하기도 하였다.[7] 그러나『本
紀』에서 중시되는 '檀木' 중심의 전승은 단편적이지만 고려말 邊
安烈(1334～1390)의 이해에서 볼 수 있다.[8]

특히 李承休가『帝王韻紀』에서 이해하고 있는 전승의 내용이
九月山의 樹木崇拜信仰을 중심으로 한 전승을 중심으로 정리된
것일 가능성이 있다는 점은 주목되어야 한다. 이것은 九月山을 중
심으로 한 전승이 적어도 신라말 이전부터 전해오고 있었다는 점,
그 구조가 3대 부계 중심으로 이루어졌다는 점, 三聖祠에 모셔진
三聖이 桓因·桓雄이 아닌 檀因·檀雄·檀君으로 불렸다는 점,[9]
白岳山 阿斯達에 대한 一然의 이해가 無葉山·白州·開城의 白
岳宮 등 일정하지 못한 것에 비해 李承休는 阿斯達山을 九月山으
로 단정하고 祠堂까지 있음을 언급하고 있는 점[10] 등에서 짐작할
수 있다.

이를 고려할 때,『本紀』의 전승은『古記』와는 다른 별개의 전승
유형으로 파악되어야 한다. 이런 점에서『本紀』의 전승을 긍정적

---

7) 李丙燾, 1955,「檀君神話의 解釋과 阿斯達問題」『서울대논문집』인문
 사회과학 2 및 1976,『韓國古代史硏究』, 박영사, 29～30쪽 참조.
8)『大隱先生實記』, 詩,「東國留居吟」. "在衽乾坤夙避地 大東自有小中華
 唐堯幷立傳檀木 周武所封繞槿花 島晚橫居風氣勁 海餘連蹈月輝斜 高
 山麗水吾先國 松茂承承祝永嘉"
9) 이상은 2-Ⅲ.「九月山의 傳承」참조.
10)『帝王韻紀』권 하,「東國君王開國年代」, 前朝鮮紀. "虎丁八乙未阿斯
 達山爲神[今九月山也 一名弓忽 又名三危 祠堂有在]"

인 입장에서 접근하려는 움직임은 주목할 수 있다.[11] 또 이와 관련하여 유의해야 할 것은 『帝王韻紀』에서 李承休가 이해하고 있는 전승과 그가 인용한 『本紀』의 전승은 차이가 있다는 점이다. 이를 살펴보기 위해 먼저 李承休가 읊고 있는 「前朝鮮紀」의 原詩를 검토하기로 한다.

> 처음에 누가 나라를 열고 風雲이 일게 하였는가
> 釋帝의 손자 그 이름 檀君일세
> 堯임금과 같은 戊辰年에 나라를 세워
> 虞를 지나 夏에 이르기까지 天子의 자리에 있었네
> 殷나라 武丁 8년 乙未年에
> 阿斯達山에 들어가 神이 되었네
> 나라를 享有한지 1028년
> 그 조화 어찌 桓因에게서 전한 것 아니랴
> 물러난 지 164년만에
> 어진 사람 聯聯하여 다시 君臣을 열었다네(『帝王韻紀』卷 下, 「東國君王開國年代」, 前朝鮮紀).

　이것은 「前朝鮮紀」에서 李承休가 읊고 있는 原詩이다. 여기서 그는 단군을 '檀君'으로 기록하고, 釋帝 桓因의 손자로 이해하고 있어 『古記』의 계보를 수용하고 있다. 그러나 단군 자체의 이해는 樹木崇拜信仰을 중심으로 한 『本紀』의 전승을 수용하고 있다. 그리고 그는 바로 『本紀』를 인용하여 『古記』와는 다른 구조의 전승

---

11) 최근에 『本紀』의 전승을 긍정적인 시각에서 접근하려는 노력이 보이고 있는데, 金杜珍과 崔柄憲이 대표적이다. 이중 金杜珍은 『本紀』가 부계중심의 『古記』 전승과는 달리 모계중심의 구조를 가지고 있다는 점에 주목하였고(金杜珍, 1999, 「檀君神話의 文化史的 接近」 『韓國古代의 建國神話와 祭儀』, 일조각 참조), 崔柄憲은 『古記』가 祭儀를 중심으로 한 전승인 반면 『本紀』는 수목숭배신앙과 관련한 전승이었다는 점에 주목하였다(崔柄憲, 위의 논문 참조). 하지만 양자는 전승에 있어 독립적이기보다는 상호 보완관계를 가진 것으로 짐작된다.

을 細註 형식으로 소개하고 있다. 그가 이 같이 3대 부계중심의
『古記』전승을 이해하고 있으면서,『本紀』를 인용하여 非父系的
이면서도 확대된 5대 계보의 전승을 소개하고 있는 이유는 자세히
밝혀져 있지 않다. 그러나 분명한 것은 李承休가 이해하고 있는 전
승구조가『本紀』의 것이 아니라,『古記』를 중심으로 하는 것이었
다는 점이다.

그가『古記』중심의 전승을 이해하고 있는 원인은 당시 부계중
심의 3대 계보를 중심으로 하는 전승이 보편적으로 이해되고 있었
기 때문에 그 자신도 이를 수용하는 한편, 非父系的인 5대 계보의
전승 역시 이전부터 전해오던 것이어서 이를 소개하기 위한 목적
에서『帝王韻紀』에 실었다고 짐작할 수도 있다. 이런 점에서『本
紀』의 전승구조는 李承休의 이해와도 거리를 가지고 있는 것이며,
그는『本紀』의 전승에서 단지 樹木崇拜信仰的인 요소만을 수용하
고 있다고 할 수 있다. 즉 그가『本紀』의 전승을 소개한 것은 구조
에서는 3대의 부계적인『古記』전승을 수용하고 있었지만, 내용에
서는 樹木崇拜信仰的인『本紀』전승을 이해하고 있음을 밝히려는
목적이 내포되어 있다고 할 수 있다.

그러면『本紀』의 전승이 어떤 구조를 가지고 있는지 살펴보기
로 한다. 이 점에 있어 직접 비교할 자료는 없다. 그런데『高麗史』
첫머리에 실려있는 고려 왕실의 出自와 관련한「高麗世系」는『本
紀』의 전승구조를 이해하는데 실마리를 제공한다. 즉『本紀』의 전
승과 高麗世系는 그 구조에서 비교될 수 있다.12) 먼저『帝王韻紀』
의『本紀』전승과『高麗史』의 高麗世系를 정리하면 다음과 같다.

---

12) 高麗世系에 대해서는 朴漢卨, 1985,『高麗建國의 硏究』, 고려대박사학
　　위논문 ; 申瀅植, 1988,「統一新羅에 있어서의 高句麗遺民의 動向」
　　『韓國史論』18, 국사편찬위원회 참조.

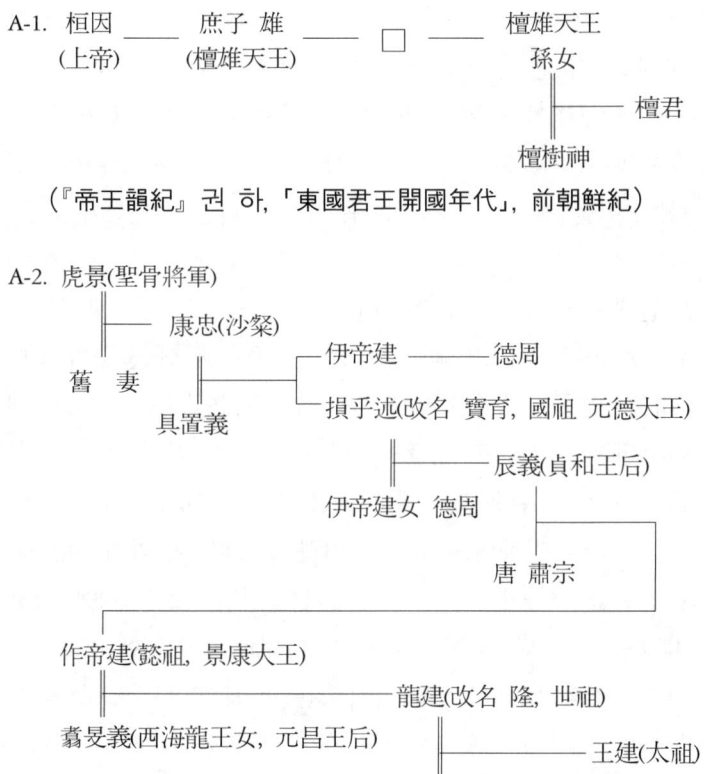

자료 A-1은 『本紀』의 단군전승을 정리한 것이고, A-2는 『高麗史』 편찬자가 金寬毅의 『編年通錄』을 참고하여 『高麗史』에 신고 있는 高麗世系를 정리한 것이다. 이들은 두 가지 점에서 공통점을 찾을 수 있다. 첫째, 그 구조가 북방계 건국신화 내지 설화의 기본적인 구조인 3대 계보에서 벗어나 5대 혹은 7대 계보로 이루어져 있다는 점, 둘째 계보가 부계가 아닌 非父系중심으로 이루어져 있다는 점이 그것이다.

물론 두 전승이 모두 非父系 계보를 지니고 있는데는 공통적이다. 하지만『本紀』의 전승이 5대 계보인데 비해, 高麗世系는 7대 계보여서 그 구조가 근본적으로 다른 것으로 생각되기도 한다. 그러나 作帝建 이하의 龍建과 王建 설화는 후대에 다시 꾸며진 설화일수 있어, 이를 제외하면 高麗世系 역시『本紀』의 전승과 같은 구조를 가진 것으로 생각된다. 따라서 두 전승을 비교하여 고려 전·중기에 전해지고 있던 단군전승의 이해에 도움을 얻기로 한다.

자료 A-2에서 九龍山神이 된 虎景大王은 일단 전승의 첫머리에 자리하고 있다는 점에서 A-1의 天神的 존재인 上帝 桓因과 기능에서 대응될 수 있다. 또 虎景의 아들인 上沙粲 康忠은 신라의 風水家 監干 八元의 권유에 따라 扶蘇山 북쪽에서 남쪽으로 移居하여 三韓을 통합할 인물의 출생을 준비하고 있다. 이 역시 桓因의 명에 따라 인간을 이롭게 하기 위해 태백산 신단수로 내려온 檀雄天王과 비교될 수 있다. 특히 李承休의 高麗世系 이해에서 볼 수 있는 것처럼 고려의 始祖로 인식되기도 했던 康忠은[13] 孫女에게 약을 먹여 사람이 되게 함으로써 檀樹神과의 혼인에 적극 관여한 檀雄天王과 더욱 유사한 기능을 가진 존재로 생각하게 한다. 또 자료 A-2에서 康忠의 둘째 아들 寶育은 支天之柱를 낳을 상서로운 꿈을 꾸고 형인 伊帝建의 딸 德周와 혼인하여 두 딸을 낳음으로써 당나라 天子의 도래를 대비하고 있다. 그러나 이와 비교되는 존재에 대해『本紀』의 전승에는 언급이 없다. 다만 자료 A-1에서 檀雄天王의 아들은 寶育과 유사한 존재로 檀樹神과 그 딸의 혼인을 대비또는 준비하는 존재로서 기능했을 것으로 추측된다.

---

13)『帝王韻紀』권 하, 世系圖 참조. 李承休의 이런 이해는 洪灌 등이 예종의 명을 받아 편찬한『編年通載續篇』혹은『世紀』의 내용을 따르고 있는 것으로 짐작된다.

高麗世系와『本紀』의 전승이 같은 구조로 이루어졌음은 檀雄天
王의 孫女와 辰義에게서 구체적으로 나타난다.『本紀』에서는 檀
雄天王이 그 孫女에게 약을 먹여 檀樹神과 혼인하도록 했다고 한
다. 이것은 檀樹神과 孫女의 혼인에 檀雄天王이 적극 개입하고 있
음을 의미한다. 그러나 이제까지 檀雄天王의 孫女와 檀樹神의 존
재에 대해 부정적인 이해가 앞서 전승 자체를 인정하려고 하지 않
았다. 그러나 '孫'자를 '熊'자의 오기 내지는 오각으로[14] 판단할 근
거가 없으며, 檀樹神과 檀雄天王을 동일한 개념으로 이해할 근거
역시 전혀 없다. 따라서『本紀』의 전승을『古記』의 것을 토대로
한 李承休 개인의 의도적인 개작이라고[15] 단정하기는 어렵다.

  이런『本紀』의 전승에 대한 부정적인 인식은『三國遺事』를 통
해 전하는『古記』의 전승을 最古形으로 단정하고, 그 전승 양상
역시『古記』를 중심으로 이해하여 이외의 다른 전승에 관심을 두
지 않게 하였다. 그리고『古記』이외의 여러 전승내용을 의도적이
던 그렇지 않던『古記』에 맞추려고 하였다. 조선시대에 들어와 성
리학을 바탕으로 한 합리적인 사고 위에서『本紀』의 非父系的인
전승은 수용되기 더욱 어려웠다. 조선시대 전승의 주류가『本紀』
의 樹木崇拜信仰的인 요소를 수용하면서도 非父系的인 계보와 함
께『古記』의 비합리적인 전승을 가능한 배제시켜 단군이 직접 하
늘에서 내려와 國人의 추대로 왕이 되었다는『應製詩』유형과 桓
雄 혹은 檀雄天王의 역할이 전혀 배제하고 神人 桓因이 직접 내려
와 熊女와의 결합을 통해 단군을 낳았다는『東國輿地勝覽』유형
으로 발전하고 있음은 이런 사정을 엿보는데 유효하다.[16]

---

14) 朱承澤, 1982,「北方系 建國神話의 體系에 대한 試論」『冠岳語文論集』
    7, 서울대 국어국문학과 및 1993,「北方系 建國神話의 文獻的 再考察-
    解夫婁神話의 再構를 중심으로-」『韓國學報』70, 일지사 참조.
15) 앞의 주 7) 참조.

특히 檀樹神의 존재는 『古記』의 전승과 비교할 때, 이질적이면서도 『本紀』의 핵심적인 요소이다. 이 존재로 인해 『本紀』의 전승은 母系 혹은 非父系 계보로 이어지는 구조를 갖게 되었다. 檀雄이 神檀樹 아래로 내려와 檀雄天王이라 불렸지만, 그가 孫女로 하여금 檀樹神과 결합하도록 중재하고 있음은 檀雄天王과 檀樹神이 같은 神格이 아님을 의미한다. 특히 우리나라 산신의 性이 여성에서 점차 남성으로 변했다는 견해와[17] 관련하여 『本紀』의 전승은 그 과도기적인 사정을 반영하는 자료중 하나로 짐작된다. 즉 『本紀』의 전승은 檀雄天王 孫女의 변형동기가 『古記』에서 熊女의 '靈艾·蒜'이 아닌 '飮藥'으로 바뀐 것 등 몇몇 부분만을 제외하면, 단군의 출생과 관련해서는 『古記』의 전승 보다 古形의 모습을 전하는 자료일 수 있다.

高麗世系에서 『本紀』의 檀樹神과 비교될 수 있는 존재는 '唐 肅宗'이다.[18] 高麗世系에서는 당나라 肅宗이 潛邸하면서 산천을 遊

---

16) 『應製詩』유형과 『東國輿地勝覽』유형의 단군전승에 대해서는 1-Ⅱ. 「朝鮮時代의 類型」 참조.

17) 이에 대해서는 孫晉泰, 1934, 「韓國 古代 山神의 性에 就하야」 『震檀學報』 1, 진단학회 참조. 孫晉泰의 입론은 이후 그대로 수용되고 있다(洪淳昶, 1983, 「新羅 三山 五嶽에 대하여」 『新羅 民俗의 硏究』, 서경문화사 : 文暻鉉, 1990, 「新羅人의 山嶽崇拜와 山神」 『新羅 思想의 再照明』, 서경문화사 : 강영경, 1992, 「新羅 山神信仰의 機能과 意義」 『淑大史論』 16·17합집, 숙명여대 : 金甲童, 1993, 「高麗時代의 山嶽信仰」 『韓國 宗敎思想의 再照明』, 원광대출판부 : 박호원, 1995, 「高麗의 山神信仰」 『민속학연구』 2, 국립민속박물관 참조).

18) 唐 肅宗의 존재에 대해서 徐大錫은 唐나라 왕족의 혈통이 당대에 가장 고귀하다는 의식에서 비롯된 것으로, 전시대에 天帝의 孫으로 인식되었던 신성 혈통이 강대국 중국의 왕조인 唐의 지배층으로 대체된 것으로 파악하고 있다(徐大錫, 1992, 「韓國神話에 나타난 天神과 水神의 相關關係－天神과 水神의 葛藤과 和解의 양상－」 『國史館論叢』 31, 국사편찬위원회, 20~23쪽 참조).

歷할 때, 寶育의 집에서 辰義와 결합을 통해 作帝建을 낳았다고
전하고 있다. 즉 '唐 肅宗'의 존재 역시 高麗世系의 계보가 非父系
계열로 이어지는 구조를 갖게 한 결정적인 요소로『本紀』의 전승
에서 檀樹神과 비교된다. 이점은 각 전승 속에서 '唐 肅宗'이나 檀
樹神의 역할이 辰義 혹은 檀雄天王의 孫女와 결합을 통해 作帝建
과 檀君의 출생에 직접 관여하는 것에 머무르고 있다는 사실에서
도 짐작할 수 있다. 그렇다면『本紀』에 보이는 檀樹神의 존재는
명칭상 檀樹를 관장하는 神格일 것으로 짐작됨에 高麗世系에 보
이는 '唐 肅宗'[19]과 같은 고귀한 존재가 분명하다. 이것은 그가 태
백산 일대를 관장했던 神格으로 짐작되는 檀雄天王의 孫女와 혼
인하고 있음을 통해서도 알 수 있다.

고려시대 非父系的인 계보로 이어지는 出系 현상은 慶州戶長 巨
川의 계보에서도 볼 수 있다. 巨川의 계보는 積利女→明珠女→阿
之女→巨川으로 이어지는 母系중심의 계보를 보이고 있다.[20] 이것
은『本紀』와 高麗世系에 보이는 非父系的인 계보관념이 고려시대
까지만 하더라도 보편적으로 이해되고 있었음을 짐작하게 한다.

고려시대 이전까지의 친족관계는 直系의 계보 유형이 남성에서

---

19) 寶育의 둘째 딸 辰義와 혼인한 존재에 대해서는 洪灌의『世紀』·金寬
   毅의『編年通錄』·李承休의『帝王韻紀』등에서의 '唐 肅宗'說과 閔漬
   의『編年綱目』에서 '唐 宣宗'說, 그리고 이런 혼란에 대해 유보적인 입
   장인 李齊賢의 '唐 貴人'說 등이 있다. 특히 李承休는 王建의 先代가
   唐 肅宗이라는 기록이『唐書』에서 확인되지 않는다는 견해에 대하여
   "或以唐書無明文 爲難者過矣 且唐之史臣 豈以副君潛遊外國之事 筆之
   於矯書之文耶 無明文理然(『帝王韻紀』권 하,「本國君王世系年代」)"이
   라고 하여 당연한 것으로 설명하고 있다. 高麗世系에서의 唐과 관련한
   존재에 대해서는 다른 기회를 통해 검토하고자 한다.
20)『三國遺事』권 5, 제 6, 神呪,「明朗神印」. "按埃白寺柱貼注脚載 慶州
   戶長巨川母阿之女 女母明珠女 女母積利女之子 …"

남성으로만 연결되는 것과 여성에서 여성으로만 연결되는 계보뿐만 아니라, 중간에 남녀가 다양하게 섞여 있는 계보들이 함께 작용하고 있었다고 한다.21) 특히 고려시대에는 直系의 계보에 남성과 여성이 다양하게 개재되는 계보의 후손들도 포함되어 있었고, 부계적인 전승의 성씨제도 원칙도 확립되지 않았을 뿐 아니라 兩側的 親屬關係에 강한 영향을 받고 있었다고 한다. 또 국가적 조치에서 문제되는 성씨는 다른 姓字로 바꾸게 하지 않고 外家의 성을 따르게 한 경우도 있어, 非父系的인 성씨를 따르는 것이 사회적으로 쉽게 받아들여질 만큼 흔한 일이었다고 한다.22)

　이런 고려시대 친족관계에 대한 성과는 『本紀』의 전승이나 高麗世系에서의 非父系的인 계보를 이해하는데 도움을 준다. 『本紀』의 전승에서 '檀樹神'과 高麗世系에서 '唐 肅宗'의 존재를 일단 제외하고, 그 계보가 上帝 桓因→雄(檀雄天王)→□→檀雄天王의 孫女→檀君, 또는 虎景→康忠→寶育→辰義→作帝建으로 이어지는 계보관념은 고려시대에 일반적으로 행해지던 兩側的 親屬觀念을 반영하고 있다. 즉 『本紀』의 전승에 국한되어 논의되고 있는 檀雄天王과 檀樹神이 동일한 개념이라거나 孫女의 '孫'字가 『古記』에 보이는 熊女의 '熊'字의 오기 내지 오각은 아니다. 이것은 『本紀』의 전승이 고려전기 이전에 이미 형성되어 전해졌을 가능성을 보여준다.23)

---

21) 盧明鎬, 1988, 『高麗時代의 兩側的 親屬組織硏究』, 서울대박사학위논문 및 1989, 「高麗時代의 親屬組織」 『國史館論叢』 3, 국사편찬위원회 참조. 이 연구에 의하면 『三國遺事』 「明朗神印」조에 보이는 非父系的인 出系 현상들은 모계제의 유습이 소멸되는 과정에서의 현상이 아니라, 당시 일반적이었으면서도 이후 수백 년간 지속된 현상의 부분적인 사례에 불과하다고 한다(盧明鎬, 1988, 위의 논문, 4~5쪽 참조).

22) 盧明鎬, 1988, 위의 논문, 87~89쪽 참조.

23) 현재 『高麗史』에 전하는 金寬毅의 『編年通錄』을 중심으로 하는 高麗

한편『本紀』의 전승이 上帝 桓因에서 단군까지 5대에 걸친 계보인 것에 비해 高麗世系는 虎景에서 王建까지 7대의 계보를 가지고 있다. 특히『本紀』의 전승에서 檀雄天王의 孫女와 檀樹神에 의해 출생한 단군은 고조선(前朝鮮)을 세우고 있는데 비해 作帝建의 경우는 비록 고구려 건국신화에서 朱蒙과 유사한 역할을 보이고 있지만 직접 건국하지는 못하고 있다. 그러나 이점이 두 전승의 구조를 비교하는데 장애가 되지 않을 것으로 생각된다. 高麗世系에서 건국을 위한 기본적인 토대가 作帝建에 이르러 일단락되고 있는 것으로 기록하고 있기 때문이다. 특히 作帝建이라는 이름이 건국자의 위상에 걸맞는 것이었고, 서해용왕과의 대화중에 '東土에서 왕이 되고자 한다' 적극적인 의지 표명은[24] 그를 건국자의 위상으로 생각하기에 충분하다.

　『本紀』의 전승이 구조에서 부계중심의 3대 계보를 가진『古記』의 전승과 차이를 보이는 것은 사실이다. 그러나 그 구조가 부계가 아닌 非父系중심으로 이루어져 있다는 사실만으로 전승 자체의 존재를 부정할 수는 없다.[25]『本紀』의 非父系的인 구조는 兩側的 親

世系說話는 의종 때의 일시적으로 정리된 것이 아니라, 고려전기부터 전해오던 설화가 이때 재차 정리된 것으로 보인다. 이것은 구체적인 내용에서는 부분적으로 다른 점들을 보이고 있지만, 李承休가『帝王韻紀』에서 洪灌의『世紀』를 토대로 高麗世系를 정리하고 있음에서 짐작할 수 있다. 그런데 洪灌이 지은『世紀』는 그가 예종의 명에 의해 편찬하였다는『編年通載續篇』과 같은 자료로 추측되는 바, 그렇다면『編年通載續篇』의 저본이 된『編年通載』에도 이와 유사한 高麗世系가 실려 있었을 것이다.『編年通載』가 언제 누구에 의해 편찬되었는지 알 수 없지만, 그 시기가 예종 이전임은 분명하다. 高麗世系의 이 같은 전승과정을 참고할 때, 非父系的인 계보로 구성된『本紀』의 전승은 이미 고려전기부터 전해지고 있었을 것이다.

24)『高麗史』권 1,「高麗世系」참조.
25) 서대석은『本紀』유형(여기서는『제왕운기』계열이라고 이해하고 있

屬이라는 고려시대의 친족관념을 반영하고 있는 것이었다. 특히
『本紀』의 전승에서 上帝 桓因은 단군에게 外高祖에 해당되고, 高
麗世系에서 虎景은 作帝建에게, 또 國祖 元德大王 寶育은 王建에
게 外高祖에 해당된다. 이점과 관련하여 '外高祖'라는 호칭이 중국
과 다른 고려만의 특유한 계보관념이 존재함에 따라 만들어진 것
이고, 당시의 蔭敍關係 자료에서 '外高祖'의 門蔭을 받는 예가 종
종 발견되는 것에서도 볼 수 있듯이[26]『本紀』의 전승이 兩側的 親
屬의 친족관념을 반영하고 있음은 분명하다. 또 이런 계보 관계에
서 보이는 인물들은 개인의 사회생활에 실질적인 영향을 주는 혈
연관계를 가지는 존재였음을 고려할 때, 上帝 桓因·虎景 등이 단
군 및 作帝建에게 外高祖로 설정되어 있는 것 역시 나름의 의미가
있다.[27]

음)의 단군전승에 대해 두 가지의 가능성을 제시하고 있다. 첫 번째는
고조선 사회가 부계사회라는 전제 아래 도래한 天神族(필자주: 檀雄天
王 계열)이 先住했던 地神族(필자주: 檀樹神 계열)에 복속되었음을 의
미하거나 그렇지 않을 경우 地神族의 전승신화가 따로 있었을 가능성
이며, 두 번째는 고조선 사회가 모권사회 내지 모계사회일 가능성이
다. 그러나 그는 또『本紀』의 孫女가『古記』의 熊女에 대한 오기일 가
능성도 배제하지 않고 있다(서대석, 2001,『한국신화의 연구』, 집문당,
35~37쪽 참조).
26) 盧明鎬, 1988, 앞의 논문, 49쪽 참조.
27) 단군전승의 문제에서 檀木을 神이 내려오기 위한 매개체로 파악하는
『古記』유형의 전승(神壇樹)과 檀木 자체를 神格으로 파악하는『本紀』
유형의 전승(神檀樹)은 근본적인 이해의 차이가 있다고 생각된다. 즉
『古記』유형의 전승은 祭壇을 중심으로 하고 檀木은 이에 부수되는 매
개물인 것에 비해『本紀』유형의 전승은 그 자체가 世界樹 또는 宇宙
木으로 관념되고 있는 것으로 짐작된다. 따라서 '堂木'·'堂山木'·'神
木' 등과 관련한 樹木崇拜信仰과『本紀』유형 전승의 연계 문제는 앞
으로 구체적으로 논의되어야 할 것으로 생각된다.

2. 檀君傳承과 圖讖

1) 『本紀』의 傳承과 '十八子之讖'

『本紀』의 전승은 檀雄天王의 孫女와 檀樹神의 결합으로 나무神의 아들, 즉 木子인 '檀君'이 고조선을 건국했다는 것이 주요 내용이다. 이 전승은 兩側的 親屬이라는 고려시대의 친족관념을 반영하고 있었고, 그 구조를 高麗世系와 비교할 수 있어 이 같은 유형의 전승은 일찍부터 전해지고 있었을 것으로 판단된다. 그런데 이 전승은 인종·명종 때 李資謙과 李義旼의 난에 이용되고 있는 것으로 보여 더욱 주목된다.

> B-1. 왕이 일찍이 홀로 (延慶宮의) 북쪽 담에 가서 하늘을 우러르며 통곡하였다. 이때 資謙은 '十八子之讖'으로 不軌를 도모하고자 하여 독을 떡 속에 넣어 올리거늘 왕비가 몰래 왕에게 아뢰고, 떡을 까마귀에게 던지니 까마귀가 죽었다. 또 독약을 보내 왕비로 하여금 왕에게 올리도록 하니, 왕비가 사발을 받들고 일부러 넘어져 이를 엎질렀다. 왕비는 즉 資謙의 넷째 딸이다(『高麗史』권 127, 열전 40, 반역 1, 李資謙).

> B-2. 義旼은 일찍이 붉은 무지개가 양쪽 겨드랑이 사이에서 일어나는 꿈을 꾸어 자못 이를 자부하였다. 또 예로부터 讖說중에 '龍孫은 12대로 다하고 다시 十八子가 있다'라는 말이 있음을 듣고 '十八子'는 곧 李字인 까닭에 옳지 않은 기대를 품고 점차 貪鄙를 억제하고 名士를 거두어 씀으로써 헛된 명예를 낚았으며, 스스로 貫籍이 慶州에서 나옴으로써 몰래 新羅를 興復할 뜻을 가지고 賊인 沙彌 孝心 등과 더불어 내통하였다(『高麗史』권 128, 열전 41, 반역 2, 李義旼).

자료 B-1은 朝鮮國公 李資謙이 '十八子之讖'을 믿고 不軌를 도모하고 있음을 전하고 있다. 이때 인종은 李資謙이 권력을 천단하자 그에게 禪位하고자 하는 詔書까지 내리려고 하였다.[28] 그러나 여기에는 반란의 명분으로 삼았던 '十八子之讖'이 어떤 배경으로 李資謙에게 수용되고 있는지 드러나지 않고 있다. 또 자료 B-2는 명종 때 李義旼이 신라부흥의 뜻을 품고 도적과 내통했음을 전하고 있는데, 그 명분 또한 '十八子之讖'에 있었다. 이것은 '十八子之讖'의 형성 배경을 살펴보는데 유효하다.

특히 자료 B-2는 '十八子之讖'이 고려초기부터 전해오던 '龍孫十二盡說'과 밀접한 관련을 가지고 전승되었음을 보여준다. '龍孫十二盡說'은 龍孫인 고려왕실이 12대가 지나면 소멸한다는 일종의 讖說로, 고려의 건국과 함께 종말을 예고하는 것이다. 이 讖說은 王昌瑾의 古鏡讖에서 볼 수 있듯이[29] 일찍부터 전해져 초기에는 순기능을 하였을 것으로 생각된다. 그러나 시대를 거듭하면서 역

---

28) 「李公壽墓誌銘」, "… 明年進中書侍郎平章事判刑部事 于時朝鮮國公擅權日久 國不堪貳上 … 樞密副使智祿延等 輕躁不能謀 朝鮮公先事作亂 遂逼上出幸其居 上度勢難保 密詔欲禪位於朝鮮公 朝鮮公遣人傳示兩府 相顧皆不知所言 …"(金龍善 編著, 1993, 『高麗墓誌銘集成』, 한림대 아시아문화연구소, 63~67쪽).

29) 『高麗史』권 1, 태조 1. "貞明四年三月 唐商客王昌瑾 … 其文曰 三水中四維下 上帝降子於辰馬 先操雞後搏鴨 此謂運滿一三甲 暗登天明理地 遇子年中興大事 混蹤跡沌名姓 混沌誰知愼與聖 振法雷揮神電 於巳年中二龍見 一則藏身靑木中 一則現形黑金東 智者見 愚者盲 興雲注雨與人征 或見盛 或視衰 盛衰爲滅惡塵滓 此一龍子三四 遞代相承六甲子 此四維定滅丑 越海來降須待酉 此文若見於明王 國泰人安帝永昌"
이 古鏡讖에 대해서는 徐居正의 아래와 같은 詩를 참고할 수 있다(『四佳詩集』補遺 권 3, 「鐵原」. "國破山河作一州 泰封遺跡使人愁 至今麋鹿來遊地 依舊魚龍寂寞秋 斜日淡烟天共遠 洛花飛絮水同悠 當時鏡讖歸眞主 可笑弓王事逸遊").

기능으로 작용하여 왕실에서는 이를 극복하기 위한 방법을 강구하지 않을 수 없었다. 그것은 왕조의 존립기반과 직결되는 문제였기 때문이다. 따라서 『高麗史』에서 확인할 수 있는 開京을 포함한 西京·南京 등의 三京制 운영 및 그곳에서의 離宮·新宮 창건 등은 '龍孫十二盡說'과 관련하여 開京의 地氣를 북돋으려는 裨補策이었다.30)

그런데 高麗世系는 성골장군인 虎景大王부터 시작하면 '龍孫十二盡說'과 관련한 순종·선종·숙중 때이며, 沙粲 康忠부터 시조를 설정하고 있는 『帝王韻紀』를 중심으로 하면 헌종·예종 때에 해당한다.31) 이점은 또 元 간섭기에 李瑱·閔漬·李齊賢 등에 의해 설정되고 있는 '中古'와 관련한 고려사회의 시기구분론과도 일치하고 있다.32) 그렇다면 자료 B-1에서 李資謙에게 이용되고 있는 '十八子之讖' 역시 12대가 지나면 고려는 망한다는 '龍孫十二盡說'과 긴밀한 관계를 가지는 것으로, 李資謙은 이를 토대로 하여 '十八子之讖'을 반란의 명분으로 수용하고 있음을 추측할 수 있다. 즉 '龍孫十二盡說'과 '十八子之讖'은 별개의 것이 아니라 서로 유기적인 관련을 가진 것으로, 그 개략적인 내용은 "용의 후손인 고려왕실은 12대에 이르러 운명을 다하고 '十八子'의 왕실이 등장할

---

30) 도참과 관련한 西京·南京에서의 離宮·新宮 창건에 대해서는 李丙燾, 위의 책 참조.
31) 『高麗史』권 1, 「高麗世系」및 『帝王韻紀』권 하, 「本國君王世系年代」, 世系圖 참조.
32) 필자는 「고려시대 '中古'의 인식과 도참」(『史學研究』61, 한국사학회)에서 '龍孫十二盡說'과 관련하여 虎景부터 시작하는 高麗世系의 12대를 숙종 때로 설정한 바 있는데, 이는 세계를 파악하는 방법에 있어 여러 가지 고려할 수 있는 방법 중에 하나이다. 그렇다면 中古와 관련한 시기 설정에 대해서도 다양한 설정이 가능하다. 이에 대해서는 별고를 준비중이다.

것"이라는 정도였다고 생각된다. 이에 虎景大王부터 12대가 다한 인종·명종 때 李資謙과 李義旼은 자신들의 姓인 '李'의 破字가 '十八子'라는 것을 이용하여 이를 반란의 명분으로 삼게 되었다.

'十八子之讖'은 음양오행에서 水德王朝였던 고려를[33] 木德王朝로 바꾸기 위한 혁명적인 관념을 담고 있어 왕조의 존립 자체를 부정하는 것이었다. 그런데『本紀』의 전승 역시 나무神의 아들=木子인 檀君이 건국했다는 것을 주요 내용으로 하고 있어 '十八子之讖'과『本紀』의 전승은 圖讖에서 상호 관련을 가지고 있었다고 생각된다. 그렇다면 檀樹神의 아들인 檀君이 고조선을 건국했다는『本紀』의 전승은 李資謙과 李義旼에게 반란의 명분으로 이용되었을 것이다.

'十八子之讖'은『本紀』의 전승과 마찬가지로 나무神의 아들인 '十八子'·'木子'가 새 왕조를 건국한다는 것을 주요 내용으로 하고 있다. 이것은 이들이 별개가 아니라『本紀』의 전승에서 '十八子之讖'이 粉飾되어 반란의 명분으로 이용되었음을 의미한다. 결국『本紀』의 전승이 반란의 명분에 이용되고 있는 것으로, 이것은『本紀』의 전승이 유포되는데 일정한 영향을 끼쳤을 것이다. 즉 도참과 관련해서 전해지고 있던 '龍孫十二盡說'·'開京의 地氣衰旺說'·'十八子之讖'·'『本紀』의 檀君傳承' 등은 고려사회에서 때로는 별개의 讖說로, 혹은 2·3종의 讖說이 유기적인 관련을 가지면서 긴밀하게 기능하고 있었다.

'十八子之讖'은 李義旼의 난 이후 자료에서 확인되지 않는다. 그렇다고 이런 讖說이 고려사회에서 이용되지 않았다고 생각되지 않는다. 이것은 직접 연결된 모습을 보여주지는 못하지만, 1234년

---

33) 崔柄憲, 1978,「高麗時代의 五行的 歷史觀」『韓國學報』13, 일지사, 27∼35쪽 참조.

(고종 21) '開京의 地氣衰旺說'과 관련하여 圖讖僧에 의해 南京이 단군의 도읍인 阿思達로 주목되고 있음과[34] 원종 때 三別抄의 반란 명분이 '龍孫十二盡說'에서 찾아지고 있음에서 확인할 수 있다.[35] 또 『帝王韻紀』에 『本紀』의 전승이 실려 있음도 '十八子之讖'이 고려 전·중기 뿐 아니라 후기까지 전해졌음을 의미하며, 고려 말 '木子得國'이라는 讖說이 유포되었다는 사실 역시 그런 사정을 반영하고 있다.

B-3. 僉議侍中 柳濯이 同知密直 安克仁·簽書密直 鄭思道 등에게 일러 말하기를 '지금 馬巖의 役事는 백성을 괴롭히고 재물을 손상시키는데 만 그치는 것이 아니라 術家의 말에는 이곳에 집을 지으면 異姓이 왕이 된다고 한다'라고 하니 내가 외람되이 政丞에 있으면서 社稷을 근심하지 않을 수 있겠는가. 차라리 죽임을 당하더라고 힘껏 諫해야 할 것이다'라고 하니 (安)克仁 등이 (柳)濯을 좇아 상서하여 불가함을 極言하였다(『高麗史節要』권 27, 공민왕 17년 8월).

B-4. 이에 군사를 돌려 압록강을 건너는데 太祖가 백마를 타고 彤弓과 白羽箭을 매고 강 언덕에 서서 군사들이 모두 건너기를 기다렸다. 軍中에서 이를 바라보고 서로 말하기를 '자고로 이 같은 사람이 있지 않았고 이후에도 어찌 다시 이 같은 사람이 있을 수 있는가'라고 하였다. 이때는 장마철로 접어든지 수일이 지난 후로 물이 漲溢하지 않았는데, 군사가 이미 건너니 큰물이 갑자기 이르러 온 섬이 침몰함으로 사람들이 모두 神으로 여겼다. 이때 童謠에 '木子得國'이라는 말이 있어 軍民과 小老할 것 없이 모두 이를 노래하였다(『高麗史節要』권 33, 신우 14년 5월).

---

34) 『高麗史』권 23, 고종 21년 7월 갑자 및 『高麗史節要』권 16, 고종 21년 7월 참조.

35) 『高麗史節要』권 19, 원종 12년 5월. "賊黨金通精 率餘衆竄入耽羅 初判太史局事安邦悅 卜還舊都于太祖眞 得半存半亡之兆 以謂亡者 出陸者也 存者 入海者也 乃隨賊南下 入據珍島 說賊曰 龍孫十二盡 向南作帝京之讖 於此驗矣 遂爲謀主"

자료 B-3은 1368년(공민왕 17) 馬巖에 離宮을 지으면 異姓이 왕이 된다는 讖說을 근거로 그 役事를 중지하기 위한 柳濯・安克仁・鄭思道 등의 상소이다. 이때 "馬巖에 離宮을 지으면 異姓이 왕이 된다"는 術家의 말은 그 근거가 분명하지 않다. 그러나 이것은 자료 B-4에서 어느 정도 짐작할 수 있다. 자료 B-4는 1388년(우왕 14) 조선 건국세력이 威化島回軍을 단행한 직후의 사정을 전하고 있다.

여기서 '木子得國'이라는 말이 있는 童謠가 軍民・小老에게 노래되었다는 것은 조작된 감이 없지 않다. 또 자료 B-3과 B-4의 讖說이 역사적으로 관련을 갖지는 못하지만, 여기에서 '十八子之讖'類의 讖說이 고려말 민간에 유포되고 있었음을 확인할 수 있다. 특히 자료 B-4는 李成桂 일파가 조선 건국에 '木子得國'의 讖說을 이용하고 있음을 보여준다.

'木子得國'의 讖說은 고려 전・중기 '龍孫十二盡說'과 함께 연계되어 유포된 '十八子之讖'과 같은 종류이거나 그 변형이다. 이것은 '十八子'나 '木子'가 모두 '李'字의 破字로, '木子得國' 결국 龍孫이 다한 후 나무神의 아들인 李氏姓을 가진 사람이 왕이 된다는 '十八子之讖'의 또 다른 표현에 불과하다. 조선 초 權近은「太祖健元陵神道碑文」에서 건국의 징조를 설명하면서「石刻本」에서 "書雲觀舊藏秘記에 실려있는 九變震檀之說중 '建木得子'라는 讖說이 수천년 전부터 있어 온 것"이라고 서술하고 있다.[36] 그런데 이 讖說은 異本에 "九變圖之局의 '十八子說'은 檀君之歲부터 천여년에 걸쳐 내려왔다"고 기록되어 있다.[37] 즉 '木子得國'의 讖說이 李

---

36)『陽村集』권 36,「有明諡康憲朝鮮國太祖至仁啓運聖文神武大王健元陵神道碑銘(石刻本)」참조.
37) 위의 책, 권 36,「有明諡康憲朝鮮國太祖至仁啓運聖文神武大王健元陵神道碑銘」참조.

資謙과 李義旼의 반란명분으로 이용되었던 '十八子之讖'에서 연유하고 있음을 보여주고 있다.[38]

이런 점에서 權敬中의 木에 대한 이해는 참고할 수 있다. 즉 그는 木을 小陽이자 貴臣·卿大夫의 像으로 이들에 대한 변란, 혹은 병란의 징조, 궁궐의 기둥이 흔들리는 불길한 징조 등 부정적으로 이해하고 있다.[39] 이것은 그가 '十八子之讖'과 관련하여 일어난 李資謙과 李義旼의 반란을 염두하고 이를 『春秋』와 비교함으로써 경계로 삼기 위한 것이라고 짐작된다. 이런 '十八子之讖'의 부정적인 인식과 權敬中의 木에 대한 이해는 『本紀』의 전승이 유포되는데 많은 영향을 주었다고 생각된다.

따라서 고려 전·중기 도참과 밀접한 관련을 가지며 전해왔던 『本紀』유형의 단군전승은 부정적으로 인식되어 널리 유포되지 못했다. 이것은 非父系的인 구조로 이루어져 있어 유교의 합리적인 사고로는 수용할 수 없는 전승 자체의 문제이기보다는, 이 유형의 전승이 왕조를 부정하던 반란세력에게 적극 이용되었다는데 문제가 있었다. 그러나 이 역시 어떤 형태로든지 후대에 전해져 '木子得國'이라는 讖說로 변형되어 조선 건국의 명분으로 다시 이용되었다.

이런 점에서 『世宗實錄』地理志에 실려있는 『本紀』유형의 전승은 주목할 수 있다. 『世宗實錄』地理志에는 『帝王韻紀』의 『本

---

38) 이에 대해서는 2-Ⅳ.「江華의 傳承」참조.

39) 『高麗史』권 101, 열전 14, 權敬中. "木之變 則木介者二 虫食栗葉者二 震殿柱者一 傳曰忘興徭役 以奪民時 則木失其性而爲變怪 魯成公十六年正月 雨木冰 而劉向以謂冰者陰之盛 而水滯者也 木者小陽貴臣卿大夫之像也 此人將有害 則陰氣脅木 木先寒故得雨而冰也 或以木冰爲木介 介者甲也 甲兵象則憂其兵亂 栗北方之果 虫食其葉 則北方之臣當憂讒賊 震柱示棟撓之凶 可不戒哉"

紀』(『檀君本紀』)와는 다른 자료라고 생각되는『檀君古記』를 인용하여『本紀』유형의 전승을 싣고 있다.[40] 그런데『帝王韻紀』에 실려있는 전승과『世宗實錄』地理志에서 싣고 있는 전승의 의미는 서로 다르다고 생각된다.

『帝王韻紀』의 전승이 고려를 부정한 반란세력에게 이용되어 부정적이고도 제한된 분위기에서 여러 전승 내용중 하나를 싣고 있는 것이라면,『世宗實錄』의 전승은 조선의 정통성을 확보하기 위한 정치적 목적이 계산된 긍정적인 면에서 기록되었다고 할 수 있다. 즉『世宗實錄』地理志의 전승에는 '十八子之讖'・'木子得國' 類의 讖說을 적극 이용하여 신왕조 건국에 성공한 세력들이 그 정통성을 나무神의 아들='木子'인 '檀君'에서 출발함으로써 지금까지의 讖說을 일제히 정리하려는 목적이 내포되어 있다.[41] 이것은 또 조선을 건국한 직후 건국주도세력들이 '壇君'이 아닌 '檀君'을 國祖로 설정하고 그 정통성을 여기서 확보하려고 한 일련의 과정과도 관련을 가진다.

이런 면에서 1457년(세조 3) 세조가 팔도관찰사에게 諭示하여 민간에서 간직해서는 안될 서적을 수거하고 있는 가운데 단군 관계 자료로 짐작되는『古朝鮮秘詞』・『朝代記』・表訓의『三聖密記』・

---

40)『世宗實錄』권 154, 地理志, 平安道, 靈異. "檀君古記云 上帝桓因 有庶子名雄 意欲下化人間 受天三印 降太白山神檀樹下 是爲檀雄天王 令孫女飮藥 成人身 與檀樹神婚而生男 名檀君 立國號曰朝鮮 朝鮮尸羅 高禮南北沃沮東北扶餘濊與貊 皆檀君之理 檀君聘娶非西岬河伯之女 生子曰夫婁 是謂東扶餘王 檀君與唐堯 同日而立 至禹會塗山 遣太子夫婁朝焉 享國一千三十八年 至殷武丁八年乙未 入阿斯達爲神 今文化縣九月山"

41) 조선시대의 단군전승이『本紀』유형을 기본으로 한 나무神의 아들='木子'인 '檀君'으로 정리되고 있거나, 이를 토대로 새로운 전승들이 만들어지고 있음은 그런 사정을 반영한다.

安含老와 元董仲의『三聖記』등이 포함되어 있음은 주목된다.42) 이
들은 대부분 도참을 중심으로 고조선 또는 三聖에 관한 내용을 싣
고 있는 古記類일 것으로 짐작된다. 세조가 이 자료들을 수거하도
록 한 배경에는 조선 건국세력들이 적극 이용했던 '十八子之讖'・
'木子得國'과 관련을 가지며 전해온 나무神의 아들=‘木子’가 국가
를 건설한다는『本紀』유형의 전승을 도참과 분리하려는 목적도
내포되어 있다고 생각된다.43) 이것은 前朝 고려와는 달리 조선의
國是와도 깊은 관련을 가진 문제이기 때문이다.

2) 地域別 傳承과 妙淸의 八聖

고려 전・중기 단군전승의 면모를 살펴보는데 또 하나의 유효한
자료는 1131년(인종 9) 妙淸이 주도한 西京遷都論이다. 西京을 중
심으로 한 妙淸의 반란은 李資謙의 난이 소멸하고 곧이어 일어났
다. 그들은 西京의 大華之勢에 林原宮과 八聖堂을 짓고 각 지역의
神格인 八聖을 봉안하여 고려의 중흥을 도모했다. 먼저 妙淸 일파
가 八聖堂에 봉안한 八聖의 내용에 대해 검토하기로 한다.

　妙淸이 또 왕을 說諭하여 林原宮城을 쌓고 八聖堂을 궁중에 설치하
도록 하였다. 八聖중 하나는 護國白頭嶽太白仙人 實德文殊師利菩
薩이고, 둘은 龍圍嶽六通尊者 實德釋迦佛이며, 셋은 月城嶽天仙 實

---

42)『世祖實錄』권 7, 세조 3년 5월 무자 참조.
43) 이에 대해서 이들을 수합・정리하여『東國通鑑』을 편찬함으로써 단군
　 조선 중심으로 고대사를 재구성하려는 의지가 반영되어 있다는 견해가
　 있기도 하다(韓永愚, 1994,「朝鮮時代의 歷史編纂과 歷史認識」『한국
　 의 역사가와 역사학』(상), 창작과비평사, 102쪽 및 全德在, 1994,「동국
　 세년가・동국통감」『한국의 역사가와 역사학』(상), 154~156쪽 참조).

德大辯天神이다. 넷은 駒麗平壤仙人 實德燃燈佛이고, 다섯은 駒麗
木覓仙人 實德毗婆尸佛이며, 여섯은 松嶽震主居士 實德金剛索菩薩
이다. 일곱은 甑城嶽神人 實德勒叉天王이며, 여덟은 頭嶽天女 實德
不動優婆夷이다. 모두 그 像을 그리고 (金)安·(李)仲孚·(鄭)知常
등이 이것은 聖人의 법으로 나라를 이롭게 하고 國基를 연장시키는
術이라고 하였다. (金)安 등이 또 八聖을 제사할 것을 주청하고 (鄭)
知常은 그 祭文을 지어 말하기를 "빠르지 않은 체 하면서도 빠르고
가지 않는 체 하면서도 이르는 것 이것을 일러 '得一之靈'이라고 하
는 것이며, 없는 것이 바로 있는 것이요 진실인 것이 바로 거짓이니
대개 '本來之佛'을 말함입니다. 오직 天命으로 萬物을 裁制하고, 오
직 土德으로 四方의 왕이 됨입니다. 平壤을 둘러보고 이곳 大華의
형세를 卜定하여 궁궐을 開創하고 陰陽을 섬겨 그 사이에 八仙을 봉
안하였는데, 白頭를 모심을 처음으로 하였습니다. 耿光의 恭謹함을
생각함에 妙用이 現前하게 하고자 함이며, 황홀함이 眞에 이르니 비
록 靜態를 형상하기는 어려우나 오직 實德이 如來이니 장엄하게 그
려서 모시기를 명하시어 玄關을 조아려 祈嚮하소서"라고 하니 그 誣
說을 꾸밈이 이와 같았다"(『高麗史』권 127, 열전 40, 반역 1, 妙淸).

　이상은 妙淸 일파가 八聖堂에 모신 八聖의 내용이다. 그들이 모
신 八聖은 전래의 산신신앙과 仙·佛敎 등의 사상이 혼합된 일종
의 本地垂迹說에서 비롯한 것이라는 지적이 있다.[44] 이 자료가 단
군전승과 관련하여 주목되는 점은 대략 세 가지이다. 첫째는 林原
宮에 봉안한 八聖중 몇몇이 단군과 관련한 神格일 가능성이 있다
는 점이다. 둘째는 八聖을 중심으로 한 西京遷都運動이 음양오행
과 관련하여 水德의 회복을 위해 이루어졌다는 점이다. 셋째는 八
聖이 鄭知常의 祭文에서 八仙으로 표현되고 있다는 점이다.
　먼저 鄭知常이 八聖을 八仙으로 표현하고 있는 것은 양자가 같
은 의미를 지니고 있거나 서로 유사한 성격을 지닌 대상이었음을
의미한다. 八仙과 관련해서는 高麗世系에서 作帝建의 아버지로

---

44) 李丙燾, 1980, 위의 책, 204~206쪽 참조.

기록되어 있는 唐 肅宗이 松嶽郡의 鵠嶺에 이르러 남쪽을 바라보자 '이곳이 八眞仙이 사는 곳'이라는 從者의 설명,[45] 당나라 忠王(肅宗)이 송악산을 유람하며 八眞仙을 순례하였다는 『帝王韻紀』의 기록 등을 참고할 수 있다.[46] 이런 점에서 妙淸의 八聖은 高麗世系에 보이는 八眞仙을 의미하는 것으로도 짐작할 수 있다.

이것은 八聖이 이미 고려 초부터 주목되고 있었고, 구체적인 역할은 확실하지 않지만 고려 건국에도 일정한 역할을 하고 있음을 추측하게 한다. 따라서 조정에서는 그 사당을 松嶽山에 설치하여[47] 제사를 거행하였다.[48] 이로 미루어 妙淸이 林原宮에 봉안한 八聖은 고려 초부터 開京을 중심으로 전해오던 八眞仙, 혹은 八仙을 도참과 연계하여 平壤을 중심으로 재해석한 결과라고 짐작된다.[49]

---

45) 『高麗史』 권 1, 「高麗世系」 참조.
46) 『帝王韻紀』 권 하, 「本國君王世系年代」 참조.
47) 『東國輿地勝覽』에서 八仙과 관련한 사당인 八仙宮이 송악산 정상에 있었음을 확인할 수 있다(『新增東國輿地勝覽』 권 5, 개성부 하, 산천. "八仙宮[在松岳頂]").
48) 『牧隱詩藁』 권 6, 「拜八仙宮」. "石路縈回到上頭 八仙宮觀俯神州 一來只塞妻孥願 再拜翻興社稷憂 絶頂雲烟初日曙 長公風雨半空秋 僕夫流汗肩輿穩 飮福微酣興未收"; 권 16, 「登松山」. "鳳駕松山祀八仙 至誠祈禱豈徒然 扶持太后膺天福 啓迪明君享萬年 朝著肅淸垂日月 封疆靜謐奠山川 一家老弱仍無害 敢憚橫經近御筵 夜雨連明滴不休 欲登松岳頗懷憂 初浴溪足水方急 漸上山腰雲半收 彦輔丹靑高畵格 文安蒼白駁詩流 誰知老牧雙眸冷 收拾天慳聳玉樓"; 권 26, 「松山八仙宮」. "少年步上山 俯視日生東 老年騎上山 仰觀日在中 山高亘今古 巍巍八仙宮 一身有强弱 況復多窮通 江山與社稷 自與盤石同 願言奉神化 晩歲保孤忠 一獻誠可格 爐香散晴空"
49) 妙淸이 그 사상의 근원을 도참에서 찾고 있음은 그의 太一玉帳步法이 道詵에게서 비롯되었다고 밝히고 있는데서 알 수 있다(『高麗史節要』 권 10, 인종 10년 정월. "妙淸在中 以白麻繩四條 長三百六十步 四引作法 自言此太一玉帳步法 禪師道詵傳之康靖和 靖和傳之於我 臨老得白

이것은 그들이 西京遷都를 주장하는 동기를 음양오행에서 水德
의 회복에서 구하고 있음에서도 추측이 가능하다. 妙淸 일파가 서
경으로 천도를 적극 추진한 동기는 '開京의 地氣衰旺說'과 관련이
있다.50) 즉 '開京의 地氣衰旺說'과 관련하여 이전부터 추진되었던
西京·南京 등에서의 離宮·新宮 창건이 開京의 地氣를 북돋기
위한 소극적인 裨補策이라면, 妙淸의 서경천도는 도읍 자체를 옮
겨 이를 완전히 불식시키려는 적극적인 것이다.

'開京의 地氣衰旺說'과 관련한 裨補策이란 결국 '龍孫十二盡說'
등과 서로 관련을 가지며 고려사회에 팽배해 있던 讖說을 어떻게
해석하는가의 문제에 불과하다. 따라서 妙淸은 水德王朝였던 고려
가 12대를 지나 망한다는 讖說을 이용하여 '十八子之讖'을 명분으
로 木德王朝를 세우려던 李資謙의 난이 진압된 직후, 地氣가 쇠한
開京에서 西京으로 도읍을 옮겨야 水德王朝를 유지·발전시킬 수
있다고 하여 그 계획을 실행에 옮기려 하였다. 이것은 八聖을 중심
으로 한 遷都運動이 水德이 순조로워 고려 地脈의 근본으로 이해
되었던 平壤을51) 근거지로 진행되었음과 八聖중 제일 첫머리에 봉
안한 護國白頭嶽 太白仙人이 水德과 관련되어 있다는 점에서52)

壽翰傳之 非衆人所知也").
50)『高麗史節要』권 10, 인종 10년 2월. "幸西京 時妙淸白壽翰奏曰 上京
    地勢衰故 天降災擘 宮闕焚蕩 數御西京 以享無窮之業 王問諸日官 皆
    曰不可 鄭知常·金安及大臣等曰 妙淸所言 卽聖人之法 不可違也 王
    乃以妙淸 爲隨駕福田 壽翰入內侍"
51)『高麗史』권 2, 태조 26년 4월. "御內殿 召大匡朴述希 親授訓要 … 其
    五曰 … 西京水德調順 爲我國地脈之根本 大業萬代之地"
52) 백두산은 虎景의 본래 거주지로 고려 地脈의 근본으로 이해되고 있었
    다(『高麗史』권 1, 高麗世系. "世祖居松嶽舊第有年 又欲創新第於其南
    卽延慶宮奉元殿基也 … (道詵)曰 此地脈自壬方白頭山水母木幹 來落
    馬頭明堂 君又水命 宜從水之大數 作宇六六 爲三十六區 則符應天地
    之大數 明年必生聖子 宜名曰王建").

확인할 수 있다. 이런 점에서 초기에 국한해서 妙淸의 西京遷都論
는 李資謙의 난과 같은 왕조의 교체를 위한 것이 아니라, 고려의
중흥을 위한 체제내의 움직임이었다고 할 수 있다.

한편 鄭知常이 지은 祭文을 보면, 大華之勢에 자리한 八聖堂은
仙佛의 가호를 위해 건립했고, 만물을 제압할 수 있는 天命과 천하
의 왕이 될 수 있는 土德, 즉 地德의 조화를 위해 八仙을 안치했다
고 한다.[53] 이곳에 모셔진 八聖은 각 지역의 神格으로 짐작되는데
그 구체적인 지역과 성격에 대해서는 견해가 분분하지만, 대체로
西京을 중심으로 하는 고조선 또는 고구려 영역이었던 서북부 지
역이라는 데서 공통점을 찾을 수 있다.[54]

그런데 이중 4곳의 神格은 단군전승과 관련하여 추측할 수 있다.
첫째 護國白頭嶽太白仙人 實德文殊師利菩薩과 넷째 駒麗平壤仙
人 實德燃燈佛, 일곱째 甑城嶽神人 實德勒叉天王, 여덟째 頭嶽天
女 實德不動優婆夷 등이 그것이다. 이중 첫째의 太白仙人을 神格
으로 모신 護國白頭嶽은 고려의 地脈 출발지로 이해되고 있던 白
頭山을 가리키는 것으로 보이며, 그 神格인 太白 역시 白頭山의

---

53) 고려 초부터 설행되던 八關會 역시 八仙 혹은 八眞仙과 관련이 있을 것
으로 짐작되지만, 자료를 확인할 수 없다. 고려의 八關會에 대한 최근
의 성과로는 安智源, 1999,「高麗 八關會의 設行實態와 社會的 性格」
『高麗時代 國家佛敎儀禮硏究』, 서울대박사학위논문, 114~220쪽 및 김
혜숙, 1999,「高麗 八關會의 內容과 機能」『역사민속학』9, 한국역사민
속학회 참조.

54) 李丙燾는 八聖에 관한 神格을 구체적으로 검토하면서 국내 명산의 神
靈을 한 곳에 모아 놓은 것이라고 하였다(李丙燾, 1980, 앞의 책, 204~
207쪽 참조). 이런 이해는 이후 그대로 수용되고 있다. 물론 龍圍嶽六
通尊者 實德釋迦佛이 어느 지역의 神格인지 확실하지 않지만, 전반적
으로 그 범위는 서북부 지역으로 한정할 수 있다. 이것은 妙淸의 西京
遷都論이 고조선 또는 고구려 영역에서 기능하고 있던 神格에 의지하
고 있음을 의미한다.

이칭으로 알려져 있다. 그렇다면 이곳의 神格인 太白仙人은 단군
전승과 관련해서 추측할 수 있다. 즉 환웅이 하늘에서 내려와 神市
를 열었다는 太伯山과 연계할 때, 護國白頭嶽 太白仙人은 환인의
아들로 잠시 사람으로 변해 熊女와 혼인하였다거나 孫女에게 藥
을 먹여 檀樹神과 혼인하도록 하였다는 桓雄 또는 檀雄天王을 가
리키는 것일지 모르겠다.[55]

　네째 駒驪平壤仙人은 西京의 神格으로 짐작된다. 즉 神에 가까
운 존재인 仙人 王儉이 平壤과 관련이 있고,[56] 부여·고구려를 비
롯한 松壤의 沸流國까지 그 후예로 파악하고 있음을 볼 때,[57] 平
壤仙人은 단군을 지칭하는 것으로 짐작된다. 이것은 또 조선시대
의 전승이지만, 林原宮이 태백산 檀木 아래로 내려온 단군이 살던

---

55) 물론 『三國遺事』에서 一然이 太伯山을 妙香山으로 細註하고 있는 것
　을 염두에 둘 때 문제가 없는 것은 아니다(『三國遺事』 권 1, 紀異 2,
　古朝鮮[王儉朝鮮] 참조). 그러나 妙淸이 白頭와 太白을 연결짓고 있음
　은 주목할 필요가 있다고 생각되기도 하지만, 단군과 白頭山과의 연계
　성은 현재 확인한 자료에 의하면 安鼎福(1778~1791)의 『東史綱目』에
　서 初見되어(『東史綱目』 附 권 하, 地理考, 「太伯山考」. "三國遺事云
　太伯山 今妙香山[在今寧邊府] 麗志及輿地勝覽 幷從其說 太伯之變爲
　妙香 未知在於何代 而我東諸山名號 多出於僧釋 妙香之稱 亦僧家文
　字也 … 三國史崔致遠傳 上太師狀云 高句麗殘孽 北依太伯山下 國號
　渤海 此指今白頭山而上所謂長白山也 卽檀君所降地也[又按勝覽 江東
　縣有大朴山下有大塚 世傳檀君墓 今士人以大朴爲太伯 亦未可信]") 비
　교적 후대에 형성된 전승이라고 추측된다.
　한편 崔柄憲은 護國白頭嶽 太白仙人을 단군과 관계가 깊으며, 고려의
　始祖와도 관련한 것으로 짐작하고 있다(尹以欽 외, 1994, 『檀君－그 이
　해와 자료－』(단군문제에 대한 토론 발표요지 : 崔柄憲 발언), 서울대
　출판부, 698쪽 참조).
56) 『三國史記』 권 17, 高句麗本紀 5, 동천왕 21년 및 「趙延壽墓誌銘」(金
　龍善 編著, 앞의 책, 450~452쪽 참조).
57) 『帝王韻紀』 권 하, 「東國君王開國年代」. "東明本紀曰 沸流王松壤謂
　曰 予以仙人之後 累世爲王 … 則此亦疑檀君之後也"

檀君城이 있던 大城山(大聖山)에 창궐되고 있음에서도 짐작할 수 있다. 따라서 妙淸이 林原驛에 大花宮을 건립한 것은 역사적 존재로서는 아니지만, 西京의 神格으로 단군을 인식하고 있었기 때문이라고 할 수 있다.[58]

일곱째 甑城嶽神人은 九月山 三聖祠와 관련하여 생각할 수 있다.[59] 이것은 三聖祠가 있는 九月山이 甑山으로도 불리고 있고, 이곳의 神格은 三聖祠와 불가분의 관계를 가지고 있다고 짐작되기 때문이다. 또 여덟째 頭嶽天女는 江華 摩利山의 단군전승과 관련하여 추측할 수 있다. 頭嶽이란 지대·지고·지존을 의미하는 우리말 으뜸·머리·마리의 음역으로,[60] 摩利山은 마니산·마루산·머리산·두악 등으로 불렸다.[61] 이로 볼 때 妙淸이 봉안한 頭嶽天女는 摩利山의 神格을 가리키는 것으로 이해된다. 즉 摩利山 역시 고려전기부터 단군전승과 연계되어 靈山·神山으로 숭배되고 있었다.[62]

---

58) 이상의 내용은 2-Ⅱ.「平壤의 傳承」참조.
59) 李丙燾 역시 甑城嶽神人을 九月山과 관련해서 이해하고 있다(李丙燾, 1980, 앞의 책, 206쪽 참조).
60) 金侖禹, 1991,「마리산 독음에 관한 고찰」『기전문화연구』20, 인천교육대학, 401～412쪽 참조.
61) 김윤학, 1980,「강화군 화도면의 땅이름 연구」『기전문화연구』11, 인천교육대학, 177쪽 참조.
62) 李丙燾도 頭嶽天女를 摩利山의 단군숭배와 관련하여 이해하고 있다(李丙燾, 1980, 앞의 책, 206쪽 참조). 한편 李亨求는 江華와 관련한 단군 이해가 기록에 처음 보이는 것이 塹城壇에서 醮禮를 지낸 1264년임을 근거로(『高麗史』권 26, 원종 5년 6월 경술 참조), 江華의 단군전승을 대몽항쟁기 江華로 천도할 때 민족적인 일체감을 조성하기 위한 것에서 비롯되었다고 추측하고 있다(李亨求, 1996,「江華島 三郞城 實測調査硏究」『百濟論叢』5, 백제문화개발연구원, 137～138쪽 참조). 그러나 妙淸이 八聖堂에 모신 神格중 頭嶽天女는 摩利山과 관련한 神格이 분명함으로 이곳에서의 단군전승 역시 고려전기부터 전해오고 있었

妙淸이 八聖堂에 모신 8位의 神格은 모두 그 지역사람들에게 숭
배되고 있다는데 공통점이 있으며, 이중 제 1·4·7·8位는 단군
전승과 관련한 神格으로 파악된다. 이것은 고려전기 妙淸 일파를
포함한 지배층에게 역사적 실체로서의 인식과는 거리가 있었지만,
어떤 형태로든지 단군에 관한 이해가 있었음을 의미한다. 더욱이 8
곳중 7곳의 神格이 남성인데 비해 유독 江華의 頭嶽天女만은 여성
이라는 점이 주목된다.63)

다고 할 수 있다.
63) 孫晉泰는 우리나라 산신의 性에 대해 본래 여성이었으나 이것이 후세에
부권사상의 발달로 인해 男神으로 교체되었다고 파악하였고(孫晉泰, 앞
의 논문 ; 1981, 『韓國民族文化의 硏究』, 태학사, 273쪽 참조), 黃浿江
역시 그의 견해를 따르고 있다(黃浿江, 1982, 『韓國敍事文學硏究』, 단
국대출판부, 133~135쪽 참조). 李恩奉 또한 이런 견해를 수용하여 단
군신화의 환인·환웅은 물론 단군까지도 女神으로 주장하고 있고(李
恩奉, 1984, 『韓國古代宗敎思想硏究』, 집문당, 113~114쪽 참조), 文暻
鉉은 이에 더하여 본래 女神이었던 山神의 성이 부계부권적 가부장제
의 발달과 이에 기초한 유교의 영향으로 男神化되어 갔다고 하면서 妙
淸의 八聖堂중에 오직 頭嶽만 산신의 고유한 性을 그대로 가지고 있다
고 파악하였다. 그는 또 太伯山(妙香山)神 桓雄天王과 阿斯達山神인
단군 역시 당초에는 女神이었으나 男神으로 변형된 것이라고 하여 李
恩奉의 견해도 수용하고 있다(文暻鉉, 1991, 「新羅人의 山嶽崇拜와 山
神」 『新羅思想의 再照明』 12, 서경문화사, 31~34쪽 참조).
한편 羅景洙는 孫晉泰가 열거한 산신이 女神으로 나타나는 28예를 검
토하여 그 분포권역이 중부이남 지역이라는 사실에 주목하여 李瀷의
중부이북을 朝鮮, 그 이남을 韓이라 하는 견해(『星湖僿說』, 天地門, 三
韓, 金馬 참조)를 전제로 산신이 女神으로 나타나는 것을 동남아시아·
인도네시아·멜레네시아·인도 일부 지역에서 볼 수 있는 大女神
(Great Goddess) 신앙이 북상하면서 파급된 것으로 파악하였다(나경수,
1993, 『韓國의 神話硏究』, 교문사, 28~29쪽 참조). 이런 추측이 옳다
면, 摩利山에서의 단군전승 전통은 남방문화의 파급으로 인한 것으로
이해되지만, 그 견해가 타당한지는 알 수 없다. 그러나 산신숭배는 어
느 민족에게서나 天神 계통의 신앙이라는 것은 분명하다.

妙淸의 八聖 봉안에는 서북부지역에서 전해지던 단군전승이 일
정한 기능을 하고 있었다. 이것은 李資謙의 '十八子之識'이 도참
과 관련을 가지고 전해오던 단군전승과 연계되어 있던 것처럼 妙
淸 역시 도참을 토대로 八聖을 모시고 있고, 그 중심지역이 고조선
과 고구려의 도읍이었던 평양이라는 점에서 짐작할 수 있다. 더욱
이 평양은 이미 고구려 때부터 단군전승이 고구려의 신앙들과 융
합되어 전하고 있었기 때문에[64] 妙淸이 모신 八聖에 단군전승의
요소가 배어있는 것은 자연스러운 것이다. 그러나 이 시기의 단군
에 관한 주목은 각 지역에서 산신신앙을 중심으로 모셔지던 神格
으로서의 수용이었지, 역사적 존재로서의 이해를 바탕으로 한 것
은 아니었다.

3) 阿思達과 南京 創闕

圖識家들은 역사적 존재로서는 아니지만, 일찍부터 단군의 존재
를 주목하고 있었다. 또 단군 도읍지 등의 전승이 전해지던 곳은 吉
地로 이해되고 있었다. 이런 사실은 1096년(숙종 1) 金謂磾가 南京
건치를 주장하면서 그 논리의 기반을 도참 관련자료인『道詵記』·
『道詵踏山歌』·『三角山明堂記』·『神誌秘詞』등에서 찾고 있고, 또
南京이 고종 때에는 단군의 도읍지인 阿思達로 비정되고 있음에서
알 수 있다.

　　C-1. "또『神誌秘詞』에 이르기를 '秤·錘·極器를 비유하면 秤幹이

---

64) 金成煥, 2000,「단군신화의 기원과 고구려의 전승」『단군학연구』3, 단
　　국학회, 119~134쪽 참조.

란 扶疎의 대들보요, 錘는 五德地요, 極器란 白牙岡이니 70國
의 朝降을 받고 地德에 힘입어 神精의 보호를 입을 것이다. 首
尾가 均平해야 나라가 홍성하고 태평할 수 있다. 만약 세 곳에
도읍하지 않으면 王業이 쇠퇴할 것이다'라고 하였습니다. 이것
은 저울로 三京을 비유한 것으로 極器란 머리요, 錘는 꼬리이
며, 저울대란 提綱之處이니, 松嶽을 扶疎로 삼아 저울대에 비
유하고, 西京을 白牙岡으로 삼아 저울머리에 비유하며, 三角山
의 남쪽을 五德丘로 삼아 저울추에 비유한 것입니다. 五德이란
중앙에 圓形의 面嶽이 있으니 土德을 말함이요, 북쪽에 曲形의
紺嶽이 있으니 水德을 말함이요, 남쪽에 尖銳한 冠嶽이 있으니
火德을 말함이요, 동쪽에 楊州의 남쪽으로 直形의 行山이 있으
니 木德을 말함이요, 서쪽에 方形의 樹州 北嶽이 있으니 金德
을 말합니다. 이것은 또한 道詵의 三京之意와 합치됩니다. 지금
나라에는 中京과 西京은 있으나, 南京은 빠져 있습니다. 원하옵
건대 三角山이 남쪽에 있는 木覓 북쪽 평지에 都城을 세워 때
에 따라 巡駐하시기 바랍니다. 이것은 실로 社稷의 興衰와 관
련된 것이기에 臣이 당돌함을 무릅쓰고 삼가 기록하여 바칩니
다'라고 하였는데, 日者 文象이 이를 좇아 찬성하였다(『高麗
史』권 122, 열전 35, 金謂磾).

C-2. 內侍 李白全을 보내 御衣를 南京假闕에 奉安하도록 하였다. 僧
이 讖說에 근거하여 말하기를 "扶疎山으로부터 나누어 左蘇로
삼은 곳을 阿思達이라 하는데, 이곳은 옛 楊州 땅입니다. 만약
이곳에 궁궐을 조영하여 왕께서 移御하신다면 國祚를 가히 800
년 연장시킬 수 있을 것입니다"라고 하였다. 이에 이 命이 있었
다(『高麗史』권 23, 고종 21년 7월 갑자).

자료 C-1은 1096년(숙종 1) 衛尉丞同正 金謂磾가 南京 건치를 주
장하는 상소중의 일부이다. 즉 金謂磾는 『道詵記』・『道詵踏山歌』・
『三角山明堂記』 등과 함께 『神志秘詞』라는 도참 관련자료를 인
용하여 '龍孫十二盡說' 및 '開京의 地氣衰旺說'로 인한 왕업의 쇠
퇴를 극복하기 위해 三京制의 운용을 주장하였고, 南京을 설치하
게 하였다. 그런데『神志秘詞』는 고조선 때의 인물이라는 神誌[65]

와 관련한 자료라고 생각되며, 그 서명은『三國遺事』에서도 확인
된다.66) 이것은 단군전승이 불교·유교와 함께 도참과도 밀접한
관련을 가지며 전해졌음을 의미한다.

결국『神志秘詞』를 비롯한 도참 관련자료를 이용하여 南京 창
건을 주장한 金謂磾의 상소는 숙종에게 적극 반영되어 왕이 친히
新闕의 장소를 相宅까지 하였다.67) 그 와중에 몇몇 유신의 반대에
부딪치기도 하고,68) 도참류의 서적에 부합하는 위치의 선정에 고
심도 하였지만,69) 결국 役事가 시작된 지 3년만인 1104년(숙종 9)
南京의 新闕은 완성된다.70) 이것은 숙종 때 南京의 新宮 창건이
도참과 관련하여 전하던 단군전승의 영향아래 이루어졌음을 시사
한다.

이후 離宮 및 新宮의 창건과 관련하여 단군전승의 모습은 고종
때 확인할 수 있다(C-2). 고종은 1217년(고종 4) 松山의 王氣가 장차
쇠진할 것이니 別宮을 지어 제거해야 한다는 術士의 청에 따라 崔
忠獻이 지은 竹坂宮으로 移御하였다.71) 또 그해 12월에는 李知識

<hr>

65)『龍飛御天歌』제16장, 大註 참조.
66)『三國遺事』권 3, 興法 3,「寶藏奉老普德移庵」참조.
67)『高麗史』권 11, 숙종 4년 9월 정묘 및 윤9월 임신 참조.
68) 도참에 의지하여 시행되던 南京의 新宮 창궐은 유신들의 반대에 부딪
　　치기도 하였다(『高麗史』권 95, 열전 8, 柳伸 참조).
69) 이것은 숙종이 新闕의 相宅을 위해 南京에 다녀온 지 2년 후에도 그
　　役事가 시작되지 않고, 1101년(숙종 6) 10월에야 비로소 三角山 面嶽
　　남쪽의 형세가 古文(圖讖書)과 부합된다는 崔思諏의 건의에 따라 그
　　위치를 결정한 후 役事를 시작하고 있음에서 짐작할 수 있다(『高麗史』
　　권 11, 숙종 6년 10월 을미·병신 참조).
70)『高麗史』권 12, 숙종 9년 5월 갑오. 한편『高麗史』에는 이와 달리 廣
　　明寺의 승려 光器와 平州의 승려 覺眞이 陰陽 또는 陰陽書를 위조하
　　였음을 기록하고 있는데(『高麗史』권 11, 숙종 6년 3월 경진 및 4월 신
　　축 참조), 이것은 南京의 新宮 창건에 대해 圖讖家 역시 그 의견이 일
　　치되지 않은데 원인이 있는 것으로 추측된다.

의 요청으로 白岳에 離宮을 창건하는 한편,72) 1228년(고종 15)에는
樞密院副使 李允誠에게 명하여 御衣・帶를 白岳假闕에 移安하도
록 하였다.73) 이런 고종의 일련의 조치는 '開京의 地氣衰旺說'을
불식하기 위한 裨補策이었다.

그러나 문종이래 開京의 地氣를 북돋기 위한 일련의 노력들은
임시적인 대책이 되기는 했을지언정, 國業 延基를 위한 근본적인
裨補策은 되지 못했다. 따라서 조정에서는 '開京의 地氣衰旺說'로
대표되는 여러 讖言을 종식시키기 위해 이제까지의 裨補策과는
다른 시각에서 讖言을 해석하게 된다. 즉 이전부터 도참과 관련해
전하고는 있었지만, 그 이해에는 소극적이었다고 할 수밖에 없는
고조선에 관한 이해를 새롭게 함으로써 왕조의 존립을 위협하고
있던 讖言을 극복하고자 하였다. 이런 노력의 출발이 바로 左蘇의
위치를74) 옛 楊州 땅인 阿思達로 비정하고 있는 것으로 나타난다
(C-2).

이 건의를 한 圖讖僧이 누구인지는 알 수 없다. 그러나 주목되는
것은 延基裨補處로서의 三蘇중 左蘇의 위치가 예전의 白岳이 아
니라 옛 楊州 땅인 阿思達이라는 점과75) 이곳에 궁궐을 조영하여

---

71) 『高麗史』권 22, 고종 4년 4월 기유 참조.
72) 『高麗史』권 22, 고종 4년 12월 경술 참조.
73) 『高麗史』권 22, 고종 15년 12월 갑자 참조.
74) 고려에서 三蘇는 高麗世系에 보이는 吉地와 밀접한 관련을 있는 것으
    로 보인다. 左蘇의 경우 虎景이 백두산에서 遊歷하여 정착한 扶蘇山
    左谷을, 北蘇는 康忠이 거처했던 五冠山 摩訶岬인 扶蘇山의 북쪽을,
    右蘇는 康忠이 扶蘇山 북쪽에서 風水家 監干 八元의 권유에 따라 옮긴
    扶蘇山 남쪽을 가리키는 것으로 짐작된다(『高麗史』권 1, 「高麗世系」
    참조).
75) 한편 『三國史記』에서는 또 楊州를 平壤과 관련하여 비정하고 있음을
    확인할 수 있다(『三國史記』권 10, 新羅本紀 10, 헌덕왕 7년. "平壤今
    楊州也 太祖製庄義寺齋文 有高麗舊壤 平壤名山之句").

移御할 경우 國祚를 8백년 연장할 수 있다는 점이다. 이것은 이제까지의 讖言에 대한 裨補策으로서의 離宮 경영과 다른 면을 보여주고 있다. 우선 阿思達에 移御할 경우 國祚가 8백년 연장될 수 있다는 讖說은 이전의 것에서 확인할 수 없는 내용으로, 그 해석이 보다 적극적으로 이루어지고 있음을 볼 수 있다. 또 左蘇의 위치를 阿思達로 비정한 것은 고조선의 도읍지로서 阿斯達과 관련하여 생각할 때, 이 시기 도참에 연계되어 전하던 단군전승이 주목되고 있음을 짐작할 수 있다.

이에 고종은 阿思達에 궁궐을 짓고, 이듬해 태조의 神御를 봉안하는 한편, 御衣를 계절에 따라 阿思達과 開京 康安殿에 번갈아 봉안하라는 명을 내린다.[76] 단군전승과 관련한 讖說은 원종 때 보다 적극적으로 이용된다. 특히 摩利山塹城에서의 醮祭 설행배경을 三韓이 震旦으로 변하여 大國의 來朝가 있을 것이라는 白勝賢의 상소는 이를 단적으로 보여준다.[77]

고종과 원종 때의 이런 움직임은 당시 역사인식의 변전과도 관련되는 것이지만, 그 본래의 목적은 도참과 복잡하게 얽혀 고려사회에서 부정적으로 기능하고 있던 '開京의 地氣衰旺說'·'龍孫十二盡說'·'十八子之讖' 등을 극복하고 國祚의 延基를 바라는데 있었다. 그러나 이 역시 한계를 노출하고 있는데, 그것이 1271년(원종 12)

---

76) 『高麗史節要』 권 16, 고종 22년 2월 참조. 이때 조영된 南京假闕이 문종·숙종 때의 南京假闕과 같은 곳인지는 확실하지 않다. 또 문종·숙종 때의 南京假闕이 고종 때의 左蘇 阿思達이라는 讖言과 같은 맥락에서 이루어졌다고 생각되지는 않지만, 그 배경에 단군전승이 토대를 이루고 있었음은 분명하다.

77) 이에 대해서는 2-Ⅳ.「江華의 傳承」 및 서영대, 1999,「강화도의 참성단에 대하여」『韓國史論』 41·42합집, 서울대 국사학과 참조. 한편 震旦은 大祚榮이 자칭하던 渤海의 국호이기도 하다(『三國遺事』 권 1, 기이 2,「靺鞨渤海」. "通典云 渤海 本粟末靺鞨 至其酋祚榮立國 自號震旦 …").

'龍孫十二盡說'을 명분으로 일어난 三別抄의 난이다.

II. 高麗 後期의 認識

1. 歷史認識의 變化와 古朝鮮認識의 背景

元 간섭기 초기 식자층은 당대를 이전의 사회와는 달리 이해하려는 움직임을 보이고 있었다. 충렬왕과 제국공주가 元에서 돌아오는 것을 '태평한 시대의 재도래'로 받아들이고 있는 父老나 李承休의 이해는[78] 그 움직임의 단적인 표현이다. 여기에는 元의 부마국으로 세계제국에 포함된 고려가 그 안에서 나름의 역할을 할 것을 기대하던 식자층의 현실인식이 작용하고 있다. 또 이와 함께 무

---

78)『高麗史』권 28, 충렬왕 즉위년 11월 정축. "父老相慶曰 不圖百年鋒鏑
之餘 復見太平之期" 및 『帝王韻紀』권 하, 「本國君王世系年代」. "元
廟復神器[以是年十一月二十三日而復位] 勢以再乾坤 … 尋承釐降寵
盛矣賓王利 … 天妹理宮闈 帝孫作儲貳 祖業更輝光 皇恩遠漸漬 靑史
頌康哉 蒼生歌樂只"
물론 위의『高麗史』기록에는 의례적인 표현이 다분히 포함되어 있어
이것만으로 당시 지식층이 원 간섭기 초기의 사회 분위기를 긍정적으
로 이해하고 있었다는데는 문제가 있다. 그러나 이 시기는 약 100년에
걸친 무인집정을 종식한 후 그 이전으로 회귀하려는 움직임을 보이고
있었고, 고려의 지배층 역시 元이라는 중원세력을 이런 면에서 적극 이
용하려고 했기 때문에 당시 사회적 분위기는 무인집정의 종식이라는
대명분 아래 긍정적인 인식이 작용하고 있었던 것으로 짐작된다. 특히
李承休는 태평의 시대가 다시 도래한 요인을 왕정의 복고와 고려 왕실
이 元 皇室과 혈연관계를 맺음으로써 元을 중심으로 대외 질서가 재편
될 것이라는데서 찾고 있다(위와 같음).

인집권기가 막을 내리고 왕정이 복고되어 중흥의 시기가 도래하였다는 긍정적인 인식이 작용하고 있기도 하다.[79] 즉 元 간섭기 초기 고려인들은 속국이기는 하지만, 그때가 무인집권기와는 달리 왕정이 복고되어 이전의 사회로 돌아갈 수 있는 여건이 마련되었다고 인식하였다. 그리고 고려사회가 비교적 안정된 정세 속에서 새롭게 발전할 수 있으리라는 고려 중흥을 위한 기대감을 가지게 되었다. 이것은 또 그들이 살고 있는 때를 이전과 달리 인식하려는 움직임으로 구체화되어 자신들이 주도하던 제반 개혁정책에 반영되었다.

이런 움직임은 고려 후기의 몇몇 墓誌銘중에 보이는 '中古'의 이해와도 관련해서 살펴볼 수 있다. 충숙왕 때 제작된 묘지명들인 「洪奎墓誌銘」·「元瓘墓誌銘」, 그리고 「李德孫妻庾氏墓誌銘」 등에 보이는 '中古'의 용례가 그것이다.[80] 여기서 墓誌銘의 撰者들은 자신들이 살고 있던 때와 비교하여 그 이전 시기를 '中古'라고 지칭하고 있는데, 그 범위는 대략 예종 때부터 원종 때까지로 설정할 수 있다. 그런데 이렇게 시기를 설정하고 있는 사람들은 李瑱·閔漬 등 元 간섭기 초기 고려 최고의 지성들이었다. 이로 볼 때, '中

---

79) 邊東明, 1990, 「李承休의『帝王韻紀』撰述과 그 史書로서의 性格」『震檀學報』70, 진단학회, 21쪽 참조.

80) 「洪奎墓誌銘」. "公諱文系 改曰奎 字彌樓 中古名宰 … (缺) … 同三司門下侍郎平章事 判吏部事 上將軍 上柱國 洪諱灌之孫"(金龍善 編著, 앞의 책, 433∼436쪽) : 「元瓘墓誌銘」. "母峰城郡大夫人廉氏 禮賓□卿守藏之長女 卽中古名宰相信若之孫也"(金成煥, 2000, 「高麗時代 墓誌銘 新例－元瓘墓誌銘－」『韓國文化』25, 서울대 한국문화연구소 :「李德孫妻庾氏墓誌銘」. "公父諱淳牧 右僕射 翰林學士承旨 中古名儒"(金龍善 編著, 앞의 책, 457∼458쪽). 이 글에서 고려시대 당대인들의 시기구분론으로서의 '中古'의 용어는 시론적인 입장에서 사용하였으며, 향후 고려시대의 관련자료 중 그 용례를 종합적으로 검토하고자 한다. 이 같은 '中古'의 개념에 대해서는 金成煥, 2000, 앞의 논문 참조.

古'의 개념은 元 간섭기 사류층의 역사인식과 관련하여 이해해도 좋을 듯 싶다. 그리고 이 같은 인식은 그들의 주도로 진행되던 새로운 시대, 혹은 중흥 시대의 도래라는 기대감과도 맞물린 것이다.[81]

특히 '中古'의 용례는 一然이 『三國遺事』에서 新羅史를 구분하고 있는 上古·中古·下古의 개념과도 관련된 것으로 짐작되어 주목된다. 『三國遺事』의 王曆에서 一然은 新羅史를 시조 赫居世부터 22대 智訂麻立干까지 上古, 法興王부터 28대 眞德女王까지 中古, 武烈王부터 56대 敬順王까지 下古로 구분하여 上·中古는 성골이 왕위를 계승하던 시대인 반면, 下古는 진골이 왕위를 계승한 새로운 시대로 이해하였다.[82] 그의 이 같은 新羅史에 대한 이해 방식은 고려 왕실의 출자의식 변화와도 무관하지 않은 듯 하다.

고려 조정은 일찍부터 용의 후예[龍孫]라는 이해를 이용하여 왕실의 권위와 위엄을 분식하였다. 그러나 시대를 거듭하면서 그것은 부정적으로 작용하였다. 이것이 앞서 살펴본 '龍孫十二盡說'이다.[83] 그러나 元 간섭기로 들어서면서 왕실은 혈연적으로 元의 황실과 연결되어 출자의식에 변화가 수반되었고, 龍孫과 관련한 출자의식은 희박해졌다.[84] 특히 서해 용왕의 외손인 태조부터 원종

---

81) 이밖에 '中古'의 용례로는 李奎報(1168~1241)와 閔思平(1295~1359) 등에게서 찾아볼 수 있다(『東國李相國集』 全集 권 19, 雜著, 贊, 「故戶部尙書檜谷居士朴公仁碩眞贊幷序」. "… 公諱仁碩 字壽山 中古名宰相 諱育和之嗣也 …" ; 『及菴詩集』 권 3, 律詩, 「題光陽樓」. "樓是中古名相文靖公之賢嗣鄭相公所起也 至今未有名公之遺愛 邑人慕焉 予奉使 過此 見斯樓想其人 篇曰拱北 因留一絶云").
82) 『三國遺事』 권 1, 王曆 참조.
83) 이에 대해서는 별고 「高麗世系와 龍孫十二盡說」에서 검토하고자 한다.
84) 이것이 元 간섭기 이후 고려 왕실의 출자의식에 龍孫 관념이 완전히 사라졌다는 뜻은 아니다(『帝王韻紀』 권 하, 後題. "胡不添撥亂賴忠臣 龍孫綿不已之一句 而足之乎 先生非不知 撮略故爾"). 그러나 그 관념

까지가 12대이고, 충렬왕부터 그 출자에 변화가 있었다는 사실은
一然이『三國遺事』에서 이해하고 있는 新羅史의 시기구분과 유사
한 면을 가진다. 즉 一然이 上·中·下古로 구분하고 있는 新羅史
의 이해는 물론 신라의 불교를 배제하고 설정할 수 없는 이해이기
는 하지만, '中古'로 대표할 수 있는 元 간섭기 사류층의 고려사회
에 대한 시기구분론과도 관련된 것으로 짐작된다.

이것은 또 공민왕 때 李齊賢(1287~1367)이 주도하고 白文寶
(1303~1374)·李達衷(1309~1385)이 참여한『國史』편찬에서도
어느 정도 추측이 가능하다. 이 책은 이후 홍건적의 침입으로 완성
되지 못한 것으로 짐작되지만, 각자가 분담할 시기를 셋으로 나누
어 각자 해당 시기의 紀年과 傳志를 작성하였을 것으로 추측된
다.[85] 그런데 여기서 주목되는 점은 李齊賢이 맡고 있는 시기가 태
조부터 숙종 때까지라는 사실이다.[86] 그가 편찬할 시기가 숙종 때
까지였다는 사실은 그를 비롯한 고려 후기 사류층에게 이 시기를
기점으로 고려사회가 달리 이해되었을 개연성을 제시한다.

역사 편찬, 특히 여러 사람이 함께 하는 편찬사업은 일정한 목적
과 기준을 가지기 마련이다. 이때의『國史』가 官撰이 아닌 개인
관심에 의한 것이기는 하지만, 李齊賢 등은 각자가 서술할 시기와
내용을 자료의 양이나 어떤 임의의 기준으로 선정하지 않았을 것
이다. 더욱이 이때의『國史』편찬이 나라의 역사를 갖추고 있지 못

이 희박해지고 있었음은 분명하다.
85) 李齊賢의 史學에 대해서는 金哲埈, 1967,「益齋 李齊賢의 史學」『東方
    學志』8, 동방학회 및 1975,『韓國古代社會硏究』, 지식산업사 : 鄭求福,
    1981,「李齊賢의 歷史意識」『震檀學報』51, 진단학회 : 卓奉心, 1988,
    「李齊賢의 歷史觀」『梨花史學硏究』17·18합집 : 金相鉉, 1996,「李齊
    賢의 ≪國史≫」『한국사』21, 국사편찬위원회 참조.
86)『高麗史』권 110, 열전 23, 李齊賢 참조.

한 것을 우려한데서 비롯되었다는 점에서 이들이 담당했던 서술시기는 당시 사류층에게 이해되고 있던 '中古'로 대표되는 시기구분론을 반영하고 있는 것으로 보인다. 즉 李齊賢이 태조부터 숙종 때까지, 白文寶와 李達衷이 예종 이후부터의 편찬을 담당하고 있음은 元 간섭기에 이해되고 있던 당대인들의 고려사회 시기구분론을 반영한 결과일 것이다.

이런 점에서 이때 빈번하게 이루어지던 당대사 편찬작업은 주목된다.[87] 元 간섭기에는 고려 당대의 역사를 정리하기 위해『高宗實錄』등 實錄類와『千秋金鏡錄』·『世代編年節要』등 通史類의 史書들이 編纂·改撰되었다. 이에 대해 元을 의식한 보정 또는 元의 압력에 의한 개편, 元의 간섭에 대한 문화적 위기의식의 결과 등 여러 견해가 있지만, 이것이 흔치 않았던 일이었음은 분명하다.[88] 이것은 또 이제까지의 상고사 이해와는 달리 그 인식의 범위가 확대되고 있던 움직임과 궤를 같이하고 있음이 분명하다.

元 간섭기 이전 고려사회에서의 상고사 이해는 태조의 一統三韓意識에서 볼 수 있듯이 三韓에 머물러 있었고, 그 이전에 대해서는 주목되지 못했다. 이에 三韓은 詔書 뿐만 아니라, 각종 墓誌銘

---

87) 元 간섭기 當代史를 중심으로 한 역사편찬에 관한 최근의 연구성과로는 邊東明, 1995,「高麗後期 性理學 受容階層의 史書編纂活動」『高麗後期性理學受容硏究』, 일조각 및 金相鉉, 1996,「高麗後期 歷史敍述의 特徵」『한국사』21, 국사편찬위원회 : 李源明, 1997,「元 干涉期 歷史認識의 變化와 性理學 受容」『高麗時代 性理學受容硏究』, 국학자료원 등을 참조.

88) 鄭求福, 1979,「高麗後期의 歷史認識과 歷史敍述」『韓國史論』6, 국사편찬위원회, 54쪽 참조. 元 간섭기에 이루어진 당대사의 정리를 비롯한 역사편찬의 새로운 움직임은 고려사회의 시기구분론과도 밀접한 관련을 가지고 있다고 추측된다. 이에 대해서는 상세한 검토가 이루어져야 할 것이다.

에서까지 고려를 대신하여 我邦을 관칭하는 대명사로 사용되었
다.[89] 그러나 비록 도참과 관련한 것이기 해도 고종과 원종 때부터
는 三韓 이전의 역사에 대해 관심을 가지기 시작하고, 이 시기에
이르러 그 인식의 범위가 분명히 三韓 이전으로 확대되었다. 그리
고 그것은 우리 역사의 출발로 이해되고 있는 고조선에 대한 관심
이었다.

이 같은 이해는 고려사회에서 기능하고 있던 天下觀과도 관련을
가진다. 고려에는 自國中心 天下觀·華夷論的 天下觀·多元的
天下觀 등 세 종류의 天下觀이 있었다고 한다.[90] 이중 多元的 天
下觀은 다른 天下觀과 같이 단일한 천하를 설정하여 진정한 天子
는 하나라는 一元的 天下觀이 아니라, 나름의 천하를 지배하는 고
려의 天子가 또 다른 천하를 지배하는 宋·遼·金 등의 天子들과
병존하고 있다는 天下觀이다. 또 이 天下觀에서는 여러 小天下들
이 각기 다른 자연적 풍토를 가지고 있을 뿐 아니라, 사람들의 성

---

89) 盧泰敦, 1982,「三韓에 대한 認識의 變遷」『韓國史硏究』38, 한국사연
    구회 참조. 물론『三國史記』의 "海東有國家久矣 自箕子受封於周室 衛
    滿僭號於漢初 年代綿邈 文字疏略 固莫得而詳焉 …(『三國史記』권 29,
    年表 上)", 李奎報의 "云云 箕封繫迹 邈居日出之邦 漢闕懸心 遙祝天
    長之壽 云云(『東國李相國集』全集 권 28, 書狀表,「上都皇帝起居表」)"
    등의 기록, 그리고『舊三國史』의 존재 등을 고려할 때, 고려전기의 상
    고사 이해가 삼한에 머물러 있었는 지의 문제에는 회의적일 수 있다.
    그러나 李奎報는 또 삼한에서 국가의 건국 시점을 西漢 五鳳 元年으로
    도 설정하고 있어(『東國李相國集』全集 권 41, 釋道疏,「歸正寺住持行
    圓覺法會疏」. "… 念東海三韓之有國 自西漢五鳳之立元 寢及太祖 統
    壹以還 合爲千百餘載 …"), 명확한 이해를 어렵게 하고 있다. 그러나
    일반적인 역사인식의 수준은 三韓에 머물러 있었다고 생각된다. 이점
    에 대해서도 추후 검토가 필요한 부분이다.
90) 이에 대해서는 盧明鎬, 1997,「東明王篇과 李奎報의 多元的 天下觀」
    『震檀學報』83, 진단학회 및 1999,「高麗時代의 多元的 天下觀과 海東
    天子」『韓國史硏究』105, 한국사연구회 참조.

품이나 문화도 다른 특성을 가지고 있다고 생각하여 자주적인 관점에서 실리를 추구하며 강력 세력들과 대처하였다.

특히 고려의 군주들이 상징적인 의미에서만 天子・皇帝로 높임을 받던 무인집권기라고 하더라도, 李奎報(1168~1241)・崔滋(1188~1260)・林椿 등 당대 문인들의 글 대부분에서 多元的 天下觀이 존재하고 있었음을 볼 수 있다. 그것은 또 元과의 전쟁에서 저항정신을 고취시키는 기능을 하는 한편, 그 간섭이 심화되어 왕조의 존립마저 위협받게 된 상황에서 고려를 지탱하게 하는 정신적인 힘이 되기도 하였다.91)

> D-1. 무릇 옛날 聖人은 바야흐로 禮樂으로 나라를 일으키고 仁義로 교화를 베풀었으나 怪力亂神을 말하지는 않았다. 그러나 帝王이 장차 일어나려 함에는 符命을 받거나 圖錄을 받는다고 하여 반드시 보통 사람과 다른 점이 있은 후에야 능히 大變을 타고 大器를 잡아서 大業을 이루었다. … 그러므로 삼국의 시조 모두 神異로부터 낳았다는 것이 어찌 괴이하다고 하겠는가. 이것이 神異한 바를 諸篇의 첫머리에 신게된 이유이니 그 뜻도 여기에 있음이다(『三國遺事』 권 1, 紀異 2).

> D-2. 遼河 동쪽에 별도의 한 天地가 있으니 天文도 中朝와 나뉘었네
> 큰 물결 한없이 넓어 三面을 둘러쌌고 북쪽에 대륙이 있어 실처럼 이어졌네
> 그 가운데 사방 천리 이곳이 朝鮮이라 江山의 형승은 하늘에 떨쳤다네
> 耕田鑿井은 禮義의 국가로 華人들 이름지어 小中華라 했다네(『帝王韻紀』 권 하,「東國君王開國年代」, 地理紀).

자료 D-1・2에서는 一然과 李承休가 고려의 역사를 어떻게 이해하고 있었는지, 또 어떤 天下觀을 가지고 그 실마리를 풀어갔는

---

91) 盧明鎬, 1999, 위의 논문, 27~36쪽 참조.

지를 살펴볼 수 있다.92) 우선 一然은 聖人이 나라를 일으키는데 怪
力亂神을 말하지 않았지만, 帝王이 장차 일어나려 함에는 반드시
보통 사람과 다른 점이 있어야 함을 전제한 후 이를 중국의 예를
들어 설명하고 있다. 이어서 그는 삼국의 시조 역시 이점에서는 다
르지 않아 그 神異한 사적을 諸篇의 첫머리에 싣는다고 하여(D-1),
紀異篇에서 고조선[왕검조선]의 건국을 가장 먼저 싣고 있다.

　이것은 李奎報가 「東明王篇」의 序文에서 공자가 怪力亂神을
말하지 않은 것은 황당하고 기이하게 속이는 일이어서 말할 바가
되지 못함에서 기인하지만, 東明의 일은 변화와 神異로 많은 사람
들의 눈을 현혹시키는 것이 아니라 나라를 창업한 神의 자취이기
때문에 고려가 본래 聖人이 도읍한 곳임을 천하에 알리기 위해 이
를 짓는다는 이해와도93) 상통한다. 즉 李奎報와 一然은 모두 怪力
亂神에는 부정적이었지만,94) 고려의 역사에서 神異한 사적들은 분
명 怪力亂神과는 다른 나라를 창업한 神들의 자취로, 이들은 고려
가 중국과는 다른 천하였음을 밝히는데 적극 활용되고 있다.95)

---

92) 『三國遺事』에 인용된 安弘의 『東都成立記』 등을 통해 볼 때, 충렬왕
　　때는 多元的 天下觀을 기반으로 고려가 朝貢을 받는 중심에 위치한다
　　는 관념에서 국제관계를 인식하는 흐름이 존재하였다고 한다(安智源,
　　1999, 『高麗時代 國家佛敎儀禮硏究』, 서울대박사학위논문, 210～211
　　쪽 참조).
93) 『東國李相國集』 全集 권 3, 古律詩, 「東明王篇」, 序 참조.
94) 이들에게 이해되고 있는 怪力亂神이 무엇을 의미하는지는 자세하게 알
　　수 없다. 그러나 李穀(1298～1351)이 夫餘의 고적을 돌아본 후 그 지역
　　사람들에게 전해들은 낙화암이나 조룡대・호암・천정대 등의 전설에
　　대해 史書에 기록되어 있지 않고 근거할 만한 금석문도 없는 괴이한
　　설화로 믿기 어렵다고 하는 입장이나(『稼亭集』 권 5, 「舟行記」 참조),
　　安軸(1287～1348)이 觀音의 진신이 상주한다는 通州의 金幱窟에 대한
　　전설을 허황된 것으로 비판하고 있는 것(『謹齋集』 권 1, 「金幱窟詩幷
　　序」 참조) 등에서 어느 정도 추측이 가능하다.
95) 卓奉心은 「東明王篇」에 나타난 李奎報의 전통적 신이사관과 하늘과

이것은 고려사회에서 앞서 있었던 국가의 神異한 사적들이 더 이상 怪力亂神으로 이해되지 않았고, 영험과 공덕 위주의 신비주의를 지향하는 神異史觀에 의한 것으로도 이해되지 않았음을 의미한다. 따라서 一然과 李承休 등이 이해하고 있는 단군전승 역시 그것이 불교에 의해 윤색되어 있는 것이든지, 도참에 의해 이용되고 있는 것이든지 이제는 문제가 될 수 없었고, 三韓 또는 我邦 역사의 시원으로 분명하게 자리하였다.

이것은 자료 D-2에서 보다 구체적으로 보인다. 물론 李承休의 이해가 小中華意識이라는 고식적인 이해에서 벗어나고 있지 못함도 사실이다. 그러나 그 역시 고려가 중국과 별도의 天下를 가진 존재였음을 분명히 하고 있다.[96] 특히 그가 중국과 天文도 다른 別天地가 遼河의 동쪽인 조선에 있었다고 읊고 있는 것에서 고려사회의 역사인식이 변전·확대되고 있음을 짐작할 수 있다.

이런 점에서 고려 당대인들이 그 시조를 天孫으로 이해하고 있는 다음의 자료는 참고할 수 있다.

> D-3. 金氏의 出自는 新羅王에서 나왔다. 처음 脫解王이 밤에 金城의 서쪽 수풀에서 닭 울음소리를 듣고 날이 밝기를 기다려 사람을 보내 이를 보게 하니 金色의 작은 상자가 나뭇가지에 걸려 있었고 닭은 그 아래에서 울고 있었다. 왕이 사람으로 하여금 이를 취한 즉 그 안에 작은아이가 한 명 있었는데, 모습이 奇偉하

연결되는 인식은 우리 역사를 자주적인 입장에서 새롭게 이해하려는 노력이었고, 이것은 이후 一然과 李承休에 전해졌다고 밝히고 있다(卓奉心, 1996,「<東明王篇>의 歷史認識」『한국사』21, 국사편찬위원회, 302~306쪽, 참조).

96) 盧明鎬는 李承休가 언급하고 있는 天下가 고려에 국한된 것이 아니라 고조선과 삼국시대 이래 여러 왕조들의 무대가 되었고, 이전부터 고려에 다양하게 연결되었던 女眞地域을 아우르는 범위로 이해하고 있다(盧明鎬, 1999, 앞의 논문, 28~30쪽 참조).

여 왕이 기뻐하며 말하기를 "이것은 어찌 하늘에서 내게 아들
을 내려줌이 아니겠는가"라고 하며 이를 거두어 길렀다. 이로써
그 출자가 金櫃에서 비롯되어 姓氏로 삼았으니 金氏는 자손이
서로 왕위를 이은 자가 50여명이었다. … 銘하기를 … 金氏의
先祖는 하늘로부터 神이 내려온 것이라네(「金鳳毛墓誌銘」, 金
龍善 編著, 『高麗墓誌銘集成』, 앞의 책, 1993).

D-4. 그 先祖는 新羅始祖 朴赫居世로 자주 빛의 알에서 태어났는데
그 알이 瓠(朴)와 같았고 하늘에서 내려왔다. 鄕人들이 瓠를 朴
이라 하여 姓氏를 朴이라 하였다(「朴全之墓誌銘」, 위와 같음).

D-5. 金氏는 貴族으로 대개 新羅 초기에 비롯되었다. 俗傳에 金櫃가
하늘로부터 내려와 이를 취하여 姓氏로 삼았다고 한다(「王昷妻
壽寧翁主金氏墓誌銘」, 위와 같음).

자료 D-3·4·5는 慶州를 貫籍으로 하는 金氏와 朴氏가 天孫의
후예임을 밝히고 있다. 특히 D-3에서의 이해는 하늘과 연결된 系
譜意識이 13세기초부터는 신라의 왕족을 出自로 하는 몇몇 유력
성씨의 始祖說話로 자리하고 있음을 보여준다. 이 같이 유력 성씨
의 시조를 하늘과 직접 연결짓는 것은 그 이전의 三韓 또는 三國
의 시조를 天孫으로 연결시키는 이해를 가능하게 하였다.[97] 특히
金富軾이 『三國史記』에서 삼국의 시조를 중국계와 연결짓고 있는
것과 달리,[98] 『三國遺事』와 『帝王韻紀』에서 하늘과 직접 연결짓
고 있음은 비교된다. 즉 『三國遺事』와 『帝王韻紀』의 이해는 13세

---

97) 이런 점에서 중국을 무대로 하고 있지만, 그 先系를 天帝의 명에 의
해 扶五山 海中으로 내려온 神人으로 삼고 있는 李奎報의 「淸江使者
玄夫傳」은 참고할 수 있다(『東國李相國集』 全集 권 20, 傳, 「淸江使
者玄夫傳」 참조). 고대 이래로 전해지고 있던 각국의 건국신화가 『舊
三國史』·『三國史記』 등에 기록되었을 것임은 당연하다. 그러나 그
런 건국설화가 이 시기에 이르러 유력성씨의 시조설화로 적극 활용
되고 있음은 주목되어야 할 것이다.

98) 『三國史記』 권 28, 百濟本紀 6, 의자왕 20년 論曰 참조.

기 초반부터 몇몇 유력 성씨의 시조가 하늘과 연결되고 있는 관념을 염두에 두고, 그보다 上位에 있던 각국의 시조를 하늘과 직접 연결시켰다. 특히 『帝王韻紀』는 나아가 삼국이 단군의 후예였던 三韓을 계승한 것으로 이해하여 삼국의 시조 역시 天孫인 단군의 후예였음을 간접적으로 보여주고 있다고 생각된다.

元 간섭기 초기 '中古'로 대표되는 고려사회의 시기구분론은 당대를 이전과 구분해 보려는 사류층의 시대인식과 현실인식에서 비롯되었다. 여기에는 왕정이 복고되어 자신들이 중심이 되어 무인집권기 이전의 사회로 회귀하고자 하는 기대가 반영되어 있다. 그러나 이런 기대감은 元의 내정간섭으로 벽에 부딪치기도 했지만, 대부분의 사류층은 그 구체적인 실행방법의 배경을 역사에서 구하고자 하였다. 따라서 三韓에 머물러 있던 역사인식은 확대되게 되었고, 자연스럽게 도참과의 관계 속에서 전하던 고조선은 주목되었다. 그리고 이 같은 역사인식의 변전은 고종·원종 때부터 그 움직임을 보이고 있었다.

2. 『三國遺事』와 『帝王韻紀』의 檀君觀

一然과 李承休는 충렬왕 때 『三國遺事』와 『帝王韻紀』를[99] 편찬하였다. 이들은 고려 역사에서 주목을 받지 못하고 있던 고조선 [왕검조선] 또는 전조선을 상고사의 첫머리에 실음으로써 이후 고

---

99) 『帝王韻紀』에 대해서는 현재 유통되고 있는 판본이 누군가에 의해 상당한 정도의 첨삭이 가해졌을 가능성이 제기되어 있기도 하다(李鍾文, 1999, 「『帝王韻紀』의 原典에 對한 몇 가지 問題點」 『高麗時代 歷史詩 研究』, 한국정신문화연구원 참조).

조선이 자국 역사의 출발로 인식되는데 큰 역할을 하였다. 그러나 이 자료들은 개인적인 입장에서 저술된 것이면서도 조정의 직·간접적인 관심을 받고 있었고, 또 편찬시기가 서로 몇 년에 불과한 시간적인 편차를 두고 있음에도 불구하고[100] 고조선 또는 전조선에 관해서는 다른 인식을 보이고 있어 많은 혼란을 야기하였다.

이 같은 이해 차이는 撰者가 각기 승려와 유학자라는 사회적 입장과 함께 그들이 참고한 자료가 다른 것 등 여러 가지에서 원인을 찾을 수 있다. 특히 그들이 서로 다른 자료를 토대로 고조선[왕검조선] 또는 전조선의 건국 사실을 전하고 있다면,[101] 이것은 내용의 相異와는 관계없이 고조선 또는 단군과 관련한 전승이 현재 알려지고 있는 것과는 많이 달랐을 가능성을 제시한다. 또 단군 관계자료 역시 『三國遺事』와 『帝王韻紀』에 전하는 것 이외에 여러 자료가 전하고 있었을 가능성을 제시하기도 한다. 즉 현재 전하는 단군 관계자료가 고려후기에 전해지던 자료의 전부가 아니라 일부에 지나지 않는다는 것이다.

一然과 李承休가 인용한 단군 관계자료는 『魏書』·『古記』·『壇君記』·『本紀』(『檀君本紀』) 등이다. 이중 『三國遺事』와 『帝王韻紀』에 실려있는 단군 기록의 전거인 『古記』와 『本紀』를 제외

---

100) 『三國遺事』는 1278년(충렬왕 4)부터 1281년 사이에 편찬된 것으로 추측되고 있고(蔡尚植, 1986, 「至元 15년(1278) 仁興寺刊 歷代年表와 三國遺事」 『高麗史의 諸問題』, 삼영사 참조), 『帝王韻紀』는 1287년(충렬왕 13) 찬술되었다(邊東明, 1990, 위의 논문 참조).

101) 劉璟娥는 『三國遺事』와 『帝王韻紀』의 상고사 인식의 차이를 『三國遺事』는 古記類를 비롯하여 『後漢書』·『唐書』·『魏書』 등 중국측 자료도 참고하고 있는데 비해, 『帝王韻紀』는 『檀君本紀』·『東明本紀』 등 古記類에 전적으로 의존하고 있는 것에서 찾고 있다(劉璟娥, 1996, 「≪帝王韻紀≫의 編纂」 『한국사』 21, 국사편찬위원회, 328쪽 참조).

한 나머지 자료들은 단편적인 내용만을 언급하고 있거나, 다른 사실을 서술하는데 보충설명을 하기 위한 자료로 인용되고 있어 전승의 전반적인 내용을 살펴볼 수 없다. 즉『魏書』는 고조선[왕검조선] 건국에 대한 역사적 사실만을 간략하게 언급하여 전승의 전체 내용에 미흡하고, 檀君의 아들이 夫婁임을 전하는『壇君記』는 그 후계에 대해 전혀 언급이 없는『古記』와 차이를 보여 전승의 제반 문제를 살펴보는데 충분하지 않다.102)

또『帝王韻紀』는「漢四郡及列國紀」에서『檀君本紀』를 인용하여 檀君이 夫婁를 낳았다고 하여『三國遺事』의『壇君記』와 유사한 기록을 전하고 있다. 이것은『三國遺事』에서 인용한『古記』와 『壇君記』의 관계와는 달리「前朝鮮紀」의『本紀』와 같은 자료일 것으로 짐작된다.103) 즉 이것은『帝王韻紀』에 전하는 단군전승이 중국과 고려에 전하던 여러 자료를 참고했던『三國遺事』와 달리 고려의 자료로 생각되는『檀君本紀』만을 토대로 하고 있음을 의미한다.

『三國遺事』와『帝王韻紀』의 撰者 一然과 李承休는『古記』와 『本紀』를 이용하여 단군전승을 소개하고 있다. 그런데 이들의 차

---

102)『三國遺事』에 전하는『古記』와『壇君記』의 관계는 같은 유형의 전승을 전하고 있으면서도 부분적으로는 다른 내용을 함께 전하고 있던 별개의 기록으로 추측된다.

103) 1- I.「高麗時代의 類型」참조. 따라서『檀君本紀』의 편찬연대가 밝혀진다면, 고조선과 관련한 역사인식 체계의 상한 역시 분명해질 수 있다. 이와 관련하여서는 우선 기전체 사서라고 짐작되는『舊三國史』가 주목될 수도 있다. 한편 趙仁成은『壇君記』가 일연에 의해「고조선」조에서 이용되지 않고 있음을 근거로『古記』와 성격을 달리하는 자료 반면,『檀君本紀』또는『本紀』와는 같은 것이거나 같은 계통의 자료일 것으로 짐작하고 있다(趙仁成, 2000,「단군에 관한 여러 성격의 기록」『韓國史市民講座』27, 일조각, 42~43쪽 참조).

이는 一然이『古記』의 기록을 그대로 전재하고『古記』와는 다른 자신의 견해를 細註 형식으로 싣고 있는 반면에,[104] 李承休는 이와 반대로 자신의 詩를 原文으로 하고『本紀』의 전승내용을 細註 형식으로 싣고 있다. 이것은 그들이『古記』와『本紀』를 어떤 관점에서 이용했는가 하는 자료의 접근방법에서 비롯된 것으로, 一然과 李承休는 자료에 대한 기본적인 생각을 달리하고 있었다. 즉 一然이『古記』의 내용을 전재하고 자신의 생각은 細註로 처리하고 있는 것은 그가『古記』의 기록을 전적으로 믿고 있음을 반영한다. 이에 비해 李承休가『本紀』의 내용을 細註로 처리하고 있는 것은 자신의 생각이『本紀』와 달랐음을 의미한다. 이것은『本紀』의 기록이 李承休의 이해와 거리가 있고, 그가『本紀』의 전승을 전적으로 믿지 않고 있음을 보여준다.[105] 이런 점에 유의하여『三國遺事』와『帝王韻紀』의 전승내용을 비교하면 <표 9>와 같다.

<표 9>에서 주목되는 것은 李承休가 전승의 구조를『古記』유형으로 이해하고 있다는 점이다. 즉 李承休는 細註로『本紀』의 5대 계보를 소개하고 있으면서도 자신은 原詩에서 桓雄 혹은 檀雄의 존재에 대해서 언급하고 있지 않지만, 그 계보를 釋帝 桓因→□→檀君으로 설정하여『古記』와 같은 3대 계보를 중심으로 전승을 수용하고 있다.

---

104) 그 예의 하나가 단군 즉위년과 관련한 기록이다(『三國遺事』권 1, 紀異 2, 古朝鮮[王儉朝鮮]. "以唐高卽位五十年庚寅[唐堯卽位元年戊辰 則五十年丁巳 非庚寅也 疑其未實]).

105) 이와 관련하여 李承休가 도참을 부정적으로 이해하고 있음은 참고할 수 있다(『動安居士文集』, 雜著, 「村居自戒文」. "於此誡多 孰爲第一 家國安危 朝廷得失 圖讖雜言 莫霑唇舌"). 그가 이 같이 도참을 부정적으로 이해하였음에도 불구하고, 고려 전·중기 도참과 연계되어 전해지던『本紀』유형의 단군전승을 소개하고 있는 것은 후술할 '三敎一源論'을 배경으로 하는 그의 사상적 경향과 관련한 것으로 짐작된다.

〈표 9〉『三國遺事』와 『帝王韻紀』의 檀君傳承 比較

내 용	三國遺事		帝王韻紀	
	古 記	一然	李承休	本 紀
구 조	桓因→桓雄→壇君		釋帝 桓因→□→檀君	桓因→檀雄→□→檀雄天王 孫女+檀樹神→檀君
환 인	桓因	帝釋		上帝
환 웅	桓因의 庶子			桓因의 庶子 雄
환웅의 지물	天符印三箇			天符印三箇
환웅의 무리	率徒三千			率鬼三千
강림지	太伯山頂 神壇樹下	太白은 妙香山		太白山頂 神檀樹下
영 역	神市			
환웅의 명칭	桓雄天王			檀雄天王
환웅의 率神	風伯·雨師·雲師			
환웅의 주관사	主穀·主命·主病·主刑·主善惡 等 인간의 360여가지 일			
熊虎의 기도대상	神雄			
變形의 매개	熊虎의 靈艾 1炷·蒜 20枚			孫女의 飮藥
熊虎의 忌日	三七日			
熊女의 기도처	壇樹下			
혼인 관계	熊女+雄			檀雄天王 孫女+檀樹神
단군의 이해	壇君王儉			檀君
단군 즉위년	唐高卽位 50년 庚寅	唐堯卽位 元年 戊辰 (50년은 丁巳로 사실이 아닌지 의심스러움)	帝高興戊辰	
초도지	平壤城	西京		
이도지	白岳山 阿斯達 혹 弓忽山, 또는 今彌達	弓忽山은 方忽山 이라고도 함		
御國(享國)	1500년		經虞歷夏 -1028년	1038년
移御地	藏唐京			

내 용	三國遺事		帝王韻紀	
	古 記	一然	李承休	本 紀
移都시기 및 이유	周武王卽位己卯 封箕子於朝鮮		殷虎丁八乙未	
還 隱	阿斯達山神		阿斯達山神−九月山으로 弓忽·三危라고도 하며 祠堂이 있음	阿斯達山神
나 이	1908세			
후 계	壇君記−壇君과 西河 河伯女의 혼인·夫妻 출생	高麗本記−解慕漱와 西河 河伯女 혼인·朱蒙출생, 夫妻와 朱蒙은 異母兄弟임		尸羅·高禮·南北沃沮·東北扶餘·穢·貊
	王曆−朱蒙은 혹은 鄒蒙이라고도 하며 壇君의 아들임			檀君本紀−檀君과 非西岬 河伯女의 혼인·夫妻 출생

이것은 一然이 승려의 입장에서 불교에 윤색되어 있던 『古記』
를 중심으로 전승을 이해하고 있는 반면,[106) 李承休는 유학자의 입

---

106) 『三國遺事』에 실린 『古記』의 단군전승이 불교에 의해 윤색되어 있다
는 점에 대해서는 많은 지적이 있었다. 桓因 자체에 대한 표현과 帝釋
이라는 一然의 細註, 桓雄에 대한 天王이라는 이해, 祭壇을 중심으로
하는 壇君의 표현(『三國遺事』 권 1, 紀異 2, 「古朝鮮[王儉朝鮮]」 참
조) 등이 직접적인 예로 제시되기도 하였다(安啓賢, 1982, 「佛教徒가
전해 준 檀君神話」 『韓國佛教史研究』, 동화출판사 및 최복흥, 1986,
「≪삼국유사≫에 실려있는 고조선과 가락국 건국신화의 불교관계자
료에 대한 고찰」 『력사과학』 1986년 4호 ; 서영대 편, 1995, 『북한학
계의 단군신화연구』, 백산자료원 재수록 : 崔柄憲, 위의 논문 참조).
이밖에 당연한 것이지만 一然이 당시 불교계를 주도하던 승려라는
점, 仁興寺에서 간행된 『歷代年表』가 『三國遺事』의 「王曆」을 제작
하기 위한 준비작업이었다는 점(蔡尙植, 위의 논문 참조), 『三國遺事』
의 체재가 불교를 중심으로 구성되어 있다는 점(洪潤植, 1979, 「三國
遺事의 體裁와 佛教儀禮」 『佛教學報』 16 참조) 등 역시 『古記』의 전
승이 불교를 중심으로 전하던 전승을 채록한 것일 가능성을 높여준
다. 그러나 이들의 개별 요소가 아닌 『古記』에 실려있는 전체적인 내

장에서 桓雄과 곰이 혼인한 결과가 단군이라는『古記』의 황당한
이해와는 달리 합리적인 사고에 의해 기록된『本紀』의 전승을 이
해하고 있었다는 지금까지의 성과와도 배치되는 것이다.[107] 이것
은 李承休가 桓因에 대해『本紀』의 上帝를 따르지 않고『古記』와
같은 釋帝로 이해하고 있는데서도 짐작할 수 있다. 즉 그는 전승구
조에 대해서『本紀』를 배제하고,『古記』유형의 전승을 수용하고
있었다.

그렇다고 李承休가『古記』유형의 전승을 그대로 수용했는가에
대해서는 회의적이다. 이것은 그가 단군 자체의 이해에서 神政形
態의 실상을 보여주는『古記』의 '壇君'과는 달리 樹木崇拜信仰과
관련한 '檀君'을 수용하고 있음에서 짐작할 수 있다.[108] 이것은 단
군즉위년에 대해 '唐高 50년 庚寅'이라는『古記』와는 달리 '帝高
興戊辰'으로 이해하고 있는 점, 단군 御國 내지 享國에 대해 '御國
1500년'이라는『古記』와는[109] 달리 1028년으로 이해하고 있는 점,

───────────────

용을 불교와 관련하여 살펴보는 것이 유효하리라고 생각된다.

107) 朴光用은 李承休가『本紀』를 인용하여 樹木崇拜 요소의 단군신화를
    채록하고, 이를 정점으로 상고사 체계를 정리하고 있는 의의에 대해
    국가계승의식의 대립을 지양할 수 있는 민족시조로 결합된 역사공동
    체 의식인 '조선계승의식'에서 찾고, 이를 전통적 민족의식의 확립으
    로까지 평가하고 있다(朴光用, 1997,「檀君 認識의 變遷」『韓國史學
    史硏究(우송조동걸선생정년기념논총 I)』, 80쪽 주 3) 참조).
108) 수목숭배신앙과 관련한 시조설화는 回鶻(Uigur)의 부르칸(Bukhu-Khan)
    설화에서도 볼 수 있다(박원길, 1998,『북방민족의 샤마니즘과 제사습
    속』, 국립민속박물관, 190~193쪽 참조).
109) 이와 함께『古記』에 단군의 壽를 1908세로 기록하고 있는 것에 대해
    서는 동아프리카 Shiliuk족에서의 Nyikang이란 精靈, 태양신 Horus가
    肉化한 것이라는 이집트의 Pharaoh, 관세음보살이 현신한 것으로 믿어
    지는 티벳의 달라이라마 등의 예에서 볼 수 있듯이 靈的인 존재가 왕
    의 육체를 장악하고 있어 왕위가 바뀔 때마다 새로운 육체를 가진다
    는 믿음을 단군의 壽 개념에도 적용할 수 있다는 견해가 제시되어 있

이 밖에 단군이 阿斯達山神으로 還隱했다는 전승에 대해 아무런 설명이 없는『古記』와 달리, 그곳을 九月山으로 비정하고 있는 『本紀』의 이해 등에서 찾아볼 수 있다. 이들을 종합할 때 李承休 가 이해하고 있는 전승은『古記』와『本紀』어느 한쪽이 아니라 그 중간 형태인 부계중심의 3대 계보와 樹木崇拜信仰的인 전승이 함 께 이해되고 있었을 것으로 믿어진다.110)

그러면 一然과 李承休에게 이해되고 있던 전승의 차이가 어떤 원인에서 나왔는가를 검토하기로 한다. 一然과 李承休는 승려와 유학자라는 사회적 입장의 차이가 있지만, 거의 같은 시기에 활동 하던 사람들이다. 따라서 이들은 서로 면식이 있었을 가능성이 있 고, 그렇지 못했다 하더라도 이름쯤은 서로 알고 있었을 것이다. 이런 점에서 다음의 자료는 참고할 수 있다.

> 禪門의 韻士 見明이 그 발자취를 구름에 두고 말소리를 빗속에 섞 어 남쪽 지방에서 산지 20여 년이다. 왕께서 불러들여 지금 佛華寺 에 머물고 있는데 慶源君 李侍中(李藏用)과 始寧君 柳平章(柳璥)이 말고삐를 나란히 訪道할 때, 柳公이 먼저 부르면 李公이 화답하고

기도 하다(徐永大, 2000,「檀君神話의 意味와 機能」『단군과 고조선 사』, 사계절, 150쪽 및 2000,「신화 속의 단군」『韓國史市民講座』27, 일조각, 36~37쪽 참조). 즉 고조선의 역대 단군은 신성한 始祖의 肉 化로 여겨져 즉위의례를 통해 始祖의 靈을 받아들였고, 이를 바탕으 로 신성성을 이어받아 지배권을 행사하였기 때문에 단군의 재위기간 이나 壽는 인간 수명의 한계를 넘어 장기간에 걸친 것으로 인식되었 을 것이라고 한다(위와 같음).

110) 그러나 李承休에게『本紀』유형의 전승이 주목되고 있음은 사실이다. 이와 관련하여 고려 전·중기 음양오행에서 부정적으로 이해되고 있 던 '木'에 대한 이해가 이 시기에 새롭게 바뀌고 있음은 참고할 수 있 다(『高麗史』권 106, 열전 19, 朴楡. "忠烈朝拜大府卿 嘗云東方屬木 木之生數三而成數八 奇者陽偶者陰也 我國之人 男寡女衆 理數然 也").

明公(見明)이 함께 쫓아 놀았다. 李諫議[諱 松縉]과 金大司成[諱 坵]가 번갈아 韻을 이으니 모두 한 軸을 이루어 洛下에 流轉되었고 많은 사람들에게 읊어졌다. 承休가 엎드려 생각건대 盛事에 賤劣을 헤아릴 수 없어 삼간 약간의 首를 지어 두 분의 鈞階의 아래에 봉헌한다(『動安居士文集』, 行錄 권 2, 「次韻李柳兩令公唱和詩幷序」).

　이 자료는 一然의 詩的 자질에 대한 李承休의 평이다. 見明은 一然의 初名으로[111] 그는 당대 최고의 文人인 李藏用·柳璥과 詩로 교류하여 李承休는 그를 禪門韻士라고 칭하고 있다. 이로 볼 때, 一然은 禪僧으로서 뿐 아니라 詩에 대한 재주로도 널리 알려져 있었던 것으로 짐작된다. 특히 관직에 나갈 수 있도록 도움을 준 李藏用·柳璥 등과[112] 一然이 교류하였음을 李承休가 언급하고 있음은 그가 一然의 명성을 충분히 알고 있었음을 의미한다.[113] 이것은 또 그가 『三國遺事』에 대해서도 알고 있었고, 여기에 실려 있던 고조선과 관련한 기록은 후일 그가 『帝王韻紀』의 「前朝鮮紀」를 저술하는데 참고가 되었을 가능성을 제시한다.
　이런 점에서 그가 桓因에 대한 『本紀』의 上帝라는 기록을 배제하고, 『古記』의 帝釋과 같은 釋帝라고 이해하고 있음은 참고할 수 있다. 즉 「前朝鮮紀」의 原詩만으로 국한할 때, 이곳에는 유교적인

---

111) 一然에 대해서는 蔡尙植, 1979, 「普覺國尊 一然에 대한 硏究」『韓國史硏究』 26, 한국사연구회 및 1988, 「一然의 思想的 傾向」『韓國文化硏究』 1 부산대 한국문화연구소 ; 1988, 「一然」『韓國史市民講座』 2, 일조각 ; 1996, 「一然과 ≪三國遺事≫」『한국사』 21, 국사편찬위원회 : 鄭炳三, 1994, 「일연」『한국의 역사가와 역사학』 상, 창작과비평사 및 1998, 「一然의 生涯」『一然과 三國遺事』, 새누리 참조.
112) 『動安居士文集』 行錄 1, 「求官詩幷序」 참조.
113) 다음의 詩에서 明師 역시 一然을 지칭하는 것으로 보인다. 『動安居士集』 行錄 권 2, 「次韻李柳兩令公唱和詩幷序」(四). "補袞身爲五色絲 功名冠出舜君畿 錦街纔見脂輪出 雲嶺端能蠟屐飛 方外逍遙誰得狀 淡中消息自傳幾 明師莫是廬山遠 不覺過溪聯送歸"

것보다 불교적인 요소가 한층 배어 있다. 여기서 유・불・도교의 근원이 같다는 '三敎一源論'의 입장에 있던 李承休의 사상적인 경향 역시 참고할 수 있다.

動安居士라고 自號하고 있음에서 알 수 있듯이 李承休는 官路가 순탄하지 못한 것 등 자신의 운명에 自嘲的이었던 듯 하다. 이에 그는 1280년(충렬왕 6) 附元勢力을 비판하다가 파직된 이후 頭陀山으로 돌아와 불교에 귀의하였다. 그렇다고 그의 사상적 경향이 불교로 전도된 것은 아니다. 그는 陶淵明의 歸去來辭를 참고하여 낙향하여 살던 집의 堂號를 容安堂이라 하였다가 看藏寺로 바꾸고 있다. 또 容安堂 옆에 세운 연못과 정자는 莊子의 齊物篇을 참고하여 知樂塘・葆光亭이라 하였다.114) 이것은 그의 사상적인 경향이 유・불・도 三敎에 걸쳐 있었음을 보여준다. 특히 그가 老莊思想에 조예가 깊어 道通을 떨어뜨리지 않았다는 것은115) 그가 도교에도 깊은 이해가 있었음을 보여준다.

또 13세기 불교계의 동향이 유교와 혼합되는 성향을 보이고 있었음도 참고할 수 있다. 더욱이 그가 유・불・도가 한 근원이었음을 주장한 元의 승려 蒙山德異와 직접 교류를 통해 영향을 받고 있음은116) 단군과 관련한 「前朝鮮紀」의 그의 이해와 직접 관련된 것으로 짐작된다. 즉 「前朝鮮紀」의 原詩에서 桓因에 대해 『古記』 유형의 이해를 수용하고 있는 것은 이 같은 그의 사상적인 경향과 무관하지 않다.

---

114) 『動安居士文集』, 雜著, 「葆光亭記」 참조.
115) 『動安居士文集』, 雜著, 「公之答示」 참조.
116) 이상의 내용은 秦星圭, 1995, 「李承休의 佛敎觀」『中央史論』 8, 중앙사학연구회, 9~23쪽 참조. 특히 그의 '三敎一源論'에 대해서는 秦星圭, 위의 논문과 邊東明, 2000, 「李承休」『韓國史市民講座』 27, 132~137쪽 참조.

『帝王韻紀』에서 李承休가 『本紀』를 인용하여 싣고 있는 단군
전승은 유학자인 그가 불교에 윤색되어 비합리적인 내용으로 전하
던 『古記』 유형의 전승을 합리적으로 이해하기 위한 결과였다는
것이 일반적인 견해이다.[117] 특히 신화의 기본구조가 3대인지 5대
인지의 문제에는 전혀 관심이 없이 『古記』에서 桓雄과 熊女의 결
합 결과인 단군이 『本紀』에서는 檀雄天王의 孫女와 檀樹神의 결
합 결과로 기록되어 있다는 내용의 변화에만 관심이 집중되어 있
다. 그러나 『古記』와 『本紀』에 실려 있던 단군전승은 편찬자의 개
인적인 입장이 반영되어 있거나, 개작 내지 오기·오각 등으로 이
해되어서는 않된다.[118] 특히 熊女가 孫女로 바뀐 것이 『帝王韻紀』
를 편찬한 李承休의 유교적인 입장에 의한 것이라는 견해는 설득
력이 없다.

만일 유학자의 입장에서 李承休가 『古記』 유형의 전승을 『本紀』
유형으로 개작하였다면 이것은 더 큰 문제를 야기한다. 즉 그것이
개작이고 檀樹神이 檀雄을 지칭하는 것이라면 유교에서 꺼리는 近

---

117) 특히 리상호는 『古記』의 帝釋 桓因이 『本紀』에서 上帝로 바뀐 것, 환
웅과 웅녀의 결합이라는 주술적인 내용을 '飮藥成人身'으로 바꾸어
怪力亂神을 배제한 것 등 檀君記事가 『本紀』 시대에 이르러 유교적인
색채에 의해 적지 않게 윤색되었다고 하면서, 『古記』의 '御國 1500년'
이 『本紀』에서 '治 1038년'으로 정리된 것도 그런 예중 하나로 보고
있다(리상호, 1962, 「단군설화의 연대문제」 『력사과학』 1962년 5호 ;
서영대 편, 1995, 『북한학계의 단군신화연구』, 백산자료원, 91쪽 참조).
또 李源明은 李承休의 儒佛 교섭에 주목하고 그의 상고사 인식을 『三
國遺事』와 궤를 같이 하는 神異史觀과 儒敎史觀의 절충과 조화를 꾀
하는 것으로 파악하고 있다(李源明, 위의 논문, 190~194쪽 참조).
118) 이에 대해서 『帝王韻紀』의 『本紀』 기록 역시 당시의 시대적 상황에
서 이루어진 것으로 나름대로의 가치는 있지만, 신화를 통해 역사를
재구성하는 자료로 다루기는 어렵다는 지적이 있다(李鍾旭, 1999, 위
의 논문, 125~126쪽 참조).

親相姦이 되기 때문이다.[119] 유학을 수용하고 있던 官人 출신의 李承休가 이런 사정을 알면서도『古記』유형의 전승을『本紀』유형으로 의도적으로 개작했을 것이라고는 생각되지 않는다. 이것은 또 그가『帝王韻紀』를 완성한 후 "檀君으로부터 本朝까지 그 시작의 근원을 책에서 두루 찾아내서 같고 틀림을 비교하고, 그 요긴함을 추려 諷詠으로 詩를 지었다"는 表를 짓고 있음에서도[120] 짐작할 수 있다. 이것은 여러 자료를 비교하여 가장 합리적인 것을 선택하고, 여기에서도 같고 틀림을 교정하겠다는 뜻이지, 여러 典據에 전하는 자료를 임의로 개작하겠다는 의미는 아니다.

이점에서『帝王韻紀』에 인용된『本紀』의 전승은 유교적인 입장에서 정리된 것이 아니라 도참을 포함한 도교적인 영향을 받은 자료일 수 있다. 그리고『本紀』에서 싣고 있는 단군전승이 李資謙이나 李義旼, 그리고 조선 건국에 이용되었던 '十八子之讖'·'木子得國說' 등과 연계되어 고려 전·중기부터 기능하고 있음은 주목된다.[121] 또『本紀』의 전승에 檀雄天王의 孫女와 檀樹神과의 결합 결과가 檀君이라는 樹木崇拜信仰的인 요소가 반영되어 있고, 그 표현 역시 檀君으로 기록되어 있는 것은 유교적인 것이기보다는 산신신앙 또는 신선사상과 관련한 도교적인 요소라고 짐작된다.

이것은 단군의 祖父로 설정되고 있는 桓因을 上帝로 이해하고 있음에서도 엿볼 수 있다. 물론 上帝라는 개념에는 유교적인 관념도 내포되어 있지만, 도교적인 관념도 묻어 있다.[122] 즉 桓因을 지

---

119) 조현설, 1997,『건국신화의 형성과 재편에 관한 연구-티벳·몽골·만주·한국신화의 비교를 중심으로-』, 동국대박사학위논문 참조.
120)『帝王韻紀』,「帝王韻紀進呈引表」참조.
121) 3-I.「高麗 前·中期의 認識」참조.
122) 車柱環, 1978,「道敎와 韓國社會」『韓國道敎思想硏究』, 서울대출판부, 33~34쪽 참조. 한편 梁銀容은 한국 고유의 종교적 원형을 샤만을

칭하는 上帝라는 개념은 유교에 국한된 것이 아니라 도교적인 분
위기도 가지고 있다. 이런 점에서 李承休가 官人 출신이기 때문에
기본적인 성향은 유학에서 출발할 수밖에 없지만, 불교와 도교에
도 깊은 관심을 가져 '三敎一源論'을 주장하고 있다는 것은『本紀』
의 전승이 그의 사상적 경향과 관련을 가질 수밖에 없음을 의미한
다. 결론적으로『本紀』의 단군전승은 단순히 유교적인 입장을 반
영하고 있는 것이기보다는 도교적인 입장에서 정리된 전승이 '三
敎一源論'의 사상적인 경향을 가지고 있던 그에게 주목된 것일 가
능성이 있으며,123) 原詩에서 그가 이해하고 있던 전승 역시 불교와
도교의 영향을 함께 하고 있는 것이었다.

대상으로 하여 精靈·靈魂·多靈·多神을 통해 鬼神說을 전개하던
Animism적인 巫와 仙人을 대상으로 하여 精氣·生氣·生脈·山勢를
통해 上帝說을 전개하던 Manaism적인 仙이라는 두가지 유형으로 나
누고 있다. 이중 鬼神說은 새를 매개로 한 卵生說이나 소도신앙·조
상숭배가 신앙대상 지향형에서 선택적 일신교 그리고 絕對唯一神敎
로 나아감으로써 신앙문이 강조되는 형태로 발전했고, 上帝說은 光明
을 매개로 하여 神仙說·山嶽崇拜·國祖崇拜가 신앙자의 심성지향
형에서 物活敎와 汎神論으로 나아감으로써 수행문이 강조되는 형태
로 발전해 갔다고 하면서, 이를 단군신화를 비롯하여 고유사상에 대
입하면 우리 문화의 토양은 무당이나 소도신앙 등에 나타나는 巫的인
요소와 天神降臨과 단군의 신선화 등에 나타나는 仙的인 요소가 공
존하고 있었다고 밝히고 있다(梁銀容, 1994,「統一新羅時代의 道敎思
想과 風流道」『道敎의 韓國的 受容과 轉移』, 아세아문화사, 9~10쪽
참조).
123) 邊東明 역시 李承休가『帝王韻紀』에서 유교적 합리주의사관에 입각
하였음을 내세우면서도 단군신화와 같은 비합리적인 여러 설화를 함
께 서술하고 있음을 三敎一致를 추구하던 그의 사상적 경향과 관련
하여 짐작하고 있다(邊東明, 2000, 위의 논문, 137쪽 참조).

3. 士大夫 階層의 檀君認識
－國祖로서의 檀君觀 定立－

고려후기 성리학을 수용한 사대부 계층은『三國遺事』와『帝王韻紀』에서 시작된 國祖로서의 단군 이해를 적극 수용하였다. 그들은 또 고려 역사의 유원함은 물론 그들이 주도하던 개혁의 동기까지도 여기에서 찾으려고 하였다. 이런 면들은『高麗史』를 비롯한 개인 文集과 墓誌銘 등의 자료에서 단편적으로 보인다. 이중 특히 1325년(충숙왕 12)년 제작된「趙延壽墓誌銘」에서 단군을 三韓에 앞선 역사적 존재임과 동시에 평양과 관련이 깊은 仙人으로 이해하고 있는 李叔琪의 이해는 대표적이다.124) 이들 자료를 중심으로 그 이해를 검토하기로 한다.

> E-1. 하늘의 氣數는 순환하여 한번 돌면 다시 시작하는 것입니다. 700년이 한 小元이 되고 쌓여 3600년이 되면 大周元이 되니 이것이 皇帝와 王覇의 理亂興衰의 周期입니다. 우리 東方은 檀君부터 지금까지 이미 3600년이라 周元의 때가 되었으니 마땅히 堯舜六經의 道를 따르고 功利禍福의 說을 행하지 마십시오. 이와 같이 하면 上天이 복을 내리고 陰陽이 때를 순조롭게 하여 國祚가 연장될 것입니다(『高麗史』권 120, 열전 25, 白文寶).

> E-2. 내가 생각건대 朝鮮氏가 나라를 세움은 실로 唐나라 堯임금의 戊辰年이었다. 비록 대대로 중국과 通交하였지만 중국에 신하를 칭하지 않았고 이에 武王이 殷太師를 封했음에도 신하를 칭하지 않았다(『牧隱文藁』권 9,「送偰符寶還詩序」).

> E-3. 本國은 堯임금과 더불어 나라를 세웠다. 周의 武王이 箕子를 朝

---

124)「趙延壽墓誌銘」(金龍善 編著, 앞의 책 450~452쪽) 참조.

鮮에 봉하여 땅을 내려주니 서쪽으로는 遼河에 이르렀으며 대
대로 彊域을 지켰다(『高麗史』 권 114, 열전 27, 池龍壽).

자료 E-1은 1363년(공민왕 12) 興王寺의 난이 발생하여 사회가
큰 혼란에 빠져들게 되자 이를 타개할 목적으로 올린 白文寶(130
3∼1374)의 상소중의 일부이다.[125] 여기서 주목되는 것은 그가 고
려의 역사를 周期說에 입각하여 그 운명을 설명하고 있는 점과 周
期說의 근거를 단군에서 찾고 그 歷年을 3600년으로 설정하고 있
는 점이다. 즉 그는 당시가 大周元을 맞은 시기로 功利禍福之說을
배척하고 堯舜六經之道를 준행하여 國祚를 연장할 것을 역설하고
있다.[126] 이런 白文寶의 周期說에 대한 이론의 근거가 무엇인지는
짐작하기 어렵다. 그러나 그에게도 一然이나 李承休와 같이 단군
전승이 더 이상 怪力亂神이나 功利禍福之說로 이해되지 않고 고
려 역사의 출발로 인식되고 있음을 볼 수 있다.

먼저 白文寶가 제시한 단군으로부터의 歷年 3600년에 대해서

---

125) 白文寶에 대해서는 閔賢九, 1987,「白文寶研究−政治家로서의 활약
    을 중심으로−」『東洋學』 7, 단국대 동양학연구소 및 李男隨, 1991,
    「白文寶의 性理學 受容과 排佛論」『韓國史研究』 74, 한국사연구회 :
    李映珍, 1997,「高麗 後期 恭愍王代 白文寶의 現實認識」『韓國史學
    史研究(우송조동걸선생정년기념논총 I)』 참조.
126) 이에 대해서는 7대손 見龍이 지은 그의 行狀에도 같은 내용이 언급되
    어 있다(『淡庵逸集』 부록 권 2, 부록 하,「行狀」. "… 辛丑 紅賊陷京
    城 宮駕播越 先生扈駕之福州 遣摠兵官鄭世雲討賊 以朴椿及次子晉
    爲佐兵 斬賊魁沙劉 大捷之 兵火之餘 國史蕩殘 朝臣議移置國史於海
    印寺 先生嚴斥之曰 今寇亂甫定 不可遽移國史 駭人視聽 因上疏略曰
    天數循環 周而復始 七百年爲一小元 三千六百年爲一大周元 此皇帝
    王覇理亂興亡之期 吾東方自檀君至今三千六百年 乃爲周元之會 宜遵
    堯舜六經之學 不行功利禍福之說 則上天純祐 國祚延長 又曰 講究天
    人道德之說 以明聖學 終言佛道之害 痛闢誣淫 時數三大臣 請重營佛
    宇以興釋教 先生直詆娼君佞佛 惑世蠹財之弊 …").

살펴보기로 한다. 그의 이런 歷年의 이해는 구체적인 것은 아니고,
당시가 周期說에 따른 大周元에 해당하는 시기임을 주장하기 위
한 개략적인 것으로 짐작된다. 그러나 단군부터 그가 상소를 올리
던 1363년까지의 歷年 3600년은 一然과 李承休가 인식하고 있는
歷年과 차이를 보인다. 李承休는 중국의 역사가 盤古에서 金나라
에 이른 것과 비교하여 東國은 단군에서 출발하여 고려에 달했음
을 밝히고,[127] 단군이 前朝鮮을 건국한 '高興戊辰年'부터 신라의
敬順王이 고려에 귀부한 935년(태조 18)까지의 歷年을 3288년으로
산출하였다.[128] 이것은 고려를 포함한 그 이전의 국가들이 모두 前
朝鮮에서 출발했다는 일원적인 체계를 세움으로써 三韓에 머물러
있던 상고사 인식의 범위를 확대한 것임이 분명하다.[129]

이를 근거로 白文寶가 자료 E-1의 상소를 올린 1363년(공민왕
12)까지의 歷年을 산출하면 3717년으로[130] 그의 3600년과는 120여
년의 차이를 보인다. 이것은 또 一然이 이해하던 '與高同時'와 같
은 이해는 아니지만,[131] 『三國遺事』에서 一然이 인용하고 있는

---

127) 『帝王韻紀』권 하, 「帝王韻紀進呈引表」참조.
128) 『帝王韻紀』권 하, 「新羅紀」. "傳大王能遠計 後唐末帝淸泰二 乙未仲
　　冬朝我陛[我太祖十八年也 自檀君元年戊辰至此 凡三千二百八十八
　　年]"
129) 邊東明은 李承休의 檀君紀元부터의 歷年 산출을 고려 역사의 유구성
　　과 독자성을 바탕으로 한 元 간섭기 사직의 보존이라는 그의 일관된
　　관심 결과로 이해하고 있다(邊東明, 1990, 앞의 논문, 36~37쪽 참조).
130) 李映珍은 白文寶가 제시하고 있는 一小元의 周期 700년을 水德王朝
　　였던 고려의 五行的 歷史觀에 유의하여 600년의 오기일 가능성을 제
　　시하는 한편, 현재 사용되고 있는 단군기원 BC 2333년을 단순 대입하
　　여 그가 상소를 올린 1363년(공민왕 12)까지의 歷年을 3696년으로 산
　　정하고 있다(李映珍, 위의 논문, 206~208쪽 참조).
131) 단군의 개국연대를 一然은 두 가지로 설명하고 있다. 하나는 『魏書』
　　를 인용하여 堯와 같은 때 이루어졌음을 소개하고 있고(『三國遺事』
　　권 1, 紀異 2, 「古朝鮮[王儉朝鮮]」. "開國號朝鮮 與高同時"), 또 『古

『古記』의 단군 즉위년 '唐高 즉위 50년 庚寅'과도[132] 약 80여년의
차이를 보인다. 즉 白文寶가 제시한 檀君歷年은 一然이나 李承休
의 이해, 그리고『古記』의 이해와도 다른 것이어서 단군의 건국시
기나 歷年의 문제를 간결하게 정리하지 못하게 한다.

여기에는 대략 세 가지 가능성이 있다. 첫째는 白文寶가 산정한
檀君歷年 3600년의 근거가 분명하지 않지만, 一然과 李承休에게
이해되고 있던 '與高同時' 또는 '高興戊辰年'과 다른 토대에서 비
롯되었을 가능성이다. 둘째는 그가 堯의 건국시기를 戊辰年이 아
닌 다른 때로 이해하고 있었을 가능성이고, 셋째는 周期說에 입각
한 檀君歷年의 산출이 그에게 처음 이루어진 것이 아니라 그전부
터 이미 전해져 오고 있을 가능성이다. 그런데 첫째와 둘째의 가능
성은 셋째보다 적은 것으로 생각된다. 특히 단군의 개국시기로서

記』를 인용해서는 堯 즉위 50년에 개국했음을 밝히고 있다(위의 책,
"號曰壇君王儉 以唐高卽位五十年庚寅"). 위의 두 설에 대해 一然은
『魏書』를 취하고 있는 것으로 생각된다. 이것은 一然이『古記』의 堯
즉위 50년 개국설을 곧바로 비판하고 있음에서 짐작할 수 있다(위의
책, "唐高卽位元年戊辰 卽五十年丁巳 非庚寅也 疑其未實"). 아울러
이런 이해는 그가 단군의 개국을 堯의 원년인 戊辰年으로 인식하고
있음을 보여주는 것으로,『帝王韻紀』를 비롯한 이후의 단군개국에
대한 이해의 토대가 되었다고 생각된다. 따라서 단군의 개국시기가
堯와 같은 때인 戊辰年으로 이해되기 시작한 것이『帝王韻紀』부터라
는 견해(金哲埈, 1976,「蒙古壓制下의 高麗史學의 動向」『考古美術』
129·130합집, 10쪽 및 劉璟娥, 1986,「李承休의 生涯와 歷史認識」
『高麗史의 諸問題』, 박영사, 660~661쪽 참조)는 취하지 않는다.

132) 方善柱에 따르면,『古記』의 단군 즉위년 '唐高 즉위 50년 庚寅'은 堯
즉위 50년에 舜을 등용했다는 西晉의 皇甫謐이 지은『帝王世紀』를 근
거로 한 것이었다고 한다. 즉 그는『古記』의 撰者가 단군의 즉위년을
舜의 등용과 같은 시기로 설정함으로써 堯舜과 동질성을 부여함은 물
론 海東의 자주성을 주장하려고 했다고 이해하고 있다(方善柱, 1987,
「檀君紀年의 考察」『아시아문화』2, 한림대 아시아문화연구소 ; 李基
白 編, 1988,『檀君神話論集』, 새문사, 170~180쪽 재수록 참조).

'與高同時' 또는 '高興戊辰年'이 一然이나 李承休에게 확고한 것
이었다는 점은 고려후기에 이런 이해가 폭넓게 수용되고 있음을
의미한다.

그러면 단군의 개국시기에 관한 白文寶의 이해는 어디에서 근거
하였는가의 문제를 검토하기로 한다. 이와 관련해서는 圖讖僧이
左蘇 阿思達로 비정되던 옛 楊州 땅에 궁궐을 조영하고 왕이 移御
하면 國祚를 800년 연장할 수 있다고 고종에게 주청한 사실을 주
목할 수 있다.[133] 즉 白文寶가 주장한 大周元으로서의 3600년을
一然과 李承休가 이해하고 있는 檀君歷年과 비교할 때, 그 시기는
圖讖僧이 옛 楊州 땅을 左蘇 阿思達로 비정하던 1234년(고종 21)
과 거의 일치한다. 1234년은 李承休가 935년(태조 18)까지 산출한
단군역년 3288년에 비교하여 환산할 때, 3588년이 된다. 이것은 白
文寶가 주장한 대주원으로서의 단군역년 3600년이 이미 고종·원
종 때부터 圖讖家에 의해 주목되었을 개연성을 제시한다. 또 그 명
분이 국조의 연기에 있는 것 역시 같다.

다른 것은 그 주청자가 고종 때는 圖讖僧인데 비해 이때는 성리
학을 수용한 사대부 계층으로 바뀐 것뿐이다. 이것은 白文寶의 大
周元으로 檀君歷年 3600년이 공민왕 때 처음 제기된 것이 아니라
도참과 관련해서 전해오던 것이 성리학을 수용한 사대부 계층에게
수용되어 보다 합리적으로 해석되었음을 의미한다. 이런 점에서
白文寶의 檀君歷年 산정은 지금까지 도참을 중심으로 전해지던
단군전승이 사대부 계층에게 수용되어 고려후기에 國祖로서의 인
식으로 정립하였음을 보여준다.

사대부 계층의 國祖로서의 단군 이해는 자료 E-2에서도 엿볼 수

<hr>

133) 『高麗史』 권 23, 고종 21년 7월 갑자 및 『高麗史節要』 권 16, 고종 21
    년 7월 참조.

있다. 여기서 李穡(1328~1396)은[134) 단군을 직접 언급하고 있지
않지만, 朝鮮氏의 건국이 堯 戊辰年임을 밝히는 한편, 고려는 단군
조선은 물론 箕子가 朝鮮에 봉해졌을 때도 중국에 稱臣하지 않던
정치적으로나 문화적으로 독립 국가임을 분명히 하고 있다.[135) 李
穡이 고조선의 건국을 분명하게 인식하고 있는 것은[136) 사대부 계
층에게 볼 수 있는 일반적인 것이라고 할 수 있다. 그러나 그가 一
然이나 李承休 수준의 이해를 하고 있었는지에 대해서는 회의적이
다. 이것은 李穡이 箕子 이전의 역사에 대해서 기록이 전하지 않아
상고할 수 없음을 토로하고 있는데서 짐작할 수 있으며,[137) 平壤에
서의 단군전승을 동명왕전승과 혼동하고 있는 데서도 나타난
다.[138) 이것은 앞 시대의 李承休보다는 성리학을 수용하여 유학자
의 모습을 확연하게 갖춘 李穡에게 고조선의 개국은 역사적 사실
로 인정될 수 있는 것이었으나,『古記』나『本紀』등에 전하는 신
화적 수준의 전승은 그렇지 못했을 것이라는 점과 무관하지는 않
은 것으로 생각된다.

---

134) 李穡에 대해서는 申千湜, 1998,『牧隱 李穡의 學問과 學脈』, 일조각
　　　및 2000,「牧隱의 生涯와 思想」『明知史論』11·12 합집, 명지사학회
　　　참조.
135) 이런 이해는『牧隱詩藁』권 3, 詩,「娑娑府」및「西京」등에서도 확
　　　인할 수 있다.
136) 이런 면은 다음의 詩에서도 확인된다.『牧隱詩藁』권 17, 詩,「君子」.
　　　"君子居何陋 中原望九夷 戊辰垂統遠 箕子敎條遺 閥閱多居位 文章
　　　重咏詩 十年應過曆 聖祖有謀貽".
137)『牧隱詩藁』권 8, 序,「賀竹溪安氏三子登科詩序」참조. 그러나 그가
　　　『動安居士文集』의 序文을 쓰고 있음에서 볼 때(『動安居士文集』,「動
　　　安居士文集序」참조), 李穡이『三國遺事』나『帝王韻紀』에서 기록하
　　　고 있던 古朝鮮[王儉朝鮮] 혹은 前朝鮮에 관한 역사적 사실을 알고
　　　있었음은 분명하다.
138)『牧隱詩藁』권 3, 詩,「西京」참조.

李穡의 단군 이해는 문화적인 면으로 확대되어 고려가 중국과는 다른 독자적인 문화를 가진 나라였다는 인식으로 발전하였다.139) 이것이 '箕子不臣說'이다.140) 즉 그의 단군 이해가 고려 역사의 유 원성을 강조하기 위한 것이라면, 이를 바탕으로 하는 '箕子不臣說' 은 고려 문화에 대한 자긍의식을 강조하기 위한 것이라고 생각된 다.141) 특히 李穡의 '箕子不臣說'은 그가 국가의 재건에 의지를 보 인 공민왕의 개혁정치에 깊숙이 참여하고 있다는 점에서 당시의 反元 움직임과도 관련하여 생각할 수도 있다.

사대부 계층에게 단군은 이제 國祖로 정립되었다(E-3). 1369년(공 민왕 18) 공민왕은 遼東 수복을 명분으로 東寧府 정벌을 단행한다. 그리고 金州·復州 등에 붙인 榜文에 고려의 역사가 단군부터 시 작되었음을 분명하게 밝히고 있다. 이것은 당시 고려 조정에서 단 군을 國祖로 인정하고, 이를 명분상으로나마 대내외에 천명하고 있음을 의미한다.142) 그러나 사대부 계층에게 一然이나 李承休에 게서 볼 수 있던 『古記』와 『本紀』 수준의 단군 이해는 확인할 수 없다. 단지 『高麗史』 地理志의 「西京留守官」조에 『應製詩』 유형 의 전승을 싣고 있을 뿐이다.143) 즉 白文寶나 李穡과 마찬가지로

---

139) 그의 이런 인식은 一然과 李承休에게 볼 수 있는 多元的 天下觀과도 연계되는 것으로 생각된다.
140) 李穡의 箕子不臣說은 『牧隱詩藁』 권 2, 詩, 「貞觀吟楡林關作」. "三韓 箕子不臣地 置之度外疑亦得"이나 같은 책 권 3, 詩, 「婆娑府」, 그리 고 『牧隱文藁』 권 9, 序, 「送偰符寶還詩序」 등에서도 확인된다.
141) 韓永愚에 의하면 '箕子不臣說'은 前代에 없던 盛代로 인식되던 조선 세종 때 비로소 주목되었다고 한다(韓永愚, 1983, 「朝鮮前期의 國家 觀·民族觀」『朝鮮前期社會思想研究』, 서울대출판부, 28~29쪽 참 조). 그러나 그 이전부터 이미 주목되고 있었던 것으로 짐작된다.
142) 하지만 여기에도 한계는 있다. 이것은 충목왕이나 공민왕이 개혁정치 를 표방하면서 그 명분으로 '復正三韓'을 내세워 아직까지 삼한이 고 려를 관칭하는 대명사로 사용되고 있음에서 짐작할 수 있다.

이들은 고조선의 개국을 역사적 사실로 인정하였지만, 그 전승을 그대로 수용하는데는 부정적이었던 것 같다.[144]

다음은 사대부 계층이 『古記』와 『本紀』의 전승중 어느 유형을 수용하고 있는가의 문제를 검토하기로 한다. 이것은 이후 이들의 주도로 건국된 조선에서 단군을 國祖로 인정하여 平壤에 檀君祠를 건립하고 祀典制度에 포함하여 정례적인 致祭를 하고 있음에서 유념하지 않을 수 없다.[145] 이와 관련해서 주목할 수 있는 점은 이들이 『古記』의 '壇君'을 사용하지 않고 『本紀』의 '檀君'을 사용하고 있다는 것이다. 이로 미루어 사대부 계층은 단군을 중심으로 한 신앙요소와 관련해서는 『古記』 유형의 전승을 배제하고, 『本紀』 유형의 전승을 중심으로 단군에 관한 이해를 하고 있는 것으로 생각된다.

---

143) 『高麗史』 권 58, 지 12, 지리 3, 西京留守官 참조.
144) 이것은 아래의 기록에서 볼 수 있는 것처럼 고조선에 대한 이해가 역사적 사실로 수용되고는 있으나, 그 구체적인 사실이나 전승의 내용을 전혀 언급하고 않고 있는데서 짐작할 수 있다. 『高麗史』 권 44, 공민왕 23년 2월 갑자. "… 謝璽書表曰 綸音方降實訓 惟明捧讀以還兢 惶罔措竊念 小邦自朝鮮之啓土 必中夏而歸 王歷世受封 常恪勤於侯度 畏天事 大幸遭逢於聖朝 …"; 공민왕 23년 6월 임자. "鄭庇等還自京師 帝手詔曰 … 表云 受侯服於東隅 祖朝鮮之苗裔 爰自五季已事中華 …"; 권 45, 공양왕 원년 12월 계해. "王詣孝思觀 以誅禑昌 告于太祖祝文曰 朝鮮之季 國分鑣銖至七十八 弱吐强吞倂爲三雄 戰爭不息 …"; 권 118, 열전 31, 趙浚. "… 又上疏曰 東方自朝鮮之季 離爲七十 合爲三韓 干戈爛熳而相尋 生民之肝腦塗地者 歷兩漢三國六朝隋唐 迄于五代而未息 …"
145) 조선시대 단군인식에 대해서는 姜萬吉, 1969, 「李朝時代의 檀君認識」 『李弘稙博士回甲紀念韓國史學論叢』 : 金成煥, 1992, 「朝鮮初期 檀君認識」 『明知史論』 4, 명지사학회 : 朴光用, 1994, 「檀君認識의 歷史的 變遷 - 朝鮮時代 - 」 『檀君 - 그 이해와 자료 - 』, 서울대출판부 참조. 특히 이때 檀君祠에서 단군은 東明王과 合祀되고 있는데, 이에 대해서는 金成煥, 1992, 위의 논문 참조.

그러나 여기에도 문제가 없지는 않다. 白文寶가 언급하고 있는 檀君은 조선초기『應製詩』유형의 전승을 이해하고 있던 계층에 의해 편찬된 자료에 실려 있는 것이고, 李穡이 언급한 檀君은[146] 현재 전하는 7의 문집이 조선시대에 긴행된 것이어서 사의든 타의든 관계없이 조선시대의 이해를 중심으로 하는 표현으로 바뀌었을 가능성이 있기 때문이다. 그러나 대체로 사대부 계층은 신앙요소와 관련해서는『古記』보다는『本紀』를 중심으로 그 전승을 수용한 것으로 판단된다.

특히 "大東에서 堯와 함께 건국한 존재로 전하는 것이 檀木"이라는 邊安烈의 이해는[147]『本紀』유형의 전승이 그들에게 이해되고 있음을 보여주는 단적인 예라고 할 수 있다. 또 왜곡된 감이 없지는 않지만, 조선 건국의 주도세력에 의해 그 건국의 조짐을 예고한 '木子得國'의 童謠가 유행했다는 기록[148] 역시 신진사대부에게『本紀』유형의 전승이 수용되고 있음을 보여준다. 아울러 이후 단군전승의 요소가 그 표현에 있어 수목숭배신앙적 요소를 중심으로 하는『本紀』유형을 중심으로 재편되고 있고,『古記』유형의 전승일지라도 대부분 그 표현을 '檀君'으로 기록하고 있는 것 역시 이런 면에서 함께 검토할 수 있다.

『本紀』전승의 주요 내용은 檀樹神의 아들=木子인 단군이 국가를 세웠다는 것이다. 非父系的인 5대 계보를 가지고 있는 이 전승은 고려시대의 兩側的 親屬觀念을 반영하고 있으며,『古記』의 전승과 마찬가지로 고려사회에서 일찍부터 전해오고 있었다. 또 당

---

146)『牧隱詩藁』권 3, 詩,「西京」. "聞說朝天曾有石 檀君英爽冠群雄"
147)『大隱先生實記』, 詩,「東國留居吟」참조.
148)『高麗史節要』권 33, 신우 14년 5월 및『高麗史』권 54, 지 8, 오행 2, 신우 14년 참조.

시 풍미했던 도참과 연계되어 '開京의 地氣衰旺說'·'龍孫十二盡
說'·'十八子之讖' 등과 때로는 개별의 讖說로, 또는 2~3개의 讖
說이 유기적인 관계를 가지며 전해졌다. 『本紀』의 전승이 이들과
연계되어 일어난 것이 李資謙이나 李義旼의 난이라고 할 수 있다.

단군전승은 또 '十八子之讖'과는 성격을 달리하는 것이지만, 妙
淸의 西京遷都論이나 開京의 地氣를 북돋기 위한 왕실의 離宮 창
궐 등에도 적극 이용되었다. 妙淸이 봉안한 八聖중 駒驪平壤仙人
을 포함하여 최소한 4位의 神格이 각 지역에서 산신신앙을 통해
모셔지고 있던 단군전승과 관련을 가지는 것이고, 離宮 창궐에
『神誌秘詞』등의 단군전승과 관련한 서적이 이용되는 한편, 그 도
읍지인 阿思達 또는 白岳을 통해 吉地를 구하려고 했다는 점 등은
이를 반영한다. 특히 고종·원종 때 離宮 건설 등을 위한 단군전승
의 주목은 곧 이어 있을 고조선을 출발로 하는 歷史變轉意識과 연
계되고 있어 주목된다.

元 간섭기 초기 사류층들은 고려의 중흥을 위한 기대감의 표출
로 자신들의 시기를 이전의 사회와는 달리 이해하려는 움직임을
보였다. 그리고 그 구체적인 노력은 그들이 주도했던 개혁정치에
반영되었고, 당대사 편찬 및 상고사의 재이해 역시 개혁정치를 뒷
받침하기 위한 결과였다. 따라서 『三國遺事』와 『帝王韻紀』에 기
록된 고려 역사의 출발을 보여주는 고조선[왕검조선] 또는 전조선
에 대한 이해 역시 그런 면에서 이해할 수 있다.

그러나 『三國遺事』와 『帝王韻紀』의 단군 관련기록은 전혀 다른
것이었고, 『帝王韻紀』에서 『本紀』와 李承休의 이해 역시 다른 것
이었다. 즉 李承休는 구조에 있어서는 『古記』 유형을 따르고 있지
만, 그 내용에 있어서는 『本紀』의 樹木崇拜信仰的인 전승을 수용
하고 있었다. 그가 이처럼 『古記』와 『本紀』 전승의 절충을 시도하

고 있는 것은 그의 사상적 경향이 '三敎一源論'에 있었다는데서
찾을 수 있다.

　신진사대부들은 고조선의 역사적 사실을 수용하여 단군을 國祖
로 하는 인식을 분명하게 했지만, 신화적 수준의 전승에는 부정적
이었던 것으로 보인다. 그리고 그들이 이해하고 있던 전승의 유형
은 白文寶・李穡 등에게서 볼 수 있듯이 그 표현에 있어서『古記』
보다는『本紀』유형에 가까웠다. 그들은 또 이를 토대로 고려가 정
치적으로 뿐만 아니라 문화적으로도 독자적인 국가였다는 '箕子不
臣說'을 도출하였고, 이런 이해의 토대는 신왕조 조선으로 연결되
었다고 판단된다.

結　論

　　이 연구는 고려시대 단군과 관련한 전승의 검토를 통해 단군이 어떤 존재로 이해되었고, 그 기능은 어떠했는지, 그리고 어떤 과정을 거쳐 고려후기 國祖로 인식되었는지를 살펴보고자 하였다. 이제 앞에서 제기했던 문제들을 간략하게 정리함으로써 고려시대 단군전승의 내용과 그 의미를 정리하고자 한다.

　　제1장에서는 고려시대부터 전해오던 단군전승이 어떤 것이 있으며, 그 내용은 무엇이었는지를 검토하였다. 이것은 단군의 先系부터 후계에 이르는 여러 전승을 기록하고 있는 자료들을 그 핵심 요소 중 하나인 단군의 출생을 중심으로 체계화하려는 목적에서였다. 물론 이런 작업은 여러 자료를 하나의 기준으로 정리하기 위한 것에 불과하며, 절대적인 것이 아님 또한 자명하다. 그 결과 단군전승은 대략 6개 유형으로 나눌 수 있었다. 『魏書』·『古記』·『本紀』·『應製詩』·『東國輿地勝覽』·『第代朝記』 유형이 그것이다. 또 이중 『魏書』·『古記』·『本紀』 유형은 고려시대부터 전해온 전승이었고, 『應製詩』·『東國輿地勝覽』·『第代祖記』 유형은 조선시대에 새롭게 변화된 모습을 반영하고 있었다.
　　고려시대의 전승중 『魏書』 유형은 『三國遺事』에 인용된 『魏

書』의 전승을 의미한다. 여기서는 고조선 건국에 관한 역사적 사실만 기술하고 있을 뿐, 신화 내용에 대해서는 언급이 없다. 또 이후 이 유형의 전승을 인용한 자료들은 대체로 『魏書』를 중국측 자료로 이해하고 있었으며, 그들이 언급하고 있는 『魏書』는 『三國遺事』 속에서의 『魏書』이지 一然이 직접 참고한 것이나 그 외의 다른 『魏書』를 참고한 것은 아니었다.

『古記』 유형은 『三國遺事』에 인용된 『古記』의 전승을 의미한다. 이 유형은 널리 알려져 있는 전승이지만, 이후 이 유형의 자료들은 桓因에 대한 이해·都邑地·檀君 卽位年·在位·壽命·繼承國 등에 대해서 서로 다른 내용들을 전하고 있다. 이것은 시대를 내려오면서 다른 자료에 보이는 전승들을 새롭게 이해한 결과라고 생각된다. 특히 이 유형에 속하는 자료중 조선시대의 것들 대부분은 『三國遺事』의 壇君·神壇樹와는 달리 檀君·神檀樹로 기록하고 있어 전승의 주류가 神壇에서의 祭儀를 중시하던 것에서 樹木崇拜信仰과 관련한 것으로 변화했음을 볼 수 있다.

『本紀』 유형은 『帝王韻紀』에 인용된 『本紀』의 전승을 말하는데, 이것은 「漢四郡及列國紀」에 보이는 『檀君本紀』의 약칭일 것으로 짐작된다. 여기서는 단군의 계보가 『古記』의 帝釋 桓因→桓雄+熊女→壇君과는 달리 上帝 桓因→檀雄天王→□→檀雄天王 孫女+檀樹神→檀君으로 이어지는 5대로 설정되어 있고, 그 先系가 부계가 아닌 非父系로 이어진다는 특징을 지니고 있다. 이것은 고려시대에 이미 『古記』의 전승과는 기본적인 인식을 달리하는 유형의 전승이 함께 전하고 있음을 보여주는 것이라 생각된다. 이 유형의 자료에 속하는 것은 『世宗實錄』 地理志의 『檀君古記』가 유일한데, 이들은 단군의 즉위년과 阿斯達山神이 된 시기, 계승국가의 이해 등에서 차이를 보이고 있다.

한편『古記』유형의 자료중『三國遺事』와『應製詩註』에 인용되어 있는『古記』와『本紀』유형의 자료중『帝王韻紀』의『本紀』(『檀君本紀』)와『世宗實錄』의『檀君古記』가 어떤 관계에 있는지의 문제이다. 결론적으로 말하면,『世宗實錄』의『檀君古記』는『帝王韻紀』의『本紀』와 다른 독립된 자료인 반면에,『應製詩註』의『古記』는『三國遺事』의『古記』와 별개의 자료가 아닌 '단군신화를 수록하고 있는 옛기록'이라는 범칭의 古記로 추측하였다. 따라서『應製詩註』는『三國遺事』의『古記』나『帝王韻紀』의『本紀』,『世宗實錄』의『檀君古記』등을 종합하여 단군전승을 기록하고 있는 것으로 짐작된다. 또『三國遺事』의『壇君記』와「王曆」은 단군의 아들을 각각 夫婁와 東明이라고 기록하고 있다는 점에서 고구려 계통의 자료로 추측되며,『三國遺事』의『古記』와도 별개의 기록이라고 생각된다.

조선시대의 전승은『古記』와『本紀』유형을 기본으로 대체로 두 가지 전승이 전해지고 있었다. 첫 번째는『古記』와『本紀』의 전승을 성리학을 바탕으로 한 합리적인 사고로 재해석함으로써 신화적인 요소를 배제시키려는 것이고, 두 번째는 仙家에서의 전승이다. 이중 전자가 전승의 주류를 이루었음은 물론이다. 그러나 이 역시 두 갈래로 나뉘었는데, 단군이 직접 하늘에서 내려와 國人의 추대로 왕이 되었다는『應製詩』유형과 神人 桓因이 내려와 단군을 낳았다는『東國輿地勝覽』유형이 그것이다.

『應製詩』유형은 조선 초 權近이 명나라 高皇帝에게 製進한 應製詩중「始古開闢東夷主」라는 詩에 대한 주석을 말하는데, 조선시대에 가장 널리 이해되던 유형이다. 여기에서는 신화적인 내용이 모두 배제되고 "神人이었던 檀君이 직접 하늘에서 檀木 아래로 하강하여 國人의 추대로 왕이 되었다"는 단군의 고조선 건국이라는 역사적 사실만으로 전승을 재구성하고 있다. 이것은 유교적인 관점에서 단군전승을 재해석하려는 노력의 결과였다. 따라서 단군의 즉위년으로 이해되었던 堯 戊辰年이 단군의 降臨한 시기로 파악되기도 하였다. 특히 이 유형에서는 조선 건국의 정통성을 고조선에 두기 위해 단군부터 지금까지의 歷年을 구체적으로 산출하기도 하였다.

『東國輿地勝覽』 유형은 『東國輿地勝覽』 平壤府 「古蹟」조의 전승을 말한다. 神因과 熊女의 결합으로 단군이 태어났다는 것이 주요 내용이다. 즉 곰과 결합하고 있는 神格이 이 전승을 별도의 유형으로 검토하도록 하는 가장 결정적인 내용인데, 여기서 神因은 桓因으로 짐작된다. 따라서 이 유형에서 桓雄은 神因이 지상으로 내려와 熊女와 혼인을 통해 단군을 낳기 전까지 그 기반을 닦는 역할만 하는 존재에 그치고 있다. 그러나 이 유형 역시 『古記』나 『本紀』의 유형과 비교할 때 오랜 전승이라고 생각되지 않으며, 『應製詩』 유형과 함께 단군전승을 이해하는 과정에서 비롯된 것으로 짐작된다.

『第代朝記』 유형은 18세기초의 승려인 秋鵬이 간행한 『妙香山誌』에 실려 있는 유형이다. 단군의 先系가 부계를 중심으로 하는 3대로 설정되어 있어 기본적인 틀은 『古記』 유형에서 벗어나 있지 않다. 그러나 桓仁→桓熊+白虎→檀君으로 이어지는 전승 내용은 지금까지 알려진 것과 다른 내용이다. 이런 전승은 仙家를 중심으로 전해졌을 것으로 추측되며, 동물간의 결합으로 사람을 낳았다는 荒誕한 내용이 합리적인 이해를 추구하던 유학자들에게 수용되지 못해 널리 유포되지 못한 것으로 보인다.

제2장에서는 고려시대 각 지역에서 숭배되고 있던 단군의 모습

을 검토하였다. 단군전승이 전해오던 지역으로는 妙香山・平壤・
九月山・江華 등 4곳을 확인할 수 있다. 이것은 고려시대 전승의
공간적인 범위를 이해하는데 참고할 수 있을 것으로 생각되며, 이
곳에서 단군은 지역의 神格으로 숭배되고 있었다.

妙香山에서의 단군 유적은 단군의 降臨處라고 전해져 오는 檀
君臺를 비롯하여 대략 9곳을 확인할 수 있었다. 그러나 이곳은 단
군의 출생지일 뿐 아니라 桓雄(檀雄)과 熊女, 檀樹神 등의 활동무
대였다. 따라서 이곳의 전승 주체는 단군보다 桓雄(檀雄)・熊女・
호랑이・檀樹神 등이 되어야 하지만, 대부분은 단군을 중심으로
전해지고 있다. 이것은 이곳의 전승이 전래되면서 본래의 모습에
서 벗어나 단군을 중심으로 재편되었음을 의미한다. 즉 이곳에 전
하던『古記』와『本紀』유형의 전승이 어느 시점에 이르러『應製
詩』유형의 전승으로 바뀌면서 전승 주체 역시 桓雄(檀雄)에서 단
군으로 바뀌었을 것으로 생각된다.

神山으로 숭배되어 오던 妙香山의 神格을 조선시대 식자들은 山
靈・仙郎・仙靈・太白神靈 등으로 이해하고 있었다. 이것은『三國
遺事』나『帝王韻紀』의 桓雄天王(檀雄天王)을 염두에 둘 때, 고려시
대부터 桓雄(檀雄)이 산신으로 이곳의 지역민들에 모셔지고 있었
음을 추측하게 한다. 그러나 이곳에 三聖 혹은 단군을 모신 독립된
사당이 있었는지는 분명하지 않다. 다만 거란의 침입으로 妙香山
의 佛寺와 함께 神祠들이 모두 불에 탔다는 李奎報의 술회 등에서
이를 위한 사당이 있어 지역민에게 구심점 역할을 했음을 추측할
뿐이다. 또 이 산에 360여 개의 암자가 있었다는 것은 桓雄이 神市
에서 風伯・雨師・雲師를 거느리고 360여 가지의 인간사를 관장
했다는 전승과 관련이 있는 것으로 짐작된다. 즉 이것은 이곳의 단
군전승이 비교적 이른 시기에 불교와 융합되어 전해졌음을 의미하

며, 조선시대의 자료이기는 하지만 妙香山에 檀君菴·三聖菴 등의
사찰이 있었다는 것 역시 이런 모습을 살펴보는데 유효하다.

平壤은 단군의 初都地 뿐 아니라 箕子·衛滿朝鮮, 그리고 고구
려의 도읍지로 알려져 있다. 이것은 이곳의 단군전승이 후대의 제
반 전승과 착종되어 전해지는 원인이 되었다. 朝天石이 檀君과 朱
蒙 모두가 관련을 가진 곳이라는 李穡의 이해 등은 그 예중 하나
이다. 이곳의 단군전승은 고구려의 東盟祭가 고려의 八關齋로 계
승되었다는『高麗圖經』의 기록에서도 확인할 수 있듯이 삼국시대
를 거쳐 고려에 전해졌다. 그러나 역사적인 존재로 보다는 평양의
地域神이라는 이해가 보편적이었다.

평양에는 다른 神祠들과 함께 지역의 神格을 모신 平壤廟가 민
간에서 祈福을 위한 기능을 수행하며 숭배되고 있었다. 이것은 단
군을 모신 사당으로 추측된다. 그것은 기능 면에서 몇 가지 특징이
있었는데, 兵捷의 기원과 국왕의 장도에 대한 기원 등으로 요약할
수 있다. 특히 이와 관련해서는 부정기적이었지만 국가의 致祭가
이루어지기도 하였다. 그리고 그 神格의 이름이 神→廟→君으로
변화하고 있는 것은 神的인 존재로서의 이해가 점차 인간적이고
역사적인 존재로 이해되어 가고 있음을 의미하는 것으로, 그 변화
는『三國遺事』·『帝王韻紀』의 편찬과 시기를 같이하고 있었다.

九月山 역시 儒州의 단군전승 중심지였다. 三聖祠·藏唐京·白
雲臺·檀君臺·射弓石·阿斯峰·思皇峰·三聖臺 등의 단군 유
적은 九月山과 그 주변에 자리하고 있었다. 이중 桓因(檀因)·檀雄
·檀君을 모신 三聖祠는 전승의 중심이 되어 숭배되고 있었는데,
조선 성종 때 李芮가 얻어 본『三聖堂事跡』과 그곳에 소개되어 있
는『關西騰覽』을 통해 고려시대 三聖祠의 전반적인 모습과 이곳
에서의 의례내용을 추측할 수 있었다. 이에 의하면, 三聖祠는 貝葉

寺의 창건과 寺域의 확장으로 두 차례나 移建되고 있다. 그리고 이 것은 이곳 지역민들의 전승에 대한 이해의 깊이와 함께 그 전승이 불교와 융합과 갈등을 겪는 과정을 보여준다고 생각된다.

　三聖의 위패는 木像이었고 이중 가장 중요한 神格은 단군이었 다. 따라서 桓因(檀因)과 檀雄의 位次는 그 여건에 따라 바뀔 수 있 었다. 祭禮를 위한 儀軌는 알 수 없었지만, 祭器는 金銀으로 만들 어 사용하다가 고려 말 왜구의 침입이후 沙器로 대체되었고, 祭物 로는 白餠・白飯・幣帛・實果・酒・白鵝 등을 사용하였다. 그 기능은 祈雨・祈晴이 단연 우세하였고, 부정기적이기는 하였지만 예종 때의 예에서 확인할 수 있듯이 국가의 祈雨處로도 활용되었 다. 특히 文化縣에 남아 있던 1006년(목종 9)의「祈雨龍壇儀注」에 서 알 수 있듯이 祈雨를 전담하던 祈雨龍壇이 三聖祠의 부대시설 중 하나로 일찍부터 설치되어 있었다. 또 壓兵・染病의 퇴치 등을 위한 致祭가 거행되기도 하였다. 이곳에는 이밖에 九月山大王인 阿斯達山神과 이를 보좌하던 神格으로 짐작되는 土地精神・四直 使者를 모신 부대시설이 있었는데, 이것은 이곳의 단군전승이 산 신신앙과 융합되어 있었음을 보여준다. 또 九月山 정상에 있던 四 王寺는 예전에 星宿醮禮處로 활용되었다고 하는데, 이 역시 단군 전승이 도교와도 융합된 모습을 보여주는 것이라고 생각된다.

　一然이『三國遺事』에서 단군의 移都地로 이해하고 있던 白岳山 阿斯達은 세 곳이 있다. 이중 無葉山은 九月山에 있던 貝葉寺와 관련이 있는 것으로 九月山을 지칭할 수 있으며, 그 밖의 白州땅의 白岳, 開城 동쪽의 白岳宮 등은 고려중기 '開京의 地氣衰旺說'과 관련해서 이루어졌던 離宮 창건과 밀접한 관계를 가진 것으로 짐 작된다. 특히 의종 때 白州 땅에서의 新宮 창궐은 妙淸의 서경천 도운동이 실패한 이후 최대 吉地였던 西京이 叛逆鄕으로 변하게 됨에 따라 이루어진 것으로, 一然의 단군 移都地로서의 白岳山 阿斯達에 대한 이해에는 도참의 영향이 반영되어 있다고 짐작된다.

江華에서 단군전승은 摩利山을 중심으로 전해지고 있었고, 그 유적과 전승은 약 7건을 확인할 수 있었다. 이중 단군과 직접 관련한 유적은 塹城壇과 三郎城 뿐이다. 그리고 이외의 대부분은 신앙유적으로 생각된다. 또 興王離宮·三郎城假闕은 江都에서 몽골 侵寇의 祈禳과 國祚의 延基를 위해 도참과 단군전승을 이용하여 조영한 것으로 판단된다. 또 이곳에서 단군은 다른 지역과 마찬가지로 지역의 神格으로 숭배되고 있었고, 山川祭壇·祈雨晴祭壇 등의 부대시설도 갖추고 있었을 것으로 생각된다. 특히 현재도 전해지는 摩利山山神祭를 통해 볼 때, 그 전승은 산신신앙과 융합되어 전하고 있었음을 추측할 수 있다.

摩利山에서 단군전승이 언제부터 시작되었는지는 알 수 없다. 단지 고려 전기부터 불교와 관련한 지역으로 인식되고 있었음을 『高麗史』에서 확인할 수 있다. 이곳에서의 단군전승이 자료에 집중적으로 보이는 시기는 고종·원종 때이다. 이때 조정에서는 圖讖僧 등의 주청으로 摩利山이나 三郎城에 假闕을 조영하거나, 왕이 직접 摩利山에서 醮祭를 거행하는데, 이것은 몽골과의 비정상적인 관계를 극복하기 위해 이루어졌다. 이에 대략 원종 때부터는 塹城壇에서의 醮祭를 위한 祭田이 마련되기도 하였다.

특히 원종 때 摩利山에서 醮祭를 거행하라는 白勝賢의 주청은 이 시기 역사인식의 변전과정을 보여주는 자료라고 판단된다. 즉 그의 醮祭 요청 배경중의 하나가 三韓을 震旦(震檀)으로 변하게 하려는데 있었다는 것은 고려 건국의 명분이었던 '一統三韓'의 역사인식이 震檀으로 변전하고 있었음을 보여준다. 그리고 이런 논의가 있은 지 불과 20여년 후 고조선을 자국 역사의 출발로 설정한

『三國遺事』와『帝王韻紀』가 편찬되었음은 주목되어야 한다.

　제3장에서는 단군전승이 고려 전·중기 고려사회에서 어떤 기능을 하고 있었으며, 고려후기 단군이 어떤 배경에서 國祖로 인식되게 되었는지를 검토하였다. 이에 불교와 함께 고려사회에서 긴밀하게 작용하고 있던 도참을 주목하였고,『三國遺事』에 인용되어 있는『古記』보다는『帝王韻紀』에 인용되어 있는『本紀』유형의 전승을 중심으로 접근하고자 하였다.

　『三國遺事』에 인용된『古記』의 단군전승이 부계중심의 3대 구조를 가지고 있는데 비해,『帝王韻紀』에 인용된『本紀』의 전승은 非父系중심의 5대 구조를 가지고 있다. 이런『本紀』유형의 전승은 고려전기 이전에 이미 형성되어 전해오다가 李承休에 의해 비로소 전해지게 된 전승이었다. 이에 먼저『本紀』의 전승을 비록 7대에 걸친 설화로 전하고 있지만, 역시 非父系的인 계보를 가진 高麗世系와 비교하였다. 특히 각 전승에서 그 내용을 非父系的인 것으로 결정하는 요소인『本紀』의 檀雄天王의 孫女와 檀樹神을 高麗世系의 辰義와 '唐 肅宗'에 비교하여 이 같은 非父系的인 전승을 兩側的 親屬이라는 고려시대의 親族觀念을 반영하고 있는 것으로 추측하였다.

　『本紀』유형의 가장 핵심적인 것은 檀樹神, 즉 나무神의 아들=木子인 단군이 고조선을 건국했다는 것이다. 이런 점에서 李資謙과 李義旼이 반란을 일으키며 명분으로 삼았던 '十八子之讖'은『本紀』유형의 단군전승이 이미 고려 전·중기부터 도참과 관련하여 전해지고 있었을 가능성을 보여준다. 특히 '十八子之讖'이 고려초기부터 전해오던 '龍孫十二盡說' 및 '開京의 地氣衰旺說' 등과 연계되어 기능하고 있음을 볼 때, 그 형성 시기는 고려 초 이전

일 가능성이 높다. 그러나 음양오행과 관련한 權敬中의 '木'에 대
한 부정적인 인식과『本紀』유형의 전승이 반란세력에 적극 이용
되고 있음은 이 전승이 유포되는데 많은 영향을 주었을 것으로 짐
작된다.

고려 전·중기의 단군전승과 관련하여 검토할 수 있는 또 다른
자료는 妙淸이 西京 八聖堂에 모셨다는 八聖과 관련해서이다. 妙
淸은 '開京의 地氣衰旺說'과 관련한 이제까지의 소극적인 裨補策
과는 달리 李資謙의 반란 직후 도읍 자체를 서경으로 천도하려는
계획을 추진하고, 서북지역의 대표적인 神格 8位를 八聖堂에 모셨
다. 이중 첫째 護國白頭嶽 太白仙人과 넷째 駒麗平壤仙人, 일곱째
甑城嶽神人, 여덟째 頭嶽天女는 단군전승과 관련한 神格으로 추
측된다. 도참과 연계되어 전해지던 단군전승의 편린들은 왕실의
離宮 경영에서도 엿볼 수 있다. 이점은 離宮 경영이 '開京의 地氣
衰旺說'과 관련하여 이루어진 것이라는 점에서 당연한 것으로 생
각되기도 한다. 1096년(숙종 1) 衛尉丞同正 金謂磾가 南京 건치를
주장하면서 인용하고 있는 도참 관련자료 가운데『神誌秘詞』가
언급되고 있는 것과 1234년(고종 21) 南京假闕의 창궐을 청하고 있
는 圖讖僧이 左蘇를 고조선의 도읍인 阿思達로 비정하고 있음은
그 예라고 할 수 있다.

고려 전·중기 단군에 대한 이해가 전해지고 있었음이 분명하
다. 그러나 그 이해는 '龍孫十二盡說'·'開京의 地氣衰旺說'·'十
八子之讖' 등의 讖說과 관련을 가지며 전해지는 것으로 볼 때, 역
사적 존재로서의 모습은 아니었다고 생각된다. 그리고 도참과 관
련해서 전해지던 전승은『古記』유형보다는『本紀』유형이었다고
짐작된다.

元 간섭기 초기 士類層은 자신들이 속해 있던 당대를 이전의 사

회와는 달리 이해하려는 움직임을 보이고 있다. 고려후기 몇몇 墓
誌銘에서의 '中古' 이해, 舊法・古制에 토대를 둔 개혁정치의 실
시, 이를 뒷받침하기 위한 역사인식의 변화와 상고사의 재이해 등
은 구체적인 예라고 할 수 있다. 이것은 곧 고려의 중흥을 위한 기
대감의 표출이기도 하였다. 특히 一然과 李承休의 多元的 天下觀
에 기초한 상고사 범위의 확대는 더 이상 단군과 관련한 전승이 怪
力亂神이나 神異史觀으로 폄하되지 않았음을 의미한다. 또 13세기
초부터 보이는 몇몇 유력 성씨들의 출자가 天孫과 연계되어 있음
은 이 시기 도참과 관련하여 직접 보이기 시작하는 고조선의 이해
와 관련하여 주목할 만 하다.

『三國遺事』와 『帝王韻紀』는 같은 시기에 편찬되었고, 李承休가
一然의 명성을 알고 있었음에도 불구하고 두 자료는 각기 다른 단
군전승을 전하고 있다. 그러나 이것이 一然과 李承休가 다른 유형
의 전승을 이해하고 있다는 의미는 아니다. 『三國遺事』에서 『古記』
를 토대로 고조선의 역사를 이해했던 一然은 『古記』를 전적으로
믿는 입장에서 그가 『古記』와 달리 생각하는 부분은 細註 형식으
로 그 견해를 밝히고 있다. 이에 비해 『帝王韻紀』에서 李承休의
입장은 정반대였다. 그는 細註 형식으로 『本紀』(『檀君本紀』)를 인
용하여 5대 계보의 전승을 싣고 있지만, 그 자신은 구조에 있어서
『本紀』 유형의 전승을 수용하고 있지 않다. 이것은 그가 原詩에서
『古記』 유형과 같은 3대 계보의 전승을 이해하고 있는 것에서 알
수 있다.

『帝王韻紀』에서 소개하고 있는 『本紀』의 전승은 유・불・도가
하나의 근원에서 비롯되었다는 그의 '三敎一源論'적인 사상적 경향
과 관련된 것으로 추측된다. 즉 『本紀』의 전승이 산신신앙이나 신
선사상과 관련 있는 수목숭배신앙의 요소를 가지고 있는 것은 도교

적인 영향으로, 桓因이 上帝라는 이해는 유교뿐만 아니라 도교적인 체취가 묻어 있는 자료로 짐작된다. 이런 점에서『帝王韻紀』의『本紀』유형 전승은 유학자로서 李承休의 입장을 대변하는 것이 아니라, 고려 전·중기 도참과 관련을 가지고 전해오던 단군전승이 도교적인 입장에서 정리되어 전해오던 자료일 가능성이 있다. 또 李承休는 구조적으로『古記』의 전승을 수용하고 있었지만, 그 신앙적 요소에 있어서는『本紀』의 전승을 수용하고 있어『古記』전승과『本紀』전승의 절충을 시도하고 있다.

고려후기 역사인식의 변화와 함께 이루어진 상고사의 새로운 인식은 성리학을 수용한 사대부 계층에게 계승되었다. 그들은 자신들이 주도하던 개혁의 동기까지도 여기에서 구하고자 하였는데, 이것은 白文寶에게서 볼 수 있다. 특히 그가 周期說을 근거로 제시한 檀君歷年 3600년은 고종 때 左蘇 阿思達로 비정되는 楊州 땅에 궁궐을 창건하고 移御하면 國祚가 800년 연장될 것이라는 圖讖僧의 주장과 같은 것이었다. 이것은 이전부터 도참과 관련해서 전해오던 大周元으로서의 檀君歷年 3600년이 성리학을 수용한 사대부 계층에게 수용되고 있음을 보여준다. 또 李穡은 단군에서 출발하는 상고사의 인식을 문화적 자긍의식으로 확대시켰다. '箕子不臣說'이 그것인데, 그의 이 같은 인식은 反元의 움직임을 보이던 공민왕의 개혁정치와도 연계되어 있는 것으로 추측된다. 그리고 白文寶·李穡으로 대표되는 신진사대부의 단군인식은 1369년(공민왕 18) 東寧府 정벌을 위한 榜文에서 볼 수 있듯이 명분상이나마 國祖認識으로 정립되었다.

이런 사대부 계층의 단군인식은 신앙 요소를 중심으로 할 때,『古記』유형보다는『本紀』유형에 가까웠을 것으로 보인다. 이것은 白文寶·李穡·邊安烈 등이 이해하고 있는 단군의 표현에서

『古記』의 것이 배제되고 『本紀』의 전승이 수용되고 있음에서 짐작할 수 있다. 또 조선 건국의 명분으로 '十八子之讖'의 변형이라고 할 수 있는 '木子得國' 혹은 '建木得子'說이 이용되고 있음과 이후 단군을 國祖로 내세운 조선에서 『本紀』 유형과 『古記』 유형의 절충을 시도하고 있는 李承休의 이해를 중심으로 전승이 재편되고 있음은 그런 사실을 말해준다.

단군전승을 보다 깊이 있게 이해하기 위해서는 각 유형과 지역의 문제를 검토할 필요가 있다. 『三國遺事』와 『帝王韻紀』에서 一然과 李承休가 인용하고 있는 『古記』와 『本紀』의 단군신화는 각 지역에 전해지고 있던 전승과 내용을 정리한 자료라고 생각된다. 이것은 『古記』와 『本紀』의 전승이 특정 지역의 전승내용을 반영하고 있음을 의미한다. 이점이 밝혀진다면, 고려시대 단군전승의 양상이 보다 분명하게 드러날 수 있을 것으로 기대된다. 또 사대부 계층은 신앙적 요소에 있어서는 『古記』의 전승을 배제하고 『本紀』의 전승을 수용하였다. 이것은 조선 건국 이후 단군이 國祖로 숭배되는 것과도 밀접한 관련이 있다. 그러나 그 배경에는 본격적인 연구를 진행시키지 못하였다. 이런 문제들은 앞으로의 과제로 삼고자 한다.

참고문헌

1. 史料-가나다順

1) 史書類

『高麗史』·『高麗史節要』·『高宗實錄』·『端宗實錄』·『大東野乘』·『大東遺事』·『大東掌攷』·『東國史略』·『東國歷代總目』·『東明王篇』·『東國通鑑』·『東國通鑑提綱』·『東史』·『東史綱目』·『東史補遺』·『東史纂要』·『東史撮要』·『明宗實錄』·『三國史記』·『三國史節要』·『三國遺事』·『成宗實錄』·『世祖實錄』·『世宗實錄』·『肅宗實錄』·『純宗實錄』·『歷代世年歌』·『燃藜室記述』·『龍飛御天歌』·『日省錄』·『正宗實錄』·『帝王韻紀』·『中宗實錄』·『叢史』·『太祖實錄』·『太宗實錄』·『標題音註東國史略』·『海東繹史』·『海東異蹟』·『孝宗實錄』

2) 邑誌類

『江都府誌』·『江都誌』·『關西邑誌』·『大東地志』·『文化郡邑誌』·『新增東國輿地勝覽』·『輿地圖書』·『寧邊郡誌』·『寧邊邑誌』·『寧邊誌』·『平壤誌』

3) 文集類 - ( )안은 著者와 刊行年度

『稼亭集』(李穀, 1662年)·『敬菴文集』(吳汝撥, 日帝强占期)·『顧堂集』(金圭泰, 1967年)·『冠巖全書』(洪敬謨, 朝鮮後期)·『龜峰集』(宋翼弼, 朝鮮後期)·『謹齋集』(安軸, 日帝强占期)·『琴松堂詩集』(鄭礦, 1816年)·『錦南先生文集』(崔溥, 1956年)·『紀年兒覽』(李萬運, 朝鮮後期)·『懶翁集』(懶翁, 日帝强占期)·『訥齋集』(梁誠之, 朝鮮後期)·『覃揅齋文集』(金正喜, 朝鮮後期)·『澹人集』(申佐模, 朝鮮後期)·『淡庵逸集』(白文寶, 朝鮮後期)·『臺山集』(金邁淳, 1879年)·『大隱先生實記』(邊安烈, 1890年)·『陶菴集』(李縡, 朝鮮後期)·『陶隱集』(李崇仁, 朝鮮後期)·『東國李相國集』(李奎報, 朝鮮後期)·『東文選』(徐居正, 朝鮮前期)·『動安居士文集』(李承休, 高麗)·『東巖先生文集』(權省吾, 朝鮮後期)·『東典考』(撰者未詳, 朝鮮後期)·『斗室寱言』(李煥模, 朝鮮後期)·『梅月堂詩集』(金時習, 1893年)·『牧隱文藁』(李穡, 1626年)·『牧隱詩藁』(李穡, 1626年)·『眉叟先生文集』(許穆, 朝鮮後期)·『磻溪雜藁』(柳馨遠, 朝鮮後期)·『樊巖集』(蔡濟恭, 朝鮮後期)·『鳳村集』(朴東說, 1677年)·『浮査集』(成汝信, 朝鮮後期)·『汾西集』(朴瀰, 1682年)·『四佳文集』(徐居正, 1705)·『四佳詩集』(徐居正, 1705年)·『三峰集』(鄭道傳, 朝鮮後期)·『三淵集』(金昌翕, 朝鮮後期)·『雙梅堂篋藏文集』(李詹, 朝鮮後期)·『石洲集』(權韠, 朝鮮後期)·『旋菴全書』(申景濬, 朝鮮後期)·『雪松堂逸稿』(孫永光, 1979年)·『雪巖雜著』(秋鵬, 朝鮮後期)·『星湖僿說』(李瀷, 日帝强占期)·『嘯皐文集』(朴承任, 朝鮮後期)·『篠叢遺稿』(洪裕孫, 1810年)·『蓀谷集』(李達, 朝鮮中期)·『修山集』(李種徽, 朝鮮後期)·『旬五志』(洪萬宗, 朝鮮後期)·『崧岳集』(林昌澤, 朝鮮後期)·『習齋集』(權擘, 1717年)·『藥山漫稿』(吳光運, 朝鮮後期)·『藥泉集』(南九萬, 朝鮮後期)·『陽村集』(權近, 朝鮮前期)·『漁村先生文集』(沈彦光, 1889年)·『淵齋先生文集』(宋秉璿, 朝鮮後期)·『蓮軒雜稿』(李宜茂, 1576年)·『梧溪日誌集』(李宜白, 朝鮮後期)·『梧里先生文

集』(李元翼, 朝鮮後期)·『五洲衍文長箋散稿』(李圭景, 朝鮮後期)·『雲坪先生文集』(宋能相, 朝鮮後期)·『圓嶠集』(李匡師, 朝鮮後期)·『月沙集』(李廷龜, 1720年)·『月渚堂大師集』(道安, 1717年)·『栗谷全書』(李珥, 1749年)·『頤齋全書』(黃胤錫, 現代)·『益齋集』(李齊賢, 1600)·『林下筆記』(李裕元, 朝鮮後期)·『立齋遺稿』(姜再恒, 日帝强占期)·『宗陽集』(崔敏烈, 現代)·『芝山先生文集』(曹好益, 朝鮮中期)·『靑鶴集』(趙汝籍, 朝鮮後期)·『秋江先生文集』(南孝溫, 1677年)·『耻庵文集』(金碩奎, 1908年)·『平齋先生文集』(李岡, 1804年)·『退溪先生全書』(李滉, 朝鮮後期)·『退思軒文集』(曹恰, 1872年)·『筆苑雜記』(徐居正, 朝鮮中期)·『鶴峰集』(金誠一, 1851年)·『寒岡先生續集』(鄭逑, 朝鮮後期)·『虛白堂文集』(成俔, 朝鮮後期)·『晦軒先生實記』(安珦, 日帝强占期)

4) 中國資料

『舊唐書』·『論衡』·『法苑珠琳』·『北史』·『史記』·『宣和奉使高麗圖經』·『隋書』·『搜神記』·『新論』·『新唐書』·『梁書』·『魏略』·『魏書』·『周書』·『後漢書』·『通典』

2. 著 書

江華文化院 編, 1979, 『江華史』.

京畿道, 1987, 『地名由來集』.

_____, 1988, 『畿內寺院誌』.

權相老 編, 1979, 『韓國寺刹全書』 上·下, 동국대출판부.

金慶洙·秦星圭 譯, 1995,『國譯動安居士集』, 삼척시.

金杜珍, 1999,『韓國古代의 建國神話와 祭儀』, 일조각.

金南奎, 1989,『高麗兩界地方史研究』, 새문사.

金龍善 編著, 1993,『高麗墓誌銘集成』, 한림대 아시아문화연구소.

金載元, 1947,『檀君神話의 新研究』, 정음사.

金貞培, 1973,『韓國民族文化의 起源』, 고려대출판부.

金廷鶴, 1990,『韓國上古史研究』, 범우사

金哲埈, 1975,『韓國古代社會研究』, 지식산업사.

羅景洙, 1993,『韓國의 神話研究』, 교문사.

南仁國, 1999,『高麗 中期 政治勢力研究』, 신서원.

盧明鎬 外, 2000,『韓國古代中世古文書研究』(上), 서울대출판부

盧泰敦 編著, 2000,『단군과 고조선사』, 사계절.

리상호 옮김, 1960,『역주삼국유사』; 1990, 신서원 영인본.

리지린, 1964,『고조선연구』, 사회과학출판사.

牧隱研究會, 1996,『牧隱 李穡의 生涯와 思想』, 일조각.

박원길, 1999,『북방민족의 샤머니즘과 제사습속』, 국립민속박물관.

白南雲, 1933,『朝鮮社會經濟史研究』, 改造社(東京).

邊東明, 1995,『高麗後期性理學受容研究』, 일조각.

서대석, 2001,『한국신화의 연구』, 집문당.

서영대 편, 1995,『북한학계의 단군신화연구』, 백산자료원.

손영종, 2000,『고구려사의 제문제』, 사회과학원 ; 신서원.

申采浩, 1948,『朝鮮上古史』, 종로서원.

信川郡誌編纂委員會, 1984,『信川郡誌』

申千湜, 1998,『高麗後期 性理學의 受容과 教育思想』, 명지대출판부.

_____, 1998,『牧隱 李穡의 學問과 學脈』, 일조각.

沈喁俊, 1985,『順菴安鼎福研究』, 일지사.

尹龍爀, 1991,『高麗對蒙抗爭史研究』, 일지사.

尹以欽 외, 1994,『檀君－그 이해와 자료－』, 서울대출판부 ; 2001, 증
     보판『檀君－그 이해와 자료－』, 서울대출판부.

李康來, 1996,『三國史記典據論』, 민족사.

李基白, 1975,『韓國古代史論』, 탐구당 ; 1995, 증보판『韓國古代史論』
　　　일조각.

李基白 編, 1988,『檀君神話論集』, 새문사.

李能和, 1918,『韓國佛教通史』上・下, 신문관.

李萬烈 譯註, 1983,『譯註 朝鮮上古史』, 단재신채호선생기념사업회.

李丙燾, 1966,『韓國史 ─ 古代篇 ─』, 진단학회.

_____, 1976,『韓國古代史研究』, 박영사.

_____, 1980,『高麗時代의 研究』, 아세아문화사.

_____ 譯註, 1996, 개정판『國譯三國史記』, 을유문화사.

李福揆, 1998,『扶餘・高句麗 建國神話研究』, 집문당.

李源明, 1997,『高麗時代 性理學受容研究』, 국학자료원.

李恩奉, 1984,『韓國古代宗教思想研究』, 집문당.

李鍾旭, 1999,『韓國 古代史의 새로운 體系』, 소나무.

이형구 엮음, 1995,『단군과 단군조선』, 살림터.

_____, 1999, 증보판『단군과 단군조선』살림터.

李熙德, 2000,『高麗時代 天文思想과 五行說 研究』, 일조각.

任晳宰, 1988,『韓國口傳說話 ─ 평안북도편Ⅲ・평안남도편・황해도편
　　　─』, 평민사.

鄭求福, 1999,『韓國中世史學史研究』(Ⅰ), 집문당

鄭炳三, 1998,『일연과 삼국유사』, 새누리.

鄭寅普, 1946,『朝鮮史研究』上・下, 서울신문사.

조동걸・한영우・박찬승 엮음, 1994,『한국의 역사가와 역사학』상, 창
　　　작과비평사.

車柱環, 1978,『韓國道教思想研究』, 서울대출판부.

平安北道教育會 編, 1933,『平安北道鄉土誌』; 1989, 경인문화사.

平壤商業會議所, 1933,『平壤全誌』上 ; 1989, 경인문화사.

河炫綱, 1988,『韓國中世史研究』, 일조각.

韓國古代社會研究所 編, 1992,『譯註韓國古代金石文』(Ⅰ).

韓國佛教研究院 編, 1978,『韓國의 寺刹-북한의 사찰-』, 일지사.
韓國精神文化研究院, 1986,『단군·단군신화·단군신앙』, 고려원.
韓永愚, 1981,『朝鮮前期史學史研究』, 서울대출판부.
_____, 1983,『朝鮮前期社會思想研究』, 지식산업사.
_____, 1989,『朝鮮後期史學史研究』, 일지사.
허종호 외, 2001,『고조선 력사개관』, 사회과학출판사 ; 도서출판 중심.
홍기문, 1964,『조선신화연구』; 1989, 지양사.
黃浿江, 1982,『韓國敍事文學研究』, 단국대출판부.
黃海道教育委員會 編, 1937,『黃海道鄉土誌』; 1989, 경인문화사.
黃海道誌編纂委員會, 1970,『黃海道誌-名勝古蹟篇-』.

(日 文)

今西龍, 1937,『朝鮮古史の研究』; 1970, 國書刊行會.
朝鮮總督府, 1937,『部落祭』.
_____, 1938,『釋奠·祈雨·安宅』.

3. 論 文

姜萬吉, 1969,「李朝時代의 檀君認識」『李弘稙博士回甲紀念韓國史學
    論叢』.
姜錫和, 1994,「홍경모·이원익」『한국의 역사가와 역사학』(상), 창작
    과비평사.
_____, 2001,「19세기 京華士族 洪敬謨의 생애와 사상」『韓國史研究』
    112, 한국사연구회.
姜世求, 1989,「安鼎福의 歷史考證方法」『實學思想研究』1, 무악실학회.
姜英卿, 1992,「新羅 山神信仰의 機能과 意味」『淑大史論』16·17합
    집, 숙명여대사학회.

姜玉葉, 1998,『高麗 前期 西京勢力의 硏究』, 이화여대박사학위논문 .

강인숙, 1987,「단군신화」『고대 건국신화와 전설』; 서영대 편, 1995,
　　　『북한학계의 단군신화연구』, 백산자료원.

＿＿＿, 1987,「단군신화의 형성시기」『력사과학』1987년 3호 ; 서영대
　　　편, 1995,『북한 학계의 단군신화연구』, 백산자료원.

＿＿＿, 1988,「단군신화의 력사」(1),『력사과학』1988년 3호 ; 서영대
　　　편, 1995,『북한 학계의 단군신화연구』, 백산자료원.

＿＿＿, 1988,「단군신화의 력사」(2),『력사과학』1988년 4호 ; 서영대
　　　편, 1995,『북한 학계의 단군신화연구』, 백산자료원.

＿＿＿, 1989,「단군신화의 력사」(3),『력사과학』1989년 1호 ; 서영대
　　　편, 1995,『북한 학계의 단군신화연구』, 백산자료원.

＿＿＿, 1994,「단군의 출생과 활동」『단군과 고조선에 관한 연구론문
　　　집』, 사회과학출판사 ; 백산자료원 영인본.

＿＿＿, 1995,「단군의 출생지에 대하여」『단군과 단군조선』, 이형구
　　　엮음, 살림터.

高英津, 1994,「홍여하」『한국의 역사가와 역사학』(상), 창작과비평사.

高翊晉, 1982,「三國遺事 撰述攷」『韓國史硏究』38, 한국사연구회.

權五永, 1991,「古朝鮮硏究의 動向과 그 內容」『북한의 고대사연구』,
　　　일조각.

金甲童, 1991,「高麗時代의 城隍神仰과 地方統治」『韓國史硏究』74,
　　　한국사연구회.

＿＿＿, 1993,「高麗時代의 山嶽信仰」『韓國 宗敎思想의 再照明』上,
　　　원광대출판부.

金光洙, 1986,「高麗建國期 一國家意識의 理念的 基礎」『高麗史의 諸
　　　問題』, 삼영사.

＿＿＿, 1988,「高麗朝의 高句麗繼承意識과 古朝鮮認識」『歷史敎育』
　　　43, 역사교육연구회.

金南奎, 1989,「明宗代 兩界 都領의 性格과 活動」『高麗兩界地方史硏
　　　究』, 새문사.

金杜珍, 1982,「檀君古記의 理解方向」『韓國學論叢』5, 국민대 한국학
　　　연구소 ; 1999,『韓國古代의 建國神話와 祭儀』, 일조각 재수록.
_____, 1990,「檀君神話의 文化史的 接近」『韓國史學』11, 한국정신
　　　문화연구원 ; 1999,『韓國古代의 建國神話와 祭儀』, 일조각 재
　　　수록.
_____, 2000,「단군에 대한 연구의 역사」『韓國史市民講座』27, 일조각.
金文植, 1994,「이종휘」『한국의 역사가와 역사학』(상), 창작과비평사.
김병룡, 1994,「단군의 건국사실을 전한『위서』에 대하여」『단군을 찾
　　　아서』, 이형구 엮음, 살림터.
金相鉉, 1996,「李齊賢의 ≪國史≫」『한국사』21, 국사편찬위원회.
_____, 1996,「高麗後期 歷史敍述의 特徵」『한국사』21, 국사편찬위
　　　원회.
金成煥, 1992,「朝鮮初期 檀君認識」『明知史論』4, 명지사학회.
_____, 1996,「高麗時代 三聖祠의 檀君崇拜」『白山學報』46, 백산학회.
_____, 1997,「高麗時代 江華地域의 檀君崇拜」『대학원논문집 - 인문
　　　사회・예체능계열 - 』1, 명지대대학원.
_____, 1998,「高麗時代 平壤의 檀君傳承」『文化史學』10, 한국문화
　　　사학회.
_____, 1999,「檀君傳承의 類型(Ⅰ)」『中央史論』12・13합집, 중앙사
　　　학연구회.
_____, 1999,「檀君傳承의 類型(Ⅱ)」『史學志』32, 단국대 사학과.
_____, 2000,「高麗時代 墓誌銘 新例 - 元瓘墓誌銘 - 」『韓國文化』
　　　25, 서울대 한국문화연구소.
_____, 2000,「단군신화의 기원과 고구려의 전승」『단군학연구』3, 단
　　　군학회.
_____, 2000,「고려시대 中古의 인식과 도참」『사학연구』61, 한국사
　　　학회.
_____, 2000,「高麗時代 妙香山의 檀君傳承」『明知史論』11・12합집,
　　　명지사학회

金成煥, 2000, 「高麗 前·中期의 檀君認識」『白山學報』57, 백산학회

_____, 2001, 「高麗後期의 檀君認識」『단군학연구』4, 단군학회

金世潤, 1984, 「李肯翊의 燃藜室記述」『論文集』17, 부산여대.

_____, 1989, 「燃藜室記述의 紀事本末體에 대한 再檢討」『釜山女大史學』6·7합집, 부산여대사학회.

_____, 1991, 「燃藜室記述 原集의 人物條」『釜山女大史學』8·9합집, 부산여대사학회.

_____, 1992, 『朝鮮後期 私撰史書研究』, 서강대박사학위논문.

김양기, 1986, 「日本史學界의 檀君神話 研究動向」『傳統文化』1986년 2월호.

김영경, 1984, 「삼국사기와 삼국유사에 보이는 '고기'에 대하여」『력사과학』1984년 2호.

金英心·鄭在薰, 2000, 「朝鮮後期 正統論의 受容과 그 變化 －修山 李種徽의『東史』를 중심으로－」『韓國文化』26, 서울대 한국문화연구소.

金元龍, 1987, 「武梁祠 畵像石과 檀君神話에 대한 再考」『考古美術』146·147합집 ; 1987, 『韓國美術史研究』, 일지사 재수록.

金侖禹, 1991, 「摩利山 讀音에 관한 考察」『畿甸文化研究』20, 인천교대 기전문화연구소.

김윤학, 1980, 「강화군 화도면의 땅이름 연구」『畿甸文化研究』11, 인천교대 기전문화연구소.

金毅圭, 1983, 「高麗前期의 歷史認識」『韓國史論』6, 국사편찬위원회.

金仁昊, 1997, 「李承休의 歷史認識과 現實批判論의 方向」『韓國思想史學』9, 한국사상사학회.

金貞培, 1987, 「檀君記事와 관련된 '古記'의 性格」『韓國上古史의 諸問題』, 한국정신문화연구원.

金貞淑, 1987, 「誕生 모습으로 본 韓國文獻神話의 原型分類」『嶠南史學』3, 영남대 국사학과.

_____, 1994, 「北韓에서의 檀君研究」『檀君－그 이해와 자료－』, 서

울대출판부.

金貞淑, 1997,「先史 및 古代 江華文化의 特性」『누리와 말씀』2, 인천
　　카톨릭대.

金廷鶴, 1954,「檀君神話와 토테미즘」『歷史學報』7, 역사학회.

金澈雄, 1995,「高麗中期 道敎의 盛行과 그 性格」『史學志』28, 단국
　　대 사학회.

金哲埈, 1967,「益齋 李齊賢의 史學」『東方學志』8, 동방학회.

_____, 1971,「東明王篇에 보이는 神母의 性格에 대하여」『柳弘烈博
　　士華甲紀念論叢』; 1975,『韓國古代社會硏究』, 지식산업사 재
　　수록.

_____, 1974,「修山 李種徽의 史學」『東方學志』15, 동방학회 ; 1990,
　　『韓國史學史硏究』, 서울대출판부 재수록.

金哲埈, 1976,「蒙古壓制下의 高麗史學의 動向」『考古美術』129・130
　　합집 ; 1990,『韓國史學史硏究』, 서울대출판부 재수록.

金泰坤, 1968,「巫俗上으로 본 檀君神話」『史學硏究』20, 한국사학회.

金翰奎, 2001,「箕子와 韓國」『震檀學報』92, 진단학회.

金恒洙, 1994,「동국여지승람・동국사략」『한국의 역사가와 역사학』
　　(상), 창작과비평사.

김혜숙, 1999,「高麗 八關會의 內容과 機能」『역사민속학』9, 한국역사
　　민속학회.

金惠婉, 1986,「忠烈王 入元行蹟의 性格」『高麗史의 諸問題』, 삼영사.

羅喜羅, 1992,「단군에 대한 인식-고려에서 일제까지-」『역사비평』
　　19, 역사비평사.

南智大, 1991,「동국사략・삼국사절요」『한국의 역사가와 역사학』
　　(상), 창작과비평사.

盧明鎬, 1981,「百濟의 東明神話와 東明廟-東明神話의 재생성 현상
　　과 관련하여-」『歷史學硏究』10, 전남대 사학회.

_____, 1988,『高麗時代의 兩側的 親屬組織硏究』, 서울대박사학위논문.

_____, 1989,「高麗時代의 親屬組織」『國史館論叢』3, 국사편찬위원회.

盧明鎬, 1997,「東明王篇과 李奎報의 多元的 天下觀」『震檀學報』83, 진단학회.

_____, 1999,「高麗時代의 多元的 天下觀과 海東天子」『韓國史硏究』 105, 한국사연구회.

盧泰敦, 1982,「三韓에 대한 認識의 變遷」『韓國史硏究』38, 한국사연 구회 ; 1998,『韓國史를 통해 본 우리와 世界에 대한 認識』재 수록.

_____, 1988,「5世紀 金石文에 보이는 高句麗人의 天下觀」『韓國史 論』19, 서울대 국사학과 ; 1999,『高句麗史硏究』재수록.

_____, 1988,「古朝鮮史 硏究의 現況과 課題」『韓國上古史 - 硏究 現 況과 課題』.

_____, 1990,「古朝鮮 中心地의 變遷에 대한 硏究」『韓國史論』23, 서 울대 국사학과 ; 2000,『단군과 고조선사』, 사계절 재수록.

盧泰敦, 2000,「衛滿朝鮮의 政治構造」『단군과 고조선사』, 사계절.

_____, 2000,「檀君과 古朝鮮史에 대한 理解」『단군과 고조선사』, 사 계절.

_____, 2000,「北韓學界의 古朝鮮史 硏究動向」『단군과 고조선사』, 사계절.

_____, 2000,「역사적 실체로서의 단군」『韓國史市民講座』27, 일조각.

리상호, 1962,「단군설화의 력사성」『력사과학』1962년 3～4호.

_____, 1962,「단군설화의 연대문제」『력사과학』1962년 5호 ; 서영대 편, 1995,『북한학계의 단군신화연구』, 백산자료원.

_____, 1963,「단군고」『고조선에 관한 토론론문집』; 서영대 편, 1995, 『북한학계의 단군신화연구』, 백산자료원.

_____, 1964,「단군신화와 본지수직설」『력사과학』1964년 4호 ; 서영 대 편, 1995,『북한학계의 단군신화연구』, 백산자료원.

리지린, 1963,「단군신화비판」『고조선연구』; 서영대 편, 1995,『북한 학계의 단군신화연구』, 백산자료원.

文暻鉉, 1985,「檀君神話의 新考察」『嶠南史學』1, 영남대 국사학과.

文暻鉉, 1990,「新羅人의 山嶽崇拜와 山神」『新羅 思想의 再照明』, 서
　　경문화사.

閔賢九, 1987,「白文寶硏究-政治家로서의 활약을 중심으로-」『東洋
　　學』7, 단국대 동양학연구소.

＿＿＿, 1989,「高麗中期 三國復興運動의 歷史的 意味」『韓國史市民
　　講座』5, 일조각.

朴光用, 1981,「國內史書를 通해 본 箕子朝鮮에 대한 認識의 變遷」
　　『韓國史論』6, 서울대 국사학과.

＿＿＿, 1994,「檀君認識의 歷史的 變遷-朝鮮時代-」『檀君-그 이
　　해와 자료-』, 서울대출판부.

＿＿＿, 1997,「檀君 認識의 變遷」『韓國史學史硏究-우송조동걸선생
　　정년기념논총 (Ⅰ)-』

朴光用, 2000,「단군신앙의 어제와 오늘-檀君祠에서 대종교로-」
　　『韓國史市民講座』27, 일조각.

朴大在, 2001,「『三國遺事』古朝鮮條 인용『魏書』論」『韓國史硏究』
　　112, 한국사연구회.

朴成壽, 1987,「日帝의 韓國史 歪曲과 韓國史學界의 課題와 責任」『계
　　간경향』1987년 여름, 경향신문사.

＿＿＿, 1989,「日帝植民史觀과 皇國史觀」『한민족』1, 한민족학회.

朴仁鎬, 1994,「신경준」『한국의 역사가와 역사학』(상), 창작과비평사.

박진욱·안명찬, 1994,「구월산의 단군사터에 대하여」『조선고고연구』
　　1994년 3호.

朴漢卨, 1985,『高麗建國의 硏究』, 고려대박사학위논문.

박호원, 1995,「高麗의 山神信仰」『민속학연구』2, 국립민속박물관.

方善柱, 1987,「檀君紀年의 考察」『아시아문화』2, 한림대 아시아문화
　　연구소 ; 李基白 編, 1988,『檀君神話論集』, 새문사 재수록.

裵祐晟, 1994,「안정복」『한국의 역사가와 역사학』(상), 창작과비평사.

邊東明, 1990,「李承休의『帝王韻紀』撰述과 그 史書로서의 性格」『震
　　檀學報』70, 진단학회.

邊東明, 1995, 「高麗後期 性理學 受容階層의 史書編纂活動」 『高麗後期性理學受容硏究』, 일조각.

_____, 2000, 「이승휴」 『韓國史市民講座』 27, 일조각.

卞瑗林, 1973, 「安鼎福의 歷史認識」 『史叢』 17·18합집, 고려대 사학과.

사회과학원 력사연구소, 1979, 「고조선의 건국과정을 반영한 단군신화」 『조선전사』 2 ; 서영대 편, 1995, 『북한학계의 단군신화연구』, 백산자료원.

徐大錫, 1992, 「韓國神話에 나타난 天神과 水神의 相關關係－天神과 水神의 葛藤과 和解의 양상－」 『國史館論叢』 31, 국사편찬위원회.

徐永大, 1991, 『韓國古代 神觀念에 대한 社會的 意味』, 서울대박사학위논문.

_____, 1992, 「檀君崇拜의 歷史」 『단군·단군신화·단군신앙』, 한국정신문화연구원.

_____, 1994, 「檀君關係 文獻資料 硏究」 『檀君－그 이해와 자료－』, 서울대출판부.

_____, 1994, 「민속종교」 『한국사』 16, 국사편찬위원회.

_____, 1994, 「檀君神話와 古朝鮮의 天神 崇拜」 『한국사』 2, 한길사.

_____, 1995, 「崔錫恒의 <塹城壇改築記>에 대하여」 『博物館紀要』 1, 인하대박물관.

_____, 1998, 「檀君神話의 意味와 機能」 『汕雲史學』 8, 고려학술문화재단 ; 2000, 『단군과 고조선사』, 사계절 재수록.

_____, 1999, 「傳統時代의 檀君認識」 『단군학연구』 1, 단군학회 ; 2000, 『단군과 고조선사』, 사계절 재수록.

_____, 1999, 「江華島의 塹城壇에 대하여」 『韓國史論』 41·42합집, 서울대 국사학과.

_____, 2000, 「神話 理解와 歷史的 變遷－北韓의 경우를 중심으로－」 『精神文化硏究』 78, 한국정신문화연구원.

_____, 2000, 「신화속의 단군」 『韓國史市民講座』 27, 일조각.

徐永大, 2000,「단군신화와 역사」『說話와 歷史』, 집문당.

_____, 2001,「한말의 檀君運動과 大倧敎」『韓國史硏究』114, 한국사
연구회.

徐榮洙, 1988,「古朝鮮의 位置와 彊域」『韓國史市民講座』2, 일조각.

손영종, 1994,「조선민족은 단군을 원시조로 하는 단일민족」『단군과
고조선에 관한 연구론문집』, 백산자료원.

_____, 1999,「고조선 3왕조의 시기구분에 대하여」『단군과 단군조
선』, 이형구 엮음, 살림터.

孫晉泰, 1934,「韓國 古代 山神의 性에 就하야」『震檀學報』1, 진단학
회 ; 1948,『朝鮮民族文化의 硏究』, 을유문화사 재수록.

宋贊植, 1976,「星湖의 새로운 史論」『韓國人의 歷史認識』(하), 창작
과비평사.

愼鏞廈, 1994,「韓末 日帝時期의 檀君思想과 獨立運動」『檀君 - 그 이
해와 자료 - 』, 서울대출판부.

申千湜, 1983,「實學者의 歷史認識」『傳統文化硏究』1, 명지대 전통문
화연구소.

_____, 1998,「安珦의 學問과 敎育思想」『高麗後期 性理學의 受容과
敎育思想』, 명지대출판부.

_____, 2000,「牧隱의 生涯와 思想」『明知史論』11·12합집, 명지사
학회.

申瀅植, 1988,「統一新羅에 있어서의 高句麗遺民의 動向」『韓國史論』
18, 국사편찬위원회.

安啓賢, 1982,「佛敎徒가 전해 준 檀君神話」『韓國佛敎史硏究』, 동화
출판사.

安智源, 1997,「高麗時代 帝釋神仰의 樣相과 그 變化」『國史館論叢』
78, 국사편찬위원회.

_____, 1999,『高麗時代 國家佛敎儀禮硏究』, 서울대박사학위논문.

양기백, 1967,「삼국유사소재서명색인」『국회도서관보』4-1, 국회도서관.

梁銀容, 1994,「도교사상」『한국사』16, 국사편찬위원회.

梁銀容, 1994,「統一新羅時代의 道教思想과 풍류도」『道教의 韓國的 受容과 轉移』, 아세아문화사.

劉璟娥, 1986,「李承休의 生涯와 歷史認識」『高麗史의 諸問題』, 삼영사.

_____, 1996,「≪帝王韻紀≫의 編纂」『한국사』21, 국사편찬위원회.

尹以欽, 1994,「檀君神話와 韓民族의 歷史」『檀君-그 이해와 자료 -』, 서울대출판부.

李康來, 1996,「三國遺事 引用 古記의 性格」『三國史記典據論』, 민족사.

李基白, 1975,「古朝鮮의 諸問題」『韓國古代史論』, 탐구당 ; 1995, 증 보판『韓國古代史論』일조각.

_____, 1988,「古朝鮮의 國家形成」『韓國史市民講座』2, 일조각.

李基東, 1988,「北韓에서의 古朝鮮研究」『韓國史市民講座』2, 일조각.

_____, 1992,「金寬毅」『韓國史市民講座』10, 일조각.

_____, 2000,「북한에서의 단군연구와 그 숭앙운동」『韓國史市民講 座』27, 일조각.

李男隨, 1991,「白文寶의 性理學 受容과 排佛論」『韓國史研究』74, 한 국사연구회.

李能和, 1927,「古朝鮮 檀君」『東光』2-4.

李丙燾, 1955,「檀君神話의 解釋과 阿斯達問題」『서울대論文集』인문 사회과학 2 ; 1976,『韓國古代史研究』, 박영사 재수록.

李相泰, 1984,「신경준의 역사지리인식」『사학연구』38, 한국사학회.

李映珍, 1997,「高麗 後期 恭愍王代 白文寶의 現實認識」『韓國史學史 研究-우송조동걸 선생정년기념논총 (Ⅰ)-』.

李源明, 1994,「高麗後期 性理學 受容에 관한 研究 -元 干涉期 歷史 認識의 變化를 중심으로」『國史館論叢』55, 국사편찬위원회.

李元淳, 1979,「朝鮮前期 史書의 歷史認識」『韓國史論』6, 국사편찬위 원회.

李恩奉, 1994,「檀君信仰의 歷史와 意味」『檀君-그 이해와 자료-』, 서울대출판부.

李載杰, 1986,「檀君神話 研究의 現況과 問題點」(1),『國際語文』3.

李載杰, 1986,「檀君神話 硏究의 現況과 問題點」(2),『美原禹寅燮先生 華甲紀念論文集』, 집문당.

이정재, 1999,「단군신화 이본 연구 (Ⅰ)-혼인·출생 신화소를 중심으로-」『한국문화연구』2, 경희대 민속학연구소.

李存熙, 1977,「完山 李肯翊의 歷史敍述」『論文集』11, 서울산업대.

_____, 1981,「燃藜室記述의 分析的 硏究」『韓國學報』24, 일지사.

_____, 1986,「李肯翊과 燃藜室記述의 編纂」『韓國古典 심포지움』3, 일조각.

李鍾文, 1999,「『帝王韻紀』의 原典에 대한 몇가지 問題點」『高麗時代 歷史詩 硏究』, 한국정신문화연구원.

李鍾旭, 1999,「古朝鮮의 建國神話인 檀君神話」『韓國 古代史의 새로운 體系』, 소나무.

李弼泳, 1981,「檀君神話의 基本構造」『白山學報』26, 백산학회.

_____, 1994,「檀君硏究史」『檀君-그 이해와 자료-』, 서울대출판부.

李泰鎭, 1980,「東國輿地勝覽 編纂의 歷史的 性格」『韓國古典 심포지움』3, 일조각.

李亨求, 1996,「江華島 三郎城 實測調査硏究」『百濟論叢』5, 백제문화 개발연구원.

李熙德, 1997,「王道와 天災地變」『韓國史硏究』99·100합집, 한국사 연구회 ; 2000,『高麗時代 天文思想과 五行說 硏究』, 일조각 재수록.

全德在, 1994,「동국세년가·동국통감」『한국의 역사가와 역사학』(상), 창작과비평사.

全炯澤, 1980,「朝鮮後期 史書의 檀君朝鮮 敍述」『韓國學報』21, 일지사.

鄭炅日, 1997,「摩利山 塹城壇 硏究」『靑藍史學』1, 한국교원대.

鄭璟喜, 1988,「古朝鮮의 社會와 政治」『韓國史市民講座』2, 일조각.

_____, 1975,「三國史節要에 대한 史學史的 考察」『歷史敎育』18, 역사교육연구회.

_____, 1977,「16~17世紀 私撰史書에 대하여」『全北史學』1, 전북대

사학과.

_____, 1978,「東國通鑑에 대한 史學史的 考察」『韓國史硏究』21·
22합집, 한국사연구회.

鄭求福, 1979,「高麗後期의 歷史認識과 歷史敍述」『韓國史論』6, 국사
편찬위원회.

_____, 1981,「李齊賢의 歷史意識」『震檀學報』51, 진단학회.

_____, 1986,「燃藜室記述 別集에 대한 檢討」『韓國古典 심포지움』
23, 일조각.

_____, 1987,「安鼎福의 史學思想」『韓國近代社會의 政治와 文化』,
한국정신문화연구원.

_____, 1993,「高麗 初期의 '三國史' 編纂에 대한 一考」『國史館論叢』
45, 국사편찬위원회.

鄭杜熙, 1976,「朝鮮初期 地理志의 編纂」『歷史學報』69·70, 역사학회.

_____, 1985,「朝鮮前期의 歷史認識」『韓國史學史의 硏究』, 을유문화사.

鄭萬祚, 1986,「燃藜室記述 續集의 檢討」『韓國古典 심포지움』23, 일
조각.

_____, 1994,「연려실기술」『한국의 역사가와 역사학』(상), 창작과비
평사.

鄭炳三, 1994,「일연」『한국의 역사가와 역사학』(상), 창작과비평사.

_____, 1998,「일연의 생애」『일연과 삼국유사』, 새누리.

鄭榮薰, 1995,「檀君과 近代 韓國民族運動-近代期의 '檀君民族主義'에
대한 연구-」『한국의 정치와 경제』8, 한국정신문화연구원.

_____, 2000,「단군의 민족주의적 의미-근대기 민족교육과 관련하여
-」『단군과 고조선사』, 사계절.

丁仲煥, 1977,「三國遺事 紀異篇 古朝鮮條에 引用된 魏書에 대하여」
『大邱史學』12·13합집, 대구사학회.

鄭昌烈, 1990,「實學의 歷史學-李瀷과 鄭若鏞을 중심으로-」『民族
史의 展開와 그 文化』(하), 창작과비평사.

趙 珖, 1985,「朝鮮後期의 歷史認識」『韓國史學史의 硏究』, 을유문화사.

趙法鍾, 1989, 「百濟別稱鷹準考」『韓國史研究』 66, 한국사연구회.

_____, 2001, 「고구려 사회의 檀君認識과 종교문화적 특징－蘇塗文化와의 관련성을 중심으로－」『韓國古代史研究』 21, 한국고대사학회.

趙殷熙, 1986, 「李肯翊의 歷史認識에 대한 一考察－燃藜室記述을 중심으로－」『大丘史學』 29, 대구사학회.

趙仁成, 1988, 「『揆園史話』와 『桓檀古記』」『韓國史市民講座』 2, 일조각.

_____, 1989, 「韓末 檀君關係史書의 再檢討－『신단실기』·『단기고사』·『환단고기』를 중심으로－」『國史館論叢』 3, 국사편찬위원회.

_____, 2000, 「在野史書 僞書論－『단기고사』·『환단고기』·『규원사화』를 중심으로－」『단군과 고조선사』, 사계절.

_____, 2000, 「단군에 관한 여러 성격의 기록」『韓國史市民講座』 27, 일조각.

조현설, 1997, 『건국신화의 형성과 재편에 관한 연구－티벳·몽골·만주·한국신화의 비교를 중심으로－』, 동국대박사학위논문.

朱承澤, 1982, 「北方系 建國神話의 體系에 대한 試論」『冠岳語文論集』 7, 서울대 국어국문학과.

_____, 1993, 「北方系 建國神話의 文獻的 再考察－解夫婁神話의 再構를 중심으로－」『韓國學報』 70, 일지사.

秦星圭, 1995, 「李承休의 佛教觀」『中央史論』 8, 중앙사학연구회.

車長燮, 1992, 「安鼎福의 歷史觀과 東史綱目」『朝鮮史研究』 1, 복현조선사연구회.

車柱環, 1978, 「道教와 韓國社會」『韓國道教思想研究』, 서울대출판부.

蔡尚植, 1979, 「普覺國尊 一然에 대한 研究」『韓國史研究』 26, 한국사연구회 ; 1990, 『高麗後期佛教史研究』, 일조각 재수록.

_____, 1986, 「至元 15年 (1278) 仁興寺刊 歷代年表와 三國遺事」『高麗史의 諸問題』, 삼영사 ; 1990, 『高麗後期佛教史研究』, 일조각 재수록.

蔡尙植, 1988,「一然」『韓國史市民講座』2, 일조각.

_____, 1988,「一然의 思想的 傾向」『韓國文化研究』1, 부산대 한국 문화연구소.

_____, 1996,「一然과 ≪三國遺事≫」『한국사』21, 국사편찬위원회.

채웅석, 1999,「고려사회의 변화와 고려중기론」『역사와 현실』32, 한 국역사연구회.

千寬宇, 1982,「檀君」『인물로 본 한국사』, 정음문화사.

崔光植, 1999,「韓國 古代의 天神觀」『史學研究』58·59합집, 한국사 학회.

崔南善, 1927,「檀君及其研究」『朝鮮及朝鮮民族』1 ; 李基白 編, 1990, 『檀君神話論集』, 새문사 재수록.

_____, 1941,「三國遺事解題」『新訂三國遺事』.

_____, 1954,「檀君古記箋釋」『思想界』1954년 2월호, 사상계사.

최몽룡, 2001,「北韓의 檀君陵 發掘과 그 問題點」(1)·(2), 증보판『檀 君-그 이해와 자료-』, 서울대출판부.

崔柄憲, 1978,「高麗時代의 五行的 歷史觀」『韓國學報』13, 일지사.

_____, 1994,「高麗時代 檀君神話 傳承文獻의 檢討」『檀君-그 이해 와 자료-』, 서울대 출판부.

최복흥, 1986,「≪삼국유사≫에 실려있는 고조선과 가락국 건국신화의 불교관계자료에 대한 고찰」『력사과학』1986년 4호 ; 서영대 편, 1995,『북한학계의 단군신화연구』, 백산자료원.

卓奉心, 1988,「李齊賢의 歷史觀」『梨花史學研究』17·18합집, 이화사 학연구소.

_____, 1996,「<東明王篇>의 歷史認識」『한국사』21, 국사편찬위원회.

河宇鳳, 1994,「이익」『한국의 역사가와 역사학』(상), 창작과비평사.

河廷龍, 1999,「『三國遺事』所引「古記」考」『書誌學報』23, 韓國書誌 學會.

河炫綱, 1975,「高麗時代의 歷史繼承意識」『梨花史學研究』8, 이화사학 연구소 ; 1976,『韓國의 歷史認識』(上), 창작과비평사 재수록.

河炫綱, 1988,「編年通錄과 高麗王室 世系의 性格」『韓國中世史硏究』, 일조각.

韓明基, 1994,「홍만종」『한국의 역사가와 역사학』(상), 창작과 비평사.

韓永愚, 1975,「17世紀의 反尊華的 道家史學의 成長」『韓國學報』1, 일지사.

_____, 1980,「16世紀 士林의 歷史敍述과 歷史認識」『東洋學』10, 단국대 동양학연구소.

_____, 1979,「東國通鑑의 編纂經緯와 歷史敍述」(上),『韓國學報』15, 일지사 ; 1981,『朝鮮前期史學史硏究』, 서울대출판부 재수록.

_____, 1979,「東國通鑑의 編纂經緯와 歷史敍述」(下),『韓國學報』16, 일지사 ; 1981,『朝鮮前期史學史硏究』, 서울대출판부 재수록.

_____, 1983,「高麗와 朝鮮前期의 箕子認識」『朝鮮前期社會思想硏究』, 지식산업사.

_____, 1983,「朝鮮前期의 國家觀・民族觀」『朝鮮前期社會思想硏究』, 지식산업사.

_____, 1985,「17世紀 中葉 嶺南南人의 歷史敍述－洪汝河의『彙纂麗史』와『東國通鑑提綱』－」『邊太燮博士華甲紀念史學論叢』, 삼영사.

_____, 1985,「17世紀 初의 歷史敍述－吳澐의≪東史纂要≫와 趙挺의≪東史補遺≫－」『韓國史學』6, 한국정신문화연구원.

_____, 1985,「『海東繹史』의 硏究」『韓國學報』38, 일지사.

_____, 1985,「許穆의 古學과 歷史認識」『韓國學報』40, 일지사.

_____, 1987,「18世紀 中葉 少論學人 李種徽의 歷史認識」『東洋學』17, 단국대 동양학연구소 ; 1989,『朝鮮後期史學史硏究』, 일지사 재수록.

_____, 1987,「李瀷의 史論과 韓國史 理解」『韓國學報』46, 일지사 ; 1989,『朝鮮後期史學史硏究』, 일지사 재수록.

_____, 1988,「安鼎福의 思想과『東史綱目』」『韓國學報』53, 일지사 ; 1989,『朝鮮後期史學史硏究』, 일지사 재수록.

韓永愚, 1989, 「19世紀 前半 洪敬謨의 歷史敍述」『韓國文化』 11, 서울
　　　대 한국문화연구소 ; 1989, 『朝鮮後期史學史硏究』, 일지사 재
　　　수록.

_____, 1991, 「權踶의 歷代世年歌」『우리 역사와의 대화』, 을유문화사.

_____, 1992, 「17世紀 後半~18世紀 初 洪萬宗의 會通思想과 歷史認
　　　識」『韓國文化』 12, 서울대 한국문화연구소.

_____, 1994, 「조선시대의 역사편찬과 역사인식」『한국의 역사가와 역
　　　사학』(상), 창작과비평사.

_____, 1994, 「한치윤」『한국의 역사가와 역사학』(상), 창작과비평사.

許興植, 1997, 「雪巖 秋鵬의 妙香山誌와 檀君記事」『淸溪史學』 13, 청
　　　계사학회.

_____, 1999, 「九月山 三聖堂事跡의 祭儀와 그 變化」『단군학연구』 1,
　　　단군학회.

홍기문, 1964, 「단군신화」『조선신화연구』 ; 서영대 편, 1995, 『북한학
　　　계의 단군신화연구』, 백산자료원.

洪淳昶, 1983, 「新羅 三山 五嶽에 대하여」『新羅 民俗의 硏究』, 서경문
　　　화사.

洪潤植, 1979, 「三國遺事의 體裁와 佛敎儀禮」『佛敎學報』 16, 동국대
　　　불교문화연구원.

_____, 1987, 「三國遺事에 있어 舊三國史의 諸問題」『韓國思想史學』
　　　1, 한국사상사학회.

_____, 1994, 「佛敎行事의 盛行」『한국사』 16, 국사편찬위원회.

洪以燮, 1968, 「李肯翊의 歷史著述의 精神」『韓國史의 方法』, 탐구당.

黃元九, 1962, 「韓致奫의 史學思想」『人文科學』 72, 연세대 인문과학
　　　연구소.

_____, 1981, 「實學派의 歷史認識」『韓國史論』 6, 국사편찬위원회.

_____, 1982, 「海東繹史의 文化史的 理解」『震檀學報』 53·54합집,
　　　진단학회.

(日 文)

今西龍, 1910,「檀君の傳說につきて」『歷史地理』(朝鮮號), 日本歷史
　　　地理學會.

_____, 1929,「檀君考」『靑丘學叢』 1 ; 1937,『朝鮮古史の研究』;
　　　1970, 國書刊行會 재수록.

那珂通世, 1894,「朝鮮古史考」『史學雜誌』5-4, 東京大史學會.

白鳥庫吉, 1894,「檀君考」『學習院輔仁學會雜誌』 28 ; 1970,『白鳥庫
　　　吉全集』3 재수록.

_____, 1894,「朝鮮の古傳說考」『史學雜誌』5-12, 東京大史學會.

桑野榮治, 1990,「李朝初期の祀典を通してみた檀君祭祀」『朝鮮學
　　　報』 135, 朝鮮學會.

_____, 1990,「檀君祭祀儀禮の分析」『年報朝鮮學』1, 九州大 朝鮮
　　　學研究所.

田中俊明, 1982,「檀君神話の歷史性をめぐって－史料批判の再檢討－」
　　　『韓國文化』 4-6.

齊藤忠, 1989,「角抵塚の角抵 (相撲)・木・熊・虎とのある畵面」『壁
　　　畵古墳の系譜』3章 (『日本考古學研究』2), 學生社.

佐佐充昭, 2000,「檀君ナショナリズムの形成－韓末愛國啓蒙運動期
　　　を中心に－」『朝鮮學報』 174, 朝鮮學會.

_____, 2000,「韓末における檀君敎の「重光」と檀君ナショナリズム」
　　　『朝鮮學報』 180, 朝鮮學會.

池內宏,「大花宮と所謂倭城」『東洋學報』9-2, 東洋學術協會.

槪　要

　　고조선의 역사적 사실을 전하는 단군신화는 많은 변화를 겪으면서 전해져 왔다. 현재『三國遺事』와『帝王韻紀』가『古記』및『本紀』를 인용하여 전하는 전승 역시 그런 변화를 수반한 결과라고 여겨진다. 따라서 이 연구에서는 여러 가지로 전해오는 전승의 분류 문제, 각 지역에서의 숭배 양상과 고려 조정에서의 수용 문제, 그리고 이후 어떤 변화과정을 거쳐 고려후기 國祖로 이해되었는지 등의 문제를 검토하고자 하였다.

　　1장에서는 단군전승이 어떤 것이 있으며, 그 내용은 어떠했는가를 검토하였다. 이것은 단군의 先系부터 후계에 이르기까지 여러 내용을 전하고 있는 자료들을 단군의 출생을 중심으로 정리하기 위한 목적이었다. 그 결과 현전하는 단군전승은『魏書』・『古記』・『本紀』・『應製詩』・『東國輿地勝覽』・『第代朝記』등 대략 6개 유형으로 나눌 수 있었다. 또 이중『魏書』・『古記』・『本紀』유형은 이미 고려시대에 전해오던 전승이었고,『應製詩』・『東國輿地勝覽』・『第代朝記』유형은 조선시대에 들어와 새롭게 변화된 모습들을 반영한 것이었다.

　　2장에서는 고려시대 각 지역에서 숭배되고 있던 단군의 모습을 검토하였다. 단군전승이 전해오던 지역으로는 妙香山・平壤・九月山・江華 등 4곳을 확인할 수 있다. 이것은 고려시대 단군전승의 공간적 범위를 이해하는데 참고할 수 있으며, 이곳에서 단군은 지역의 神格으로 숭배되고 있었다. 妙香山에서의 전승은 고려시대 자료가 거의 없고, 이 역시 단편적인 것들에 불과했다. 그리고 이 자료들은 시대를 내려오면서 변화되어 원래의 모습에서 크게 벗어나 있었다. 이것은 전승 주체가 桓雄(檀雄)・熊女・檀樹神 등에서 단군을 중심으로 재편된 것과 관련이 있으며, 그 시점은『應製詩』유형 전승의 형성과 함께 하는 것으로 짐작된다.

平壤은 단군의 初都地일뿐만 아니라 기자・위만조선・고구려의 도읍지였다. 따라서 이곳의 단군전승은 후대의 제반 전승들과 융합되게 되었다. 이런 원인은 고조선의 영역이 후대 국가에 흡수됨으로써 자신들의 지배이데올로기를 정당화하기 위해 전대의 전승을 이용한 것과 민간에서 신앙 형태로 섬겨져 오던 神格들이 후대에 발생한 요소들과 융합되는 과정에서 내용이 더욱 풍부하고 신비롭게 분식되었던데 있다. 그러나 이곳의 전승은 平壤廟의 존재 등을 볼 때, 고려전기부터 다양한 기능을 수행하고 있었다. 그리고 그 명칭이『三國遺事』・『帝王韻紀』의 편찬과 시기를 같이 하며 神→廟→君으로 변화하여 神的인 존재에서 인간적이고 역사적인 존재로 이해되어 가고 있는 점은 주목할 만 하다.

九月山에서의 전승은『成宗實錄』에서 李芮가 文化縣의 古老에게서 얻어본『三聖堂事跡』과 여기에 인용된『關西勝覽』의 文化縣 古蹟條를 중심으로 살펴보았다. 그 결과 三聖祠는 貝葉寺가 건립되기 이전인 신라 말 이미 大甑山에 자리하고 있었으나, 이후 貝葉寺의 창건 및 寺域 확장으로 두 차례나 이건되었는데, 그 시점은 고려전기였을 것으로 짐작된다. 또 三聖祠에서는 祈雨를 전담하던

祈雨龍壇이 이미 고려전기에 설치되어 고려 조정의 기우행사가 시행되었고, 산신 등 민간신앙뿐만 아니라 도교와도 융합되어 전해지고 있음을 확인할 수 있었다.

江華에서의 전승도 고려전기부터 있었을 것으로 짐작되지만, 고려 조정에 의해 주목받던 시기는 고종·원종 때이다. 圖讖家들의 청을 받아들여 摩利山이나 三郎城에 假闕을 조영하거나, 왕이 摩利山에서 醮祭를 거행하였다는 『高麗史』의 기록은 元과의 비정상적인 관계를 극복하기 위한 것이었다. 특히 원종 때 摩利山에서 醮祭 거행의 배경을 三韓을 震旦(震檀)으로 변하게 하려는데서 찾고 있는 白勝賢의 주청은 이 시기 역사인식의 변전과정을 보여주는 자료라고 판단된다.

3장에서는 단군전승이 고려 사회에서 어떤 기능을 하였는지, 그리고 元 간섭기 상고사 범위의 확대와 함께 단군이 어떻게 國祖로 인식되게 되었는지를 검토하였다. 이에 그 실마리를 圖讖에서 찾으려 하였고, 『帝王韻紀』의 『本紀』 유형 전승을 주목하였다. 『古記』의 전승이 부계중심의 3대 구조인 것에 비해, 『本紀』의 전승은 非父系중심의 5대 구조를 가지고 있다. 특히 『本紀』 유형의 전승은 非父系的인 계보라는 점에서 高麗世系와 비교할 수 있고, 당시의 친족관념이었던 兩側的 親屬觀念을 반영하고 있는 것으로 추측하였다. 또 이 유형의 가장 기본적인 내용인 檀樹神의 아들 = 木子, 즉 단군이 고조선을 건국하였다는 것은 李資謙과 李義旼의 반란 명분인 '十八子之讖'을 중심으로 한 '龍孫十二盡說' 및 '開京의 地氣衰旺說' 등 圖讖과 연계되어 기능하고 있었다.

고려후기 사류층들은 자신들의 시기를 이전과 달리 이해하려고 하였다. 고려후기 몇몇 묘지명에 보이는 '中古'의 이해, 당대사 편

찬과 상고사의 재이해 등은 구체적인 예이다. 이것은 고려의 중흥
을 위한 기대감의 표출이기도 하였다. 특히 一然과 李承休가 多元
的 天下觀을 기초로 하여 단군을 출발로 상고사 범위를 확대하고
있는 것은 단군과 관련한 전승이 더 이상 怪力亂神이나 神異史觀
에 의한 것으로 폄하되지 않았음을 의미한다. 『三國遺事』와 『帝王
韻紀』는 같은 시기에 편찬되었음에도 불구하고, 다른 전승을 전하
고 있다. 그러나 이것이 一然과 李承休가 각기 다른 전승을 이해하
고 있었다는 의미는 아니다. 李承休는 『本紀』를 인용하여 전승을
싣고 있지만, 그 자신이 『本紀』의 전승을 수용하고 있지는 않았다.
그러나 『本紀』의 전승을 소개하고 있는 것은 '三敎一源論'을 중심
으로 한 그의 사상적 경향과 관련한 것으로 추측된다.

　고려 전·중기 三韓으로 대표되는 상고사 인식은 중흥의 시대
도래라는 사류층의 현실의식과 맞물려 고조선으로 확대되었고, 그
시조 단군은 주목되었다. 이런 상고사 인식의 확대는 성리학을 수
용한 白文寶·李穡 등 사대부 계층에게 계승되었다. 또 공민왕 18
년 東寧府 정벌을 위한 고조선을 시원으로 하는 榜文 내용은 國祖
로서의 단군인식이 정립되어 가는 과정을 보여준다. 그리고 이런
사대부의 고려 역사의 출발로서 단군 이해는 그 신앙 요소에 있어
서는 『本紀』 유형에 가까웠으며, 인식에 있어서는 『古記』와 『本
紀』를 절충하고 있는 李承休의 이해에 근접했을 것으로 보인다.

ABSTRACT

A Study on the Tangun(檀君) Transmission
& Recognition of Koryo Period

Kim, Sung-Hwan

It was not until the late Koryo period that Tangun(檀君) came to be regarded as the beginning of the early history of Old Chosun(古朝鮮). However, even before the Koryo period, Tangun(檀君) was apparently known and worshiped as a god of local safety and prosperity. It was also closely related with the theories of the geomancer's art(圖讖). This paper tried to reveal the meaning of Tangun(檀君) in Koryo society and to appreciate its function.

First, the varieties and contents of the Tangun(檀君) transmission from Koryo period were surveyed(Chapter I). This has the purpose of categorizing the historical documents, which includes various articles about the before and after of Tangun(檀君), with focus on Tangun(檀君)'s birth ; one of the crucial factors of transmission. As a result, the currrently existing Tangun(檀君) transmission was categorized into approximately 6 types : Weiso(魏書), Kogi(古記), Bongi(本紀), Peom of Received order from Emperor(Wungjesi 應製詩), The Augmented Survey of the Geography of Korea(Tonggukyojisungnam 東國輿地勝覽), Jedaejogi(第

代朝記). The first three are from the Koryo period while the remainders reflect the renewed ideas during the Chosun Period.

Chapter Ⅱ discusses Tangun(檀君)'s image as a god being worshiped in local regions. Tangun(檀君) transmission was discovered in the four regions, Mt. Myohyang(妙香山), Pyongyang(平壤), Mt. Guwol(九月山), Kanghwa(江華). This fact helps to understand the spatial layout of Tangun(檀君) transmission during the Koryo period. Tangun(檀君) was worshiped as a local god in these areas. Pyongyang's shrine(平壤廟), however, can be thought of as the mundane Tangun(檀君), with a humanistic and historical aspect. Pyongyang's shrine(平壤廟) contained the Pyongyang's god(平壤神) which defines the transformation of God to shrine, and to historical being(Gun 君). Sacrificial rite for the heavenly gods(Choje 醮祭) was celebrated in Mt. Mari(摩利山) to transform Samhan(三韓) to Chindan(震檀). Special attention should be given to the fact that they occurred almost simultaneously with the publishing of Memorabilia of the Three Kingdoms(Sammgukyusa 三國遺事) and Songs of Emperors & Kings(Chewangungi 帝王韻紀).

Till now, the function of Tangun(檀君) transmission and the adoption process of Tangun(檀君)'s position as the Father of Korea(國祖) which occurred during Yuan's reconciliatory period and was displayed through the expansion of Koryo's beginning history(Chapter Ⅲ). The clue which began the unraveling was the theories of the geomancer's art(圖讖). The formation of Bongi(本紀), stated in Songs of Emperors & Kings(Chewangungi 帝王韻紀), must be attended to more greatly than Kogi(古記) to Memorabilia of the Three Kingdoms(Sammgukyusa 三國遺事). This which was formed before the early Koryo period, reflects the bilateral kindred, and anti-paternal type of transmission. This type of transmission was utilized by Yi Cha-gyom(李資謙) and Yi Yui-min(李義 旼)'s rebellion based on the Eighteenth child's geomancery(an anagram on the character for his surname 十八子之讖) during the early and middle Koryo period.

The late Koryo historians' held attitudes to differentiate their generation from the previous one. This fact is proved in the inscriptions of the middle ages(中古) in monuments and publishing of historial documents and the re-appreciation of Koryo's early history. They displayed the expectancy of the restoration of Koryo dynasty. The pluralistic view of the world by Iryon(一然 1206~1299) and Yi Sung-hyu(李承休 1224~1300) expanded the range of comprehension about early history. Later, New Literti class, the followers of Neo-Confucianism, adopted the ideologies stated above. Therefore, Tangun(檀君) was recognized as the Father of the nation in the late Koryo period.

찾아보기

【ㅈ】

김 성 환(金成煥)

서울출생
명지대학교 사학과, 중앙대학교 대학원 사학과
명지대학교 대학원 사학과(문학박사)
현 경기도 박물관 학예연구관(유물관리부장)
　명지대 · 강남대 강사

저 서
『한국역대문집총서목록』 Ⅰ · Ⅱ · Ⅲ
『한국역대문집총서목록색인』Ⅰ · Ⅱ · Ⅲ
『내고장 용인 금석문 총람』(공역)
『내고장 용인 지명 · 지지』(공저)

논 문
「조선초기 단군인식」, 「죽주의 호족과 봉업사」
「고려시대 묘지명 신례－원관묘지명」
「단군신화의 기원과 고구려의 전승」
「고려시대 중고의 인식과 도참」 등 다수

高麗時代의 檀君傳承과 認識　　　　　정가 : 20,000원

2002년 4월　1일　초판인쇄
2002년 4월 10일　초판발행

저　　자 : 金 成 煥(tanngun@hanmail.net)
회　　장 : 韓 相 夏
발 행 인 : 韓 政 熙
발 행 처 : 景仁文化社
편　　집 : 申 鶴 泰
　　　　　서울특별시 麻浦區 麻浦洞 324 - 3
　　　　　電話 : 718 - 4831～2, 팩스 : 703 - 9711
　　　　　E-mail : kyunginp@chollian.net
登錄番號 : 제10 - 18號(1973. 11. 8)